Jörg Splett
Die Rede vom Heiligen

Vorwort

Den Anstoß zu dieser Untersuchung verdanke ich – aus unserer gemeinsamen Assistentenzeit bei Karl Rahner – Herrn Professor DDr. Karl Lehmann. Während ihres Fortgangs konnten die Ergebnisse mehrfach mit den Hörern meiner religionsphilosophischen Vorlesungen an der Hochschule für Philosophie Pullach/München diskutiert werden. Im Sommer 1970 wurde die Arbeit abgeschlossen und im Winter 1970/71 von der Philosophischen Fakultät I der Ludwig-Maximilians-Universität zu München als Habilitationsschrift angenommen.
Stellvertretend für alle, deren mannigfacher Förderung diese Studien ihren Abschluß und ihr Erscheinen verdanken, seien genannt mein Lehrer Professor Dr. Max Müller, der zu seinen anderen Verpflichtungen auch noch die Sorge für das verwaiste Institut übernahm, Frau Lieselotte Reitz, die aus Unlesbarem ein druckfertiges Manuskript erstellte, und meine Frau, die von den bibliographischen Vorarbeiten bis zur Bogenkorrektur mithalf. – Der Deutschen Forschungsgemeinschaft danke ich für den gewährten Druckkostenzuschuß.
Gewidmet sei das Buch Pater Fritzleo Lentzen-Deis S. J. – in der Selbigkeit des Bemühens um die Auslegung erscheinender Herrlichkeit.

Offenbach, am 1. Oktober 1971   *Jörg Splett*

Inhalt

Einführung 9

I. Referat

1. Wilhelm Windelband 25
2. Rudolf Otto 32
   Ansätze 32
   „Das Heilige" 36
3. Max Scheler 55
   Der höchste Wert 55
   Die Qualität des Göttlichen 68
4. Johannes Hessen 79
   „Die Werte des Heiligen" 79
   „Religionsphilosophie" 86
5. Paul Tillich 96
   Qualität dessen, was uns unbedingt angeht 97
   Das Dämonische 112
   Heiligkeit des Heiligen 124
6. Martin Heidegger 132
   Das Wort des Dichters 133
   Das Nichts als das Sein selbst 152
   Spiel des Gevierts 168
7. Bernhard Welte und seine Schüler 187
   Vorverständnis des Heils 187
   Das Heilige im Denken 201

II. Plädoyer

1. Zusammenschau 225
   Erfahrung unbedingten Betroffenseins 225
   Auslegung des Erfahrenen 230
   (Inbegriff der Normen 230 – Schreckend-faszinierendes Ge-

heimnis 230 – Höchstes Gut 231 – Das Ganz-Andere 231 – Symbolisierend aufhebender Sinn[ab]grund 232 – Ereignis des „Es gibt" 234 – Dem Anbetung gebührt 242)
2. Einwände 249
  Acht Einwände 249
  Versuch einer Antwort 251
  (Circulus vitiosus? 251 – Bloße Abstraktion? 255 – Falsche Unmittelbarkeit? 259 – Verlust des Qualitativen? 263 – Elitärer Zynismus? 265 – Anti-emanzipatorische Tendenz? 272 – Christliche Religionskritik? 283 – Säkularisierung? 293)
3. Zeugnis des Heiligen 299
  Definitorische Klärungen 299
  Das Sakrale als interpretierte Erscheinung 307
  Erscheinung des Heiligen 316
  (als bewußte Vorstellung 317 – in der Krisis der Schuld 326 – im Lob der Herrlichkeit 343)

Literaturverzeichnis 351

Namenregister 365

Einführung

Nicht allein in der Theologie, ebenso philosophisch ist „Hermeneutik" zum großen Stichwort geworden. Will man in der damit angezeigten Perspektive sagen, was Philosophie sei und zu welchem Ende man sie betreibe, dann hätte man sie als umfassende und prinzipielle Daseinsinterpretation (und -hermeneutik) zu bezeichnen. Das heißt: als grundsätzlich uneingeschränkte und auf die ersten Prinzipien abzielende (methodische) Reflexion des Menschen auf sich und seine wesentliche Situation, auf seine „condition humaine" als solche. Anders gesagt: auf seine Grunderfahrung – als die endlicher Freiheit (um gleich zu erklären, wie hier das verhältnismäßig unbestimmte Wort „Mensch" in erster Linie bestimmt werden soll).[1]

„Grunderfahrung" meint dabei jenes Innewerden (oder Je-schon-Innegewordensein) meiner selbst, meiner (als unserer) Welt und meines Innewerdens dessen, es meint jenes ursprüngliche Bewußtsein und – sei's „unbewußte" – Wissen um sich und „das Ganze", das als „Mitwissen" (con-scientia) alle Einzelerfahrungen ermöglichend, tragend und qualifizierend „begleitet" – indem es sie nicht nur (in leitendem Rückbezug auf das Ich) als je meine bestimmt, sondern vor allem (im Rückbezug auf die Sinn-Evidenz sich gewährender Wahrheit) als Erfahrung.[2]

---

[1] Insofern setzen diese Studien den Entwurf einer philosophischen Anthropologie, den Verf. 1967 unter dem Titel „Der Mensch in seiner Freiheit" vorgelegt hat, fort – indem sie die dort skizzierte Bewegung der Selbsttranszendenz „gerufener Freiheit" in einer bestimmten Hinsicht ausführlicher historisch und systematisch thematisieren.

[2] Damit ist aber schon eine zweite – weniger formale als gehaltliche – Bedeutung dieses Wortes angesprochen. Gründend ist solche Er-

„Grunderfahrung" bezeichnet so keine ontisch, gar psychologisch, zu fassende Wirklichkeit. Ihr doppelt gerichteter Rück- und Überstieg über die Empirie hinaus ist als er selber seinerseits „met-empirisch": nur ontologisch begreifbar. – In einem dreifachen Sinn also zeigt sich die Ersterfahrung als übersteigend. Und dieses ihr Wesen bestimmt auch die gemäße Weise ihrer (Selbst-)Auslegung als übersteigend, oder besser: „überstieglich". Grunderfahrung ist derart „transzendentale Erfahrung" (M. Müller).

Insofern die Auslegung dieser prinzipialen Erfahrung ihrerseits prinzipiell ist (oder doch sein will), muß sie selbst zugleich die Hermeneutik für die Interpretation erstellen, die sie ist; wobei eben diese Hermeneutik nochmals jene Interpretation belegt, ja, selber ist, in der das jeweilige Selbstbewußtsein sich versteht und weiß.

Dem geläufigen Topos des „hermeneutischen Zirkels" gemäß ist Philosophie als Daseinshermeneutik also Daseinsinterpretation und umgekehrt. – Allerdings mit fundierendem Vorrang der Interpretation. Dieser Vorrang gründet im Entscheidungs-Charakter der Deutung als Selbstauslegung von Freiheit. Tatsächlich besagt darum, Philosophie als (fundamentale Daseins-)Interpretation bestimmen, sie im fundamentalen „Konflikt der Interpretationen" zu situieren.[3]

---

fahrung nämlich gerade insofern, als sie Erfahrung von Gründung bedeutet. – In der Erfahrung meiner, der Welt und meines (unseres) Erfahrens erfahre ich zugleich die „Kontingenz", d. h. die Nicht-Selbstverständlichkeit alles dessen, daß nichts sein muß und dennoch dieses „geglückt" ist (contingit). Ich erfahre also die Geschichtlichkeit und das Gewährtsein alles Genannten – und noch einmal das Gewährtsein (das ereignishafte „Es gibt") eben dieses Gewährtseins selbst.

Aber diese inhaltliche Auslegung der Grunderfahrung ist ungleich umstrittener als ihre formale Bestimmung (vgl. z. B. W. Weischedel, Wirklichkeit 103–112: Zum Problem der metaphysischen Erfahrung; R. Guardini, Religion und Offenbarung; J. B. Lotz, Der Mensch im Sein 404–466: Metaphysische und religiöse Erfahrung; H. Ogiermann, Die Problematik der religiösen Erfahrung). Darum sei sie (obwohl Erfahrung niemals anders denn als ausgelegt begegnet) zunächst nur anmerkungsweise gegeben.

[3] P. Ricoeur, Interpretation 33 ff.

„Ich habe nicht die Absicht – und im übrigen auch nicht die Mittel –, eine vollständige Aufzählung der hermeneutischen Stile zu versuchen." Beschränken wir uns hier auf den extremen Gegensatz: „Auf der einen Seite wird die Hermeneutik aufgefaßt als die Manifestation und Wiederherstellung eines Sinnes, der in der Art einer Botschaft, einer Verkündigung oder, wie es zuweilen heißt, eines Kerygma an mich gerichtet ist; auf der anderen Seite wird sie verstanden als Entmystifizierung, als Illusionsabbau."[4]

Dieser Gegensatz ist nicht einfachhin der von Verstehen und Erklären, wenn „Verstehen" das Erfassen von Bedeutungen, „Erklären" die Rückführung auf Ursachen bezeichnen soll. Verstehen besagt dann die Auffassung eines Gegebenen als Zeichen, Erklären seine Auffassung als Wirkung, als Effekt. – Die Spaltung des hermeneutischen Feldes, um die es jetzt geht, liegt durchaus innerhalb des Verstehens. Sie verläuft zwischen – ich möchte sagen – „einverstehendem" und diagnostizierendem Verstehen: zwischen der Auffassung des Zeichens als Symbol und seiner Auffassung als Symptom.

Dabei soll „Einverstehen" jenen Mitvollzug bezeichnen, den mißlich psychologisch der Terminus „Einfühlung" anzielte, den H.-G. Gadamer als „Horizontverschmelzung" bezeichnet und dessen ontologische Tiefe die Tradition in der Formel benannt hat: cognoscens et cognitum sunt actu idem.

Diese Formel beschreibt freilich auch das Symptom-Verstehen – als Verstehen. (So betrachtet, handelt es sich hier nicht nur um Gegensätzlichkeit im selben, sondern um die gleichsam unechte Entgegensetzung der privatio.) Doch spezifisch ist dieses Verstehen eher als „erklärendes Verstehen" zu bezeichnen. Als solches entspricht es genau dem Anzeichen des Symptoms; die sich im Symbol eröffnende Freiheit aber mißversteht es nicht einmal: es bekommt sie als sie selbst erst gar nicht zu Gesicht.[5]

---

[4] Ebd. 40.

[5] „Symbol" bezeichnet hier also die Selbstaussage oder Selbstdarstellung von Freiheit (ausführlicher darüber später, vor allem zu Tillich und in den Schlußkapiteln des Buches). Symptom ist der Zeichen-Aspekt eines naturalen Effekts. Symptome diskutiert man

Daß beide Hermeneutiken ihr Recht haben, versteht sich. Sie haben darüber hinaus auch Rechte (und entsprechende Pflichten) an einander, da ja nicht nur Symbole als Symptome behandelt, auch Symptome als Symbole mißverstanden werden. Der Konflikt der Hermeneutiken betrifft demnach bei prinzipieller Anerkennung des Rechts einer jeden dessen konkrete Umgrenzung. Und eben das gibt ihm seine Schärfe (insofern er nicht einfach „struggle for life", sondern Streit um das Recht ist: um das Sein in der Wahrheit).

Trifft das Gesagte zu, wird man erwarten, daß sich diese Auseinandersetzung in besonderer Weise hinsichtlich der Religion entzündet. Und die Geschichte der Religionswissenschaften bestätigt diese Erwartung.

Dem Versuch, das Theologoumenon „Uroffenbarung" empirisch durch den Hochgottglauben aller frühen Völker zu bestätigen (P. W. Schmidt), steht die Auffassung gegenüber, „daß man bei den Anthropoiden am deutlichsten die Gefühle feststellen kann, die wir gerne dem edelsten Teil unserer Natur zuschreiben, so z. B. die religiöse Furcht und das Sacrum in seiner Ambivalenz".[6] Und zwischen diesen Extremen ordnet sich nun die Vielzahl möglicher Deutungen des religiösen Phänomens an, wie ein Blick in das Inhaltsverzeichnis der Handbücher lehrt.

Es gilt nun zu sehen, daß es keine Instanz gibt, noch sie geben kann, die schiedsrichterlich zwischen den beiden (Grund-) Hermeneutiken vermitteln, zwischen ihnen – für die eine oder andere – entscheiden könnte. Denn entweder täte sie

---

nicht, sie werden analysiert. Diskutieren läßt sich erst ihre Deutung, insofern mit dieser Freiheit sich ausspricht. Wird jemandes Wort als Symptom aufgefaßt, dann ist er selbst allein als Objekt zugelassen; erst als sich im Wort Symbolisierender tritt er als Subjekt und Partner in das Gespräch. Zum Gespräch aber (statt bloßer Verifikation von Feststellungen) wird die Diskussion, sobald zur Geltung kommt, daß im Symbol die Freiheit stets mehr sagen will (und sagt), als sie sagt, nämlich sich.

[6] C. Lévi-Strauss (mit Berufung auf W. Köhler) in: Les structures élémentaires de la parenté, Paris 1949, zitiert nach der Auszug-Übersetzung in: W. E. Mühlmann/E. W. Müller (Hrsg.), Kulturanthropologie, Köln 1966, 83.

dies reduzierend oder „einverstehend"; d. h. in ihrer Interpretation und Hermeneutik des Verhältnisses der Kontrahenten hätte sie diese und sich selbst bereits im Sinne einer der Parteien gedeutet.

Es gilt zu wählen. Beziehungsweise zu sehen, daß man schon immer gewählt hat.[7] Oder vielmehr beides, verläuft die Grenzscheide doch innerhalb der Dimension der Freiheit, woraus folgt (um nochmals Fichte zu zitieren), daß sie nicht Faktum: Tatsache im üblichen, sondern dies im wörtlichen Sinn ist: Sache von Tat, „Tathandlung". So aber ist sie nie schlechthin getan, sondern konkret je neu zu tun: Die für die Grunderfahrung mit-konstitutive Grundentscheidung stellt mit und nach jeder Entscheidung vor eine neue.

Entsprechend gibt es aufseiten der reduzierenden wie der einverstehenden Deutung wiederum ein mehr gegenständliches („phänomenologisches") und ein stärker methodisches (kritisches) Interesse, sei es primär, sei es im Blick zum Gegner hinüber, aufgrund der bestehenden Kontrovers-Situation.[8]

Diese Bemerkungen – treffender wäre das früher gebrauchte „Vorerinnerungen" – sollen nun weder (die Skizze für) eine adäquate wissenschaftstheoretische Analyse darstellen noch einen hermeneutischen Dezisionismus vertreten.

Sie wollen (zum ersten) nur auf den geistesgeschichtlichen Ursprungsort des Themas dieser Untersuchung hinweisen. Denn der genannte Sachverhalt zeigt sich gerade in der religionswissenschaftlichen und religionsphilosophischen Diskussion:

---

[7] J. G. Fichte, Erste Einleitung in die Wissenschaftslehre 1797: „Was für eine Philosophie man wähle, hängt sonach davon ab, was man für ein Mensch ist; denn ein philosophisches System ist nicht ein toter Hausrat, den man ablegen oder annehmen könnte, wie es uns beliebte". (WWI 434; Medicus III, 18). Vgl. H. Krings, Wissen und Freiheit, in: H. Rombach (Hrsg.), Die Frage nach dem Menschen 23–44; er weist (26) auf den Platonischen Mythos von der Wahl des Bios im 10. Buch der Politeia hin.

[8] Und wiederum gilt es letztlich zu wählen, gerade weil es nicht um ein krasses Entweder-Oder, sondern um die Wahl von Prävalenzen geht, also beide Aspekte der Sache und der ihr zugeordneten „kombinierten" Methode von beiden Seiten her berücksichtigt werden – nur je nach deren „Stellenwert-Ordnung".

Gegen die verschiedenen epigenetischen Erklärungsversuche von Religion (mit ihrer Berufung auf die Wissenschaft) melden sich um die Jahrhundertwende die Verteidiger der Eigenwirklichkeit des Religiösen und seiner einverstehenden Deutung nicht mehr im Namen Gottes zu Wort, sondern mit der Berufung auf das unableitbar-qualitative Phänomen des Heiligen.
Die unvergleichliche Eigenheit und Ursprünglichkeit des damit Gemeinten ist freilich schon immer Thema nicht nur der Erfahrung des Menschen, sondern auch seiner reflexen Selbstvergewisserung gewesen und ist zu einem der großen Themen des Denkens geworden, sobald die Auslegung dieser Erfahrung in Kult und Mythos nicht mehr genügte. – Dennoch, für das Denken standen vor allem die ontologischen Charaktere des Erfahrenen im Blick. Jene Denkrichtung, in der stärker dessen besondere Qualität zum Thema wurde, ging weithin als aszetisch-mystische Tradition nebenher. Insofern aber verstand sich die Rede vom Heiligen nicht allein aus der Kontroverse mit einer reduktionistischen Religionswissenschaft (und wurde zugleich von dieser gezeichnet), sondern ebenso aus der Gegenstellung zu einer „unreligiös-rationalen" Metaphysik. Und dieser zweite Gesichtspunkt ist uns der wichtigere.
Es geht uns im folgenden also nicht um die religionswissenschaftliche Problematik. Darum auch nicht um die Restitution oder Propagierung „der durch die Resultate der Ethnologie und der Religionswissenschaft längst kritisch eingeschränkten Entgegenstellung von ‚heilig' und ‚profan'".[9] Die Rede vom Heiligen soll statt dessen als umfassendes philosophisches Interpretament herausgearbeitet werden.
Die evolutionistischen, soziologischen und psychologischen Verengungen dieses Redens, die in der Kontrovers-Situation jener Anfänge wohl unvermeidlich waren, sind heute weitgehend überwunden. Sie dienen freilich noch immer als Arsenal für Gegenargumente. Aber nicht darum geht es wirklich in der Auseinandersetzung. Tatsächlich wird vielmehr auch

[9] K. Goldammer, Religion 50.

und gerade hier der prinzipielle Streit der Interpretationen ausgetragen.

Damit sind wir zum zweiten der vorhin angesprochenen Punkte gekommen: zur Frage des hermeneutischen Dezisionismus.

W. Stegmüller hat als ein geistesgeschichtliches Charakteristikum den „Prozeß der gegenseitigen Entfernung und zunehmenden Kommunikationslosigkeit zwischen den Philosophen verschiedener Richtungen" in vier Phasen nachgezeichnet[10]: von der wissenschaftlichen Meinungsverschiedenheit auf gemeinsamer Diskussionsbasis über den trotz Diskussionsunmöglichkeit noch bestehenden Mitteilungszusammenhang dazu hin, daß man zwar nicht mehr versteht, was der andere meint, sich aber mit ihm im Streben nach Erkenntnis und Wahrheit noch verbunden weiß, bis schließlich auch dieser Intentionszusammenhang zerreißt, so daß dem einen „die Art der Beschäftigung des anderen ... als Beschäftigung zum Rätsel" wird. „Und die Phase 4 würde für das Verhältnis zwischen der analytischen Philosophie oder dem modernen Empirismus einerseits und den Philosophien von Jaspers oder Heidegger andererseits charakteristisch sein."[11]

Ein hermeneutisches Denken mag vielleicht geneigt sein, sich diesem Unverstehen gegenüber darauf zu berufen, daß es selbst jedenfalls den Standpunkt des anderen verstehen und einordnen könne. Doch kann es das wirklich? – Auch wenn der „Gegner" zu vornehm wäre, auf die Parallele hinzuweisen, die sich dazu im Verhältnis zwischen „normalem" und wahnhaftem Bewußtsein zeigt,[12] müßte das sinn-bezeugende Denken erkennen, daß es die entgegengesetzte Konzeption nicht nur als partielles Verständnis von Wissenschaft, sondern

---

[10] W. Stegmüller, Hauptströmungen der Gegenwartsphilosophie. Eine kritische Einführung, Stuttgart ³1965, XLI–XLIV.
[11] Ebd. XLII u. XLIII.
[12] Insofern der Gesunde den Wahnbefangenen bloß in Grenzen, dieser umgekehrt ihn „nur zu gut" versteht. (Vgl. die Kontroverse zwischen A. Flew und R. M. Hare über den „unsichtbaren Gärtner" und den weltanschaulichen „blik" in A. Flew/A. MacIntyre 96–103, 107 f.; referiert z. B. bei P. M. v. Buren 8 f. u. 81 f.).

zuletzt als umfassenden und lebentragenden Daseinsentwurf zu verstehen hätte. Und eben dies ist ihm nicht möglich.

An diesem Extrem aber zeigt sich die Situation im Konflikt der Deutungen überhaupt – und damit die Situation auch des hier unternommenen philosophischen Plädoyers. Es will nicht Poesie sein, sondern rationale Argumentation.[13] Doch die sachliche Prüfung ist nicht nur unabhängig vorausliegende Bedingung jener Wahl, deren Recht sie ausweisen soll, sondern zugleich immer auch schon integrierendes Moment dieser Entscheidung selbst. Dies bereits hinsichtlich dessen, was jeweils überhaupt als rationale Argumentation verstanden werden soll bzw. darf.

Gleichwohl macht das Folgende den Versuch, zu überzeugen. Das heißt, der eben erklärten Einheit von Rechtfertigung und Entscheidung bewußt, hält es zugleich deren Differenz fest. Und darin markiert sich der Unterschied zu einem irrationalen Dezisionismus. Die Differenz aber ist darum festzuhalten, weil das ontologische Selbstverhältnis des Grundvollzugs endlicher Freiheit von dessen (und deren) Reflexion zu unterscheiden ist. (Umgekehrt stellt die Hinaufsteigerung der Reflexion zu einer adäquaten „wissenschaftlichen" Begründung des Entscheids präzise das dar, was im negativen Sinne Ideologie heißt.)

Entscheidung ist also, was sie ist, nur in dieser unfeststellbaren Schwebe von Wahl und Rechtfertigung. Und allein in solcher Schwebe ist auch der Versuch, zu überzeugen, möglich; er wird gleichermaßen sinnlos, wo keine Wahl bleibt und wo Gründe keine Rolle spielen. Damit aber ist jede Beweisführung nur als zweitrangig sinnvoll – und soweit sie selbst sich dieser Zweitrangigkeit bewußt bleibt.

Darum bedeutet auch diese Schrift nicht etwa das Unternehmen, die in ihrem Titel (wenn auch ohne Fragezeichen) formulierte Frage argumentativ zu entscheiden. Sie versucht vielmehr nur, einmal mehr von Sinn- als Grunderfahrung zu

---

[13] Zum „stilistischen" Dilemma des Redens von Grunderfahrungen vgl. etwa K. Rahner, Gotteserfahrung heute. In: Schriften IX 161 bis 176: 166.

reden und die „Nicht-Unvernünftigkeit" solchen Redens zu zeigen. – Näherhin geht es um jene Rede, die den erfahrenen Sinn(ab)grund das Heilige nennt.

Wir verzichten auf die Geschichte des Wortes, so lehrreich sie ist: vom ursprünglichen Heil- und Weihe-Aspekt über die kirchliche „Veramtlichung" zur Funktion als gehobenes poetisches Epitheton.[14] Unser Referat setzt dort ein, wo das „Heilige", zum religionsphilosophischen Begriff geworden, die Hoheit und Unverletzlichkeit dessen bezeichnet, was Menschen radikal betrifft.

Sieben Gestalten der Rede vom Heiligen werden vorgestellt, interpretiert, z. T. gegenüber ihren Kritikern verdeutlicht, zugleich aber selbst auch, wenigstens ansatzhaft, kritisch befragt. Die Auswahl ist selbstverständlich diskutabel. Sie hätte sich unschwer ausweiten lassen. (Andere – besonders auch ausländische – Autoren kommen in den Dikussionen und stärker im zweiten Teil der Arbeit zu Wort.[15]) Aber ihr erster Zweck ist systematisch. Das Referat dient dem Plädoyer.

Hier wird zunächst in kritischer Zusammenschau das Fazit des Berichteten gezogen. Dies macht zugleich in einem ersten Schritt ausdrücklich, was hier als Rede vom Heiligen vertreten werden soll und von woher die Kritik an den referierten Aussagen und Aussageweisen geübt worden ist. Diese Position erklärt und präzisiert sich in der einläßlichen Auseinandersetzung mit den aus verschiedener Richtung her erhobenen

---

[14] Sie ist übrigens fast ausnahmslos die Geschichte seiner als Adjektivs. Siehe die Arbeiten von E. Williger, W. Baetke, H. Hartmann, H. Delehaye und I. Papmehl-Rüttenauer.

[15] Ein Name jedoch sei eigens genannt, obwohl er im folgenden nur einmal beiläufig erwähnt wird; denn in Wahrheit fordert er zu einer eigenen Auseinandersetzung heraus: der Name Albert Camus'. Vgl. etwa C. Vigée, La nostalgie du sacré chez Camus, in: ders., Les artistes de la faim. Essais, Paris 1960, 249–273; H. R. Schlette, Aporie 79 ff., 152 ff, 226 ff.; P. Kampits, Der Mythos vom Menschen. Zum Atheismus und Humanismus Albert Camus', Salzburg 1968; W. D. Marsch, Die Revolte und das Licht. Elemente der Hoffnung im Werk von Albert Camus, in: T. Rendtorff/A. Rich (Hrsg.), Humane Gesellschaft. Beiträge zu ihrer sozialen Gestaltung (Festschr. f. H.-D. Wendland), Zürich 1970, 169–186.

Einwänden gegen das Reden vom Heiligen und die Auslegung des Daseins als, vom Heiligen betroffen, auf es transzendierenden.

Die in der Diskussion erzwungene Verdeutlichung erlaubt schließlich die positive Entfaltung der hier vertretenen These. – Am Anfang steht eine ausdrückliche Abgrenzung des Sakralen (in seinem Gegenüber zum Profanen) vom Heiligen wie von der „Heiligkeit" der Welt. Die Literatur zu unserer Frage läßt diese Unterschiede (z. T. schon aus sprachlichen Gründen) weithin unberücksichtigt. In Wahrheit ist der größte Teil der Diskussion um das „Heilige" Diskussion um das Recht und die Rolle der Sakralität.

Natürlich hängen die Fragen zusammen. Einverstehender Deutung zeigt sich das Sakrale als Symbol, d. h. als Erscheinung der „Tiefe" von Welt und Freiheit bzw. als Erscheinung ihrer Grundbezogenheit auf ihren Sinn-Grund. Insofern aber erscheint im Symbol des Sakralen das Symbol- und Erscheinung-Sein von Welt und Freiheit überhaupt: Sie selbst erscheinen – als Erscheinung des Heiligen, das in ihnen erscheint. Doch geht es in der vorliegenden Arbeit nicht so sehr um dieses Erscheinen als vielmehr um das erscheinende Heilige selbst, um es in seiner „Selbsthaftigkeit" (B. Welte). Nicht also seine Weltlichkeit ist hier Thema, sondern seine Heiligkeit: das Heilige als Heiliges.[16]

Dieses Sich-Zeigen ereignet sich freilich nur für ein Erkennen, das im Streit der Deutungen bezeugendes Anerkennen sein will. Ja, dieses Gewilltsein selbst ist der wirkliche Ort und die eigentliche Weise seines Aufgangs. („Die Himmel rühmen des Ewigen Ehre" nur im Munde des Menschen.)

In eben diesem Gewilltsein jedoch erhebt sich nun der schärfste Widerstreit um das Heilige: aus der Erfahrung der Schuld. Wird diese letztlich entschuldigend auf das Heilige selbst zurückgeführt, so daß sich in diesem die zweideutige Tiefe

---

[16] Dies ist die Rücksicht, unter der das Folgende die 1968 erschienene Vorarbeit des Verf. Sakrament der Wirklichkeit. Vorüberlegungen zu einem weltlichen Begriff des Heiligen, nicht nur ausgeführt hat, sondern fortführt.

und das Dunkel des Dämonischen auftun? Oder wird es als lauterer Sinn und als das unantastbare Gericht der Wahrheit (als „veritas norma sui et falsi") anerkannt?

So aber wäre es faktisch das totale Unheil des Menschen (absolutes tremendum) – könnte es nicht doch, in einer Hoffnung wider alle Hoffnung, als ein solches Gericht erwartet werden, das gerecht macht. Gerade diese Erwartung aber ist die gemeinsame Überzeugung der Religionen: Das Heilige ist als Gericht das Heil; es ist Gnade.

Gnade hinwieder (die nicht entschuldigt, sondern vergibt und erneut) kann das Heilige zuletzt nur als personale Freiheitswirklichkeit sein. Das Heilige zeigt sich damit als Erscheinung des Göttlichen: als die Unnahbarkeit der Nähe, als die Herr-lichkeit des Vergebens des heiligen Gottes. So wird es zum Namen seiner „Göttlichkeit" als solcher. Und die Rede vom Heiligen ist die Weise, wie der Mensch die Namen Gottes – nicht hinter sich läßt, sie aber gerade als diese (als Namen, darin sich Gott selbst ihm zusprach), und gerade um des Ernstes ihrer Geltung willen, in dessen namenloses Geheimnis hineinbirgt.

Dieser letzte Schritt der knappen Vorankündigung fordert indessen wohl nochmals die Rechenschaft hermeneutischer Selbstreflexion, ehe wir an die Darstellung selber herantreten können. Was für eine (Auffassung von) Philosophie spricht sich nämlich konkret in diesem letzten theo-logischen Schritt aus?

Philosophie ist formal als prinzipielle (Selbst-)Auslegung von Grunderfahrung bestimmt worden. Grunderfahrung als solche von Freiheit ist immer auch schon – in Differenz-Identität – Grundentscheidung. Und beides gibt es in concreto nur – konkret. Philosophie ist also faktisch immer konkret-geschichtlich, und ist dies de iure, insofern sie das ist, als was sie hier bestimmt worden ist: in aller Prinzipialität (die sie von der Kunst unterscheidet) je konkrete Auslegung konkreten In-der-Welt-Seins.

Abendländisches Philosophieren geschieht darum unvermeidlichlich im Horizont abendländischer Tradition, d. h. in jenem Bewußtsein, das vor allem vom Griechentum, von Rom und der jüdisch-christlichen Botschaft geprägt ist. Die Weise, wie es sich zu diesem Erbe verhält, steht bei ihm, nicht aber, sich überhaupt zu ihm zu verhalten. – Ein Denken nun, das diese seine Bestimmtheit (vor allem die letztgenannte) positiv übernimmt, kann füglich christliche Philosophie heißen – Heideggers Einspruch zum Trotz (ungeachtet der Einsprüche niederen Ranges, die reine Formal- oder empirische Wissenschaften zum Vergleich bemühen).

In diesem Sinn ist das hier Versuchte christliche Philosophie. Christlich in der Bejahung des Erbes, das die reflektierte Grunderfahrung wie die Weise ihrer Reflexion bestimmt; Philosophie, insofern es Auslegung der eigenen Erfahrung (im Gespräch mit der Tradition) ist, nicht die (freilich stets auch das Eigene auslegende) Auslegung tradierter Urkunden als (göttlich-)autoritativer.[17] – Die Schwierigkeiten, die sich damit auftun, sind keine anderen als die behandelten des hermeneutischen Konflikts überhaupt.

Das soll nicht heißen, die angesprochenen Fragen seien in dieser Einführung hinreichend expliziert, geschweige denn etwa beantwortet, worden. Aber das Hauptgewicht unserer Untersuchung liegt auf der inhaltlichen Frage des Themas. Insofern dürfte das Gesagte vielleicht doch genügen – vorerst jedenfalls; im Fortgang der Arbeit wird sich ja selbst einem eher inhaltlichen Interesse immer wieder auch die methodische Fragestellung aufdrängen und Antwort verlangen – auch wenn ihre angemessene Behandlung Sache einer transzendentalen Logik und Hermeneutik wäre, die hier nicht beabsichtigt ist.

Kehren wir also zur inhaltlichen Frage nach dem Heiligen und dem Reden von ihm zurück. Und zwar so, daß wir abschließend, in Ergänzung der ersten formalen „Definition", eine materiale Bestimmung von Philosophie versuchen. (Diese

---

[17] Allerdings legt das Thema auch wiederholte Bezugnahmen auf gegenwärtige Theologoumena nahe. Dieses Gespräch zur anderen Fakultät hin wird in den Fußnoten geführt – mit Ausnahme der Diskussion des (bibel-)theologischen Einwands gegen die Rede vom Heiligen überhaupt, dessen Gewicht die Behandlung im Text selbst verlangt.

Antwort auf die Was-Frage deutet zugleich in die Richtung ihres Wozu, das bisher unausdrücklich blieb.) Philosophie versteht man gemeinhin als Liebe zur Weisheit. Könnte man sie nicht auch als philia (des Menschen als Denkenden) zum sophón auslegen?[18] Das sophón aber möchte ich als einen Namen Heraklits für das Heilige lesen (Fr. 32): ἓν τὸ σοφὸν μοῦνον λέγεσθαι οὐκ ἐθέλει καὶ ἐθέλει Ζηνὸς ὄνομα.

---

[18] Philagathía z. B. ist die Liebe zum agathón. Ein Wort ‚agathía' bietet das Wörterbuch gar nicht, ebensowenig etwa ‚adelphía', ‚argyría' oder ‚ergía'. Auch hier geht die Liebe statt auf Brüderlichkeit usw. auf Bruder und Schwester, auf árgyron und érgon. Vgl. M. Heidegger, Was ist das – die Philosophie? Pfullingen 1956 u. ö.

I. Referat

1. Wilhelm Windelband

Selbst gewissermaßen ein Präludium dieser Studien, gilt das Kapitel der meines Wissens ersten Publikation in unserem Jahrhundert über das Heilige, der religionsphilosophischen Skizze W. Windelbands in seiner Aufsatzsammlung „Präludien". Die Darstellung erschien in der 2. Auflage, 1902; für die 3. Auflage (1907) erfuhr sie eine Erweiterung um die Hälfte des ursprünglichen Umfangs. Seit der 4. Auflage in zwei Bände geteilt, erhielten die Präludien mit der 5. Auflage 1914 ihre endgültige Gestalt. „Das Heilige" bildet das vorletzte Stück des 2. Bandes, S. 295–332.[1]

Der Bericht über diese „Skizze zur Religionsphilosophie" ist, wie gesagt, selbst nur ein Vorspiel unserer Untersuchungen. Es wird darum auf eine Gesamtdarstellung des Werkes Windelbands und eine umfassende Auseinandersetzung mit dem Begründer der badischen Schule des Neukantianismus verzichtet. Beabsichtigt ist nur die aufrißhafte Kennzeichnung jenes Denkens, das neben der Neuscholastik die Folie abgibt, vor der der Neuansatz eines Rudolf Otto und Max Scheler sich abhebt.

Windelbands Ausgangspunkt liegt auch in dieser Frage bei Kant (obgleich wohl gerade hier der Schlußsatz seines Vorworts zur 1. Auflage der Präludien gilt: „Kant verstehen, heißt über ihn hinausgehen"). Die Einleitungsworte der Skizze machen das bereits deutlich: „Problem und Methode, Ziele und Wege der Religionsphilosophie lassen sich vom kritischen Standpunkt aus leicht und einfach bestimmen. Es handelt sich darum, die Stellung aufzuweisen, welche die Religion in dem zweckvollen Zusammenhange der Funktionen

---

[1] Die 9. Auflage von 1924, nach der hier zitiert wird, ist ein fotomechanischer Nachdruck dieser Ausgabe.

des vernünftigen Bewußtseins einnimmt, und von da aus alle ihre einzelnen Lebensäußerungen zu verstehen und zu bewerten" (295).

Allerdings geht es Windelband – wie übrigens ja auch Kant selbst – nicht um die Konstitution einer reinen, „wahren", philosophischen Religion, sondern um die kritische Untersuchung (die Nuance zum Hegelschen „Begreifen" ist gleichwohl nicht zu überhören) der wirklichen, existierenden Religion.

Anerkennt man diese Wirklichkeit unverkürzt, dann ist die Philosophie der Religion weder in der Logik noch in der Ethik noch in der Ästhetik unterzubringen. Während diese drei Grunddisziplinen (in der kritischen Reflexion von 1. Wissenschaft, 2. Moral, Recht, Geschichte, 3. Kunst) unter der Norm des Wahren, des Guten und des Schönen stehen, ist die Religion, die in alle genannten Kulturbereiche hineingreift, in sich selbst nur unter jener Norm zu fassen, die Windelband das Heilige nennt. Diese Norm muß nun des näheren bestimmt werden.

In einem knappen geschichtlichen Überblick zeigt Windelband zunächst das Ungenügen der Bestimmungsversuche im Ausgang von einer der drei Grundfunktionen.

Zuerst sieht er im Vordergrund den Standpunkt der theoretischen Vernunft, damit die Frage nach der Wahrheit der Religion, bis von Spinoza an, in der Aufklärung, mündend bei Kant, der ethische Aspekt, der Standpunkt der praktischen Vernunft vorrangig wird. Mit Schleiermacher sodann setzt sich die ästhetische Betrachtung der Religion durch.

Da keine dieser Hinsichten zureicht, andererseits eine weitere Bewußtseinsfunktion neben Vorstellen, Wollen und Fühlen nicht gegeben ist, kann der Ansatz zum Verständnis der Religion nur in einem Grundverhältnis liegen, das ihnen allen gemeinsam ist, und diesen Ansatzpunkt findet Windelband in einer fundamentalen Antinomie des Bewußtseins, jener zwischen Sollen und Müssen.

Dieser unvermeidliche Antagonismus von realer Naturnotwendigkeit und idealem Freiheitsanspruch „kommt uns zunächst als Schuldgefühl, als Gewissen – in dem weiteren Sinne

des Worts – zum Bewußtsein" (300). Windelband wehrt zwei abschwächende Deutungen dieser Erfahrung ab. Zunächst jene, die den Verstoß gegen das Sollen für vermeidlich erklärt. Der „Springpunkt der Religionsphilosophie" ist ihm gerade die „Naturnotwendigkeit des Normwidrigen" (302). – Was heißt dann allerdings „Sollen"?[2] (Doch sei diese These jetzt nicht diskutiert; gerade weil sie für die adäquate Bestimmung des Heiligen von größtem Gewicht ist, wird sie später ausführlich im systematischen Kontext erörtert.)
Einig gehen wir dafür mit Windelband in seiner zweiten Klarstellung, der Abwehr einer psychologischen und psychogenetischen Erklärung des Gewissens. Augustinus, Descartes, Platon zuvor werden angesprochen: „In diesem Sinne setzt das Gewissen eine metaphysische Realität des Normalbewußtseins voraus, die freilich mit dem, was wir im empirischen Sinne Realität nennen, nicht gleichgesetzt werden darf: sie ist, sobald wir uns auf die Geltung der absoluten Werte besinnen, das gewisseste unserer Erlebnisse, und gerade in diesem Sinne ist das Normalbewußtein das Heilige" (304).
„Normal" meint bei Windelband nicht einen statistischen Mittelwert, sondern die ideale (ideal-reale) Norm. Von Normal*bewußtsein* wird gesprochen, weil diese Normen einzig für und von Bewußtsein her zu denken sind.
So ist das Heilige „inhaltlich nicht anders zu bestimmen als durch den Inbegriff der Normen, die das logische, ethische und ästhetische Leben beherrschen" (305), als das Letzt- und Höchstgegebene. Als Gegebenes sind sie zudem nicht Produkt unseres Denkens, sondern anteilgebende Wirklichkeit: „Das Heilige ist also das Normalbewußtsein des Wahren, Guten und Schönen, erlebt als transzendente Wirklichkeit" (305).

[2] Trägt es nicht, wie Fichte vom Dürfen gesagt hat, „seinen Ursprung" als *Freiheits*begriff „an der Stirne"? (Versuch einer Kritik aller Offenbarung: Fichte-Gesamtausgabe [R. Lauth/H. Jacobi], Stuttgart-Bad Cannstatt 1964 ff., I/1 149 f.). Und muß nicht selbst eine „unfreie Freiheit" gleichwohl Freiheit sein, um befreit werden zu können, da sie nur so befreit werden kann, daß sie zu sich und durch sich befreit wird? (Vgl. M. Müller, Zur Philosophie der Freiheit, bes. S. 90 f.).

Sich-verhalten zum Heiligen, Religiosität, ist demnach Transzendenzvollzug, Überstieg über die empirische Realität. Windelband geht diesem Überstieg nun in den drei angesetzten Grundfunktionen des Bewußtseins nach, vom Unbestimmten zum jeweils Bestimmteren: vom transzendenten Fühlen über das transzendente Vorstellen zum transzendenten Wollen hin.

Da es uns nicht um den Gesamt-Aufriß einer Religionsphilosophie als solcher zu tun ist, beschränken wir uns hierzu auf die Grundaussagen, die für das Heilige („an sich" wie „für uns") relevant sind.

Zum Fühlen stimmt Windelband Schleiermacher zu: Das religiöse Grundgefühl ist das der „schlechthinnigen Abhängigkeit". Sie wird erfahren vor der Natur, im panischen Mittagsschrecken wie beim Anblick des bestirnten Himmels, angesichts des übermächtigen Schicksals, im Bewußtsein der sittlichen Unzulänglichkeit des Individuums wie vor dem Dämonischen in der Völkergeschichte.

Die Unbestimmtheit dieses Gefühls und seines Objekts drängt den Menschen zur bestimmenden Vorstellung dessen, was ihn betrifft. Hier stößt Windelband nun auf die entscheidende Antinomie der religiösen Dimension: in der Notwendigkeit, das Unbestimmte zu bestimmen und das Unsagbare auszusagen.

Die Charakterisierung dieser Antinomie – ihr entspringt die Vielheit der Religionen – dürfte zwar ungenügend sein; denn es handelt sich in Wahrheit nicht um ein „*Interesse* der Religion, daß Gott nicht völlig erkennbar ist" (309 – Hervorhebung von mir), es geht nicht bloß um eine Spannung zwischen Gefühl und Intellektualität.[3] Doch die Spannung be-

---

[3] „Wäre der Gegenstand des frommen Gefühls bestimmbar und erkennbar wie der pythagoreische Lehrsatz, so gäbe es nur Eine Religion – und das wäre keine Religion mehr, sondern Wissenschaft" (310). Allerdings, wenn man Bestimmung und Erkenntnis nur in der Weise der Mathematik zuläßt. Ein nicht derart „wissenschaftliches" Erkennen besagt andererseits prinzipiell geschichtlich-epochale und individuelle Differenz; dennoch wäre die Möglichkeit einer Einheit in solcher Differenzierung zu prüfen, die freilich kategorialer Vorstellung vorausläge, ohne doch bloß Einheit des Fühlens zu sein.

steht, ebenso, daß sie nicht „wissenschaftlich" zu beheben ist, so daß „in diese Lücke der Mythos und in den organisierten Formen des religiösen Lebens das Dogma" eintritt (310).
Auf allen Stufen lassen sich dabei zwei miteinander verschränkte Arbeitsrichtungen dieses theoretischen Bemühens unterscheiden. – An den Formen der Vorstellung zeigt sich vorherrschend die Ausweitung des Endlichen zum Unendlichen (das wird an den Grundkategorien Substanz und Kausalität veranschaulicht). Im Blick auf den Inhalt des religiösen Vorstellens zeigt sich vor allem die Verengung des Unendlichen aufs Endliche: der „Anthropomorphismus" der Religion, besonders in der Vorstellung Gottes als eines persönlichen Wesens. (Die Antinomie gerade dieser Vorstellungsweise wird am schärfsten im Problem des Übels und des Bösen erfahren.)
Im Wollen, das den jeweiligen Vorstellungen folgt und entspricht, erscheint die Spannung als der unschlichtbare Widerstreit von Weltflucht und religiöser Bejahung dieser Wirklichkeit[4] (der im Unsterblichkeitsglauben einen gewissen Ausgleich findet). Dieses Wollen soll mit seiner Motivation zwar alles Handeln durchprägen. Von eigentlich transzendentem Handeln ist indes erst dort zu sprechen, „wo der Sinn und Inhalt der Handlung selbst eine unmittelbare Beziehung des Menschen zur Gottheit ausdrückt. Solche Handlungen nennen wir Gottesdienst oder Kultus" (325).
Windelband behandelt drei Grundweisen religiösen Verhaltens: Gebet, Opfer, Theurgie. Diese Vollzüge einer Verbindung mit dem Göttlichen implizieren einerseits eine besondere Anthropomorphisierung dieses „Gegenüber", eben schon in seiner Sicht *als* eines solchen, und dies in Steigerung vom Gebet zur Theurgie. Andererseits wächst mit fortschreitender

---

[4] Diese Spannung steht gewissermaßen quer zu jener von tremendum und fascinosum (die im folgenden als ursprüngliche Polarität in den Mittelpunkt rücken wird), da ihre Alternative sich angesichts jedes der beiden Momente stellt. Das Bewußtsein dieser Differenz vermißt man nicht selten in der Tagesliteratur zum Thema Säkularisierung, Religionslosigkeit u.s.f.

Selbstklärung der Religion das Bewußtsein dieser Verendlichung des Absoluten.[5] Infolgedessen werden diese Handlungen zunehmend symbolisch, d. h. sie gewinnen „den Sinn, daß sie neben ihrem unmittelbaren empirischen Inhalt noch etwas Anderes, Höheres bedeuten" (327), am ausdrücklichsten in der theurgischen Magie. In allen drei Weisen ist das Symbolische zudem durch zwei bedeutsame Momente charakterisiert: durch das ästhetische zunächst, aufgrund der innigen Einheit von ideellem Inhalt und dessen sinnlich-sichtbarer Ausprägung (daher die enge Verwandtschaft zur Kunst, in der, was aller Religion unlösbar aufgegeben, in Unmittelbarkeit gegeben ist); sodann durch das soziale Moment, insofern der Ausdruck zugleich Mitteilung und Aufforderung zur Teilnahme besagt. Mit dem Hinweis auf die „konkrete Lebendigkeit" der Religiosität „in den geschichtlichen Organisationen der positiven Religionen" (332) endet die Skizze.

Windelband hat Religion nicht deduzieren und konstituieren, sondern sie in ihrer Wirklichkeit begreifen wollen. Man wird aber fragen dürfen, aufgrund welcher Erfahrung. Den Zugang zum Heiligen sieht er in der Erfahrung eines Risses des Bewußtseins, in der Antinomie von Müssen und Sollen.

Wir wollen hier noch nicht die prinzipielle Frage erörtern, wieweit „eigentlich" das Heilige von sich her aufgehen müßte. Wieweit andererseits legitimerweise und unumgänglich *unser* (jetziger) Zugang nur aus dem Unheil heraus offen ist. Hier ist indes zu fragen, ob das genannte Unheil schon jenes unserer Situation ist. Reicht diese „Unheils"-Bestimmung, um des Heiligen als solchen ansichtig zu werden?

Unter den symbolischen Handlungen zählt Windelband auch Waschungen und Reinigungen aller Art auf. „Dazu kommen als Ausdruck und Bekräftigung reuiger Gesinnung die Bußübungen, die Selbstpeinigungen, bei denen die nervöse Erregung durch die Erzeugung körperlichen Schmerzes bis zur pathologischen Steigerung der zerknirschten Stimmung füh-

---

[5] Windelband kennt indes nicht nur solchen Fortschritt, sondern auch „umgekehrt aus einer geistigeren Auffassung ein[en] Rückfall in die sinnliche Behandlungsweise" (328).

ren kann" (328). Selbstverständlich kennt die Religionswissenschaft solche Erscheinungen in reichem Maße. Aber verweisen nicht gerade sie auf echte Schulderfahrung, die mit der Deutung einer Wesens-Antinomie von Sollen und Müssen nicht nur bloß inadäquat beschrieben, sondern – in ihrem „eidos", ihrer formellen Qualität – geradezu verfehlt wird? Angesichts solch radikalsten Unheils, das nicht auf die nun einmal gegebene Begrenztheit des Endlichen zurückgeführt werden kann: angesichts rechtens zu verantwortender Schuld erst erhebt sich der Ruf nach dem wahrhaft Heiligen, seinem heiligen Gericht und seiner unfaßlichen Heilmacht. So wie umgekehrt erst angesichts seiner die Schuld als Sünde offenbar wird. „Sünde und Urschuld" hat so Rudolf Otto eine Sammlung von „Aufsätzen, das Numinose betreffend", überschrieben. Es wird sich zeigen müssen, wieweit in solcher Erfahrung das Heilige reiner als solches: in seiner Heiligkeit erscheint.

2. Rudolf Otto

Ins allgemeine Bewußtsein gebracht worden ist der Begriff des Heiligen durch niemanden so wie durch Rudolf Otto, dessen berühmtes Buch „Das Heilige" (= H) 1917 erstmals erschienen, inzwischen die 35. Auflage erreicht hat.
Seine Gedanken sind so oft dargestellt worden, die Literatur der Auseinandersetzung in Für und Wider ist so umfangreich, daß nur ein zusammenfassendes Referat gegeben werden soll. Dies allerdings ist unerläßlich für das Verständnis der folgenden Versuche, das Heilige als Heiliges zu denken.

Ansätze

Um Ottos Beitrag in seinem Hauptwerk gemäß würdigen zu können, muß man ihn nicht nur im Licht der späteren Erläuterungen, sondern auch des Vorhergehenden sehen, von dem her der Marburger Religionswissenschaftler zu ihm gelangt ist. Dazu braucht hier allerdings kein monographischer Abriß der denkerischen Entwicklung Ottos geboten zu werden;[1] es geht uns nur um einige Texte, die „das Heilige" in seiner Eigenheit schon vor-ankünden.
Auf erhellende Sätze seiner Erstlingsschrift „Die Anschauung vom Heiligen Geiste bei Luther" (1898)[2] kommt Otto selbst später zurück.

---

[1] P. Seifert hat zwar gewisse Verschiebungen gezeigt: besonders vom Interesse am Ethischen in den frühen Schriften zu einer radikalen Trennung von Religion und Ethos, aber auch er betont andererseits die Kontinuität der Entwicklung (84 f., 94). So auch H.-W. Schütte, 45.
[2] Vgl. Seifert, 45: „Was im Friesianismus Vernunft heißt, ist nach Otto dasselbe wie Luthers ‚Offenbarung'."

In der Auseinandersetzung „Naturalistische und religiöse Weltansicht" (1904) besteht Otto gegenüber dem damals noch geltenden Selbstverständnis von Wissenschaft darauf, daß „die Welt an keinem Punkte das Selbstverständliche [ist,] sondern an jedem das ganz Erstaunliche. Und ihre Gesetze sind Rätsel, auf Formeln gebracht" (39).

Dies „Erstaunliche", das Geheimnis, ist so einerseits das umgreifend Zugrundeliegende; aber es wird andererseits deutlich dem „frommen Gefühl" (1) zugewiesen und dem rationalen Begreifen weniger voran- als entgegengestellt. Das gilt in der Stellungnahme zu Lotzes Versuch, die mechanistische Lehre in die theologische Konzeption aufzunehmen (174), im Vorbehalt gegenüber der concursus- und causae-secundae-Konzeption („denn das Mysterium ist hier reinlich aufgelöst und nach Rubriken verteilt, und alles ist ganz ‚einfach' geworden" – 288), das zeigt sich schließlich in der Beurteilung des Schöpfungsdogmas als „Surrogat des Mysteriums" (290).

In diesem Werk zitiert Otto schließlich den Kantischen Ausdruck am Schluß der „Allgemeinen Naturgeschichte und Theorie des Himmels" von 1755,[3] auf den er immer wieder hinweisen wird: von der unnennbaren Sprache des verborgenen Erkenntnisvermögens des unsterblichen Geistes und seinen unausgewickelten Begriffen, die sich wohl empfinden, aber nicht beschreiben lassen (57).

Im Jahr der zweiten Auflage dieses Buches erscheint (1909) die „Kantisch-Fries'sche Religionsphilosophie und ihre Anwendung auf die Theologie". Nachdem Otto 1899 Schleiermachers „Reden" in der ersten Ausgabe neu ediert hatte (die dritte Auflage, 1913, erhält eine Beigabe von de Wette), nennt dieser Titel einen weiteren Namen, der für sein Denken von großem Gewicht ist.

Von der Akzentuierung des religiösen Gefühls bei Schleiermacher distanziert sich Otto gleich eingangs: „Die religiöse Überzeugung muß *wahr* sein und ihre Wahrheit auch aufweisen können" (9). Aber freilich muß nicht alle Erkenntnis Wissen sein. „Wir reden ausdrücklich von Glaubenserkennt-

---

[3] Werke in sechs Bänden (W. Weischedel), Darmstadt ² 1966, I 396.

nis" (10 Anm.). Darum hat auch die Aufklärung recht, insofern sie Einsicht (innerliches „Überführtwerden") statt äußerlicher Belehrung verlangt und gegenüber künstlichen Schulsystemen die eigenen Quellen der Religion aufsuchen will (18 f.).

„Religion ist selber Erleben des Geheimnisses schlechthin; nicht eines Geheimnisses, das nur eins für die Nichteingeweihten wäre, für höhere Grade aber aufgelöst würde, sondern das fühlbare Geheimnis alles zeitlichen Daseins überhaupt und das Durchscheinen der ewigen Wahrheit durch den Schleier der Zeitlichkeit für das aufgeschlossene Gemüt. Hier ist die Wahrheit, die allem ,mystischen' Überschwang und Phantasiespiel zu Grunde liegt, und der Sitz des Mystischen selber in aller Religion" (75). Darum haben hier Beweise nur geringen Wert, die Gültigkeit religiöser Überzeugung ist nur auf *einem* Weg zu erweisen: durch „die Methode der Selbstvergewisserung des religiösen Bewußtseins, d. h. eben das Erforschen seiner Quelle, der unmittelbaren Erkenntnis und ihrer Zuverlässigkeit" (76).

Es handelt sich dabei nicht um ein Begreifen (die intellektuelle Anschauung, „von der die Fichteaner schwärmten", ist uns versagt – 83), aber auch nicht um Glauben (der in doppelter Negation, in der Verneinung unserer Erkenntnisgrenzen, das Unendliche zu fassen sucht – 82 f.), sondern um jene dritte einende Art der Erkenntnis, die uns das *Gefühl* schenkt und die nach Fries mit „Ahnen" benannt wird.

„Wenn wir schon nicht *sagen* können, was Gott sei, können wirs doch fühlen und auch den, der es wissen will, nicht ohne Antwort lassen, indem wir ihm etwa Gelegenheit weisen, dieses Gefühl in sich wach werden zu lassen" (112). Denn im Grunde weiß der Geist um die ewige Wahrheit, und sie wird mannigfach im Ahnen des Gemüts lebendig (114).

Ja, es ist nicht nur so, „daß man Wahrheit erleben kann *auch* ohne Begriff" (155),[4] sondern (wie Otto gegen de Wette ausführt) im verschiedenen Bedürfnis nach dem Begriff zeigt sich „das Geheimnis des Verhältnisses von Theologie und

---

[4] Hervorhebung von mir.

Philosophie" überhaupt an. Nicht Platons Timaios, trotz seiner „reineren" Begriffe, sondern Jesaja (Kap. 6) ist für die Religion unerläßlich (166).
Welche Aufgabe hat dann die Theologie und welche Aufgabe Otto selbst, der er gerade mit seinem Werk über das Heilige dienen will? „Die alte Theologie war eine angeblich aus Vernunft und Offenbarung geschöpfte Metaphysik über Gott, Mensch und Welt und ihre Beziehungen. Die Religion selber würde am liebsten eine Erzählung der Taten Gottes wünschen. Die moderne Theologie sucht als erreichbare Aufgabe geringeres als dieses und anderes als jenes. Sie ist Religionswissenschaft, und die christliche Theologie christliche Religionswissenschaft" (192).
Die Gültigkeit dieser Selbstbestimmung wäre in der Theologie zu diskutieren. Für unsere Untersuchung ist sie darum von Gewicht, weil sich Otto damit auf unseren Boden begibt. Seine Aussagen über das Heilige sind nicht Theologie im klassischen Sinn einer Wissenschaft aufgrund übernatürlicher Offenbarung, sondern Religionswissenschaft, auf höherer Stufe der Reflexion also Religionsphilosophie (das Wort im weitesten, offensten Sinne genommen). Sie sind allerdings *„christliche* Religionswissenschaft". Einleitend ist von der Problematik, die damit angesprochen wird, schon die Rede gewesen. Sie erhält eine eigene Schärfe gerade in Ottos Hauptwerk, das im Schlußkapitel vom religiös Empfänglichen über den Propheten zu einer dritten denkbaren Stufe aufsteigt, dem Zusammenfall von Subjekt und Objekt der Ahnung („Divination") des Heiligen: „Ein solcher ist mehr denn Prophet. – Er ist der Sohn" (Schlußsatz des Buches). In dieser Zuspitzung ist die Frage jedoch erst später aufzugreifen (so weit dies überhaupt für das Thema unserer Untersuchung relevant wird), zumal sie sich bei Otto selbst in den 22 vorhergehenden Kapiteln nicht (oder eben nur in dem erwähnten allgemeineren Sinn) stellt.[5]

---

[5] Vgl. Schütte 60.

„Das Heilige"

Den Zugang zu seinem Thema sucht Otto im „Kreaturgefühl" (H 8 ff.). Es ist nicht einfach Abhängigkeitsgefühl, auch nicht „schlechthinniges", sondern eine Erfahrung unvergleichlicher Qualität (jene, aus der heraus Abraham sich – Gen 18,27 – vor Gott Erde und Asche nennt), so daß auf sie jenes andere Abhängigkeitsbewußtsein nur in Analogie hindeuten kann. Dieses Gefühl nun ist bloßes Moment, „gleichsam der Schatten", eines ursprünglicheren Gefühls, das *„zuerst und unmittelbar auf ein Objekt außer mir geht"* (11). Dieses Objekt wird also nicht (wie bei der Schleiermacherschen Bestimmung) aus einem Selbstgefühl erschlossen, sondern erstlich erfahren, und es entspringt dem erfahrenen Wesen dieses Objekts, daß angesichts seiner, vor ihm der Mensch sich seiner Kreatürlichkeit bewußt wird, d. h. nicht: seiner „Geschaffenheit" (zu welcher der Schluß Schleiermachers führt), sondern vielmehr: seiner „Geschöpflichkeit" (23).

Die „Selbstabwertung", die sich im Bekenntnis dieser Geschöpflichkeit ausspricht, gründet keineswegs in moralisch-sittlicher Selbstbeurteilung (66 f.); sie zielt auf eine noch tiefere, grundsätzliche „Nichtigkeit" des Menschen vor dem, was ihn hier betrifft (24 ff.), auf ein Nichts-sein, das gleichwohl andererseits nicht bloß auf der Ebene des Faktischen, sozusagen der Machtverhältnisse, liegt (des „Seins", wie Otto sagt, 64), sondern werthaft bestimmt ist: also nicht nur „Nichtsein", „Kleinheit" aussagt, sondern „Unwert-, Unwürdigsein".

Eigentlich beschreiben läßt diese Erfahrung sich nicht; man kann nur durch Abweis von ihr Ähnlichem, Benennung des ihr Entgegengesetzten ihren Ort umschreiben und durch solche „Erörterung" dem Leser helfen, in sich selber dieses Gefühl zu erinnern, es also wiederzuerkennen (7). Daß es in ihm lebe, muß vorausgesetzt werden. Wer sich nicht darauf besinnen kann „oder wer solche Momente überhaupt nicht hat, ist gebeten, nicht weiter zu lesen" (8); denn mit ihm kann man ernstlich keine Religionskunde treiben.

Das Unternehmen des Buches besteht nun darin, die Momente

dieser Geschöpflichkeitserfahrung aufzusuchen und an ihnen die Momente des Ersterfahrenen zu erfassen und zu benennen. Um dieses, nicht um das erfahrende Selbst, geht es ja in der Studie Ottos: um das Heilige.

Um die Unbefangenheit des Blicks auf das Erfahrene zu wahren, lehnt er zunächst auch den Namen des Heiligen ab. Was darin nach allgemeinem Verständnis an sittlicher Vollkommenheit, allgemein gültiger Verbindlichkeit, kurz: an Rationalem, wie Otto sagt, mitgemeint ist, soll man vorerst beiseite lassen. Das Verbleibende, das, woran der Mensch ursprünglich, aller Deutung und Selbst(er)klärung voraus, die Erfahrung seiner Nichtigkeit macht, nennt Otto das Numinöse oder Numinose (6 f.).

Stellen wir die angerührte Frage des Rationalen zurück und skizzieren wir erst die Momente, die Otto am Numinosen benennt. Was dem Menschen im numinosen Erlebnis begegnet, läßt sich als erschreckendes, „schauervolles Geheimnis" bezeichnen, als mysterium tremendum (13 ff.).

Geheimnis ist das Numinose als das „Ganz Andere", als jenes, das „das absolute *Befremden*", den „stupor" (30) weckt, vom „Gruseln" (16 Anm. 1, 33) bis zur geläutertsten Scheu des Beters vor dem Angesicht seines Gottes. Dieser Charakter der Befremdlichkeit mindert sich nicht im Maße wachsender Vertrautheit und reifender Religiosität, sondern verschärft sich im Gegenteil. Otto zählt drei Stufen dieser Verschärfung auf (deren Scheidung allerdings nicht völlig durchsichtig wird) (36 f.): 1. die des Nur-Befremdlichen, Unfaßlichen, Überkategorialen, des „akatalēpton wie Chrysostomus sagt" (36)[6]; 2. die des Paradoxen, das die Kategorien nicht nur übersteigt, sondern verwirrt, einander entgegensetzt; 3. schließlich die des Antinomischen, auf welcher Stufe das Mirum in sich selbst unvereinbar, widersprüchlich wird.

Mit dem Wort „Geheimnis" ist sozusagen der formale Aspekt des Numinosen benannt (42, 170). Die Qualität dieses Geheimnisses ist zuerst als schauervoll zu bezeichnen. Auch am Schauervollen unterscheidet Otto drei Momente.

---

[6] Vgl. Das Gefühl des Überweltlichen (= GÜ) 232 ff.

Das Element des Schauervollen selbst heißt in der Hl. Schrift der *Zorn* des Herrn und ist unter diesem Namen ein bedeutsames Phänomen auch in anderen Religionen (20 f.); das „Ideogramm" (d. h. der Quasi-Begriff[7]) dieses 1. Momentes wäre „schlechthinnige Unnahbarkeit" (22). Es ist zu ergänzen durch das 2. Moment des Übermächtigen, der „majestas" („schlechthinniger Übergewalt"), wie sie vor allem in der Mystik Eckharts zum Ausdruck kommt. Als 3. Element ergibt sich die Dynamisierung von Unnahbarkeit und Übergewalt, das Energische (27 f.). Es wird z. B. in Goethes Schilderungen des „Dämonischen" wirksam (179 ff.), aber dann je anders bei Fichte oder Schopenhauer, und erst diese Bestimmung gibt dem biblischen „Anthropomorphismus" des Zornes Jahves seine Kraft.

Seine Unvergleichlichkeit erhält der Schauer des Numinosen indes besonders von seinem Doppelcharakter („das seltsamste und beachtlichste Vorkommnis überhaupt in der Religionsgeschichte" – 42), daß es nämlich zugleich eine geheimnisvoll bestrickende Anziehung ausübt. Das Mysterium ist nicht nur tremendum, es ist zugleich und in einem fascinans, nicht nur wunderbar, sondern auch wundervoll (42). Dies Element ist nicht minder unableitbar als das erste des Schauers; aber die Religionsgeschichte ist der Beispiele voll, die von der Beseligung durch das Ganz Andere künden und die in der mystischen Botschaft des „Überschwenglichen" gipfeln.

Als mysterium tremendum und fascinans *zumal* wird das Numinose erfahren, und in diesem gespannten Zumal begegnet es als δεινόν, das Ungeheure[8], akzentuierter als augustum (semnón). Hier haben wir gewissermaßen das dritte Moment des Numinosen, das abschließende, scholastisch gesprochen, die „ratio formalis", womit nicht der formale

---

[7] Ein „Begriffs-Ähnliches" oder „reines Deutezeichen eines eigentümlichen Gefühlsmomentes" (21). Vgl. dazu den Artikel von H. Frick.

[8] Das Motto des Buches bilden die Faust-Worte (II 6272 ff.):
Das Schaudern ist der Menschheit bestes Teil;
Wie auch die Welt ihm das Gefühl verteure,
Ergriffen, fühlt er tief das Ungeheure.

Aspekt bezeichnet werden soll, sondern eben jene Qualität, die das Numinose eigentlichst zum Numinosen macht. Ja, eigentlich schon nicht mehr nur zum Numinosen: Otto überschreibt das 9. Kapitel: Das *Sanctum* als numinoser Wert.[9] Damit ist jene „Eigenschaft" des Numinosen gemeint, der unmittelbarst das Kreaturgefühl antwortet und erst deren Momente Schrecklichkeit und Zauber sind (so wie Schrecken und Faszination Momente dieses Gefühls). Kreatürlichkeit meint in dieser Ursprünglichkeit: Profanität. Und das besagt, wie gesagt, weder einen Mangel an Vollkommenheit noch an Schönheit, Erhabenheit oder Güte. Sie „kann der ‚natürliche' Mensch nicht wissen, nicht einmal nachfühlen. Es weiß und fühlt [sie] nur, wer ‚im Geiste' ist, dieser aber auch mit durchbohrender Schärfe und strengster Selbstabwertung" (67).

Sanctum mysterium tremendum et fascinans, damit ist das Numinose in seinen Wesensaspekten beschrieben. Aber das Numinose ist nicht das Heilige; es ist – wie Otto eingangs definiert hat – das Heilige „minus seines sittlichen Momentes und, wie wir nun gleich hinzufügen, minus seines rationalen Momentes überhaupt" (6).

Diese Erkenntnis, nicht wert zu sein, daß „Du unter mein Dach gehest" (71), betrifft – wie bereits bemerkt – zunächst und urspünglich nicht die sittliche Höhe des Menschen. Die Sphäre der Sittlichkeit steht überhaupt nicht als solche im Blick; sittliche Forderungen können miterfahren werden oder auch nicht. Umgekehrt gibt es ein ausgeprägtes Moralbewußtsein und sittliches Streben ohne das hier gemeinte Verständnis für „Profanität". Tatsächlich besteht jedoch eine Affinität der beiden Sphären. Wird allerdings der Bezug zum Numinosen neben anderen Beziehungen als ein Fall, bzw. Sektor der Sittlichkeit subsumiert, geht seine ihm eigene Qualität verloren, oder sie wird zum mindesten verdeckt. Doch umgekehrt entspricht es der Ordnung, wenn der numinose Anruf sich die sittlichen Forderungen subsumiert. Die Erfahrung des eigenen Unwerts, bestätigt im Bewußtsein sittlichen Ver-

---

[9] So sehr (siehe gleich) „sanctum" von ihm eben nicht synonym mit dem Heiligen gebraucht wird.

sagens, wird dann zur Erfahrung und zum bekennenden Eingeständnis der *Sündigkeit;* denn nun ist sittliche Schuld zum Frevel geworden. Wird aber so die sittliche Schuld zur Sünde *angesichts* des Begegnenden, dann erwacht in ihr zugleich ein Verlangen, das die Sphäre der Sittlichkeit nicht kennt: die Sehnsucht nach *Erlösung,* der Ruf nach Entsühnung.

Dieses Empfinden von Profanität und Sündigkeit und das Verlangen nach Weihe und Sühne entspringen nun der Erfahrung jenes Gegenüber, das Otto Sanctum nennt, oder eben, „um zugleich im absoluten Werte des Sanctum dessen irrationalen Werteinschlag, der es von bloßer absoluter *Güte* unterscheidet, gesondert zu erörtern" (68): augustum, semnón.

Gleichwohl hat es zu dieser Bestimmung bereits der Subsumption des Sittlichen bedurft. Indem solches „Hineinsetzen" fortgeht, vollzieht sich ausdrücklich der Übergang vom sanctum numinosum zum Heiligen.

„Nach dem Vollklange des Wortes ‚Heilig', so wie wir es vornehmlich im Neuen Testament vorfinden und wie es jetzt ausschließlich für unser religiöses Sprachgefühl festgelegt ist, ist das Heilige ja nie mehr das bloß Numinose überhaupt, auch nicht auf dessen höchster Stufe, sondern immer das vollkommen mit rationalen, zwecksetzenden, persönlichen und sittlichen Momenten Durchdrungene und Gesättigte" (134).

Was Otto mit irrational bezeichnet, ist bisher in etwa deutlich geworden: „nicht das Dumpfe, Dumme, das noch nicht der Ratio Unterworfene, das im eigenen Triebleben oder im Getriebe des Weltlaufes gegen die Rationalisierung Störrische", sondern jenes, das sich durch seine *Tiefe* verständiger Deutung entzieht (75 f.). Rational in der Idee des Göttlichen ist entsprechend das, „was von ihr eingeht in die klare Faßbarkeit unseres begreifenden Vermögens, in den Bereich vertrauter und definibeler Begriffe" (76). – Derart ist das Numinose irrational: „nur durch die Notenschrift der deutenden Ideogramme ist [es] – nicht deutbar, aber – andeutbar" (ebd.). Zum Rationalen rechnet Otto nun „die Ideen gesellschaftlicher wie individueller Ideale des Verbindlichen, Rechtlichen und Guten an sich" (135). – Über deren, besonders des letzten Rationalität (im definierten Sinn!) darf man allerdings im Zweifel sein; doch wie bisher soll auch hier zunächst nur referiert werden, ehe wir in die Diskussion des Vorgetragenen eintreten.

Wie die irrationalen Momente des Numinosen sind auch seine rationalen Momente unableitbar; sie sind, wie Otto gegenüber Sensualismus und Evolutionismus erklärt, „Kategorie rein a priori" (137, 165). Und ebenso ist es ihrerseits die „zusammengesetzte Kategorie" (137) des Heiligen überhaupt; denn dieselbe Apriorität gilt von der Verbindung des Rationalen und Irrationalen in der Religion, „von der inneren Notwendigkeit ihres Zusammengehörens" (165), auch wenn sie sich erst im Forgang der Geschichte realisiert.

Diese Geschichte aber führt vom gespenstischen Urschauer zu jener Klärung des Numinosen (die nicht Verdrängung und Ersatz meint, sondern „*Erfüllung* desselben mit einem neuen Gehalte" – 136), darin es sich zum Heiligen ergänzt „und nun sich der volle, komplexe Sinn von Heilig ergibt, in dem es gut und sakrosankt zugleich ist" (130).

Wie ist diese Ergänzung bzw. Füllung näherhin zu denken? Otto beantwortet diese Frage mit den Begriffen Gefühls-gesellung und Schematisierung. Gefühl: „das heißt in unserem Sprachgebrauche: *dunkle* Vorstellungsgehalte mit emotionalem Charakter" (57 Anm.).[10]

Gefühls-gesellung meint die „Anregung und Weckung von Gefühlen und Vorstellungen durch andere schon vorhandene, schon ‚vorgegebene' nach dem Maßstabe ihrer Ähnlichkeit" (59). So weckt etwa die Nötigung durch die Sitte das Gefühl der Nötigung durch eigentlich sittliches Sollen, wenn das Gemüt dazu angelegt ist (sie verwandelt sich also weder noch entwickelt sie sich dazu, sondern sie läßt *mich* zu dem verwandten Gefühl übergehen).

Solche Gefühls-Assoziation kann fallweise auftreten, sie kann aber auch Dauerverbindungen begründen. Beide Male ist sie jedoch allein durch sozusagen äußere Entsprechung begründet. Für die innerliche Verbindung wählt Otto den Kantischen Begriff der Schematisierung, und diese vor allem sieht

---

[10] Vgl. GÜ 52.

er bei der Ergänzung zum Heiligen am Werk, während die Gefühlsgesellung nur den Dienst der Erweckung, des ersten Anlasses leistet.[11] Das Irrational-Numinose wird durch die rationalen Begriffe „schematisiert" (61). So ist das Erhabene ein Schema des Heiligen selbst (ebd.); der strenge Begriff des Geheimnisses, des Übernatürlich-Überweltlichen, des Absoluten, schematisiert die Fremdheit des Mysteriums (34, 169 f.[12]), die göttliche Gerechtigkeit in Vergeltung und Strafe den „Zorn" (21 f.), die mystische Spekulation der All-Realität das „augustum" (24), ein voluntaristisches omnipotentia-Denken das Moment des Energischen (28). Das Fascinans wird als Liebe, Erbarmen, Mitleid, Hilfswilligkeit rational zugänglich (43). Verpflichtung zu Gehorsam und Dienst, Sünde und Sühne sind die Begriffe, die dem sanctum (augustum) zum Schema dienen (68–74).

Steht das Erleben der numinosen Momente, für sich genommen, in der Gefahr, zu Dämonenfurcht und Aberglauben abzusinken (14, 33 f., [112][13]), so droht der Leistung der Schematisierung die Gefahr, daß sie zu Spekulation und Rationalismus entartet (27, 64, 70, 73, 107, 198). Wo sich beide einander vor solcher Entartung bewahren, wird die Erfahrung des Heiligen in unverfälschter Ganzheit Ereignis.

Wo liegt nun der Maßstab des rechten Verhältnisses, woher gewinnt Otto selbst seine Phänomenologie des Heiligen? – Es handelt sich beim Heiligen um eine Kategorie a priori, d. h. nach Ottos Sprachgebrauch, um eine ursprüngliche Gegebenheit eigener Qualität (138), auf die hin es eine eigene teleologisch gerichtete Anlage gibt (140). Demnach läßt sich kein Maßstab von außen her anlegen (so wie es keine außerästhetischen Maßstäbe für die Beurteilung des Schönen gibt – 8, 173, 188, 204), sondern es bedarf der Ausbildung und der Selbstbesinnung des religiösen Vermögens selbst (73, 140, 166, 200 f.[14]).

---

[11] In ihrem Dienst stehen z. B. „Zeichen", Gespensterschrecken, Grauen, vor allem das Unverstanden-Mirakulöse: 32, 172, 81–84.
[12] Vgl. GÜ 224 ff.
[13] Auch GÜ 64 ff.
[14] Vgl. GÜ 48 ff. (und 4 ff.).

Otto nennt dieses Vermögen (das der[15]) Divination (173 ff.). Hier wird nicht – im Sinn eines Wunderbeweises – nach dem *Zustandekommen* eines Vorkommnisses gefragt, sondern nach seiner Bedeutung, seiner Zeichenhaftigkeit. Die Theologie spricht diese Erkenntnisweise unter dem Namen des *testimonium spiritus sancti internum* an. Doch ist dieses innere Zeugnis nicht auf die Anerkennung und Deutung der Schrift zu beschränken. Schleiermacher hat es auf die ganze Welt bezogen, ähnlich Fries in seiner Lehre von der Ahn(d)ung, während de Wette in besonderer Weise die Geschichte in den Blick nimmt, insofern sie als göttliche Weltregierung geahn(de)t wird.
Otto übernimmt diese Deutung bis auf zwei Punkte. Einmal teilt er ein solches Vermögen nicht allen Menschen zu – allgemein ist es „nur als die Empfänglichkeit vorhanden, das heißt als *Erregbarkeit* für Religion" (204). „Nur divinatorische Naturen haben dieses Vermögen der Divination in actu." Nicht einmal bei jedem religiös Überzeugten muß man es voraussetzen (178 – er möchte es sogar Schleiermacher selber absprechen, verdeutlicht es dagegen an Goethes Erfahrung des „Dämonischen" – 179 ff.). Sodann ist die Geschichte der Religion, besonders das Christentum und dessen Mitte, Christus selbst, nicht nur als eine Geschichte der Divination (des Ahnens des Heiligen in Welt und Geschichte) zu betrachten, welche in Jesu religiösem Vermögen ihren Höhepunkt hätte; es kommt vielmehr darauf an, diese Geschichte mit ihrem Höhepunkt Jesus ihrerseits als Objekt der Divination zu erkennen (183). Ist die Geschichte der Religion zunächst schon (statt einer Geschichte von Völkerpsychen gemäß Wundt[16]) die Geschichte divinatorischer Naturen: der Propheten (wie die der Kunst eine solche von Künstlern – 204), so zeigt sich hier über die Gestalt des Propheten hinaus die Möglichkeit einer neuen höchsten Stufe: des Propheten, der zugleich Objekt der Divination des erscheinenden Heiligen wird: der Sohn (205).

---

[15] Der Name bezeichnet das Vermögen selbst wie dessen Aktuierung, das Erkennen (so schon 173).
[16] Vgl. GÜ 11–57.

Damit schließt, wie oben schon vorausgenommen, das verhältnismäßig schmale und doch so wirkungsgeschichtsmächtige Buch. – Dem Thema unserer Untersuchung gemäß brauchen wir auf die eigentlich christliche Problematik dieses Schlusses nicht einzugehen. Bedenkt man, daß dem „Volk" und der Gemeinde der Jüngerschaft gegenüber jeder Prophet auch in etwa schon Objekt der Divination ist und daß es andererseits im Feld personal-ganzheitlichen Engagements so etwas wie ein Gesetz „personaler Konkretion"[17] gibt, dann läßt sich gewissermaßen „das religiöse Apriori eines Heilandes" aufstellen,[18] wie er sich tatsächlich in der Geschichte verschiedenster Religionen findet (wonach der Stammvater oder der Stifter göttliche Ehren erhält[19]). Verwandtschaft und Differenz solcher Heilande zur Gestalt Jesu von Nazareth ist dieses Orts nicht zu bedenken.

Unstreitig im Recht ist Otto mit der Betonung der Rolle der „divinatorischen Naturen" für die Erfahrung und Deutung des erscheinenden Heiligen. Gleichwohl läßt ihn seine Gegenstellung das Moment der Tradition, das Gewicht von Gemeinschaft und Geschichte, auch für den Propheten (nicht nur für sein Fortwirken in Gemeinde und Volk) zu sehr vernachlässigen. Der eigentliche Grund dieser Unterbewertung liegt jedoch in seiner Bestimmung des Divinationsvermögens als eines eigenen Gefühls. Diese Bestimmung scheint die gesamte Deutung des Heiligen durch Otto vorzuentscheiden; an ihr hat sich darum auch vor allem die Diskussion um seine Aussagen entzündet.

Die erste Kritik richtet sich gegen den Gebrauch des Wortes „Gefühl" überhaupt, sobald es um die Erfassung eines Objekts geht. J. Geyser, P. W. Schmidt, E. Gaede und F. K. Feigel betonen einhellig, Gefühl sei zwar objektbezogen, aber eben eine Stimmung und Verfassung meiner selbst *aufgrund*

---

[17] B. Welte, Heilsverständnis 216 ff.
[18] Ebd. 228; s. auch M. Scheler, unten S. 66.
[19] In dieser Sicht verliert der, berechtigte, Einwand Seiferts an Gewicht, entweder sei der Abstand zwischen zweiter und dritter oder die Kontinuität zwischen erster und zweiter Stufe gefährdet (71).

der Erfassung des betreffenden Objektes.[20] – Nun hat Otto 1926 im Anhang seines Buches Westöstliche Mystik seinen Standpunkt noch einmal in aller Deutlichkeit bekundet (WÖM 383 ff.).

Er lehnt die Tetens'sche Dreiteilung Erkennen, Wollen, Gefühl entschieden ab, wonach Gefühle Emotionen sind, die eine Objekterfassung voraussetzen, und beruft sich auf den „Ursinn des Wortes". „Gefühl ist Übersetzung von sensus als Sinn und sinnliches Wahrnehmen". Und über diese Stufe hinaus ist Gefühl sittlicher Takt, Sinn für das Rechte, ja „geradezu gleich Erkenntnis in ihrer vorbegrifflichen Form": Gefühle sind, kantisch gesprochen, die „unausgewickelten Begriffe", oder, spinozistisch: cognitio intuitiva. – Schleiermacher faßt in den „Reden" Gefühle als Emotionen; das schlechthinnige Abhängigkeitsgefühl der „Glaubenslehre" aber sei unmittelbare Erkenntnis. Und Otto findet daran nur zu tadeln, daß Schleiermacher „von einer (objektiv erfaßten) Selbstbestimmung ausgeht statt von einer Erfassung des transzendenten Objektes" (WÖM 387).

Ob man also Rudolf Ottos Sprachgebrauch teilen will oder nicht, festzuhalten ist jedenfalls, daß „Gefühl" bei ihm intuitives, vorbegriffliches, ganzheitliches Erkennen bedeutet. Damit haben sich auf einer ersten Ebene die Einwände von kantianischer wie scholastischer Seite erledigt: Gefühl ist sensus („Sensus numinis"), gewissermaßen „Instinkt"[21], „Witterung"[22] nicht für den eigenen Zustand, sondern für gegenständliche Wirklichkeit.

Als vorbegrifflichem Erkennen eignet dem Gefühl nun die Tendenz der Selbstklärung zu begrifflichem Erfassen des Erkannten. Otto nennt diesen Vorgang in Anlehnung an Kant Schematisierung. Daß dieser Ausdruck nicht gerade glücklich gewählt ist und bei Kant gerade in umgekehrter Richtung verwendet wird (Schematisierung des Begriffs durch Veran-

---

20 J. Geyser, Intellekt 14, 18 f., 21, 23; P. W. Schmidt 65, 67, 149; E. Gaede 27, 33, 40; F. K. Feigel 35 ff.
[21] Siehe M. Seckler, Instinkt und Glaubenswille nach Thomas von Aquin, Mainz 1962, bes. 220 ff.
[22] H 17.

schaulichung, nicht des Anschaulichen durch das Rationale), ist deutlich vermerkt worden.[23] Andererseits liegt tatsächlich eine Analogie vor. Konkret, faßlich, vollends erkannt wird die heilige Realität eben erst durch ihre „Gestaltung" (= Schematisierung); bei Kant ist die übergestaltliche, reine Form zu konkretisieren, bei Otto die ungestalte Materialität und Gehaltlichkeit des Numinosen.

Für unsere Fragestellung können wir die historisch-evolutive Problematik beiseite lassen, auf der zu Recht umfassendere Auseinandersetzungen mit Otto insistiert haben.[24] Immerhin ist grundsätzlich auf die methodische Fragwürdigkeit der Orientierung am Primitiven hinzuweisen.[25] Auch wenn man nicht die gegenteilige Position etwa Hegels übernehmen will, daß erst im Resultat das Wesen erschienen sei,[26] so muß doch das ontisch-genetisch Erste keineswegs das ontologisch Erste und Ursprüngliche sein. – Uns geht es um die Phänomenalität des Heiligen. Allerdings zeigt sich auch und gerade unter diesem Aspekt eine verhängnisvolle Ungeklärtheit der Aussagen Ottos. Einerseits nämlich sieht er eben im Numinosen, also dem vorbegrifflich Erfühlten, das eigentlich Göttliche, dem gegenüber die Schematisierung doch irgendwie Abfall, Verlust, Verblassen bedeutet, andererseits führt nach ihm ein Versäumnis der Schematisierung zu den „Absenkern" des Dämonisch-Gespenstigen. Das *Heilige* ist erst das *schematisierte* Numinose. Darum wird es als komplexe Kategorie gekennzeichnet. Aber zugleich soll es doch nach Otto nicht das Ergebnis *unseres* Schematisierens sein, sondern jene transzendente Wirklichkeit, der eben diese komplexe Deutung näher, adäquater ist als nur irrationale Aussagen.

Müßte also nicht von ihm der Anstoß zur Schematisierung und deren Leistung ausgehen? Otto selbst wird das nicht bestreiten, im Gegenteil es ausdrücklich bejahen; aber er bietet

---

[23] Geyser, Intellekt 29; Lemaitre 143; Seifert 81; Feigel 79 ff.
[24] Bes. Schmidt 11, 19 u. ö.
[25] Vgl. u. a. Lemaitre 130; Baetke 26.
[26] So daß die Rückwendung zum Anfang bedeutet, den „Strickstrumpf" (hier: des Christentums) „auf den planen Faden des Wortes Gottes" aufzutröseln. Werke (Glockner) 19, 109.

zur näheren Erklärung nur seine These von der Gefühlsgesellung an, wonach verwandte Gefühle einander zu wecken vermögen.

Diese Erklärung hat zunächst das Mißliche, daß sie eher für Gefühle als Emotionen denn für Gefühle als Intuitionen entworfen zu sein scheint. Zuständlichkeiten, auch Vorstellungen mögen sich durch Ähnlichkeit verketten (obwohl in alldem schon mehr fraglich als geklärt ist): wie aber soll die Wahrnehmung von etwas die Wahrnehmung (nicht Einbildung) von etwas Ähnlichem hervorrufen können? – Wir mußten schon in unserem obigen Referat Otto in einer Weise ordnen und „systematisieren", die in wesentlich höherem Maße „Interpretation" bedeutete, als dies bei einem jeden Referat der Fall ist. Die Rechtfertigung für dieses Vorgehen nehmen wir aus dem Sach-Interesse unseres historischen Berichts. Solche Klärung hat (wie sich in einzelnem schon gezeigt hat) gleichwohl faktische und prinzipielle Grenzen. Und gerade bezüglich des Verhältnisses von Subjektivität und Objektivität im Heiligen und dessen Erfahrung stößt man unleugbar auf sie. Aber dies festgestellt, sei doch versucht, wie weit sie unter Umständen hinauszuschieben seien (unabhängig vom Selbstverständnis Ottos). In diesem Sinn ließe sich auf die gestellte Frage vielleicht antworten: Nicht die Wahrnehmung, sondern die Gegenwart und „Mächtigkeit", die Dynamik des Wahrgenommenen in der Wahrnehmung ermächtigt zu umfassenderer Wahrnehmung des anfänglich Erfaßten. Wie das Kreaturgefühl „Schatten" des numinosen Objektgefühls (d. h. der Erfahrung des Objekts) ist, so wäre dann die Gefühls-gesellung (als Erfahrungsgesellung verstanden) nur die subjektive Seite jenes Geschehens, in dem das Numinose nach seinen Momenten sich zeigt, nicht also der Weg von der Wahrnehmung eines Objekts zu der eines anderen, sondern von der ersten Wahrnehmung zur Aufdeckung des in ihr schon Miterfahrenen? Insofern würde sie (terminologisch nicht eben glücklich) den legitimen Weg zur Phänomenologie des Heiligen bezeichnen.[27]

---

[27] Vgl. Heidegger, Sein und Zeit (=SuZ) § 7c.

In seiner „Fries'schen Religionsphilosophie" von 1909 hatte Otto geschrieben, beim Erkennen handle es sich nicht darum, „eigentümliche Vorstellungen zu haben, die wir nicht loswerden können, sondern darum, daß wir selber *einsehen*, daß etwas so ist" (RPh 42 Anm.). Vor dieser Forderung dürfte seine Theorie der Gefühlsgesellung kaum bestehen. Und tatsächlich (das ist die zweite Mißlichkeit seiner Erklärung) soll sie auch gar nicht mit dieser Forderung belastet werden. Zwar führt der Abschnitt über dieses Gesellungs-Gesetz zum Abschnitt über die Schematisierung hin; aber dann lesen wir: „Von solchen bloßen Verkoppelungen oder Zufallsverbindungen nach Gesetzen bloßer äußerer Entsprechung [„Dauerverbindungen" eingeschlossen] unterscheiden sich notwendige Verbindungen nach Prinzipien innerer wesensmäßiger Zusammengehörigkeit." Die Schematisierung ist nicht nur nicht beliebig, sie entspringt einem Wesenszusammengehören.

Welcher Art aber ist nun diese Wesensbindung? Der Abschnitt über Schematisierung beantwortet die Frage nicht. Er gibt nur einen Unterschied zu den Zufallsverbindungen an: daß die Schematisierung „nicht bei steigender und fortgehender Entwicklung des religiösen Wahrheitsgefühles wieder zerfällt und ausgeschieden wird, sondern immer fester und bestimmter anerkannt wird" (H 61). Darum ist auch die Bindung des Heiligen an das Erhabene „wahrscheinlich" eine schematische. Des weiteren kann Otto nur Beispiele bieten: die Durchdringung der Zuneigung mit dem Geschlechtstrieb im Eros und noch entsprechender: die Rationalisierung der Musik im Lied. – Tatsächlich bieten sich ja auch unterschiedliche Rationalisierungen an: Eckharts spekulative Mystik wie Shankaras Absolutheitsspekulation ist rationale Sematisierung dessen, was Otto das numinose Ganz-andere nennt (WÖM 219 Anm. 1). Es gibt also unterschiedliche Wesenszusammengehörigkeiten? Doch tiefer geschaut, gehören vielleicht auch sie wieder zusammen. Und was Otto von der Zusammengehörigkeit verschiedener mystischer Wege sagt, gilt dann wohl für die Zusammengehörigkeit von Numinosum und Schema mit und erst recht: „Was dem Mystiker wesensmäßige, notwendige Zusammengehörigkeit ist, kann uns anderen nur erscheinen als gegenseitige Attraktion nach psychologischen Gesetzen: z. B. nach dem Gesetze, daß in gewissen Hinsichten verschiedene, in anderen Hinsichten aber ähnliche Erfahrungen sich unter dem Drucke ihrer Ähnlichkeiten im erfahrenden Gemüte mischen können. Und nicht nur mischen, sondern unter Umständen auch sich gegenseitig veranlassen und wecken können, und in Wechselwirkung sich gegenseitig steigern können" (WÖM 360).

Damit ist also nun doch zur Gefühlsgesellung zurückgelenkt und auf einen Ausweis der Wesenszusammengehörigkeit verzichtet. Der Mystiker sieht den Wesenszusammenhang in Intuition, dem Nicht-mystiker bleibt er verborgen; er muß sich mit dem vagen Kriterium zunehmender Bindung im Lauf der Entwicklung begnügen. Was aber leistet dieses Kriterium, wenn einerseits die Entwicklung durch eben diese Bindungen (durch die Schematisierung) konstituiert wird und wenn es andererseits dauerhafte Bindungen bloßer Gefühlsgesellung gibt, die selber vielleicht Seiten- oder Fehlentwicklungen bedingen, ja schließlich sogar eine falsche (denn auch das gibt es offenbar): in Rationalismus führende Schematisierung?

Otto wird entgegnen, daß der radikale Nicht-mystiker hier in der Tat nicht zuständig sei. Es bedarf zumindest eines gewissen Maßes an „sensus numinis", um Religion beurteilen zu können, und das Reden von Gefühlsgesellung wäre dann nur der Versuch einer Verdeutlichung, der selbst um sein Ungenügen wüßte und dies dadurch ausdrückte, daß er seiner Erläuterung gleich die Abwehr folgen läßt: „aber eben doch nicht so, sondern anders", ohne über das „anders" noch positiv etwas sagen zu können. Und auch der Begriff der Schematisierung wäre nichts anderes, indem er zwar kein „Nicht so" aussagt, aber auch nichts positiv zu Fassendes.

Otto verwiese also auf das (religiöse) Gefühl als (religiöses) *Apriori*. Diesem Begriff müssen wir uns jetzt zuwenden in dem Versuch, hier etwas über das Wesen des Heiligen als „Komplex-Kategorie" zu erfahren.

Zuerst ist wiederum zu sagen, was Otto mit diesem Namen *nicht* meint. In seiner „Religionsphilosophie" hat er selbst den Ausdruck noch als nicht sehr glücklich und mit Mißver-

ständnissen umgeben bezeichnet (3). Es handelt sich bei ihm nicht um eine gedankliche Konstruktion vor aller Erfahrung, auch nicht um die alle Erfahrung bedingende Gesetzlichkeit des erkennenden Bewußtseins selbst. Otto bezeichnet damit vielmehr eine urspüngliche Anlage des Geistes (H 137), eine dunkle synthetische Erkenntnis (165), kraft deren in der begegnenden Wirklichkeit das Numinose und das Heilige erfaßt werden. Und dieses ist zugleich im Apriori mitgemeint.[28]
Vor allem Feigel als Kantianer moniert diesen Wechsel von subjektivem zu objektivem Apriori. Otto rechtfertigt den Übergang aus der kritischen Selbstbesinnung des Vermögens, dessen Akte nicht nur wert-, sondern auch seinssetzend seien. „Was phänomenologisch schon als Entwurf sui generis erscheint, wird vom Erfahrenden selber als *Vernehmen*, als Wirklichkeitserfahrung erfahren (wie beim Schönen), und solches Wertgefühl hat ‚ontologische Implikationen', ich erfahre eine neue Seinsordnung" (GÜ 59 f.).

A. Paus, der in einer ausführlichen Arbeit „Herkunft und Wesen der Aprioritheorie Rudolf Ottos" untersucht hat, kommt zu dem Ergebnis: „Das religiöse Apriori ist der Seelengrund, die objektive synthetische Einheit der UFA [der ursprünglichen formalen Apperzeption, gemäß Apelt], oder die spekulative Grundform der metaphysischen Erkenntnis."[29]

Dem hat R. Schinzer energisch widersprochen, und man muß wohl sagen, zu Recht, auch ohne die systematischen Vorlesungen Ottos aus den Jahren 1924/25 und 1927 zu kennen, die Schinzer im Rudolf-Otto-Archiv in Marburg gesichtet hat. Zu deutlich wird aus Ottos veröffentlichten Werken, daß er mit dem Apriori zwar den Seelengrund meint, aber nicht als Ermöglichung und Grundform aller Erkenntnis, sondern als „dunkle" Vor-Erkenntnis des Göttlichen, die dessen („Wieder-")Erkennen im Fall seiner Offenbarung ermöglicht. In diesem Sinn – der Verwiesenheit auf das Sich-Zeigen des Sich-Offenbarenden – heißt das Heilige auch nicht ohne

---

[28] Vgl. das Vorwort zu den „Aufsätzen das Numinose betreffend".
[29] A. Paus 163.

Grund Kategorie, obwohl Otto zugleich das unter dieser Kategorie Erfahrene damit bezeichnet.[30]

Insofern trifft Siegfried also Ottos *Intention*, wenn er schreibt: „Es handelt sich nicht um Psychologisierung, sondern um ein Gegenstandsapriori."[31] Aber die Ausführung begegnet fast einhelliger Kritik von philosophischer Seite. Besonders Kantianismus und Scholastik treffen hier wieder zusammen. Vor allem im Vorwurf der Psychologisierung Kants (der Interpretation der transzendentalen Apperzeption als Seelengrund und mysticus intuitus). Damit sei kein transzendentallogischer, sondern ein biologischer Quellgrund gefunden, „a posteriori durch Analyse des Seelenlebens", und damit eigentlich nichts gefunden; denn die Berufung auf „Anlage" sei keine Erklärung, sondern eine Tautologie.[32]

Aber so sehr hier die angeblich gebotene Erklärung tatsächlich ausbleibt: Die scheinbare Tautologie verteidigt gegenüber evolutionistischen Erklärungen die Ursprünglichkeit der Erfahrung des Heiligen[33] und stellt zugleich deren Tiefe gegenüber einer zu rationalistischen oder nur formalen Interpretation fest. Paus weist auf die Erkenntnislehre Meister Eckharts und der Deutschen Mystik hin, „für die der Seelengrund Koinzidenzpunkt von Gott und Mensch war". Es sei verfehlt, in Ottos Gedankenwelt nicht mehr als einen „gefühlsmäßigen" Irrationalismus zu sehen. „Man könnte indessen

---

[30] Vgl. Th. Siegfrieds Habilitationsthese (Theol. Blätter 1 [1922] 14): „Das ‚Heilige' R. Ottos ist keine Kategorie [d. h. subjektive Erkenntnisform], sondern bezeichnet einen durch Ausschluß der Seins- und Wertsphäre [will sagen: der Sphäre faktischer Existenz wie des Ästhetischen wie sittlichen Sollensanspruchs] abgrenzbaren, aber kategorial nicht positiv bestimmbaren Gehalt."

[31] Th. Siegfried, Grundfragen 22.

[32] Feigel 74; ähnlich Geyser, Intellekt 39, 44 f. und Schmidt 151, 154.

[33] Vgl. z. B. K. Kerényi: „Die Religion setzt als ihr eigenes ‚Bevor' nicht eine – evolutionistisch gesprochen – niedrigere Stufe voraus, sondern höchstens eine vor-werkliche, eine Stufe des bloßen – man könnte fast sagen: des nackten – Umgangs mit dem Göttlichen" (Das „Bevor" der Religion, in: Actes du XIème congrès international de philosophie, Bruxelles, 20–26 août 1953. Vol. XI: Philosophie de la religion, Amsterdam-Louvain 1953, 70–76, 73).

gerade Otto jenen Denkern zurechnen, die in ihrem Denken von einer ‚rationalen Mystik' getragen werden."[34]

Über den Ausdruck „rationale Mystik" könnte man streiten. Jedenfalls zielt Otto wohl auf „theologische Sachverhalte wie ‚Rest der imago Dei' oder ‚testimonium spiritus'"[35], wobei die Verwiesenheit auf aposteriorische „facta oder gesta Dei", in Absetzung von Eckart, gleicherweise betont wird.[36]

Nach Paus findet die „zunächst seltsam erscheinende realistische Ausdrucksweise" Ottos „ihre Erklärung in der Annahme des religiösen Apriori oder der unmittelbaren Erkenntnis als eines real Gegebenen, das durch die Reflexion mit Hilfe der rationalen Prädikate wiederbeobachtet wird. Die Bewußtseinsstruktur als eine allgemein menschliche soll die Garantie dafür bieten, daß eine allgemein gültige Erklärung für die Möglichkeit der religiösen und mystischen Erfahrung gefunden worden ist."[37] Allerdings ist die Vor-Erkenntnis etwas real Gegebenes, aber sie genügt nicht für sich, und sie soll vor allem keine „*allgemein* gültige Erklärung" geben, sondern zeigt sich der Selbstbesinnung des konkret vom Heiligen angesprochenen Menschen als Maßstab seines sich Ansprechenlassens.[38]

Vom Kantianimus ist schon die Rede gewesen, das Ungenügen neuscholastischer Deutung wird an der Behauptung P. W. Schmidts deutlich, dem Göttlichen gegenüber sei im Unterschied zu einer „gewöhnlichen rechtschaffenen Erkenntnis überhaupt ... nur größere Genauigkeit und Hingebung verlangt" (154). Oder wenn Geyser schreibt: „Der Gebrauch der Verstandeskräfte genügt, um sich Gottes bewußt zu werden, ihn zu verehren und sich ihm hinzugeben, ja auch, um in heiliger Scheu vor ihm zu erbeben."[39]

---

[34] Paus 164, 166.
[35] Schinzer 207.
[36] Otto in der Vorlesung von 1927, nach Schinzer 198.
[37] Paus 189.
[38] Vgl. Schinzers Zitat (207) aus der früheren Vorlesung Ottos, in Berufung auf Jo 5,38: „Die Immanenz des Wortes ist die Vorbedingung dazu, daß man Jesum sehen kann als das verbum Dei."
[39] Geyser, Intellekt 17.

Ottos Fassung des Apriori reicht offenbar nicht, um diese Aussagen zu korrigieren. Feigel hat recht: Die Schranken der Vernunft sind von der Vernunft her zu sehen, nicht vom Irrationalen her.[40] Aber in welcher Dimension und materialen Füllung hat man hier „Vernunft" zu lesen? Ottos Last war die antirationalistische Kontroverssituation und die Bindung an die evolutive Fragestellung. Beides fixierte ihn auf die Primitivzustände von Religion und verdeckte ihm damit vor allem den *personalen* Charakter des Heiligen.

Zwar hat die Kritik darauf hingewiesen, daß gerade den Primitiven Du und „Sie" näher stehen und früher sind als das Es,[41] und seit den ethnologischen Forschungen der letzten Jahrzehnte sehen wir hier noch deutlicher. Aber tatsächlich scheint in den greifbaren Frühformen noch keine Klärung erreicht zu sein. Ein wichtiges Indiz ist schon das Vorherrschen des Beängstigenden;[42] Otto verteidigt wiederholt ausdrücklich seinen Ausgang vom tremendum.[43] Die vorhin gestellte Frage, ob und wieweit der historische Anfang dem ontologischen Ursprung näher und entsprechender sei, braucht hier gar nicht durchgeklärt zu werden; denn dieser ist gar nicht greifbar. Wir gelangen immer nur zu späteren Formen, die schon Entwicklungen, Differenzierungen, Klärungen und Verunklärungen durchlaufen haben.[44] – Die Verselbständigung *eines* Momentes stellt daher auch die Fassung des Heiligen als des Unpersönlichen dar. Die Hinweise Ottos sind nicht zu vernachlässigen, in denen er sich gegen eine zu vertraute menschliche Nähe des Du wehrt;[45] dagegen verfängt es auch nicht, wenn man das ‚vous' und ‚Ihr' aus einem späten, ge-

---

[40] Feigel 128.
[41] Baetke 44; Feigel 45.
[42] Vgl. Hauer 28. (Weder vom Sollen noch von der Liebe ist bei Otto in diesem Anfang die Rede.) Für eine Kritik an dieser Sicht vgl. P. Radin und Th. P. v. Baaren.
[43] Z. B. GÜ 82 f., 123 f., 158, 163 f., 213; Gottheit und Gottheiten der Arier 6 f.
[44] Dazu bes. Baetke 26, 28. Vgl. auch die Kritik des Baetke-Schülers K. Rudolf, bes. 55 ff. u. 165 ff. Dazu allerdings die kritischen Bemerkungen von K. Goldammer, Religionen 136 f. (vgl. 42).
[45] Siehe H 39 (mit Anm. 2); GÜ 265–273.

wissermaßen feudalen, Empfinden entspringen sieht.⁴⁶ Tatsächlich meldet sich auch darin Ursprüngliches an. Hier wie öfter macht Otto die gestellte Aufgabe sichtbar – ohne sie seinerseits lösen zu können.⁴⁷ Denn nur von einem unverkürzt personal verstandenen Heiligen her dürfte, wie zu zeigen sein wird, seine „Apriorität" einsichtig zu machen sein; nur von hier aus die „Kontrastharmonie" tremendum-fascinosum und die „Komplexität" Numinosum-Schema. Und allein so sind auch Sittlichkeit und Geschichte ursprünglich mit einzubringen.⁴⁸ Freilich ist der Begriff des Personalen dafür näher zu bestimmen. Dazu bedarf es eines ontologischen Ansatzes, in dem *on* wie *logos* weder bloß faktisch noch bloß rational-formal, sondern in vollem Umfang, das heißt als wahrhaft umgreifende zur Geltung kommen.⁴⁹ In diesem Ansatz müssen dann auch die Intentionen Ottos eingehen und in ihm ihr Ziel erreichen.

Den ersten großen Versuch einer solchen Hereinnahme stellt die Religionsphilosophie Max Schelers dar und in seiner Nachfolge die wertphilosophische Darstellung der Religion durch Johannes Hessen.

---

⁴⁶ Feigel 52.
⁴⁷ Bezeichnend ist z. B., daß er keine Kriterien zur Unterscheidung des Über- vom Unterrationalen anbieten kann; vgl. Haubold 31; Traub; Seifert 58.
⁴⁸ Ebenso Rolle und Bedeutung der „religiösen Persönlichkeiten". – Vgl. Schütte 75: „Das Numinose drängt lediglich zum Ausdruck und bedient sich dazu unterschiedlicher Materialien, die in der Überformung durch die Vernunft dem Humanisierungs- und Rationalisierungsprozeß übergeben werden. Es ist bei der Annahme dieses Schemas kaum zu sagen, worin sich die Auffassung Ottos von der Wundtschen Theorie unterscheidet."
⁴⁹ P. Tillich, Die Kategorie des „Heiligen" bei Rudolf Otto: „Ein religiöses Apriori aber kann nicht unvermittelt neben den übrigen Aprioris stehen, auch dann nicht, wenn sein Inhalt das ‚ganz Andere' ist. Es muß gezeigt werden, in welchem Wesensverhältnis dieses ‚ganz Andere' zu den übrigen Formen des Bewußtseins steht. Denn stände es in keinem, oder auch nur in einem nachträglichen Verhältnis, so wäre die Einheit des Bewußtseins zersprengt, und nicht ‚wir' wären es, die das Heilige erlebten."

3. Max Scheler

Vier Jahre vor Rudolf Otto, wie H. Hafkesbrink[1] besonders gegen Geyser betont, hat Max Scheler das Heilige als selbständige Gegebenheit herausgestellt: in seinem Hauptwerk „Der Formalismus in der Ethik und die materiale Wertethik".[2] Allerdings wird es hier nur kurz vorgestellt und nicht weiter entfaltet.

Der höchste Wert

Scheler bestimmt das Heilige als Wert, und zwar als höchsten Wert, bzw. höchste Wertmodalität. – Ohne daß hier das Gesamtgebäude des Schelerschen Denkens dargestellt werden soll, ist doch dessen allgemeiner Grund- und Aufriß zu geben, um seine Aussagen über das Heilige situieren zu können.
Werte sind für Scheler „materiale Qualitäten" an Dingen oder Sachverhalten, die uns im „Wertfühlen" gegeben sind. Mit „Wertfühlen" ist zunächst nur allgemein eine Gruppe von Funktionen und Akten bezeichnet, „die von allem Wahrnehmen und Denken toto coelo verschieden sind und den einzig möglichen Zugang zur Welt der Werte bilden" (87), so daß ein auf Wahrnehmung und Denken beschränkter Geist absolut wertblind wäre (ebd.). Im Wertfühlen „wird nicht das Fühlen entweder unmittelbar mit einem Gegenstand oder mit einem Gegenstand durch eine Vorstellung hindurch ... *äußerlich zusammengebracht*, sondern das Fühlen geht *ur-*

---
[1] Das Problem des religiösen Gegenstandes 56.
[2] Der 1. Teil wurde 1913 im I. Band des Jahrbuchs für Philosophie und phänomenologische Forschung veröffentlicht, der 2. im II. Band 1916. (Im selben Jahr ist der Separatdruck des Werks in erster Auflage erschienen.)

sprünglich auf eine eigene Art von Gegenständen, eben die
‚Werte'" (263). So unrückführbar eigenwesentlich wie die
Werte gegenüber anderen Gegenständen ist auch die Weise
ihrer Erfassung neben anderen Weisen der Kenntnisnahme;
sie darf darum weder mit zuständlichem Gestimmtsein noch
mit verworrenem Erkennen im Sinne rationaler Erkenntnis
verwechselt oder vermischt werden.

So wenig sich also das Wertfühlen auf andere Erkenntnisweisen zurückführen läßt, so läßt es doch in sich selbst eine weitere Differenzierung zu. Danach wird dann Wertfühlen im
engeren Sinn zur fundamentalen Funktionsschicht im Werterfassen, auf der sich zwei weitere Funktionsklassen aufbauen (265).

Im Fühlen sind die Werte überhaupt gegeben. Im „Vorziehen" und „Nachsetzen" nun wird ihr Höher- und Niedersein,
die Rangordnung dieser Qualitäten erfaßt. Vorziehen ist
nach Scheler kein Strebeakt (aufgrund gefühlten Höherseins),
„vielmehr ist das Höhersein eines Wertes wesensnotwendig
nur *im* Vorziehen ‚gegeben'" (105). Vorziehen ist kein Streben, Wählen, Wollen: diese gelten zwischen Tun und Tun,
Vorziehen zwischen Werten und Wertdingen (Gütern). Es
kann als Erwägung wie als Hingerissenwerden realisiert sein,
und es geht in gewisser Hinsicht dem Fühlen sogar voraus.
Die Erweiterung des im Fühlen gegebenen Wertbereichs ist
nämlich nur durch Vorziehen und Nachsetzen möglich; erst
aufgrund solcher Erschließung aber können dann neue Werte
gefühlt werden. „Die jeweilige Struktur des Vorziehens und
Nachsetzens umgrenzt also die Wertqualitäten, die wir fühlen" (107).

Die höchste Stufe intentionalen emotionalen Lebens stellen
schließlich Lieben und Hassen dar. Davon ist im folgenden
näher zu handeln. Hier sei nur schon festgehalten, daß Scheler auch darin keine Antwortreaktionen, sondern spontane
Akte sieht. Wie das Vorziehen dem Fühlen, so geht das Lieben dem Vorziehen voran „als sein Pionier und Führer"
(267).

Wie die Werte überhaupt im Fühlen so ist auch ihre Rangordnung nicht theoretisch-rational zu erheben, gar zu dedu-

endlichen heiligen Person - des ‚*Göttlichen*'. Dieser Wert - des ‚Göttlichen' - ist prinzipiell jedem Wesen zu ‚eigen', eben da es der *unteilbarste* ist" (111). Trotz aller Kämpfe liegt im Wesen der Intention auf das Heilige der Einheitswille. Was trennt, sind Symbole und Techniken (oder, könnte man schärfer sagen, eben der Wille zur Einheit, der sie von dieser Differenz der Symbole gefärdet sieht). Ebenso sind alle Werte fundiert auf dem „eines unendlichen persönlichen Geistes und der vor ihm stehenden Welt der Werte" (113), und diese Fundierung wird sichtbar in der Symbolfunktion aller Werte für das Heilige (126). Dem entspricht die unvergleichliche Befriedigungstiefe im erfüllenden Erleben dieser Wertdimension; sie bezeichnet das Wort Seligkeit. Und schließlich ist der Wert des Heiligen absolut, der absolute. Nicht eine Folgerung (aufgrund der anderen Daten), noch weniger erst die faktische Erfahrung seines Standhaltens im wechselvollen Gang des Lebens nötigen zu dieser Aussage; „sondern es ist die *gefühlte Absolutheit* seiner, die uns jetzt schon den Gedanken eines Aufgebens oder eines Verzichtes auf ihn zugunsten anderer Werte als ‚*mögliche* Schuld' und als ‚Abfall' von der eben erreichten Höhe unserer Wertexistenz fühlen macht" (116).

Mit all dem ist aber, in der klassischen Prädikamenten-Lehre zu reden, nicht das Wesen, sondern sind nur Propria des Heiligen genannt. Beiläufig allerdings ist auch schon genannt worden, was die Reihe der Propria übersteigt: das Heilige ist zuhöchst das Göttlich-Personale. Die Idee des letzten Trägers dieses höchsten Wertes „ist die *Idee Gottes* und das Reich der ihm zugehörigen Gliedpersonen und ihrer Ordnung, das ‚Gottesreich'" (293). Allerdings ist es nicht so, als ließe sich nun das Heilige von Gott, gar als „einer existierenden positiv bestimmten Realität" (296), her bestimmen. Umgekehrt vielmehr ist diese höchste Wertqualität „ursprünglich *leitend* ... für die Ausbildung aller positiven Vorstellungen, Ideen und Begriffe von ‚Gott'" (297), aller geschichtlichen Bedingtheit und Prägung dieser Ausbildung voraus. „Es sind die im Fühlen und in der Intention der Gottesliebe allein gegebenen, eigentümlich nuancierten *Wertqualitäten* des Göttlichen, die für die Ausbildung der Gottes*ideen* und Gottes*begriffe* leitend werden" (298). Und in jenen Akten wie Qualitäten liegt, wie schon bemerkt, auch die Einheit vom Heiligen her und auf es hin (die letztlich die Einheit des Menschengeschlechts überhaupt konstituiert) – gegenüber der Entzweiung im Denken über Gott: „Es gibt mehr Menschen, die Gott auf gemeinsame Weise in der Liebe erfassen, als es Menschen gibt, die auf gemeinsame Art ihn begreifen" (299). Nicht aber um den begriffenen Gott, um Gottesidee und Gottesbegriff geht es jetzt, sondern um das geliebte, nur der Liebe gegebene Heilige. Es ist aus dem Bisherigen als der höchste, als Person(al)wert zu bestimmen.

Suchen wir seinem Wesen näher zu kommen durch eine Charakterisierung des Schelerschen Person-Begriffs. Wir brauchen dafür nicht im einzelnen zu wiederholen, was mehrere Autoren erarbeitet haben, darunter R. J. Haskamp gerade für den frühen Werdegang des Schelerschen Person-Denkens.[4]

Scheler lehnt bekanntlich den Substanzbegriff für die Person ab, insofern Substanz als wie immer dinghaftes Substrat den geistigen Akten der Person vorausginge. Person ist in keiner Weise voraus- oder vorliegend und gegenständlich, weil sie selbst Akt *ist*, also nur vollziehbar, oder vielmehr nur sich vollziehend und in solchem Vollzug mitvollziehbar.

Dennoch weist Scheler andererseits einen Aktualismus ab, der die Person „auf irgendeine Art des bloßen ‚Zusammenhangs' oder der Verwebung von Akten" (383) zurückführt. Er definiert sie vielmehr als „die konkrete, selbst wesenhafte Seinseinheit von Akten verschiedenartigen Wesens" (382), er spricht sogar von einer Fundierung dieser Akte im Sein der Person, und wenn von vereinzelten noch substanzähnlicheren Ausdrücken abgesehen sein soll, so ist doch die Formulierung aus dem Sympathie-Buch von großer Bedeutung: Person heißt dort (241) „Aktsubstanz".

Auf die mangelnde Klärung dieses Begriffs und des Verhältnisses seiner beiden Komponenten braucht hier nicht einge-

---

[4] Einflüsse J. G. Fichtes und Rudolf Euckens auf Max Schelers Philosophie der Person, lautet der Untertitel seiner Dissertation.

gangen zu werden. Auch als aktefundierend ist Person selbst für Scheler jedenfalls nichts anderes als Akt. Ihre Einheit in den wechselnden Akten ist nicht nur Einheit dieser Akte, sondern die Einheit *eines* Aktes, welcher Akt nicht der eines ihrer Vermögen sein kann, da er dann nicht der Akt aller ihrer verschiedenen Akte sein könnte. Er ist vielmehr das „Leben", die „Tathandlung", wie Fichtes Wort lautet, eben der Person als solcher, ja letztlich sie selbst: Person ist im Vollzug ihrer Vollzüge Selbstvollzug.

Diese Bestimmung des Selbstvollzugs ist formal das Äußerste, was sich sagen läßt, um die Sonderart und den Höchstrang des Personalen zu erläutern. Denn alle anderen Charaktere: Sinn, Macht, Freiheit, legen dieses Wesen aus, gründen in ihm und entspringen aus ihm. Material wäre der umfassendste Name dieses Aktwesens: Liebe. Liebe im allgemeinsten Sinn ist so das personale Ja (Ja der Person, die sich in diesem Ja konstituiert und hält, die dieses Ja *ist*) zu Person.

Person aber ist nicht eine für sich isolierte Gegebenheit, in einem doppelten Sinne nicht. Einmal ist ihr Korrelat ihre „Welt" (Formalismus 392 ff.), als Raum und Horizont und Gegenüber ihrer intentionalen Akte, und dann steht Person immer schon anderen Personen gegenüber. Das Ja zum Personalen ist also das Ja zur Welt dieser Person und das Ja zu den anderen Personen und deren Welten. Liebe ist Teilhabe. Und sie ist das nicht nur im genannten Sinn des Mitvollzugs mit anderen Personen, als Mit-Ja mit deren Ja, sondern als Mit-Ja des Grund- und Ur-Ja überhaupt, in dem alles Ja der einzelnen Personen gründet, dem Ja vom Heiligen her. Person steht und lebt im Reich der Personen; das Reich der Person aber ist nur möglich als vom höchsten Wert her geeint: als Gottesreich.

Es gilt also 1., daß „Gemeinschaft von Personen überhaupt zur evidenten *Wesenheit* einer möglichen Person gehört" (524), dies darum, weil die Grundakte der Person Akte auf Person hin sind. Wie nun die Einzelperson Akt ihrer Akte ist, ohne daß man sie nach Scheler „auf den Begriff einer Seelensubstanz gründen" darf (512), so ist diese Gemeinschaft ihrerseits gemeinsamer Akt: „Gesamtperson". Freilich hat man sich davor zu hüten, „die Gesamtperson bewußt oder heimlich selbst wieder als eine nur umfänglichere Einzelperson anzusehen und von ihr eine Art des Bewußtseins-von zu fordern, das eben *nur* Einzelpersonen zukommen kann" (513 Anm. 1). Aber darum ist sie nicht ohne „ein von dem ‚Bewußtsein von' der Einzelpersonen verschiedenes selbständiges ‚Bewußtsein von'" (512); ihr kommt auch „ein zwecksetzungs- und wahlfähiger einheitlicher und sittlich vollverantwortlicher Wille" zu (517). Die Gesamtperson ist also – wenn auch anders als die Einzelperson – echte Person; das bedeutet aber, daß sie ihrerseits in Personal*bezug* steht.

In Bezug einmal zu ihren Einzelpersonen, so daß hier eine wechselweise Teilhabe, eine gegenseitige Verantwortung und Mitverantwortung waltet (522).[5] Diese gegenseitige Verantwortung kennt keinen prinzipiellen Vorrang eines der beiden Glieder. Sie fordert aber ein eines Prinzip dieses Verhältnisses. Und damit ergibt sich ein zweiter Bezug: zur Person der Personen.

2. Gesamt- wie Einzelperson in ihrer korrelativen Ursprünglichkeit sind „verantwortlich vor der Person der Personen, vor Gott, und zwar ebensowohl nach ihrer Selbstverantwortlichkeit als nach ihrer Mitverantwortlichkeit" (522). Nur von hier aus wird die Eigengestalt personaler Einheit verständlich[6]: „Die Idee dieser Einheitsform als des letzten Trägers des Wertes ‚heilig' aber ist die *Idee* Gottes und das Reich der ihm zugehörigen Gliedpersonen und ihrer Ordnung, das ‚Gottesreich'" (293).

Dies allerdings nicht im Sinn metaphysischer Existenzaussage (als sozusagen „anthropologischer Gottesbeweis"): „Nicht die Idee Gottes im Sinne einer existierenden positiv bestimmten Realität freilich ist es, die mithin vorausgesetzt ist, wenn wir das *Wesen* des Menschen erschauen wollen, es ist vielmehr nur

---

[5] Vgl. Wesen und Formen der Sympathie (= Sympathie) 177.
[6] Vgl. Sympathie 248: „Es ist – insbesondere – die ethische Evidenz der objektiven Verbindlichkeit von Akten des Versprechens überhaupt, die ohne Rekurs auf Gott als Gegensubjekt eines allen anderen im Ursprung vorhergehenden Personverhältnisses überhaupt nicht verständlich ist."

die *Qualität* des Göttlichen oder die *Qualität* des Heiligen, in einer unendlichen Seinsfülle gegeben" (296).

Blicken wir zurück. Um das Wesen des Heiligen näher bestimmen zu können, haben wir uns dem Schelerschen Begriff von Person und Liebe zugewandt. Ohne auf die bekannten Schwierigkeiten seiner Konzeption eingehen zu müssen, hatten wir doch die Grundzüge zu skizzieren. Inhaltlich haben wir dabei nicht eben viel gewonnen, doch war dies zu erwarten, wenn es sich beim Heiligen um eine *Qualität* handeln sollte, die sich als irreduzible Urgegebenheit zeigt.

Soviel hat sich indessen ergeben, daß das Heilige, synonym mit dem Göttlichen, die Qualität der Person der Personen ist. Formal wird damit das Heilige im Hauptwerk Schelers ähnlich bestimmt wie im Goetheschen Distichon aus den „Jahreszeiten", das Hegel zweimal im Handexemplar seiner Rechtsphilosophie anzieht:

Was ist heilig? Das ist's, was viele Seelen zusammen bindet; bänd' es auch nur leicht, wie die Binse den Kranz.

Was ist das Heiligste? Das, was heute und ewig, die Geister, tiefer und tiefer gefühlt, immer nur einiger macht.[7]

Der Unterschied zu der neukantianischen Lehre vom Heiligen liegt in der grundsätzlich anderen Denkrichtung Schelers. Das Apriori ist ein materiales. Und dieses Materiale wird weder vom (sei es transzendentalen) Subjekt konstituiert noch von ihm (als empirischem) theoretisch erkannt (und dann emotional beantwortet); es bestimmt vielmehr qualitativ-gehaltlich dessen Selbstvollzug in Fühlen, Vorziehen und (ursprünglichst) Lieben. Und es ist selbst personal, Person der Personen, „in" der, an der teilhabend, die konkrete Person sie selbst wird.

Von der *Existenz* dieses Heiligen in Person sieht der „Formalismus" freilich ab. Doch schon in Entwürfen aus derselben Zeit hat sich Scheler – noch vor seinem religions-philosophischen Werk – ausdrücklich dieser Frage zugewandt. Im 1. Nachlaßband sind diese Überlegungen unter dem Titel

---

[7] G. W. F. Hegel, Grundlinien der Philosophie des Rechts (J. Hoffmeister), Hamburg 1955 (Neudr. 1967), 398, 414.

„Absolutsphäre und Realsetzung der Gottesidee" publiziert worden (179–253).[8]

Ehe wir uns dem „Ewigen im Menschen" zuwenden, seien diese Texte aus den Jahren 1915/16 befragt. Schon hier erhält die bis jetzt noch vage Zeichnung bestimmtere Kontur und Füllung.

Zunächst wird erneut erklärt, die „apriorische Wesensidee der ‚Gottheit'" sei die „Idee einer unendlichen heiligen Person" (181). – Gebildet wird diese Idee dadurch, „daß wir uns die Rangordnung der Werte – wie sie uns einsichtig war – absolut erfüllt denken und gleichzeitig von einer unendlichen Fülle von Wertquales realisiert" (ebd. Anm. 1). Dabei handelt es sich weder um Addition noch um Schlüsse: „Was Wesen und Idee Gottes betrifft (also die ‚Gottheit'), so stellen diese Wesen und Idee eines daseins- und wertabsoluten möglichen unendlichen Gutes (und sekundär Seins) vor Augen, dessen Wertform die heilige Wertperson, dessen Seinsform die Person als Seinsform ist. Keine der in dieser Idee enthaltenen Wesensbestimmungen kann durch irgendein Verfahren des Schließens oder der Konstruktion aus Seinsformen und Wertmodalitäten gewonnen werden, die nicht heimlich diese Bestimmungen schon in sich enthielten" (183). Und auch dann gilt von dieser steigernden Zusammenschau der Qualitäten: „Doch ist darin die Gottheit nicht erschöpft" (181 Anm. 1).

Hier tritt vielmehr ein Faktor hinzu, von dem bislang nicht die Rede war. Als Erfassungs- und Zugangsweise des Heiligen ist die Liebe genannt worden, als Entdeckungskraft des Höherseins des Wertes. Sie ist als Spontaneität gekennzeichnet worden, wenn auch nicht eigentlich als wertschaffend (obwohl sie das auch ist, insofern sie selbst einen Wert darstellt und ihn also im Vollzug ihrer selbst realisiert, hier steht jedoch ihr Gegenüber und Woraufhin im Blick).

Auf das Höhersein des Wertes, das sich der Liebe entbirgt, sid wir nicht eingegangen. Auch bei Furstner[9] oder Malik et-

---

[8] Dazu dort 512 Anm.
[9] Furstner 39–44.

wa¹⁰ wird nicht deutlich, was nun das Höhersein des Wertes sein soll, da es sich doch weder um das Aufsuchen neuer Werte handelt noch um deren (z. B. erzieherische) Neusetzung.¹¹ Und wenn gesagt wird, die Liebe lasse den je höheren Wert kontinuierlich auftauchen, so heißt es zugleich, Liebe ziele nicht auf einen höheren Wert als den gebenen, weil das so Angezielte dann schon irgendwie gegeben sein müßte. Man wird sagen müssen, sie ziele über den gegebenen Wert hinaus – aufgrund ihrer eigenen Dynamik und wohl auch der des gegebenen Wertes selbst. Insofern ist sie intentionale Bewegung, „die vom niederen zum höheren Wert geht und in der jeweilig der höhere Wert eines Gegenstandes oder einer Person erst zum Aufblitzen kommt."¹² Ihre und des gegebenen Wertes Dynamik aber läßt sich vielleicht aufgrund der zitierten Texte über die Bildung der Gottesidee näher verstehen.

Das Höhersein des Wertes wäre dann als (Entbergung seiner) Teilhabe am höchsten Wert zu interpretieren, die Liebe also als „Transzendieren zum Göttlichen".¹³ Höhersein des Wertes einer Person bedeutet seinen (ihren) Bildcharakter, kraft dessen er (bzw. sie) mehr ist, als sie sind, und die Liebe bejaht spontan-aktiv, schöpferisch dieses Mehr, sie ist so ein Führen und Werden „in die Richtung des Urbildes" in Gott,¹⁴ das heißt aber; ein Werden auf Gott selber hin, wachsendes Selbstwerden und Selbsterkennen als wachsende Erkenntnis Gottes.

Diese Spontaneität aber, und das ist der neue Gedanke, kann sich nicht aus eigener Kraft und Vollmacht auf den Weg machen. Auch nicht die Liebe kann sich die Werte zustellen, sie rein eigenständig entdecken; sie müssen ihr *gegeben* sein bzw. werden. Und das gilt zuhöchst vom Göttlichen. Es kann nur als sich erkennen gebend zur Gegebenheit kommen. Und da es Person ist, „so kann dieses Sich-als-real-zu-erkennen-Ge-

---

[10] Malik 116.
[11] Sympathie 169 ff.
[12] Sympathie 161.
[13] Haskamp 77 f.
[14] Scheler, Nachlaßband I (= WW 10), 335 (345–376: Ordo Amoris).

ben nur die *Selbstoffenbarung* dieser Person sein" (WW 10, 185).

Diese Offenbarung, als die von Person, kann daher selbst nur als personale geschehen: an einer realen Person, die als „Wertpersonenmodell" für den geglaubten Gott begegnet. Scheler nennt die Idee einer solchen Person (Buddha, Moses, Christus, Mohammed ...) die Idee des „ursprünglich Heiligen" (181).

Der Heilige ist also jene Person, in der Gott, die heilige Urperson, sich zeigt. Erst von dieser Erfahrung her kann dann auch die Welt als ganze „als natürlicher Offenbarungsinhalt göttlichen (aus freier Liebe geleiteten und die Gegenliebe zur Erkenntnis der Wesenheiten fordernden) Offenbarens" und unsere Vernunft als von Gott gegebenes „lumen naturale" zum Erlebnis kommen (191).

Es gehört also das Dasein zum vollen Wesen des Heiligen als höchsten personalen Wertes.[15] Aber man ist dieses Daseins nur durch freie Offenbarung der daseienden Person gewiß. Und diese Gewißheit ist auch dann keine verfügbar theoretische. „Da-Sein eines Wesens wird im idealen Seinsgebiet durch Setzung; im realen endlichen und relativen Gebiet durch ‚glauben‘ = belief, im absoluten Daseinsgebiet durch ‚Glaube‘ = faith zur Gegebenheit gebracht" (WW 10, 211). „*Faith:* Das ist eine ‚Einsetzung‘ des Aktzentrums, d. h. der ganzen und einheitlichen Person selbst für das Geglaubte: für das Realsein des (betreffenden) absoluten Wertdinges. Belief: Das ist ein Einzelakt einer Person in einem Gewebe von anderen Einzelakten" (244).

Faith gehört unabdingbar zum Selbstvollzug von Person, sie bejaht sich im Ja zu einem absoluten Grund. Ohne Offenbarung greift die Person notwendig zu irgendeinem der ihr zugänglichen Wert- und Wirklichkeitsbereiche; dessen Absolutierung zum Objekt von faith konstituiert den „Götzen". Die Annahme der Offenbarung des Heiligen erst führt zum Gott. Nicht also das jeweilig der oder jener Person Absolute, sondern das zu Recht als Absolutes Anerkannte, jenes, das

---

[15] Sympathie 249.

von allen Personen als das Absolute geglaubt werden *soll*, ist das Heilige: der Wert der Werte, die Qualität der Person der Personen. Faith wird hier zur Gottesliebe, d. h. zum Mit-Ja mit dem Ja der Grund-Person zu sich und zum Reich der Personen: „amare in Deo Deum et mundum."[16] Und dieses amare ist nichts anderes als das Leben des Geistes überhaupt, denn durch Bezug auf diese Werte des Heiligen ist die höchste Aktebene definiert.[17] Geist und Sittlichkeit, personales Leben überhaupt gründet so im Heiligen, d. h. in der Gottheit. Diese kann „weder als Einzelperson (was Henotheismus, nicht Monotheismus wäre) noch als höchste Gesamtperson (Pantheismus) gedacht werden, sondern nur als *die* (‚einzige', nicht zahlenmäßig ‚eine') unendliche Person schlechthin" (WW 2, 514).[18]

Eine eigentliche Gottes- und Religionslehre liefert indessen das ethische Hauptwerk nicht. Scheler kündigt sie (580 Anm.) unter dem Titel an: „Vom Wesen des Göttlichen und den Formen seiner Erfahrung". Deren erster (und einziger) Teil erscheint dann 1920 mit dem Titel *Vom Ewigen im Menschen*.

---

[16] Formalismus (= WW 2) 220, 230, 368 u. ö.; Sympathie 181; WW 6, 90 (77–98: Liebe und Erkenntnis).
[17] Sympathie 182.
[18] „Nicht also die Idee ‚Person' auf Gott angewandt, ist ein Anthropomorphismus! Gott – das ist vielmehr die einzige vollkommene und pure Person. Und das ist nur eine unvollkommene, eine gleichnisweise ‚Person', was unter Menschen so heißen darf" (WW 3 [Zur Idee des Menschen] 190). – Gerade diese Weise „religiöser" Personbestimmung ist es, die Scheler als „unphänomenologisch" vorgeworfen wurde (vgl. Temuralp 134 f., 167 f.). Doch wäre immerhin zu bedenken, was etwa Pannenberg über den Ursprung des Persongedankens „gerade in der Phänomenologie der religiösen Erfahrung" herausgestellt hat (Grundfragen 382 f.), während „die Personhaftigkeit des Menschen selbst keineswegs selbstverständlich" sei, „mehr den Charakter eines Glaubenssatzes als den eines isoliert nachweisbaren Elementes anthropologischer Vorfindlichkeit" habe. „Ist der Gedanke des Personalen dann überhaupt primär am Menschen gewonnen?" (Wir kommen später darauf zurück.)

Die Qualität des Göttlichen

In diesem Werk erhält das Heilige nun seinen deutlich bestimmten Ort. Religion, die religiösen Akte greifen am Gegebenen und durch das Gegebene hindurch auf das Göttliche (WW 5, 159). Und dieses Göttliche besitzt „mindestens zwei Wesensbestimmungen": „Es ist absolut seiend und es ist heilig" (159).

Die erste Bestimmung deckt sich logisch mit der metaphysischen Idee des ens a se, wird aber nicht in einem Denkprozeß gewonnen, der „an jedem zufällig und relativ Daseienden ganz unterschiedslos einsetzen kann" (161), sondern gibt sich der religiösen Erfahrung an ganz bestimmten konkreten Dingen und Ereignissen, in denen das Absolute sich offenbart, „wie das Fenster eines Hauses sich aus der übrigen Fensterreihe erst dadurch heraushebt, daß ein Mensch aus ihm heraussieht" (160).

Das Absolute offenbart sich zudem nicht bloß als „statisch" Absolutes, als in sich Seinsmächtiges gegenüber der Nichtigkeit des Relativen, – es gibt sich unmittelbar als dynamisch-wirkend. Das Endliche, an dem es offenbar wird, zeigt sich als Werk, als göttlich gewirkt – dies nicht aufgrund eines Schlusses, sondern so, wie ein Gemälde für das Auge des Kenners unmittelbar „ein Rembrandt", „ein Grünewald" ist.

Diese Erfahrung besitzt also eine Spannungs-Struktur: Erscheinung des Absoluten, Erscheinung der Nichtabsolutheit des Anhalts dieser Erscheinung, Erscheinung des Werk-Charakters dieses Anhalts – und so der Geschöpflichkeit des Erfahrenden selbst. Ihr entspricht darum ein Doppelschritt in der Antwort des religiösen Bewußtseins: „Ich nichts – Du alles" und „Ich bin nicht Nichts schlechthin, sondern ein Geschöpf Gottes" (163). Mit dieser Doppelbestimmung des Endlichen und so der Absolutheit (als 1. absolut, 2. allwirksam) ist nun „notwendig und wesenhaft für das religiöse Bewußtsein ohne weiteres verknüpft die *Wert*modalität des *Heiligen* mit allen ihr zugehörigen reichen Wertqualitäten" (164). Diese Verknüpfung hat dabei nicht die metaphysische Richtung vom Absoluten zum Heiligen (das absolut Seiende ist das vollkommenst Seiende, als vollkommenst Seiendes ist es das summum bonum und als solches das absolut Heilige), sondern verläuft gerade umgekehrt: „Das schlechthin Wertvolle und nur durch sich und in sich Wertvolle" muß auch (absolutes) Dasein besitzen (165). So geht auch dem Glauben an ein bestimmtes daseiendes Göttliches die Gottesliebe als „Wesensrichtung auf ‚Etwas' von der Wertmodalität des Heiligen" voran.

Diese Wertart des Heiligen mag sich konkret unterschiedlichst darstellen; Werte sind in sie aufgenommen worden und aus ihr wieder hinausgefallen (zu profanen Werten geworden); sie selbst steht absolut fest und unableitbar. Ebenso absolut gilt ihr Vorrang vor allen anderen Werten und ihr Recht, gegebenenfalls deren Opfer zu fordern. – Darin liegt, um das gleich hier zu bemerken, die unlösliche Verknüpfung von Religion und Moral: „Das ‚Opfer für das Heilige' – das ist die Moral der Religion selbst, aber auch die Religion der Moral selbst" (166).

Wie ist nun die Wertart des Heiligen näher zu bestimmen? Zwar ist sie undefinierbar, aber sie muß sich durch ihre „zugehörigen Qualitäten" beschreiben lassen. „Sur ce point, Scheler passe malheureusement très vite. Il se réfère à l'ouvrage d'Otto, dont nous avons déjà parlé, mais il s'intéresse moins, semble-t-il, à son contenu qu'à la méthode de description qu'on y trouve."[19] In der Tat, während sich Scheler von Ottos religiöser Erkenntnistheorie absetzt (141), begrüßt er zwar „in dem rein deskriptiven Abschnitt seines Buches den erstmaligen ernstlichen Versuch, auf dem Wege der phänomenologischen Wesenserörterung die wichtigsten Qualitäten der Wertmodalität des Heiligen ... aufzuweisen" (166). Aber dann wendet er sich ausführlich der Ottoschen Methode der „Erörterung", der Absetzung von Verwandtem und Entgegengesetztem zu, um sie gegen den Vorwurf bloßer Negativität und schließlicher Tautologien (Das Heilige ist eben – das Heilige) zu verteidigen. Sie ist „im Grunde keine andere als

---

[19] Dupuy 109.

diejenige der sog. ‚negativen Theologie'" (167),[20] sofern sie nur recht, nämlich nicht als rationale Theorie, sondern als „mehr mystische Techne und Kunst" (168) verstanden wird. Inhaltlich nimmt Scheler keine Stellung, „et si son silence a le sens d'une approbation, celle-ci pourtant ne saurait être sans réserves."[21]

Er muß ja nicht nur den „erkenntnistheoretischen Subjektivismus" Ottos ablehnen, wonach „ein ontischer Gegenstandsbereich ausschließlich durch die Natur der Akte und der geistigen Operationen bestimmt – wenn nicht gar geschaffen oder ‚erzeugt' – werden" könne (150). – Er kritisiert weiterhin die Isolation der religiösen Urphänomene von den übrigen Tätigkeiten und Inhalten des Geistes, wonach jede gedankliche Fixierung Verunstaltung der Urbestände wäre.[22] Er wehrt sich gegen den Ausschluß der „unmittelbar anschauenden Vernunft zugunsten der wertgerichteten Gemütsakte" (282). – Aber die Verteidigung der Einheit von Religion und Moral (284) und die Bestimmung des summum bonum als „Personwert, ja eine Wertperson" (285) führt er nur gegen Schleiermacher, ohne hier Otto zu nennen.

Und zur „Kontrastharmonie" nimmt er gar nicht Stellung. Dabei wird die hier bestehende Differenz immer wieder positiv oder negativ von der Scheler-Literatur vermerkt.[23]

Das Tremendum hat bei Scheler keinen Ort. Das Heilige ist für ihn nicht auch schreckend-abwehrend-gefährdend, sondern das Heil-Gewährende, und dies so selbstverständlich, daß er sich gar nicht mit der Gegenthese auseinandersetzt.

---

[20] Es ist unbegreiflich, wie Kreppel (43) hiermit „wohl die liberalkritische" Theologie gemeint glauben kann.

[21] Dupuy a.a.O.

[22] „Was würde Otto sagen von der Forderung etwa an die Astronomie, sie solle das systematische Gedankenbild eines nach strengen Gesetzen und auf feste Konstanten gegründeten Weltgebäudes, das sie im Lauf der Jahrhunderte schuf, wieder abbrechen zugunsten der isolierten Beobachtungsinhalte am Himmel und an den Meßinstrumenten, die zur Schöpfung dieses Bildes als Materie notwendig gewesen sind?" (WW 5, 281 f.)

[23] Dupuy 110; Kreppel 75, 77; Przywara, Religionsbegründung 113 ff., Fries 66.

Die Abgrenzung, die er vornimmt, betrifft die metaphysische Einstellung der Frage nach dem Wesen dessen, was ist. Im Blick darauf bestimmt Scheler Religion als „gegründet in Gottesliebe und im Verlangen nach einem endgültigen *Heile* des Menschen selbst und aller Dinge. Religion ist also zuvörderst ein *Heilsweg*. Das Summum bonum ... ist der *erste* Intentionsgegenstand des religiösen Aktes" (134). Der erste nicht im Sinn des Vorläufigen, sondern des Grundgebenden, das man ebenso das Letzte nennen kann. So nennt Scheler selbst ihn einige Zeilen später (135), wo er „die Idee des Heilstiftenden als des absolut Heiligen = Göttlichen" als jenes bezeichnet, das „als letztes Ziel vor allem religiösen Suchen steht – ja ihm die Einheit des *religiösen* Suchens erst erteilt." Przywara[24] bemerkt mit Recht: Das Heilige bei Scheler ist „gleich ‚Gott-Liebe'". (Doch besagt Liebe nur Heil, nicht auch Gericht? Und dies, weil sie selbst – „jenseits" dieser Alternative „sie selbst" ist – und als solche, nicht nur als Heil, das eigentlich Erste und Letzte bedeutet, dem Religion gilt.)

Der modernen Philosophie gegenüber rückt also Schelers Konzeption des Heiligen eng an die metaphysische, scholastische Tradition. Von deren Vertretern wird seine Bestimmung insofern, im Sinn von „ehrwürdig", „wenn man ‚heilig' nicht primär als Ausdruck sittlicher Vollkommenheit betrachten will",[25] durchaus akzeptiert und als bemerkenswerter Gewinn verbucht, „weil z. B. Thomas von Aquin sie unter den von ihm unterschiedenen und besprochenen Attributen Gottes überhaupt nicht erwähnt."[26]

Aber auf seiten des modernen Religionsverständnisses gegen die scholastische Tradition steht Scheler durch seine Entgegensetzung von religiöser und metaphysischer Gotteslehre. Religion und Metaphysik meinen zwar letztlich dieselbe Realität, aber sie meinen diese unter je eigener und unabhängiger (zugleich einander zur Vollerkenntnis ergänzender)

---

[24] A.a.O. 171, Anm. 4.
[25] Geyser, Augustin 197.
[26] Ebd. 195; vgl. Klenk 125 f.

Rücksicht[27]: „Der Weg der Religion geht immer aus von dem Gehalt eines absolut Heiligen und Heilskräftigen, von dem sekundär gezeigt wird, es sei dieses Ens a se *auch* der absolute Wirklichkeitsgrund der Dinge. Der Weg der Metaphysik geht immer aus von einer Wesensbestimmung des absolut Wirklichen, von dem sekundär gezeigt wird, die personale Einigung mit ihm führe *auch* den Menschen (oder die Konformität der Dinge mit ihm führe auch die Dinge) zu ihrem Heile" (135).[28]

Und nicht nur das je Angegangene ist unterschiedlich, nicht nur das Gehen-auf ist verschieden, sondern das jeweilige Ziel selbst zeigt sich auf wesentlich andere Weise. Während Metaphysik spontanes Erkennen, Ausgriff, Durchdringen von Vorliegendem ist, wird Religion durch Offenbarung und Glauben konstituiert. Glaube meint dabei die korrelative Auffassungsweise von Offenbarung, Offenbarung aber „die spezifische Gegebenheitsart jeder Art Anschauungs- und Erlebnisdata eines Gegenstandes vom Wesen des Göttlichen und Heiligen, nämlich die spezifische Gegebenheitsart des *Mitgeteiltseins* oder Mitgeteiltwerdens – sei es auf unmittelbare, sei es auf mittelbare Weise". „Alles religiöse Wissen um Gott ist ein Wissen auch durch Gott im Sinne der Art der Empfängnis des Wissens selber." (143).

Daß nur auf solche Weise der Offenbarung die tatsächliche Existenz des Absoluten zugänglich wird, zeigten schon die Niederschriften aus der Zeit des „Formalismus". Anderer-

---

[27] Die Unabhängigkeit der Metaphysik ist dabei nur relativ, da der religiöse Akt der Grundakt der Person ist, die „Wahl" der Absolutsphäre ihr ganzes Denken und Handeln bestimmt. Vgl. die Durchgliederung des komplizierten Zuordnungsverhältnisses von metaphysischer und religiöser Erkenntnis bei Newe, zusammengefaßt in seinem Schaubild 124.

[28] So übersetzt etwa Dupuy „heilig" nicht nur mit „sacré" (das entspräche dem Otto'schen Heiligen), sondern auch mit „saint": „Aussi quoique le terme de sacré désigne bien le valeur divine absolue vue du dehors pour ainsi dire et en tant qu'objet d'un respect inviolable de la part des esprits finis, le mot de sainteté la définit plus directement, si la sainteté est entendue comme la perfection de l'amour" (112).

seits wird auf diesem Weg die Existenz auch wirklich evident. Das Heilige *gilt* nicht nur, es *ist*. Die Diskussion dieser Frage: ob also Schelers Religionsphilosophie streng phänomenologisch, vom „Formalismus" her, zu interpretieren sei[29] oder realistisch[30], ist wohl eindeutig im zweiten Sinn entschieden. Und dies nicht bloß als Aussage über den „rein innerreligiösen Prozeß".[31] Natürlich ist die Realität im religiösen Bewußtsein nicht schon Realität in der Phänomenologie des religiösen Bewußtseins; aber Scheler nimmt hier keine ausdrückliche Trennung vor.[32]

Nun ist nach Scheler Realität nur im Widerstand gegen das eigene Wollen gegeben.[33] Wie steht es damit beim Heiligen? Und eine zweite Frage, die damit zusammenhängt: Wie verbindet sich der Spontaneitäts- (d. h.: Nicht-Reaktions-)Charakter der Liebe mit der Offenbarung als einzig möglichem Gegebenheitsmodus des Heiligen?

Dupuy erwägt, die Enttäuschungen des Menschen an seinen Idolen, also den Widerstand des Heiligen gegen seine falsche Auffassung heranzuziehen.[34] Doch geht die Erfahrung des Heiligen seiner „Idolisierung" in gewisser Weise voraus. Die Frage wird so, wenigstens zum Teil, nur verschoben. Auch das Erlebnis der Nichtigkeit und Ohnmacht des Menschen enthält vielleicht Elemente der Widerstandserfahrung. Aber andererseits hat Scheler deutlich die Liebe als korrelaten Akt des Heiligen benannt und wiederum ebenso deutlich erklärt: Das Realsein von Etwas wäre einem Wesen, das „nur Logos und Liebe wäre [also nicht nur bloß Logos!], notwendig verschlossen" (WW 5, 215). Die Lösung der Frage scheint mir darum eher in der schon genannten „symbolischen" Erkenntnis des Heiligen gesucht werden zu müssen. Als real würde

---

[29] So besonders Przywara, a.a.O. 19 f., 106.
[30] Siehe Scheler in: Deutsche Philosophie der Gegenwart 188. Geyser, Schelers Phänomenologie 33, Hafkesbrink 46, Newe 85 f., Klenk 72 f.
[31] Winkler 92.
[32] So auch Dupuy 21.
[33] Z. B. WW 2, 149 ff.; WW 5, 215.
[34] Dupuy 141.

so, im Erlebnis des Widerstandes, die *Welt* erfahren. An dieser realen Welt aber erschiene (im konkreten Fall) die Qualität des Heiligen. Darum kann Scheler (215) die Frage nach dem Wesen des Real-seins ebenso beiseite lassen wie die Frage, bei Gegebenheit welcher Kriterien ein intentionaler Gegenstand real genannt werden dürfe und solle. Wird nun die als *real* erfahrene Welt zugleich – und zwar *in* ihrer Realität – doch als nichtig erlebt, dann ist die *Wirklichkeit* ihres machtvollen Grundes keine Frage, und dies nicht durch einen Schluß vermittelt, sondern mit-erfahren, eben an der Qualität der Nichtigkeits-Wirklichkeit dieser Welt.

Damit bekommt nun auch das zweite Problem ein anderes Aussehen. Wenn Kreppel einwendet, gegenüber Gott dürfe es keine apriorischen Intentionalitätsakte geben: „Das ganz Andere, das Heilige zeigt sich aber doch als ganz Anderes, als das Objektive schlechthin gerade dadurch, daß es nicht vom Subjekt und den in ihm wurzelnden Akten intendiert wird",[35] so würde Scheler zunächst die Bestimmung des Heiligen als Ganz-Anderes bestreiten. Person ist nach ihm ja als Glied im Gottesreich der Personen partiell identisch mit dem Wesen Gottes.[36] Und je mehr die Person „wird, was sie ist", um so intensiver wird diese (partielle) Identität. „Die heilige Person ist aber zugleich die Person, die sich – sofern und soweit sie ‚heilig' ist – in ihrem konkreten Aktzentrum mit dem höchsten Gute, das als ‚höchstes' selbst heilig in unendlicher und absoluter Form und Wert*person* ist, als partiell ‚geeinigt', nicht realiter, aber hinsichtlich des Wesens ihres Aktzentrums (also auch seiner Aktinhalte), evident erlebt und weiß" (WW 5, 303).

Wie weit diese Distinktion trägt und tatsächlich ein reales Teilsein im geläufigen Sinne von Pantheismus ausschließt, kann hier wohl beiseite bleiben.[37] Zweifellos ist die „numinose" Seite des Heiligen bei Scheler zu wenig berücksichtigt.

---

[35] Kreppel 50 f.
[36] Sympathie 141.
[37] Vgl. Haskamp 136 f. Die Anführungszeichen Schelers haben im übrigen ebenso berechtigte Kritik gefunden (z. B. Wittmann 101) wie die „numinosen Gänsefüßchen" Rudolf Ottos (Feigel 125 f.).

Die Alternative aber ist unabhängig von dieser Verkürzung aufzulösen. Gerade weil die Liebe spontan ist, kann ihr der Wert des Heiligen sich geben, statt je schon „gegeben" zu sein. Die Liebe geht vom Gegebenen aus auf das Höhersein des Wertes, das und den sie noch nicht hat. Das Heilige wird also, streng genommen, nicht von ihr als Heiliges „intendiert", sie „extendiert" vielmehr – um es so zu sagen – über die gegebenen Werte hinaus, und in diese sich öffnende Offenheit hinein gibt sich, offenbart sich das Absolute.

Die Deutung liegt nahe, und man kann sich rechtens fragen, ob sie Schelers vorliegende Antwort nicht tatsächlich treffe: Entweder wird wie die ethische Handlung auch der religiöse Vollzug „intellektualisiert (daß es sich dabei um einen emotionalen Intellektualismus handelt, ist in diesem Fall gleichgültig) ... oder die Handlung wird zu einem naturhaft-instinktiven Prozeß herabgewürdigt."[38] Seine *Intention* indessen wäre damit wohl verfehlt.

Denn mit der sich öffnenden Liebe meint Scheler weder eine Erkenntnisfunktion noch einen blinden Drang, sondern das, als was er sie bei Augustinus gesehen hat: das Leben der Person als solcher selbst: „So folgen also Wollen und Vorstellen bei Augustin gleichmäßig der Liebe als einer dritten, ursprünglichsten Einheitsquelle alles Bewußtseins. Dies aber geschieht so, daß die Liebe an erster Stelle das Erkennen und erst durch dieses vermittelt das Streben und Wollen bewegt."[39] Die Dynamik der Liebe aber erfährt sich von ihrer Erfüllung her als immer schon vom Wert des Heiligen erweckt. Gerade darin ist ja die Person „selbst natürliche Offenbarung Gottes und die höchste natürliche Offenbarung" (WW 5, 190 Anm. 1); und ein Heiliger, vor allem der „ursprünglich Heilige" (der Religionsgründer), zuhöchst *der* Heilige, der „als Person die Wahrheit ist" (338), zeigt sich, je vollkommener er Person ist, um so vollkommener als Offenbarung des Göttlich-Heiligen.

---

[38] O. Kühler 27; vgl. auch die durchgängige Kritik bei Altmann, der Schelers Emotionalismus als einen der schwächsten Punkte seiner Philosophie bezeichnet (29).
[39] WW 6, 94.

Mit dieser Stufung lassen sich vielleicht auch die widersprüchlichen Aussagen Schelers über Offenbarung einigermaßen, wenn auch nicht ganz zufriedenstellend, harmonisieren. „Soweit sich das Göttliche selbst darstellt und aufweist, in Sachen, Ordnungen, die der für jeden prinzipiell zugänglichen Naturwirklichkeit, der seelischen und geschichtlich gesellschaftlichen Wirklichkeit angehören, reden wir von *natürlicher Offenbarung,* deren subjektives Korrelat die *natürliche Religion* ist. Soweit es hingegen sich darstellt oder kundgibt durch das Medium des Wortes und durch Personen (die homines religiosi im eminentesten Sinne), sei von positiver Offenbarung gesprochen" (157). Und nur auf die letztere Weise kann das personale Heilige sich *als* personales offenbaren.

Diese zweite Stufe ist jedoch offenbar nochmals unterzuteilen. Einmal stellt sie, wie gesagt, die „höchste natürliche Offenbarung" dar, durch „stetes Flüstern in den Tiefen der Personzentren jedes endlichen Vernunftwesens" (333[40]). Dann aber stuft sich diese allgemein-personale Offenbarung nach dem Rang der jeweiligen „homines religiosi", vom Zauberer und Magier bis zur „denkbar höchsten Form", die in jener Person gegeben ist, „der Gott sein eigenes personales Wesen und Sein selber mitteilt" (158). Es bietet sich also ein ähnlicher Aufbau (mit denselben Fragwürdigkeiten) wie am Schluß des Otto'schen Hauptwerks.[41]

Der Heilige schlechthin ist dies aber als unüberbietbar vollkommen *Mit*liebender. Liebe zur heiligen Wertperson vollendet sich in der Mitliebe mit und in ihr, und dies bedeutet Heiligung, Heil Finden, Heilwerden der endlichen Person. Der Wert des Heiligen ist, auf eine Formel gebracht: Liebe, zugänglich wie verwirklicht durch Liebe. Daß er der höchste der Werte, der absolute Wert und der Wert des Absoluten ist, bedarf dann keines weiteren Ausweises mehr.[42]

---

[40] Vgl. ebd. 22 f., in der Vorrede zur zweiten Auflage (in 2 Bänden, 1923).
[41] Vgl. Blessing 120–123.
[42] Dies zu Wittmann, der fragt, wie Scheler den Personwert als höchsten ausweise (89). Aus ihrer Formalbestimmung als „Einheit der verschiedenen Akte" ist das freilich nicht zu gewinnen. Wohl

Scheler hat in einer anderen Richtung weitergearbeitet; Spannungen und offene Fragen seines Entwurfs, auf die wir gestoßen sind, hat er selbst mit der ganzen Fragestellung beiseite geschoben, der sie entsprangen.
Doch wie vielfältig seine Anstöße fortgewirkt haben, zeigt etwa die „problemgeschichtliche Studie" von H. Fries über „Die Katholische Religionsphilosophie der Gegenwart". Hier waren dann auch die offenen Fragen zu diskutieren. Fries resümiert auch sie: Sein Konformitätssystem von Religion und Metaphysik und der Dualismus seines Denkens überhaupt, in der Trennung und Entgegensetzung von Wert und Sein, Wesen und Dasein, Akt- und Gegenstandsein. Dem in Entsprechung zugeordnet ein fast antikritischer Objektivismus, der seine entscheidende Subjekt-Bestimmtheit aufs deutlichste selber bezeugt hat: in den Inkohärenzen und Unvereinbarkeiten der (jeweiligen) Entwürfe[43] wie vor allem in den je neuen Einsätzen dieses nicht weniger anregbaren als anregenden Denkers.
Aber gerade im Maß ihrer „systematischen" Relevanz reichen diese Fragen über eine Auseinandersetzung nur mit Scheler hinaus.[44] Statt sie also (soweit überhaupt in unserer Arbeit)

aber aus diesem Quale, das sich allerdings begrifflicher Festlegung entzieht, bzw. diese wiederum nur formalisierend erlaubt – wie auch der Kantische Personwürde-Begriff, zu dem Wittmann Schelers Bestimmung in Parallele setzt, zu Recht gegen dessen schroffe Kantinterpretation, im Unrecht gegen beide aber mit seinem Vorwurf.

[43] Christliche und theologische Kritiker seiner Religionsphilosophie sind genannt worden. Als ein Beispiel für dieselbe Kritik „von der anderen Seite" (außer der oben genannten Arbeit von Temuralp) vgl. S. Kracauer, Das Ornament der Masse. Essays, Frankfurt 1963, 187–196 (Katholizismus und Relativismus).

[44] Das gilt wohl besonders für das Verhältnis von primärer religiöser Erfahrung und deren (metaphysischer) Auslegung (siehe dazu weiter unten vor allem P. Tillich und B. Welte mit seinen Schülern). Heber etwa wendet ein: „Hier muß im Gegensatz zu manchen nicht ganz klaren Äußerungen Schelers betont werden, daß phänomenologisch-anschaulich nur ‚*das* Göttliche', ‚*das* Heilige', nicht aber Gott ist. (Die religiös-anschauliche Gegebenheit der Aseität des Göttlichen müssen wir ohnehin verneinen, falls Aseität des Göttlichen mehr bedeuten soll als den Transzendenzcharakter des Heiligen.)

jetzt zu behandeln, sei aus den religionsphilosophischen Entwürfen, die sich seinem Anstoß verdanken, derjenige Hessens referiert. Hessen vor allem hat die wertphilosophischen Ansätze Schelers fortgeführt, indem er „die Grundsätze Schelers geordnet und in selbständiger, einfacherer Fassung dargeboten hat."[45] Dies besonders im Blick auf das Heilige, wobei er im einzelnen zwar auch von Scheler abweicht und sich eher an Rudolf Otto anschließt,[46] im ganzen aber die Gegebenheiten doch in Schelers Sichtweise auslegt.

Ob die Qualität des Göttlichen oder Heiligen ausgesagt werden kann von einem persönlichen Gott im Sinne des Monotheismus oder von einer Vielzahl von göttlichen Wesen oder gar bestimmten Menschen als ‚Heiligen', ist phänomenologisch noch völlig unentschieden" (Das Problem der Gotteserkenntnis 48). – Bezüglich der Aseität im streng metaphysischen Sinn wird man Heber recht geben müssen; auch darin, daß Gott nicht (sei es unvermittelt als er selbst, sei es in den Dingen als im „medium in quo", – also „ontologistisch") anschaulich wird. Doch insofern alle Anschauung unvermeidlich Anschauung von etwas als (diesem oder jenem) ist, läßt sich durchaus fragen, ob die Deutung des religiös Erfahrenen als bloß neutralen Heiligen nicht von dieser Erfahrung selbst her als ungenügend behauptet werden darf und muß (vgl. etwa Widengren 33), und weiter, ob nicht die Erfahrung des Göttlichen an Menschen und „göttlichen Wesen" (z. B. „Augenblicksgöttern") aus sich selbst über diese „Phänomene" hinausdrängt. Aber das führt aus dem Referat schon in unsere später zu explizierende These hinein.

[45] Klenk 7. Man wird freilich nicht schlechtweg zustimmen, wenn Hessen, sei's auch mit der Einschränkung „nicht selten", erklärt, es sei „ein Chaos von Gedankenmassen in einen Kosmos zu verwandeln". (Für Schelers *Programm* vgl. übrigens sein Vorwort vom Juni 1921 zu dem Aufriß O. Gründlers.)

[46] Hessen, Scheler 87 f.: „An seiner ‚Wesensontik des Göttlichen' ist die Philosophie stärker beteiligt als die Religion. Zwar ist der Grundgedanke, auf dem Scheler aufbaut, durchaus richtig: das religiöse Objekt ist eine ontologische und axiologische Größe zugleich. Es ist ein Seiendes mit einem spezifischen Wertcharakter. Allein die weiteren Bestimmungen sind doch mehr der theologischen Dogmatik als der religiösen Erfahrung entnommen. Man vermißt hier bei Scheler den tieferen Kontakt mit der Religionsgeschichte und der Religionspsychologie, die ihm wertvollstes Material für die Gewinnung der genuin-religiösen Gottesidee hätten bieten können." Seine Wesensphänomenologie des religiösen Gegenstandes reiche bei weitem nicht an diejenige R. Ottos heran.

4. Johannes Hessen

„Was Scheler in mehr grundlegender, N. Hartmann in ausführender Weise für die Ethik getan hat, das möchte ich für die Religionsphilosophie leisten. Wie jene den Kosmos der sittlichen Werte gewissermaßen neu entdeckt und in seiner Größe und Erhabenheit den Menschen von heute sichtbar gemacht haben, so möchte mein Versuch die religiösen Werte in lebendiger Darstellung herausarbeiten. Wie jene gezeigt haben, welchen Wertreichtum das Wort ‚gut' deckt, so will mein Buch dartun, welche Fülle von Werten im ‚Heiligen' verborgen liegt."[1] Mit diesen Worten stellt Hessen den systematischen II. Band seiner Religionsphilosophie vor.

Zuvor aber hat er die „Formel" dieses Programms ausdrücklich zum Titel einer seiner zahlreichen Publikationen gewählt: „Die Werte des Heiligen". Diese Schrift, im Jahre 1938 erstmals veröffentlicht, ist 1951, drei Jahre nach der 1. Auflage der Religionsphilosophie, zum zweiten Male erschienen und stellt weiterhin eine Ergänzung zu der umfassenden Systematik dar. Von ihr soll darum auch unsere Darstellung ausgehen.[2]

„Die Werte des Heiligen"

Zwar darf man wohl sagen, daß dieses Buch eher allgemein zugängliche, oft evokative (ja „erbauliche", vgl. 13) Beschreibungen bietet als philosophische Reflexion.[3] Aber einmal be-

---

[1] Religionsphilosophie (= R I, II) I, 304.
[2] Das zitierte Programm findet sich fast wörtlich auch hier: 13 f.
[3] Der Untertitel der 1. Auflage: Eine neue Religionsphilosophie, hat sicher zu viel gesagt. Angemessener ist der (nach Erscheinen der zweibändigen *Religionsphilosophie*) für die 2. Auflage gewählte: Eine philosophische Schau der religiösen Wertwelt.

kennt sich Hessen ausdrücklich zu diesem „Genus litterarium" und rechtfertigt sich durch Hinweis auf den Stil kunstphilosophischer Werke, gegenüber deren ästhetischem Reichtum die Religionsphilosophie in der Regel unbegründet stark im Formalen und Abstrakten verbleibe (11); zum anderen dürfte es auch für unsere grundsätzlichen und mehr formalen Überlegungen nützlich sein, die hier gebotene inhaltliche Beschreibung zu referieren.

Hessen wählt als Ansatzpunkt die Berufungserfahrung des Moses vor dem brennenden Dornbusch: Ex 3 (45–54). Der „Gegenstand" dieser Vision ist durch drei Momente zu kennzeichnen: Transzendenz, Wirklichkeits- und Wert-(Heiligkeits-)Charakter.

Das erste Merkmal meint die Inkommensurabilität des Erfahrenen, sein Begegnen als „valde aliud", das jede Gleichsetzung mit Weltlichem oder auch mit der Welt als solcher (als etwa in ihrer Tiefe sich erschließender) verbietet. Doch dieses Andere ist als Unweltliches nicht auch unwirklich. Das zweite Merkmal meint den Seins-Charakter des Heiligen, wodurch es sich grundlegend vom Wahren, Guten und Schönen unterscheidet. Das Heilige wird nicht als Wertidee, sondern als realisierter Wert, als Wert und Wirklichkeit zugleich erfahren; das valde aliud zeigt sich als realissimum, als Wert*realität*. Und es ist drittens *Wert*realität: summum bonum. Für dessen „spezifische[n] Wertgehalt" bezieht sich Hessen auf Ottos Analyse des Numinosen, das ein Subjektives und Objektives zugleich bedeutet: „das Göttliche im Spiegel des menschlichen Bewußtseins" (52). Er kennzeichnet es darum auch gemäß Otto durch sein „eigenartiges Doppelmoment", das „abdrängende" des *mysterium tremendum*, und das „anziehende" des *mysterium fascinosum*, unter Hinweis auf Augustinus' Confessiones XI, 9, 11,[4] und sieht darin den „Protest gegen jede Konfundierung von Religion und Kultur" (53).

---

[4] Migne PL 32, 813: „Quid est illud quod interlucet mihi, et percutit cor meum sine leasione; et inhorresco, et inardesco? Inhorresco in quantum dissimilis ei sum; inardesco in quantum similis ei sum."

Ist so in einem ersten Zugang das Heilige als transzendente Wertwirklichkeit charakterisiert, dann scheint das personale Moment zu fehlen. Indes: „Persönlichkeit kommt dadurch zustande, daß der Mensch die geistigen Werte in sein zunächst naturhaftes Wesen aufnimmt und es mit ihnen gleichsam durchtränkt" (54). Insofern besagt also Persönlichkeit eigentlich nichts anderes als Wertwirklichkeit (statt jene Wirklichkeit – ob man nun zwischen Person[alität] und Persönlichkeit unterscheiden will oder nicht –, die diese Werte in sich aufnehmen kann und sie durch ihre Aufnahme „realisiert"). Das Heilige ist darum aufgrund der genannten Momente ohne weiteres schon bestimmt als transzendent-personale Wertwirklichkeit.

In allen drei Momenten hat sich zugleich die Eigengestalt des Heiligen gegenüber den Werten des Wahren, Guten und Schönen angezeigt; gegen den Apriorismus der Neukantianer beruft sich Hessen hierfür vor allem auf die empirischen Religionswissenschaften: Religionshistorie, Religionspsychologie und Religionsphänomenologie. Trotzdem will er das Heilige nicht einfachhin als viertes Wertreich den drei übrigen beiordnen, sondern er sieht wie Windelband und Scheler hier das Zentrum, das Fundament oder die Krönung des Wertgefüges.

Im Wahren ist es das Moment der Absolutheit, das ins Göttliche hinein weist; Hessen erinnert an den Veritas-Beweis des Augustinus (obwohl er selbst der Ansicht ist, zu Gott führe dieser Beweis nur unter Voraussetzung von Gottes Dasein). – Im Guten ist es der Charakter absoluter Verpflichtung, der, wie die Absolutheit des Wahren über ein freischwebendes Wahrheitsreich zum absoluten Geist als „Hort und Heimat aller Wahrheit", hier über das Sollen hinaus zu einem absoluten Wollen führt. (Dies wiederum nicht im Sinn eines moralischen Gottesbeweises – der Herleitung aus einer außerethischen Sphäre bedürfe das Sollen nicht,[5] sondern nach Vor-

---

[5] Als sei dies – und gar beim Kant des Opus postumum – das Vorgehen eines transzendentalen Gedankengangs von der moralischen Erfahrung aus!

aussetzung Gottes, in einem voll-befriedigenden Begreifen des Sollens.) – Zum Schönen wird ein ausführliches Zitat von Jonas Cohn geboten.[6] Das Binde-Moment ist hier die Vollkommenheit. „Der Mangel an Vollendung, der gerade den größten Kunstwerken eignet", wird als „ein Hinweis auf etwas Überästhetisches" gedeutet, in der auch die endliche Vollendung des Schönen sich öffnet in das ungestaltbare Unendliche (63 f.).

Damit ist die „Grundlegung" abgeschlossen. Ehe Hessen aber die eigentlichen Werte des Heiligen entfaltet, wendet er sich bestimmten „ethischen Grundwerten" zu, „die durch eine besondere Nahstellung zu den Heiligkeitswerten ausgezeichnet sind: zunächst der Demut, die schon Scheler „rehabilitiert" hat,[7] als der „Tugend des Reichen" (69), zuletzt „des Sichhinabgleitenlassens Gottes" (72); sodann der Ehrfurcht,[8] die „das Geheimnis der Dinge" und die „Werttiefe ihrer Existenz", d. h. deren „Fäden ins Unsichtbare hinein" wahrnimmt (77). Als drittes wird die Reinheit genannt, die nach D. v. Hildebrand[9] letztlich durch die Hingabe an den Glanz des Heiligen konstituiert wird, so daß hier das Heilige nicht nur als Intentionsziel, sondern schon bei der Wesensfrage begegnet.

Wenn Nicolai Hartmann die Reinheit als „Unberührtheit vom Bösen", als inneres Gefeitsein gegen es bestimmt,[10] dann ist sie dies doch nicht als „im Grunde negativ, [als] ein Fehlen, ein Sichenthalten von etwas";[11] und wenn gilt, sie sei „kein Verdienst dessen, der sie hat; sie ist nicht errungen, ist ihm geschenkt", dann entspringt ihre Nichterstrebbarkeit nicht ihrer Negativität. Sie „fällt" auch nicht als „Urstand des Ethos vor dem Konflikt" von der *Natur* her „dem Jugendlichen in den Schoß": Tiefer als die Analyse N. Hart-

---

[6] J. Cohn, Religion und Kulturwerte, Berlin 1914, 18.
[7] Scheler WW 3, 17–26.
[8] Vgl. Scheler, a.a.O. 26–31.
[9] D. v. Hildebrand, Reinheit und Jungfräulichkeit, Einsiedeln ³1950, 68.
[10] N. Hartmann 407, 410.
[11] Ebd. 413; hier auch die folgenden Zitate.

manns reicht die Erfahrung, von der Hessens Phänomenbeschreibung ausging: die des Moses, der seine Schuhe ausziehen muß wegen der heiligen „Reinheit" des Bodens um den Feuerbrand.[12] Schließlich weist Hessen auf die Güte hin (86—90) als eine (Schopenhauer) „transzendente Eigenschaft", die „mit jeder andern Vollkommenheit inkommensurabel" ist (89), nicht bloß als Bild „der großen Bewegung des Überirdisch-Göttlichen zur schuldbeladenen Kreatur" (90), sondern insofern sie unverfälscht und unverkürzt nur aus den Kräften des Heiligen, als von ihm her geschenkte möglich ist.
Was zuvor über das Verhältnis des Heiligen zum Wahren, Guten und Schönen gesagt wurde, hat damit weitere Füllung erhalten; die Eigenqualität wie der gesamtprägende Grund-Charakter des Heiligen dürften – über Otto und Scheler hinaus – an „Farbe" und Anschaulichkeit gewonnen haben. – Von hier aus wendet sich Hessen nun den Werten des Heiligen selbst als solchen zu. Er teilt sie in drei Gruppen: die weltbezogenen, die menschbezogenen und die innerseelischen Werte.
Als 1. „Wesensmomente des religiösen Weltbegriffs" werden Schöpfung, Vorsehung und Wunder genannt. Die erste Idee entspringt der Anschauung völliger „Daseinsohnmacht" (98), dem „Kreaturgefühl" (99), wie zugleich der religiösen Interpretation der „Seinsvollkommenheit" (101) der Welt in ihrer Ordnung und Schönheit. Sie entspricht der „symbolischen" Gegenwart des Göttlichen bei Scheler, geht aber bei Hessen in der zugrundeliegenden Spannung einen bezeichnenden Schritt über ihn hinaus. Sie lautet hier nicht nur: Nichts – und doch etwas, sondern: Nichts – und doch vollendet. – Wird nicht nur das Weltsein, sondern auch das Weltgeschehen derart „symbolisch" betrachtet, ergibt sich die Idee der Vorsehung, des göttlichen Waltens in Welt, Geschichte und im persönlichen Leben. – Beide Momente verbinden sich zum dritten, dem des Wunders, worin das religiöse Bewußtsein

---

[12] Immerhin heißt es auch in der Ethik (411): „Die vollkommene Reinheit grenzt an Heiligkeit. Als solche ist sie in den großen Typen des Reinen immer verehrt worden, wiewohl Heiligkeit kein ethischer Wert ist und nicht auf Menschenmaß zupaßt."

das θαυμαστόν des Philosophen in Sein und Geschehen auf das tiefere Geheimnis des waltenden Gottes hin durchschaut, angesichts der Welt und des Weltlaufs überhaupt wie angesichts besonderer Zeichen göttlicher Gegenwart: als „Glaube an den lebendigen Gott" (122).

Das führt unmittelbar zu den beiden Momenten 2. der menschbezogenen Wertgruppe, zu Offenbarung und Erlösung. Schon die Schöpfung ist Offenbarung, in Natur, Geschichte und zuhöchst im Menschen selbst, wobei Hessen weniger an sein Wesen als Person, weniger metaphysisch als moralisch denkt und den Menschen meint, „soweit er Mensch, nicht soweit er Unmensch ist" (127). Neben diese äußere Offenbarung tritt die innere der mystischen Erfahrung (Schelers „Flüstern im Grunde jeder Seele") und schließlich die Stufung der „historischen" Offenbarung in großen Persönlichkeiten (133) mit der von Otto bekannten Steigerung über die Propheten zum Sohn. – Die Offenbarung aber wird in allen Religionen als Offenbarung des Heils erhofft und erfahren, als Botschaft der „Erlösung durch Gott und aus Gott" (142). „Von ‚Erlösungsreligion' zu reden, ist eigentlich überhaupt ein Pleonasmus, wenigstens wenn man die höheren entwickelten Formen von Religion im Auge hat."[13] Und diese Erlösung wird als vom Menschen selbst nicht erreichbare Befreiung von Sünde, Leid und Tod geglaubt und gefeiert.

Soweit die objektiven Momente des Heiligen. Hessen stellt ihnen 3. mit den innerseelischen Werten die Momente der Subjektivität angesichts des Heiligen gegenüber: die religiösen Akte, Zustände und Erlebnisse. Dabei kennzeichnet die Akte (Anbetung, Glaube, Liebe [amor]) das Merkmal der Welttranszendenz, ihre „wesensmäßige Unerfüllbarkeit durch irgendeinen der Welt angehörigen oder die [als Summe der Weltdinge verstandene] Welt selbst ausmachenden endlichen Gegenstand" (146). Ebenso sind die Zustände (Sünde, Gnade, Wiedergeburt) in ihrer Tiefe, Radikalität und dialogischen Beziehung auf das mysterium tremendum und fascinosum[14]

---

[13] Zitat (137 f.) aus Ottos Hauptwerk (H 192 f.).
[14] Dabei wird (188 f.) übrigens in einer gewissen Überakzentuie-

mit dem jeweils ähnlichen ethischen Status unvergleichbar. Als Erlebnisse schließlich nennt Hessen die (Heils-)Freude (in Absetzung von der, psychologisch verstandenen, Sorge in Heideggers „Sein und Zeit"), den Frieden und zuletzt die Liebe (als caritas). Deren Einreihung unter die Erlebnisse ist freilich nicht minder fragwürdig als ihre exklusive Deklaration zum spezifisch christlichen Wert.[15] Aber es kam dem Autor sichtlich darauf an, mit ihr sein Buch zu beschließen, da er darin die höchste und bewegendste Offenbarung der Werte des Heiligen erblickt.

Eingangs hat Hessen nicht nur den Vergleich zur kunstphilosophischen Literatur gezogen, sondern auch zu Werken der Ethik wie dem großen Buch Nicolai Hartmanns. „Hartmann begnügt sich eben nicht mit dem Nachweis, daß es Sittlichkeit gibt und worin ihr Wesen besteht, er läßt vielmehr die ganze innere Wesens- und Wertfülle des sittlich Guten vor dem staunenden Blick des Lesers erstehen, der auf diese Weise nicht nur belehrt, sondern auch erbaut" wird (12 f.). Ob sich eine „wissenschaftliche" Philosophie demgegenüber zu Recht eher an Hegels Verdikt philosophischer Erbaulichkeit[16] hält oder ob ihre Problem-Sachlichkeit eine Verengung des Blicks bedeutet (bezeugt, erzeugt?), derzufolge – wie die Vertreter der Wertphilosophie monieren – gewisse Bereiche der Ge-

---

rung „heilig" dem tremendum zugeordnet und in polaren Gegensatz zum fascinosum „gnädig" gerückt.

[15] Diese Erklärung ist theologisch-dogmatisch, als von der Gnade der „virtus infusa", ebenso fragwürdig wie religionswissenschaftlich, wo sie die selbstlose Liebe zu Gott und den Brüdern meint. – Siehe zum ersten etwa Vatic. II, Lumen gentium 16 (in unserer Arbeit unten S. 285 ff.), zum zweiten die von Th. Ohm und von F. Heiler gesammelten Texte.

[16] Z. B. Begriff der Religion 9. Vgl. K. Rosenkranz, Georg Wilhelm Friedrich Hegels Leben (1844), Nachdruck Darmstadt 1969, 581 f.: „Es ist dem Publicum bei der Philosophie um die Religion, die verlorene, zu thun; nicht um Wissenschaft; um diese erst hinterher. Der Mensch will erfahren, wie er daran ist, will Befriedigung für sich, das Interesse der Menschheit dieser Zeit." – „Man fordert von der Philosophie, da die Religion verloren, daß sie sich auf's *Erbauen* lege und den Pfarrer vertrete."

samtwirklichkeit von vornherein ausfallen, die die großen Denker der Tradition mitbedachten, weil sie „Erbaulichkeit" nicht scheuten: diese bereits eingangs berührte Frage braucht jetzt nicht entschieden zu werden, sei aber gegenüber einer zu selbstverständlichen Vorentscheidung als *Frage* erinnert.[17] In jedem Fall bleibt indessen die andere, konkrete Frage an Hessen bestehen, wie weit das Buch seinem Untertitel (auch in der bescheideneren zweiten Fassung) gerecht geworden, wie weit es als *„philosophische* Schau der religiösen Wertwelt" anzusprechen sei. Jedoch verweist im Vorwort der Autor selbst für die „rationale Fundierung" seiner Schau auf seine Religionsphilosophie. Ohne weitere Auseinandersetzung mit dem bislang Referierten wenden wir uns also diesem Werk zu.

„Religionsphilosophie"

Die Religionsphilosophie bildet für Hessen einen Teil der Wertlehre, die ihrerseits zwischen Wissenschafts- und Wirklichkeitslehre das Mittelstück seines philosophischen Systems darstellt.[18]

Wert, ein undefinierbares Urdatum, wird in der Wertlehre bestimmt als „die Eigenschaft eines Dinges, die ihm in bezug auf ein wertfühlendes Subjekt zukommt" (Lehrbuch II, 28). Oder, nicht von der Wertqualität aus, sondern von der Wertidee her, als „eine ideale Wesenheit, die auf die emotionale Seite des Geistes, d. h. auf sein Wertfühlen, bezogen und hingeordnet ist" (31). Gegenstandstheoretisch betrachtet, gehört der Wert zur Klasse der unsinnlichen, der idealen Gegenstände, zum Reich der Geltung, das durch zwei Momente charakterisiert ist: „Das negative heißt Nichtwirklichkeit, Nichtexistenz oder Irrealität; das positive heißt Objektivität" (ebd.).

In die Kontroverse zur Frage Wert−Wirklichkeit[19] brauchen

---

[17] Siehe unten S. 343 f.
[18] Siehe sein dreibändiges Lehrbuch der Philosophie.
[19] Bezüglich des univok genommenen Seinsbegriffs, der Schwierigkeit „geltender" Un- bzw. Widerwerte, bezüglich der „nihilisti-

wir (soweit überhaupt noch nötig) jetzt indes nicht einzutreten. Denn die religiösen Werte oder die Werte des Heiligen sind gerade dadurch ausgezeichnet, daß sie „nicht Sollens-, sondern Seinswerte" (71) sind. Und dies nicht nur ideal (so wird das Schöne etwa den ethischen Werten entgegengestellt): Sie „sind Wirklichkeit", und „Wirklichkeit im eminenten Sinne" (73). Der knappe Aufriß des Lehrbuchs gibt nun eine klare Gliederung: 1. Das religiöse Wertobjekt: das Heilige, 2. dessen begriffliche Ausdeutung: die Gottesidee, 3. die religiösen Grundkategorien. Diese entsprechen den welt-, den menschbezogenen und den innerseelischen Werten des früheren Buches, werden hier jedoch nicht Werte genannt – zu Recht; denn schon bei den Ideen: Schöpfung, Vorsehung, Wunder, vollends bei den innerseelischen Werten fällt die Sonderqualität des „Heiligkeitswertes" dahin. Behält man den Terminus trotzdem bei, dann wird in dieser Genetiv-Verbindung das Heilige zum vagen Namen für den Gesamtbereich religiösen Fühlens, Denkens, Wollens und Verhaltens. Demgegenüber bleibt das Lehrbuch, das das Heilige als Wert*objekt* gefaßt hat, konsequent.

Diese Grundskizze hat Hessen nun in seiner zweibändigen „Religionsphilosophie" zum „System" ausgebreitet. Der erste Band: „Methoden und Gestalten der Religionsphilosophie", ist von einer zweifachen Frontstellung bestimmt: einerseits gegen die neuscholastische Religionsphilosophie, die entweder nur Gottes- statt Religionslehre sei oder doch Religion intellektualistisch in Metaphysik hinein aufhebe; andererseits gegen die Theorien des Neukantianismus, die die Eigenqualität und vor allem die eigene Realität (d. h. die selbständige Wirklichkeit) des Heiligen verkennen. Gegenüber der spekulativen Religionsphilosophie (ob „realistisch"-metaphysischer oder idealistischer Gestalt) wie gegenüber der kritischen und der historisch-psychologischen Methode optiert Hessen für die phänomenologische Zugangsweise Schelers und Ottos. Bei

---

schen" Trennung dieser Dimensionen überhaupt (nihilistisch insofern, als – nach einem Wort M. Müllers – ihrzufolge das, was gilt, nicht ist und das, was ist, nichts wert ist).

Scheler befriedigt ihn allerdings schon die nähere Bestimmung des religiösen Gegenstandes nicht, da sie „doch mehr der theologischen Dogmatik als der religiösen Erfahrung entnommen" sei (R I 268); vor allem aber unterbleibe bei Scheler die Wahrheitsfrage, indem er den Unmittelbarkeitsfaktor im religiösen Erkennen übersteigere (R I 268 f.). Otto biete nicht nur eine großartige phänomenologische Darstellung des Heiligen, sondern auch einen (religions)philosophischen Lösungsversuch der Wahrheitsfrage. Gegen Schelers und Karl Adams[20] Kritik verteidigt Hessen zunächst (wie auch wir oben) den nichtkantischen Sinn der Ottoschen „Kategorie a priori"[21]; er bedauert allerdings, daß Otto nicht an erster Stelle den innerreligiösen Wahrheitsbeweis durchgeführt hat, der „mit der Analyse des religiösen Grunderlebnisses unmittelbare gegeben" ist (R I 289). Überhaupt fehle es bei ihm wie bei Scheler an der Ordnung und Durchklärung des originär Geschauten. Sie verspricht sich Hessen von der wertphilosophischen Weiterbildung, die er im zweiten Band dieses Werkes unternimmt, im „System der Religionsphilosophie".

Nach einem 1. Teil, der die Selbständigkeit der Religion im Verhältnis zu Philosophie, Sittlichkeit, Kunst und Kultur behandelt, macht der 2. das Wesen der Religion zum Thema. Hessen beginnt, anders als Scheler, mit dem religiösen „Wert-

---

[20] K. Adam 79.
[21] R I 288, Anm. 100: „Als ich Otto einmal in einem längeren Gespräch nach dem Sinn jener Wendung fragte, gab er mir zur Antwort, er meine damit dasselbe, was Augustin im Sinne habe, wenn er in der menschlichen Erkenntnis eine illuminatio Dei erblicke." – Tatsächlich entspricht dem Adams eigene Fassung des Apriori (a.a.O. 76): „Die durch meine eigene Wesensschau gewonnene evidente Einsicht in meine Seinsbezogenheit auf das Absolute gibt also meinem Denken *die allgemeine Zielrichtung,* von der es nicht abweichen darf, ohne an der Grundbestimmtheit des eigenen Seins zu rütteln. Sie ist insofern ein *Apriori* meines schlußfolgernden Gotterkennens, aber ein Apriori, das weder als ‚angeborne Gottesidee' noch als bloße Funktionsgesetzlichkeit meines Geistes angesprochen werden darf, sondern das durch die Wesensschau meiner selbst *vor* allem kausalen Denken als unmittelbare Evidenz gewonnen wird und das kausale Denken über Gott erst in Fluß und Richtung bringt."

verhalten": der religiösen Erfahrung und dem religiösen Akt.

In der religiösen Erfahrung (statt in rational-diskursiver Erkenntnis), in der, mit Bonaventura gesprochen, „cognitio Dei experimentalis"[22] ist der erste und eigentliche Zugang zum Heiligen gegeben. Sie „ist das im Zentrum der Persönlichkeit sich abspielende Erlebnis einer transzendenten Wertwirklichkeit, die mysterium tremendum und mysterium fascinosum zugleich ist" (R II 103). Mit „transzendent" ist die „Überweltlichkeit" des Erfahrenen gemeint, sein Charakter des „valde aliud" (R II 101). Das tremendum bezeichnet seine Macht, Unnahbarkeit und Lebendigkeit (R II 113), und wie diesen Charakteren von seiten des Menschen Ehrfurcht und Demut entsprechen, so meint das fascinosum jenen Aspekt des Heiligen, auf den der Mensch mit Liebe, Vertrauen, Sehnsucht und Seligkeit antwortet (R II 117). Daß schließlich in diesen Qualitäten wirklich *etwas*, Wirklichkeit erfahren wird, ist dem Erlebenden ursprünglich, unmittelbar und unerschütterlich gewiß, so persönlich und unübertragbar diese Gewißheit zugleich ist (R II 122 f.). Alles kann ihr zum Anlaß werden, vom Außergewöhnlichen bis ins Alltäglichste hinab, und von Stein und Pflanze bis zur Geschichte der Menschheit im Ganzen; doch von welchem Anlaß auch immer sie ausgeht, stets ist in ihr der ganze Mensch mit all seinen Vermögen und Funktionen engagiert.

Engagiert ist der Mensch indessen nicht als Tätiger zunächst, sondern grundlegend als Erleidender. Der Mensch erfaßt nicht, sondern wird erfaßt; denn das Göttliche kann nicht eigentlich Gegenstand, Objekt seiner Akte sein; es ist wesentlich Subjekt (R II 86 f.).[23]

---

[22] Bonaventura, In Sent. III d 35 q 1.
[23] Vor allem bei Tillich kritisiert Hessen die einseitige Orientierung am Akt. Dazu später; doch wäre wie an Hessens Seinsbegriff auch an Hessens eigenen Begriff des Aktes die Frage nach der implizierten philosophischen Dimensionalität zu richten. Offenbar wird „Akt" eher psychologisch und vereinzelnd-gegenständlich aufgefaßt, wenn gesamtpersonales Erleben kein Akt sein soll. Zudem gälte eine solche Entgegensetzung von Subjekt und Objekt (wenn überhaupt) nur in einer infrapersonalen Konzeption der Subjekt-

Objekt ist freilich – wenngleich erst in zweiter Linie – das Heilige stets auch, und auch bei Hessen. Nur sind die religiösen Akte prinzipiell Antwort-Akte. Er unterscheidet drei Gruppen: Akte der Überzeugung, der Verehrung und der Gestaltung. Ihr Schwergewicht liegt (obwohl sie alle Vollzüge des ganzen Menschen sind) jeweils in der Erkenntnissphäre, der des Gefühls und 3. in der des Willens. Als fundierende Grundakte sieht Hessen die der zweiten Gruppe an: Aus dem emotional-spontanen Akt der Anbetung heraus folgt erst das ausgesprochene Glaubensurteil, und der Kult ist ursprünglicher als die Theologie. An dritter Stelle steht die Übernahme eines religiösen Ethos, in dem der Mensch sich dem erfahrenen Heiligen entsprechend umgestalten will (in einer Intention also, die sich wesentlich von der einfachhin sittlichen unterscheidet).[24]

Von solcher Analyse des religiösen Verhaltens her läßt sich nun das Gegenüber dieses Bezugs bestimmen. Das erste, was es festzuhalten gilt, ist freilich gerade die Unaussprechlichkeit des Begegnenden, seine Unsagbarkeit weil Unbegreiflichkeit. Erfahrung und Antwort haben es mit dem „Mysterium schlechthin" (R II 167) zu tun. Aber andererseits verlangt eben die Ganzmenschlichkeit des religiösen Erlebens seine „Rationalisierung". Die religiöse Erfahrung führt zur Idee „eines absoluten Wesens, das als personaler Geist gedacht werden muß, das zugleich eine über alle menschlichen Begriffe erhabene Wertwirklichkeit darstellt, die den Menschen in

---

Objekt-Beziehung, die in ihrer reinlichen Abgegrenztheit unterhalb der hier gestellten Problematik liegt. Gleichwohl meldet sich in Hessens Umkehrung nicht bloß ein Korrektiv zu den Deutungen des Heiligen als bloßen Objekts oder Objekt-Horizontes, sondern älteste und durchgehende Tradition des religiösen Selbstverständnisses als „patiens divina" (Dionysios Areop., De Div. Nom. 2,9: οὐ μόνον μαθὼν ἀλλὰ καὶ παθὼν τὰ θεῖα [Migne PG 3,648]).

[24] Mit diesem Struktur-Aufweis sieht Hessen die These begründet, daß „Organ für die Religion ... der ganze Mensch" (A. Rademacher) ist (R II 147). Das „religiöse Erlebnis" und die Aktantwort zusammennehmend,, um „das Ganze der Religion" zu umfassen, definiert Hessen Religion darum als „die Lebensbeziehung des Menschen zum Heiligen" (R II 27).

die Knie zwingt und zugleich emporhebt und an sich zieht, die letzter Grund und Quell alles Seins und aller Werte ist" (R II 177 f.).
Die weitere Auslegung dieser Idee entspricht freilich der traditionellen *theologia naturalis*, bei allen Modifikationen und Einschränkungen, die Hessen vornimmt. Konsequent spricht er darum auch von Gott statt vom Heiligen; denn hier wird das Feld der phänomenologischen Methode überschritten, und zu ihr gehört das Heilige, als das gegenständliche Moment des „religiösen Urphänomens".[25]
Gerade dieses Moment des Heiligen aber ist es, das Hessen bestimmt, in der Nachfolge Schelers den Unterschied von religiöser und philosophischer Gottesaussage zu betonen: „Daß der Weltgrund nicht bloß als Wertgrund im allgemeinen gedacht werden muß, sondern daß ihm überdies die Wertqualität des *Heiligen* eignet, vermag [die Philosophie] nicht mehr zu zeigen; denn das Heilige kann nur mittels der religiösen Erfahrung erkannt werden. Infolgedessen fehlt dem philosophischen Gottesbegriff die wesentlichste Bestimmung des religiösen Gottesbegriffs" (R II 179).
Gegen gewisse Formen der Neuscholastik ist Hessen damit zweifellos im Recht, wohl aber nicht nur aus dieser Kontroverssituation heraus ist sein Begriff von Philosophie ähnlich verengt wie sein Seinsbegriff. Selbst wenn Philosophie „wesentlich Weltdenken" sein sollte, müßte die Symbol-Struktur, die „Tiefe" der Welt schon philosophisch ernst genommen werden. Damit würde aber die Entgegensetzung von „Weltgott" und „Gott als dem ganz anderen"[26] fragwürdig. Mit

---

[25] Dessen anderes Moment sind die religiösen Vollzüge. Hessen geht hier (R II 18) mit J. Hebers Umgrenzung des Objekts der phänomenologischen Methode einig: „Das, was hier durch Wesensschau erfaßbar wird, ist allein das, was man mit Recht als das ‚religiöse Urphänomen' bezeichnen kann. Es ist die eigentümliche unableitbare letzte Gegebenheit des ‚Heiligen' und die auf es gerichtete Bewußtseinsbeziehung" (Die phänomenologische Methode 47).
[26] Das religiöse Phänomen in neuer Sicht 13. Ebenso fragwürdig die Bestimmung des ens a se als „*Postulat* unserer theoretischen Vernunft" (ebd. 23).

anderen Worten: Hessen, der die Religionsphilosophien der ersten Jahrhunderthälfte immer wieder von daher kritisiert, daß „eine bestimmte Philosophie den Interpretationskanon für das religiöse Phänomen abgibt",[27] wäre auf sein eigenes Apriori hin anzusprechen. Nicht so sehr für die breite Schilderung der Phänomene, die sich allerdings bei den von ihm Kritisierten kaum in diesem Maß findet, doch für die Mittel („Postulat", „Analogieschluß", u. ä.), mit denen er die Einordnung der geschilderten Phänomene unternimmt.

Da aber weder für diese Grundkonzeption das Heilige noch für die Aussagen über das Heilige (als religiöses Urphänomen) dieses „Apriori" Hessens von Bedeutung wird, kann unsere Untersuchung auf diese Fragen verzichten. Jedenfalls will unser Hinweis nicht die Kritik H. Mynareks übernehmen: „Damit, daß Hessen das mysterium tremendum und das mysterium fascinosum als Wesenszüge des Heiligen selbst betrachtet, begeht er jedoch einen Fehler. Ist doch die transzendente Wertwirklichkeit für und in sich selbst kein furchterregendes und Sehnsucht weckendes Geheimnis." So erfahre es zwar der endliche Geist. Aber in sich selbst ist es „die nur für die transzendente Wertwirklichkeit selbst restlos durchschaubare eigene unendliche Wertfülle und einzigartige Wertqualität."[28] Zum zweiten (inhaltlich) sei jetzt nur auf K. Rahners

---

[27] So z. B. R I 191, zu Paul Tillich.
[28] Mynarek 110. Siehe auch die gleichsinnige Kritik G. Jacobys, nominell an die Adresse R. Ottos, tatsächlich ebenso „in stiller Auseinandersetzung mit Johannes Hessen" (17) formuliert, in der von W. Falkenhahn herausgegebenen Festschrift zu Hessens 60. Geburtstag, Veritati 17–52 (Theologische Ontologie). Ottos Kennzeichnung des Heiligen „spricht nur subjektiv von Wirkungen des Heiligen auf den Menschen, die bald so bald anders sind und dem Heiligen fehlen, wenn niemand vor ihm steht" (22). Außerdem schrecke und fessele auch Profanes. Und schließlich sei das Heilige zumindest in den großen Kulturreligionen weder schrecklich noch fesselnd. Ja, von einer Selbständigkeit des Heiligkeitswertes, die „für manche Religionsphilosophen Kern ihrer Lehre und Grund ihres Glaubens an die Unabhängigkeit der Religionsphilosophie von der [philosophischen] Theologie ist" (23), könne überhaupt nicht die Rede sein. „Seine axiologische Sonderstellung ist die ontologische seines Gegenstandes. Heiligkeit spiegelt den Abstand des

Vorlesungen über das Geheimnis hingewiesen.[29] Prinzipiell (formal) aber stellt sich die Frage, was im Rahmen solcher Untersuchungen mit „Wesenszug des Heiligen" gemeint sei (und allein gemeint sein könne). Es geht ja nicht (könnte es das überhaupt?) um Gott „in und für sich", sondern um Gott „für uns" (der freilich an sich für uns sein muß, soll er wirklich für uns sein), bildlich(-biblisch) gesprochen: um das „Antlitz", das er uns zukehrt; es geht – wie noch zu entfalten sein wird – um das Erscheinen[30] des *Heiligen* als der *Erscheinung* seiner (Gottes).

In einem weiteren Schritt gilt Mynareks (wie Jacobys) Kritik aber auch der Bestimmung dieses „Für uns" als solchen. Auch erfahren werde Gott nicht erstlich als mysterium tremendum et fascionosum. Zuerst werde vielmehr einfach heiliges *Wertsein* erfahren. Sekundär erst dessen absolute Unvergleichbarkeit und Höhe gegenüber allem weltlichen und menschlichen Wertsein. Und aufgrund dieser beiden „Phasen" erst „entsteht im menschlichen Intellekt die Kategorie des Geheimnis-

---

Überweltlichen von dem Weltlichen, des Metakosmischen von dem Kosmischen, der Aseitas von der Abalietas. Dieser sachliche Abstand ist das Primäre an ihm: Das Axiologische ist davon abhängig, sekundär" (21).

[29] K. Rahner, Schriften IV 51–99, bes. 67 die Anfrage bezüglich der Voraussetzungen eines Denkens, dem zufolge „Gott für sich selbst nicht ‚geheimnisvoll' sein [kann], da er ja die noesis noeseos ist". Vgl. den Aufsatz von A. Halder.

[30] Wenn also H. Schade schreibt, da es hier mehr um die Reaktionen auf das Heilige als um es selber gehe, müsse man scharf formuliert von einer „Ästhetik des Heiligen" sprechen (119 f.), so möchte ich dem durchaus zustimmen – nicht zuletzt im Blick auf eine objektiv gewendete Ästhetik, wie sie H. U. v. Balthasar in seinem großen Hauptwerk „Herrlichkeit" vorlegt. Was Schade dann aber (122 f.) über die Ununterscheidbarkeit des Allerheiligsten der katholischen Kirche schreibt, ist doppelt zu beantworten. 1. bestätigt es (zunächst nur auf die Konsekration der species geblickt) den strikten Geheimnis-Charakter des Sakraments; hier *erscheint* das Heilige eben gerade nicht, es wird als „latens Deitas", quae „vere latitat"" (Thomas v. A., Adoro te ...), geglaubt, 2. aber ist das volle Mysterium der Eucharistie nicht die isolierte Gestalt, sondern der Kult*vollzug* in Opfer und Mahl; darin *erscheint* nun das Heilige und wird in Freude und Ehrfurcht erfahrbar.

ses, aber wiederum nicht die eines Geheimnisses überhaupt, sondern die eines spezifischen, religiösen, numinosen, alle profanen Geheimnisse qualitativ unendlich übersteigenden Geheimnisses. Und auch die diesem Geheimnis eignenden Momente des Schaurigen und Faszinierenden tragen diesen spezifischen Charakter" (wobei die drei Phasen im religiösen Erlebnis selbstverständlich eine Einheit bilden) (111).
Diese Reihung gilt in ordine „naturae", τῇ φύσει, ohne Frage; aber beschreibt sie ebenso den ordo cognitionis, das πρὸς ἡμᾶς? Dessen Vollzug dürfte auch in unserer Frage gerade umgekehrt verlaufen.[31] Aber damit ist die Einlassung nicht abgetan. Wenn man sie nicht, wie Mynarek selbst, im psychologischen Sinn „der Entwicklungsphasen innerhalb des religiösen Erlebnisses" (110) nimmt, sondern im Sinn prinzipiell reflektierender (Selbst-)Analyse der religiösen Erfahrung, so gewinnt der Einwand wesentliche Bedeutung. Er markiert den Ausfall der Metaphysik, das Stehenbleiben bei der Phänomenologie, wodurch man zumindest in die Gefahr kommt (wenn nicht mehr), „von Gott wissenschaftlich nur mehr als Geisteswissenschaftler reden zu können."[32]
Daß es sich bei Zauber und Schrecken freilich nur um Wirkungen handle, aufgrund deren, in Objektivation subjektiven Erlebens, Gott entsprechende Eigenschaften zugeschrieben würden,[33] verfehlt wiederum das Phänomen. Mynarek übersieht offenbar, daß Hessen vom Heiligen, nicht von Gott spricht. Dieses ist gewiß zuerst und vor allem es selbst; aber deswegen handelt es sich bei seiner Hoheit und deren Zauber und Schrecken nicht schon bloß um Wirkungen seiner. Sie sind vielmehr unter bestimmter Rücksicht das erste (oder letzte), was sich von ihm (selber) sagen läßt, wenn man es nicht bei der Tautologie will bewenden lassen, daß das Heilige eben das Heilige sei. Das Heilige, sich selber zeigend, *erscheint als* mysterium tremendum et fascinosum. Schrecken wie Zauber sind dabei freilich nicht nur in jener „primitiven" psycho-

---

[31] Aristoteles, Anal. Post. 1,2 71 b 34 f.
[32] H. Ogiermann, Die Gottesbeweise 100.
[33] Mynarek 112.

physischen Kraßheit zu nehmen, in der sie Otto vor allem eingeführt hat.[34]

Allerdings gilt, „daß uns auch profane Gegenstände geheimnisvoll anmuten, erschrecken und faszinieren können, ... daß das Spezifische dieser Wirkungen, die der Erfahrung der besonderen, gegenüber allen übrigen Wertqualitäten total andersartigen Wertqualität des Heiligen entsprechen, dadurch noch nicht getroffen ist, daß man diese Wirkungen als geheimnisvolles Angemutetsein, Erschauern und Fasziniertsein bezeichnet."[35] (Bei Otto hat sich diese Schwierigkeit in seinen „numinosen Gänsefüßchen"[36] manifestiert.)

Zwar darf man die formale Beschreibung erfahrener Qualität nicht mit einer Wesensdefinition verwechseln; doch zweifelsohne läßt (bei aller Breite in der Behandlung der sekundären Heiligkeitswerte) Hessens Beschreibung des Heiligen in doppelter Hinsicht zu wünschen übrig: bezüglich einer genaueren Artikulation der eigentümlichen (der „Heiligkeits"-) Qualität dieses tremendum und fascinosum (wir werden das vor allem bei der Welte-Schule finden) und bezüglich der Wesens-Bestimmung des hier Erfahrenen.

Diese Bestimmung ist ein Hauptanliegen des Denkers, dem wir uns jetzt zuwenden wollen. Hier wird gerade die Einheit von philosophischer und religiöser Gottesaussage thematisiert und dank einem volleren Seinsbegriff eine ontologische Bestimmung des Heiligen unternommen, ohne es doch neukantianisch bloß als synthetisierende Einheitsfunktion anzusetzen: in der Religionsphilosophie Paul Tillichs.

---

[34] Ein besonders markanter Stein des Anstoßes findet sich H 18: „Die Gänsehaut ist etwas ‚Übernatürliches'".
[35] Mynarek 112.
[36] Feigel 125.

5. Paul Tillich

Der Beitrag Tillichs zu unserem Thema ist in gewisser Hinsicht leicht zu kennzeichnen, da der „philosophische Theologe" noch zu Lebzeiten sein „System" hat abschließen und im Druck vorlegen können. So lassen sich nicht nur seine Aussagen über das Heilige als solche, sondern auch deren systematischer Ort und Stellenwert zumeist eindeutig wiedergeben. Andererseits hat man gerade angesichts der „Systematischen Theologie" den Eindruck geäußert, daß ihr „zuweilen die Schärfe des Begriffs zugunsten der Weite des Horizonts fehlt", daß ihre „Lösungen manchmal zu schön sind, um wahr zu sein".[1] Hier loten die weniger umfassenden, weniger ausbalancierten Frühwerke oft tiefer (obwohl auch in ihnen immer schon der Wille zum rundenden System wirksam wird).[2]
Es sei darum hier der Weg gewählt, nicht chronologisch-historisch, sondern von der „Systematischen Theologie" aus Tillichs Lehre vom Heiligen darzustellen, jeweils an ihrem Ort aber jene Einsichten, Differenzierungen und Fragen mithineinzunehmen, die Tillich in früheren Veröffentlichungen vorgelegt hat und die in seinem großen abschließenden Werk weniger deutlich werden. Daß wir ihn trotzdem jetzt, vor Heidegger, befragen, rechtfertigt sich wohl (außer aus dem eher systematischen als historischen Interesse dieser Arbeit) dadurch, daß trotz der einzigartigen „Offenheit" und Anregbarkeit Tillichs (die von denen, die ihn kannten, immer wieder herausgestellt werden) sein denkerischer Impuls aus der

---

[1] W.-D. Marsch in dem Gedenkbuch: Werk und Wirken Paul Tillichs 14 u. 34.
[2] Dies, schon im Titel, am deutlichsten in dem 1923 erschienenen „System der Wissenschaften nach Gegenständen und Methoden". Siehe dazu den ausführlichen Beitrag von J. Heinrichs in der Zeitschrift f. Kath. Theologie 92 (1970).

Zeit seiner Frühwerke stammt und sich trotz aller lebensbedingten Modifikationen gleich geblieben ist. Aufs Ganze gesehen gibt es hier weder einen Bruch wie bei Scheler noch eine radikalisierende „Kehre" wie bei Heidegger, sondern eine immer weiter ausgreifende Hineinnahme der verschiedenen Bereiche in die ursprüngliche Einsicht und ihre systematische Artikulation. (Damit sei nicht geleugnet, daß es gleichwohl, und nicht unwichtige, Um-Akzentuierungen gibt, sogar von Band zu Band der Systematischen Theologie. Sie werden im folgenden an ihrem Ort zur Sprache kommen.)

Qualität dessen, was uns unbedingt angeht

Als Gegenstand seiner und der Theologie überhaupt nennt Tillich „das, was uns unbedingt angeht" (I 19 f.[3]). Unbedingt angegangen sind wir von jenem, das „über unser Sein oder Nichtsein entscheidet" (I 21). Dieses entscheidend Unbedingte trifft uns nicht als ein Objekt unter anderen, freilich auch nicht bloß im Gefühl als einer psychologischen Funktion unter anderen (I 23, 52), sondern in einer „Qualität oder Dimension unserer allgemeinen Erfahrung", die Tillich „mystisch" nennen möchte und der (anstelle der Frage „Existiert Gott?") die Frage entspricht: „Was bedeutet das Heilige" (I 53–56). (Daß diese Erfahrung überdies normativ auf Jesus als den Christus gegründet wird, als christliche Theologie, ist zwar bezüglich ihrer Geschichtlichkeit überhaupt zu berücksichtigen, bleibt in seiner Inhaltlichkeit aber wieder außerhalb unserer Betrachtung.)
Vom Denken her erhält die gemeinte Dimension der allgemeinen Erfahrung den Namen „Tiefe der Vernunft" (I 96 f.); sie ist deren „Substanz", ihr „Grund" oder „Abgrund" (Vernunft ist dabei sowohl subjektiv, als Wesenheit unseres Gei-

---

[3] Die „Systematische Theologie" wird nach der deutschen Ausgabe zitiert, und zwar so, daß römische Ziffern ohne Sigel den jeweiligen Band bezeichnen. Als WW I, II usw. werden die Bände von Tillichs Gesammelten Werken angeführt.

stes, wie objektiv, als Geist-Struktur der Realität, zu verstehen). – Diese Namen sind metaphorisch, anders kann die Vernunft von ihrer „Tiefe" nicht sprechen; und sie findet diese Tiefe zwar in allen Dimensionen ihres Vollzugs (als Bezug auf die „Wahrheit selbst", die Schönheit, die Gerechtigkeit selbst usf.), aber auch in diesen Dimensionen ist die Tiefe das, was nicht selbst Vernunft ist, sondern ihr „zugrunde liegt". Nicht die Vollzüge dieser Dimensionen selbst charakterisieren darum die Tiefe, sondern zwei unableitbar eigengestaltige Funktionen des menschlichen Geistes, die sich in all diesen Dimensionen vollziehen (und so, prinzipiell, keine eigenen Dimensionen begründen): Mythos und Kultus.[4]
Freilich besagt das nicht, Mythos und Kultus entsprächen adäquat dieser Tiefe und charakterisierten sie einfachhin. Vor dem Urteil der Vernunft selbst vielmehr (Christentum und Aufklärung stimmen darin überein) zeigen beide sich als äußerst zweideutig. Einerseits sind sie unabdingbar und drücken, wie gesagt, aus, was anders nicht in seiner eigenen Qualität erscheint; andererseits reicht, was sie beschwören, gerade über sie hinaus und wehrt sich gegen die Beschränkung auf eine bestimmte Zugangsweise. Daß für uns diese Sonderung und Scheidung unumgänglich ist, erweist die Vernunft vor sich selbst als „gefallen", entfremdet, als ihrem eigenen Wesen nicht voll entsprechend. Sie erkennt so auch Mythos und Kultus als nur metaphorische, „symbolische" Darstellungsformen der Tiefe (I 97 f.).
Wie schon die Zusammenstellung von Mythos und *Kultus* zeigt, versteht Tillich die Vernunft nicht rein theoretisch, son-

---

[4] „Offenbarung ist die Form, in welcher das religiöse Objekt dem religiösen Glauben theoretisch gegeben ist. Mythos ist die Ausdrucksform für den Offenbarungsinhalt. Im Mythos vereinigen sich logische und ästhetische Erfassung des Unbedingten ... er will Wahres und Wirkliches zum Ausdruck bringen ... den Gehalt des Unbedingten anschaulich erfassen" (WW I 350 f.). „Kultus ist der Inbegriff derjenigen Handlungen, durch die das Unbedingte im Praktischen realisiert werden soll ... Das Verhältnis von Mythos und Kultus ist so, daß jeder kultische Akt einen mythischen Inhalt und jedes mythische Objekt eine kultische Verwirklichung hat" (WW I 356).

dern immer auch schon praktisch. (So definiert er die subjektive [ontologische[5]] Vernunft als „die Struktur des Geistes, die ihn fähig macht, die Wirklichkeit zu ergreifen und umzugestalten" [I 91, 93].) Gleichwohl schenkt auch er als Philosoph und Theologe ihrem kognitiven Aspekt besondere Beachtung. Vor dem Problem des dem Seins(ab)grund gemäßen Lebens und Wirkens steht die Frage nach dem Sichzeigen dieses bestimmenden Grundes. Wie, das heißt, auf welche Weise und als was erscheint er der Vernunft?
Die Weise, in der er sichtbar wird, heißt traditionell Offenbarung. Tillich nähert sich diesem Begriff von einer Analyse der Vernunft in ihrer gegenwärtigen Verfassung (der „aktuellen" Vernunft) her. In dieser Aktualität steht die Vernunft unter den Bedingungen der Existenz; das bedeutet: sie ist ihrem Wesen in gewisser Weise entfremdet und als endliche in eine mehrfache Konfliktsituation gestellt (zwischen Autonomie und Heteronomie, Relativismus und Absolutismus, Formalismus und Emotionalismus). Die Reflexion auf diese ihre quälende Situation formuliert sich als Frage; mehr ist ihr aus sich selbst in Wahrheit nicht möglich. Antwort aber wird ihr, und darauf stützt sich Tillichs Methode der „Korrelation", im Ereignis der Offenbarung zuteil.
Was Offenbarung ist, soll zunächst phänomenologisch bestimmt werden. So reiht sich Tillich hier den zuvor behandelten Denkern an. Indes nicht ohne kritische Modifikation. Denn welche Kriterien haben die Wahl des Beispiels zu legitimieren, an dem das Wesen als solches ansichtig werden soll? „Die Phänomenologie gibt wohl für den Bereich der logischen Sinnzusammenhänge – und nach ihnen hatte Husserl, der Begründer der phänomenologischen Methode, ursprünglich gefragt – einen gültigen Maßstab ab, dagegen kann sie im Bereich der geistigen Realitäten, z. B. der Religion, nur ein partieller Maßstab sein." „Das geistige Leben erschafft mehr als nur Exemplare, es erschafft einmalige Verkörperungen von etwas Universalem" (I 130). Man muß sich für ein „Beispiel"

---

[5] Im Unterschied zur technischen, die bloßes Erkennen, zudem nur bezüglich der Mittel-Zweck-Relation, ist (I 89).

entscheiden, in Absetzung und *Unterscheidung.* So will Tillich das intuitiv-deskriptive Moment der Phänomenologie durch ein existentiell-kritisches ergänzt wissen.[6] Tatsächlich bleibt nur diese Alternative (die freilich bewußt übernommen werden muß), wenn man nicht ein Blaß-Allgemeines als das allen Offenbarungsbeispielen Gemeinsame aufstellen will, und de facto hat der Religionsphänomenologe – wie die vorhergehenden Kapitel sichtbar werden ließen – diese Entscheidung auch stets schon vollzogen. (Tillich hat sich für die Offenbarung Jesu als des Christus entschieden. Soweit das in unserer Frage spezifische Konsequenzen ergibt, wird es bei der Durchführung seiner kritischen Phänomenologie zu notieren sein.)

Einem ersten Hinblick zeigt Offenbarung sich als Eröffnung, Manifestation von Verborgenem. Sie ist Offenbarung von *Geheimnis.* Und Geheimnis im strengen Sinn ist nun wieder der „Grund und Abgrund" der Vernunft. Aber er wird näher gekennzeichnet: als die „Urtatsache, daß etwas ist und nicht nichts ist" (I 133). Das „geht" aller Vernunft „voraus". Das „Stigma der Endlichkeit", der „Schock" drohenden Nichtseins in dieser Erfahrung bilden den negativen, den „Abgrund"-Aspekt des Mysteriums, als notwendiges Element in der Offenbarung.

Aber dieser Schock vermag nur eine Vernunft zu treffen, die *ist.* Als Abgrund offenbart sich das Mysterium nur, indem es sich darin zugleich als Grund offenbart: als – das Nicht-Sein überwindende – Macht des Seins. Und als derart gründende Macht ist es jenes, das uns unbedingt angeht (I 134).

Indem es mich und uns unbedingt angeht, zeigt sich das abgründig-gründende Geheimnis und wird es als solches erfahren. Sich-Zeigen und Wahrnahme, diese beiden Momente des Offenbarungsgeschehens, benennt Tillich mit den tradierten Namen „Wunder" und „Ekstase", wobei auch diese beiden

---

[6] Etwas zu „eindeutig" heißt es: „Das existentiell-kritische Element ist das Kriterium, nach dem das Beispiel ausgewählt wird. Das intuitiv-deskriptive Element ist die Technik, mittels derer der im Beispiel liegende Sinn wiedergegeben wird" (I 130).

Begriffe überreligionswissenschaftlich, ontologisch zu verstehen sind.

Der ontologische Schock („Warum ist nicht nichts?") ist noch keine ekstatische Erfahrung. Ekstase ist vielmehr seine Wiederholung und Überwindung zumal: „Er wiederholt sich in der vernichtenden Macht der göttlichen Gegenwart *(mysterium tremendum)* und [wird überwunden[7]] in der erhebenden Macht der göttlichen Gegenwart *(mysterium fascinosum)*" (I 137).

Solche Ekstase geschieht angesichts des Wunders, das heißt, eines „zeichengebenden Ereignisses", das staunenerregend auf das Seinsgeheimnis hinweist und so ebenfalls durch eine Spannung charakterisiert ist. In ihm zeigt sich das „Stigma des Nichtseins in der Wirklichkeit" (I 140) und zugleich (ohne – dämonisch – die Struktur der Wirklichkeit zu zerstören, so wie die Ekstase die Vernunft-Struktur nicht zerstört) die Beziehung des Menschen (und der Realität überhaupt) zum tragenden Seinsgrund.

So wenig indes Vernunft und Wirklichkeit in dieser Offenbarung (zerbrechend) durchbrochen werden, so sehr geschieht darin doch etwas Ausgezeichnetes: die gewöhnlichen Strukturen werden transzendiert. In welchem Sinn? – Zwar kann an allem und jedem und zu jeder Zeit sich Offenbarung ereignen, aber sie bleibt Offenbarung, will sagen, nicht einfach natürliche Erkenntnis (so lehnt Tillich den Begriff einer natürlichen Offenbarung als widersprüchlich ab – I 144). Das gilt bezüglich der Offenbarung durch die Natur (bzw. einzelne Naturphänomene), durch die Geschichte (bzw. einzelne geschichtliche Ereignisse) und gilt auch für die Offenbarung des „inneren Wortes" (auch sie darf nicht „Erinnerung", sie muß in Wahrheit Offenbarung sein). Was sie nun als solche Offenbarung auszeichnet, ist ohne nähere Erklärung schon zuvor,

---

[7] Unser Zusatz vereinfacht die Aussage. Man könnte fragen, ob nicht innerhalb des fascinosum selbst nochmals und erst eigentlich die Spannung von Grund und Abgrund sich zeigt; aber dem Kontext gemäß reflektiert Tillich nicht darauf, und die amerikanische Originalausgabe (Chicago 1951, 113) enthält tatsächlich die Wörter, um die wir hier den deutschen Text ergänzen.

hinsichtlich der Ekstase, genannt worden: die göttliche Gegenwart.

Worauf diese Benennung allerletzt zielt, und damit das eigentliche Kriterium von Offenbarung überhaupt, läßt sich für den Theologen Tillich nur vom letztgültigen Offenbarungsereignis, der Erscheinung Jesu von Nazareth als des Christus, her formulieren. Wir aber fragen hier nach der (freilich im Licht dieser Letztstellungnahme gewonnenen) allgemeineren Aussage Tillichs. Das ist sinnvoll, weil gerade für ihn Offenbarung nicht nur in Christus gegeben ist. Er spricht von „universaler" Offenbarung und meint damit „diejenigen konkreten Offenbarungen, die in der Menschheitsgeschichte zu allen Zeiten vorkommen" (I 166) und die vor allem keineswegs auf den „spezifisch religiösen Bereich" beschränkt sind (I 164).[8]

Einen Zugang zu der gesuchten Bestimmung bietet Tillichs Identifizierung von Offenbarung und Erlösung. Sie ist in seinem Korrelationssystem angelegt, von woher sich Offenbarung als Antwort auf die Frage sich selbst fraglicher Vernunft bestimmte; sie war der Sache nach gegeben in der Beschreibung von Ekstase und Wunder als des Erscheinungsgeschehens von Grund im Abgrund; nun wird sie von Tillich ausdrücklich auf die drei Antinomien der existierenden Vernunft hin expliziert. Wenigstens in gewissem Maß (vollends nur in der letztgültigen Offenbarung) wird im Offenbarungsgeschehen der Konflikt von Autonomie und Heteronomie gelöst: durch die Transparenz des Seinsgrundes im Offenbarungsträger wie das Selbstopfer des Mediums der Offenbarung in diese Transparenz hinein. Tillich nennt diese gelöste Spannung Theonomie. – Der Konflikt von Absolutismus und Relativismus löst sich in der paradoxen Erscheinung eines konkreten Absoluten (das heißt der Liebe, die „absolut [ist] als Liebe [allem offen] und relativ in jeder Liebesbeziehung" – I 181). Der Konflikt von Formalismus und Emotionalismus schließlich wird aufgehoben im Erscheinen jener Wahr-

---

[8] Als Theologe setzt er freilich hinzu, daß sie dem Urteil der letztgültigen Offenbarung unterstehen (I 166).

heit, die allein mit „unendlicher Leidenschaft" (Kierkegaard) ergriffen werden kann.

Soweit ist Offenbarung in kritischer Phänomenologie *unsererseits* beschrieben. Von diesen Ergebnissen sucht nun Tillich (in korrelativer Methode) nach dem Ursprung der Offenbarung.

Entscheidend ist, daß von diesem Grund und der Beziehung zwischen seinen Offenbarungen und ihm nur „symbolisch" geredet werden kann. Freilich will Tillich die Redewendung „*nur* ein Symbol" vermieden wissen, weil ein nichtsymbolisches Reden hier unmöglich ist, am Gemeinten gerade vorüberginge.

Das religiöse Symbolwort für den Seinsgrund ist „Gott"; es bringt vor allem das zum Ausdruck, was in jedem symbolischen Reden über den Geheimnisgrund des Seins unumgänglich ist: die Kategorie des *Personalen*. „Das, was eine Person letztlich und unbedingt angeht, kann nicht weniger als eine Person sein, obgleich es mehr sein kann und mehr sein muß als eine Person" (I 185). Jene Bestimmung also, die den Überschuß von Offenbarung über Selbst- und Seinserfahrungen ausspricht, ist deren Benennung als Tat des persönlichen Gottes.

Diese Kurzformel verlangt jedoch entfaltet zu werden. Und vorher ist genauer zu bedenken, daß diese Formel gänzlich (: „Tat", „persönlich", „Gott") symbolisch gelesen werden muß. Über *unsere Erfahrung* des Unbedingten konnte zunächst direkt und eigentlich gesprochen werden. Die Aussagen über das Unbedingte selbst, das sich offenbart, können nur uneigentlich, analog gemacht werden. Dabei soll jetzt keineswegs schon (metaphysisch oder gar „hinter-weltlerisch") das Unbedingte in sich („an sich" oder „für sich") selbst angesprochen werden (mit allen Fraglichkeiten, die sich dann sofort ergeben), sondern durchaus das Unbedingte, *insofern* es sich offenbart.

Auch so ist es nur analog, symbolisch auszusagen, weil es sich eben als Grund (und Abgrund), als das offenbart, das unbedingt angeht, und so sich dem Begriff und Zugriff kategorialen Sprechens entzieht. Auch das Unbedingte-für-uns, der

erscheinende Gott, das Heilige kann von Tillich „nur" symbolisch bestimmt werden. Dann aber muß jetzt vor dem weiteren Referat der inhaltlichen Aussagen Tillichs geklärt werden, nach welchen Regeln sie gelesen werden müssen.
Was meint „symbolisches Sprechen"? Es bedeutet, zuerst negativ geantwortet, nicht den Verzicht auf Rationalität (I 65 bis 73). Theo-logisches Reden (auch und gerade als philosophisches verstanden) ist zu semantischer Rationalität verpflichtet, das heißt, zur Klärung der verwendeten Begriffe; es muß sich in logischer Rationalität ebenso sinnlose Wortkombinationen wie logische Widersprüche verbieten, dies auch und gerade dort, wo es dialektisch und paradox spricht; und es bedarf schließlich methodischer Rationalität, das heißt, einer wie immer gearteten Systematik seiner verschiedenen Aussagen, da es Aussagen über *eine* Wirklichkeit sind, so zahlreich auch deren Aspekte, Dimensionen und Strukturbezüge sein mögen, und Aussagen *eines* Denkens und Sprechens, stehe es auch im Wandel und der Unabschließbarkeit lebendiger Geschichte.

In dieser dreifachen Rationalität muß sich die Theo-logie zudem der Sprache bedienen, die dem Theologen zur Verfügung steht, d. h. der unsrigen: es ist „deutlich, daß die Sprache des Theologen keine heilige oder geoffenbarte Sprache sein kann" (I 68), sondern eben die seine und derer, zu denen er spricht. Freilich ist es „unmöglich, die Erfahrung des Mysteriums in alltäglicher Sprache auszudrücken" (I 132), und dies darum, „weil diese Sprache aus dem Subjekt-Objekt-Schema erwachsen und an sie gebunden ist. Wenn das Mysterium sich in der Sprache des Alltags ausdrückt, so wird es notwendig mißverstanden, auf eine andere Dimension bezogen, entweiht" (ebd.). Die Mysterien wurden darum in Mythos und Kult ausgedrückt. Aber auch Mythos und Kult bedienen sich der alltäglichen Sprache. „In diesem Sinne weist die *analogia entis* [im theologisch-philosophischen Reden] wie das ‚religiöse Symbol' auf die Notwendigkeit hin, daß aus der endlichen Wirklichkeit entnommene Material zu gebrauchen, um der kognitiven Funktion in der Offenbarung ihre Inhalte zu geben" (I 157).

In der Selbst-Welt-Polarität endlichen Bewußtseins wurzelt die Subjekt-Objekt-Struktur der Vernunft. Sie distanziert, „hat", sagt aus. Das „Wovon" jeder Aussage aber wird notwendig (eben als deren „Subjekt") ihr Objekt. Und wenn „die Gefahr der logischen Objektivierung ist, daß sie niemals rein logisch ist" (I 203) (der Seinsgrund erscheint als Seiendes neben Seienden ausgesagt), so läßt sich doch die Subjekt-Objekt-Struktur so wenig überwinden, wie der Mensch aus der Selbst-Welt-Polarität auswandern kann. Tillich erklärt darum: „Die Theologie muß sich immer daran erinnern, daß sie, wenn sie von Gott spricht, das zu einem Objekt macht, was der Subjekt-Objekt-Struktur zugrundeliegt, und daß sie deshalb in ihrem Reden von Gott die Anerkennung einschließen muß, daß sie Gott nicht zum Objekt machen kann" (I 204).

Aber was sagt sie dann überhaupt? Die drei negativen Momente der Rationalität bleiben rein immanent, über die inhaltlich-sachliche Geltung des derart rationalen Redens sagen sie nichts. Und was bislang zu dieser Geltung selbst erklärt worden ist, war wiederum negativ: Die Subjekt-Objekt-Struktur gilt nicht von ihrem Grund. Sprache aber steht unausweichlich in Subjekt-Objekt-Struktur.

Wie läßt sich zeigen, daß sie trotzdem über diese Struktur – also über sich selbst – hinaus reichen und gelten kann? Nur dann kann man sie zu steter Erinnerung (ihrer Situation „auf der Grenze") auffordern – statt zur Selbstaufgabe ins Schweigen. Daß der *Mensch* über diese Struktur hinaus (oder unter sie hinab) reicht, hat sich im Phänomen des „ontologischen Schocks", in der Ekstase gezeigt. Aber man könnte glauben, es müsse ihm hier die Sprache gerade verschlagen.

Sprache ist kategorial. Kategorien sind Formen der Endlichkeit: „als solche vereinen sie ein positives und ein negatives Element" (I 226). Sie sprechen Sein und Nichtsein aus, und das heißt die Situation des Menschen in Angst (der Angst des „Schocks") und Mut. „Sie stellen die Frage nach dem Mut, der die Angst des Nichtseins auf sich nimmt" (I 232): um – in seiner Endlichkeit – zu sein. Tillich behandelt vier „Kategorien": Zeit, Raum, Kausalität, Substanz, aber stellvertretend für die kategoriale Verfaßtheit des Daseins überhaupt; sein Satz gilt so auch von der Sprache. Damit gilt aber auch für sie die Fortsetzung des Satzes: „Die Frage nach Gott ist die Frage nach der Möglichkeit dieses Mutes" (ebd.), wenn auch Tillich selbst das hier nicht ausdrücklich ausspricht. Auch auf die Sprache selbst und ihr Verstummen in der Ekstase ist die *Doppelung* dieser Erfahrung zu beziehen: die Ermächtigung zu sich selbst durch den tragenden Grund aus der angstvollen Abgrund-Erfahrung heraus.

Auch die symbolische Sprache ist so Sprache und nicht Schweigen. Aber sie ist doch zugleich eine Sprache, die, Sprache bleibend, sich opfert. Was damit gemeint ist, sei an der Norm Tillichs für alles Offenbarungsgeschehen (zu dem ja auch noch das kerygmatische Reden davon gehört) erläutert: an Jesus dem Christus. Letztgültige Offenbarung, der Christus, ist Jesus gerade „als der, der alles, was *nur* ‚Jesus' in ihm ist, zum Opfer bringt. Der entscheidende Zug seines Bildes ist die ständige Selbstpreisgabe des Jesus, der Jesus ist, an den Jesus, der der Christus ist" (I 161). Symbol dieses Selbstopfers ist das Kreuz. (Hier liegt ein Ansatz späteren Einspruchs.[9] Zunächst sei aber nur hinhörend dargestellt.) Eben dieser Sachverhalt findet sich auch bei der Sprache.

Tillich nimmt im 1. Band der Systematischen Theologie einen einzigen nicht-symbolischen Satz über Gott an, den Satz, „daß Gott das Sein-Selbst ist" oder das Absolute (I 277). Alle weiteren Aussagen sind indirekt und deuten auf etwas jenseits ihrer selbst hin. Diese weiteren Sätze sind nicht notwendig nur Zeichen (Hinweis auf ein anderes), sondern symbolisch, d. h. partizipierend an der Wirklichkeit dessen, was sie symbolisieren. „Ein symbolischer Ausdruck ist ein solcher, dessen gewöhnlicher Sinn durch das, auf das er hindeutet, verneint wird. Aber er wird nicht nur verneint, sondern auch bejaht –

---

[9] Man wird an die Hegelsche Dialektik des Selbstopfers des Endlichen durch Jesus in seine eigene Unendlichkeit hinein erinnert und zu ähnlichen Vorbehalten wie dort gedrängt (vgl. J. Splett, Die Trinitätslehre G. W. F. Hegels, Freiburg 1965, 152 f.; ders., Hegel und das Geheimnis, bes. 328 ff.), auch wenn es hier nicht um die *List* des Endlichen – oder die des Unendlichen geht.

als symbolisches Material für das Unendliche" (I 277 f.). Und möglich ist diese Bejahung, weil alles Seiende nur bei gleichzeitiger Negation seiner bejaht wird.

Wie steht es aber dann mit dem ersten nicht symbolischen Satz, ist er nicht ebenfalls endlich? Tavard hat darauf hingewiesen, daß tatsächlich auch dieser Satz symbolisch genannt werden muß: Gott, „if he is the subject of this statement, he is not longer beyond the subject-object structure ... One should say that every statement about God is symbolic, it precisely orients towards a non-symbolic reality immediately experienced."[10]

Nun wäre hier auf die traditionelle Distinktion von „id quod" und „modus quo" zu verweisen. Aber Tavard dürfte sie nicht unbekannt sein; so würde er wohl erwidern, eben diese (Notwendigkeit der) Unterscheidung sei es, die die Endlichkeit unseres Redens, also die Unangemessenheit an das hier Gemeinte bezeuge – und dies nicht zuletzt nochmals eben durch ihre *begrenzte* Gültigkeit (insofern der *modus* auch das *id quod* – und nicht bloß äußerlich – qualifiziert).

Entsprechend korrigiert Tillich sich selbst im 2. Band seines Werkes. Hier heißt es nun: „Alles, was über Gott gesagt werden kann, ist symbolisch." Und nur eben diese Behauptung selbst ist eine Aussage über Gott, die ihrerseits nicht symbolisch ist (II 15 f.). Wir erfahren das Unbedingte, wo uns etwas unbedingt angeht; in der Formulierung dieser Erfahrung können wir unsymbolisch nur in der Weise des Fragens sprechen. Jede Antwort aber ist schon symbolisch, zumindest unsymbolisch und symbolisch zumal. „Wenn wir sagen: ‚Gott ist das Unendliche oder das Unbedingte oder das Sein-Selbst', sprechen wir zugleich rational und ekstatisch. Das beschreibt genau die Grenzlinie, an der symbolische und nicht symbolische Rede zusammenfallen. Bis zu dieser Grenze ist jede Aussage nicht-symbolisch (im Sinne *religiöser* Symbolik). Jenseits dieser Grenze ist jede Aussage symbolisch (im Sinne *religiöser* Symbolik). Die Grenzlinie selbst ist beides: nichtsymbolisch und symbolisch" (II 16).

---

[10] Tavard 56.

Was bedeutet in dem zitierten Text die jeweils hervorgehobene Präzisierung „religiös", nachdem zuvor vom Symbol überhaupt die Rede war? Der Versuch einer deutenden Antwort leitet vom Sprachproblem zurück zu seiner ontologischen Basis. Diese ist darin gegeben, daß das Seiende in Gott gründet. Dieser Grund-Verhalt ergab die doppelte Konsequenz: „Erstens: Was auch immer man über ein endliches Seiendes weiß, ist Wissen über Gott, denn jedes Ding wurzelt in ihm als seinem Grund. Zweitens: Alles, was man über ein endliches Seiendes aussagt, kann man nicht für eine Aussage über Gott verwenden, denn er ist – wie man gesagt hat – ‚das ganz Andere'. Die Einheit dieser beiden gegensätzlichen Aussagen ist gegeben in der analogen oder symbolischen Gotteserkenntnis" (II 15).

Nicht-symbolisch sind dann Aussagen über das Seiende in seiner Endlichkeit; aber da jedes Seiende seine Endlichkeit stets schon in seinen Grund transzendiert, kann über jedes Seiende auch symbolisch gesprochen werden. Alles Seiende ist Symbol, will sagen: kann als solches aufgefaßt werden. Die *Ausdrücklichkeit* der Symbolbeziehung auf den Seins-Grund spricht sich im religiösen Symbol: in Mythos und Kultus, doch ebenso in der Theologie aus. „An-sich" aber ist alles Reden symbolisch (weil alles Seiende symbolisch ist, schon im Bezugsgeflecht der Seienden selbst untereinander und dem voraus in dessen und deren Wesens-Bezug auf den Grund); wo das Reden dies sein „An-sich" (nicht auf anderes, sondern auf den Grund hin, der es unbedingt angeht) thematisiert (und nicht bloß theoretisch, sondern „existentiell"), dort wird es religiöses Reden."[11]

Man versteht, warum Tillich sich gegen die Rede „nur ein Symbol" kehrt. Nicht das symbolische Reden kommt nämlich eigentlich durch Negation bzw. Reduktion zustande, sondern

---

[11] Insofern betonen die Klammer-Zusätze Tillichs nur nochmals sein präzises Verständnis von „Symbol", nämlich als ontologisch-religiösem, im Ausschluß sonstiger Bedeutungen von „Symbol", Symbolik und symbolischem Reden (bis hin zur Benennung der operativen Zeichen in Mathematik und Logik).

das nicht-symbolische. Dies sieht von der Grund-Bezogenheit seines endlichen Gegenstandes wie seiner selber ab. Die Negation seitens des symbolischen Redens negiert diese Reduktion, und die Grenze von nicht-symbolisch und symbolisch, die Tillich statuiert, ist die Grenzlinie eben dieser „Negation der Negation". („Gott ist das Unendliche" negiert seine Fassung als eines Endlichen, d. h. Bestimmbaren [Prädizierbaren]; dies das Rationale, will sagen, „wörtlich" zu Nehmende. Aber insofern diese Negation auf eine „über-endliche" Wirklichkeit geht, nicht auf nichts, entspringt sie deren positiver Erfahrung in der Ekstase.)
Heidegger hat 1964 zu diesem Problem der „Objektivierung" im theologischen Reden kritisch Stellung genommen.[12] Er hat unter Hinweis auf die Lebensphilosophie, die dafür maßgebend geworden ist, zunächst festgestellt, daß für die Meinung, Sprechen sei in jedem Fall objektivierend, „die seit langem ungeklärt vorgebrachte Unterscheidung zwischen dem Rationalen und dem Irrationalen [bestimmend ist], welche Unterscheidung ihrerseits aus der Instanz eines selbst ungeklärt vernünftigen Denkens angesetzt wird" (40). Insofern ‚Objekt' gemäß Kant den „existierende[n] Gegenstand der naturwissenschaftlichen Erfahrung" meine (42), liege Objektivierung nur im naturwissenschaftlichen Denken und Sprechen vor (44). Die Alltagserfahrung, erst recht die Dichtung sei weder objektivierend noch auch bloß vergegenständlichend. „Ein Haupthindernis verbirgt sich darin, daß die griechische Auslegung der Sprache, nämlich die grammatische, sich an dem Aussagen über die Dinge orientiert hat. Die Dinge wurden später durch die neuzeitliche Matephysik umgedeutet zu Objekten. Dadurch legte sich die Irrmeinung nahe, Denken und Sprechen bezögen sich auf Objekte und nur auf diese" (ebd.).
Diese Kritik trifft wohl auch Tillichs Fassung des Problems.

---

[12] Einige Hinweise auf Hauptgesichtspunkte für das theologische Gespräch über „Das Problem eines nichtobjektivierenden Denkens und Sprechens in der heutigen Theologie", in: Phänomenologie 35–47.

Aber damit noch nicht unbedingt sein Problem selbst. – Heidegger selber merkt das am Schluß seiner Hinweise an: Die Theologie müsse positiv aus dem Glauben heraus erörtern, was sie zu denken und wie sie zu sprechen habe. „In dieser Aufgabe ist zugleich die Frage eingeschlossen, ob die Theologie noch eine Wissenschaft sein kann, weil sie vermutlich überhaupt nicht eine Wissenschaft sein darf" (46).
Die Unterscheidung von religiöser Verkündigung und der Aufgabe des Theologen, „das, was indirekt im religiösen Denken und Ausdruck enthalten ist, begrifflich auszusprechen", wird von Tillich gerade an jener Stelle erinnert, wo er (im ersten Band der Systematischen Theologie) den einzigen nicht-symbolischen Satz über Gott einführt (I 277). – Es soll hier nicht Heideggers Auffassung von Theologie und von Wissenschaft diskutiert werden. Im Sinn seiner soeben referierten Kritik[13] wären in Tillichs Satz zwar wieder Einschränkungen (oder doch „Erörterungen") bezüglich des „indirekt" vonnöten. Aber sowenig es damit einfach negiert werden kann, sowenig muß oder kann man die begrifflichen Aussagen der Theologie auf religiöses (dichterisches, mythisches) Verkündigen oder auf den religiösen (kultischen) Anruf als ihre einzige „Eigentlichkeit" zurücknehmen (so sehr sie andererseits sich darauf zurückbeziehen müssen).
Davon wird (vor allem auch in Anschluß an die Auffassung der Welte-Schule) noch zu handeln sein. Hier sei aber auf ein Weiteres hingewiesen. Auch das nicht „feststellende" und „aussagende", das dichterische oder mythische Sprechen ist in einer anderen Situation, wenn es die Rose oder ihr Rot, oder Apoll,[14] das Wesen der Geliebten, die Macht des Eros oder die waltende Herkunft eines Volkes anwesen läßt, als wenn es in ihm darum geht, daß sich nicht nur die „Tiefe im Antlitz der Welt" (Weischedel), sondern der „Grund und Abgrund" selbst darin als er selbst offenbart. Hier wiederholt sich offenbar nochmals, wenn auch nicht auf die gleiche Weise, jene symbolische „Selbstaufhebung" des Redens, die den Über-

---

[13] A.a.O. 44.
[14] Heidegger, a.a.O. 42.

gang von der „wissenschaftlichen" Aussage zum dichterischen und mythischen Sagen erbrachte.
Offenbarung ist Erscheinen des Symbolcharakters des Seienden. Offenbarungserfahrung ist Symbolerfahrung und sagt sich in Symbolen aus. Und sie ist religiöse Erfahrung, insofern sie im Symbol den sich offenbarenden Seinsgrund als jenes Unbedingte erfährt, das über Sein und Nichtsein entscheidet: als das Heilige.
Hier wie zuvor sollen ja nicht die ganze Religionsphilosophie und Gotteslehre des befragten Autors dargestellt werden, sondern seine Aussagen zum Heiligen. Heiligkeit aber ist nach Tillich ein Phänomen der Erfahrung, phänomenologischer Beschreibung zugänglich, die „beste Eingangstür in das Verständnis der Religion" und die „beste Grundlage für eine Philosophie der Religion" (I 251). Doch kann diese Erfahrung zugleich nur dann zureichend analysiert werden, wenn sie in Korrelation mit der Lehre von Gott behandelt wird. Eine Gotteslehre ohne Einbezug des Heiligen verwandelt den Gott und die Götter in profane Objekte. Eine Lehre vom Heiligen ohne Gotteslehre macht das Heilige „zu etwas Ästhetisch-Emotionalem. Das ist die Gefahr solcher Theologien wie der von Schleiermacher und von Rudolf Otto" (I 251). Tillich sieht den Weg zur Vermeidung beider Fehlformen im Ansatz bei der Erfahrung dessen, was uns unbedingt angeht.
„Das Heilige ist die Qualität dessen, was den Menschen unbedingt angeht. Nur das, was heilig ist, kann den Menschen unbedingt angehen, und nur das, was den Menschen unbedingt angeht, hat die Qualität der Heiligkeit" (I 251).
In diesem Sinn will Tillich auch Ottos phänomenologische Analysen (die man nicht psychologisch nennen solle) ausfaltend aufnehmen: das Numinose als Gegenwart des Göttlichen, seinen Geheimnischarakter als Überbietung der Subjekt-Objekt-Struktur, sein Doppelantlitz von tremendum und fascinosum als den Doppelaspekt von Abgrund und Grund.
Das Heilige erscheint an heiligen Gegebenheiten. Und diese sind heilig, weil es in ihnen erscheint. – So ist persönliche Hei-

ligkeit nicht religiöse oder moralische Vollkommenheit, sondern Transparenz für den Seinsgrund (I 146).[15] – Wo diese Transparenz als Besitz beansprucht, wo Dinge oder Menschen selbst zum höchsten Anliegen gemacht werden, statt es zu repräsentieren, wo also ihre Symbolfunktion geleugnet wird, dort werden sie zu dämonischen Götzen. Umgekehrt bringt der Kampf gegen diese stete Gefahr der „Magie" die Gefahr mit sich, Heiligkeit nur mehr als moralische Vollkommenheit zu verstehen, und das heißt schließlich: als Ideal statt als seiend-wirkliche Gegenwart. Wird also das dämonische Element vollständig ausgeschieden, dann erscheint das Heilige nur noch als („profan"-moralische) Reinheit, sein numinoser Charakter verschwindet, während umgekehrt eine Überbetonung des Numinosen das dämonisch Unreine aufleben läßt, das die Heiligkeit des Heiligen nicht weniger zerstört.

Das Dämonische

Diese möglichen Fehldeutungen weisen indes auf eine doppelte Zweideutigkeit in der Erfahrung des Heiligen selbst hin. Von der einen, die in der Entgegensetzung von heilig und profan sichtbar wird, ist schon mehrfach die Rede gewesen: daß unter den Bedingungen der Existenz der unbedingte Grund zwar an allem aufscheinen *kann* (weil er alles begründet), dies sein Sichtbarwerden aber doch eine eigene Sphäre konstituiert, eben die von Religion, Mythos, Kultus, Theologie.

Dunkler ist die andere Zweideutigkeit, obwohl gerade sie ja durch Otto geläufig wurde: jene von Göttlichem und Dämonischem im Heiligen. Das Dämonische erschien im bisherigen Referat von Tillichs Aussagen in dem Sinn, daß das Symbol seine Symbolfunktion leugnet und götzenhaft selbst sich zum höchsten Anliegen macht. Aber als solches muß es nicht „numinosen Schrecken" erzeugen (I 253). Im System gibt es nur

---

[15] „Dies ist die Wahrheit, die hinter der katholischen Praxis steht, von jedem Heiligen ein Wunder zu verlangen" (I 147).

beiläufige Andeutungen in diese Richtung; die Religionsphilosophie von 1925 jedoch widmet dem „numinos" Dämonischen (um es vorläufig so zu benennen) einen eigenen Abschnitt innerhalb des Kapitels über die Wesenselemente der Religion und ihre Relationen. Auf einen Abschnitt *Gott und Welt* folgt hier *Das Heilige und das Profane* und sodann *Das Göttliche und das Dämonische*.

Das Heilige wird in der bekannten Weise als ekstatische Negation des Gegenstandes bestimmt (WW I 335 f.). Unter den möglichen Interpretationen dieses Sachverhalts verwirft Tillich den „Supranaturalismus", der das Seiende selbst in die Sphäre des Heiligen nehme und vergesse, daß es nur durch Negation seiner Unmittelbarkeit heilig sei, insofern also in einer gemeinsamen Situation mit allem Profanen stehe; diese Fehlform entspricht dem Dämonischen im bisher referierten Sinn (dem „götzenhaft" Dämonischen). Ebenso weist Tillich den „Idealismus" ab, der das Gegebene durch die ideale Forderung transzendieren wolle; er vergesse das (positive) Gegründetsein auch des Seienden wie die abgründige Negation auch des Sein-Sollenden, der idealen Form. Richtig ist die Ekstatik des Heiligen vielmehr als paradox zu bezeichnen: als Ereignis der Gnade, die die unmittelbare Form durchbricht, ohne ihrerseits eine eigene Form zu besitzen. Darin gründet der Doppelcharakter des Heiligen als des Beseligenden (wie es die Seligkeitshymnen der Mystiker ausdrücken) und des Unantastbaren (das im Tabu am deutlichsten werde).

Auf dem Hintergrund dieser Paradoxalität erhebt sich nun „in der Sphäre des Heiligen selbst ... der Gegensatz von Göttlich und Dämonisch" (WW I 338). Der Möglichkeitsgrund dieses Gegensatzes liegt in der Spannung von (notwendig endlicher) Form und (unbedingtem Sinn-)Gehalt. „Die Unerschöpflichkeit des Sinngehaltes bedeutet auf der einen Seite die Sinnhaftigkeit jeder Sinnform; sie bedeutet auf der anderen Seite den unendlichen Widerstand des Stoffes gegen die Form" (ebd.). Dieser Widerstand nun wird im Geistigen zu Schuld und „Sünde".

Tillichs Deduktion ist in ihrer knappen Form nicht völlig

durchsichtig. – Stoff steht hier offenbar synonym für Gehalt. Gehalt aber ist der Name „des irrationalen, lebendigen, unendlichen Elementes, der Tiefe und Schöpferkraft alles Wirklichen" (WW I 123); insofern das Geistige Realität ist, enthält es auch dieses „irrationale Element" in sich. Aber als Geist steht es dem Formwillen nicht bloß in der Weise des Stoffs gegenüber; die (unbedingte) Forderung zur Form ergeht vielmehr an den Geist selbst. Sein Widerstreben ist also nicht bloß faktisch, sondern Freiheits-Entscheidung und insofern Schuld.

In dieser Sphäre des Geistigen, der Schuld, hat das Dämonische seinen Ort als „der sinnwidrige Wille des Stoffes, der die Qualität des Heiligen annimmt" (WW I 338), das heißt, die paradoxe Qualität des ekstatisch Durchbrechenden. Die Differenz liegt darin, daß das Heilige im Durchbrechen der Form sie doch bejaht, im Ja zur unbedingten Form, während das Dämonische gerade auch der unbedingten Form widerspricht, es will zerstören. Unbedingte Form meint dabei die Rationalität des Unbedingt-Geltenden (WW I 212), den allgemeinen, allumfassenden Sinn, der als solcher keine erfaßbare Wirklichkeit darstellt (WW I 217, 227), sondern nur die Intention aller Wirklichkeit und ihrer denkerischen wie tätigen Erfahrung ist (WW I 233, 237 f.): „das schlechthin Seinsollende" (WW I 339).

Die Absage an diese Form muß sich gleichwohl als Form konstituieren. Dies so, daß es die einzelne Form „der Einordnung in die universale Form entzieht" (ebd.). So darf es nicht als universale Form selbst vorgestellt werden (etwa als Gegengott, auch nicht als Satan). Aber – was Tillich nicht eigens sagt – auch an der einzelnen Form ist seine Paradoxalität ja eigentlich unmöglich (sozusagen potenzierte Paradoxalität), da es doch einerseits nicht erhaltend durchbrechen will wie das Heilige, andererseits dieses zerstörende Durchbrechen gerade erhaltend sein muß, weil sonst gar nichts, also auch es selbst nicht, wäre.

Darum ist das Dämonische nur Prinzip, nicht Idee; es ist die Abgrund-Dimension am Grund-Abgrund des Unbedingten. Liegt beides im indifferent-religiösen Bewußtsein ineinander,

so tritt es im (wodurch?) zwiespältig gewordenen Bewußtsein auseinander und führt in der Auseinandersetzung zu jener Klärung und Läuterung des Heiligkeitsverständnisses, die den Begriff des Heiligen mit dem Göttlichen gleichsetzt.
Mit dem vorhergehenden Gedanken ist zugleich die Verbindung von „götzenhaftem" und „numinosem" Dämonischen sichtbar geworden. Das notwendig formhafte Nein zur unbedingten Sinnform muß dieses sein Sein dadurch ausdrücken, daß die einzelne Form „sich der Einordnung in die universale Form entzieht" (WW I 339), also sich selbst als unbedingt setzt. Tillich sagt das allerdings nicht und äußert sich auch nicht zu dem Widerspruch, der darin gegenüber der „ekstatischen" Konzeption des Dämonischen liegt. Der Abschnitt schließt mit dem Satz: „Göttliches und Profanes stehen gemeinsam dem Dämonischen gegenüber. Sie bejahen gemeinsam die Form im Gegensatz zum Dämonischen, das die Form zerbricht" (ebd.). Müßte demgegenüber das eigentlich Dämonische nicht eben der Götze sein, welcher die Form nicht minder bejaht, ohne einerseits göttlich, andererseits profan zu sein?
Ein Jahr später, 1926, ist von Tillich eine selbständige kleine Schrift über das Dämonische erschienen.[16] Sie beginnt mit einem Blick auf „die Kunst der Primitiven und Asiaten, ihre Götterbilder und Fetische, ihr Kunstgewerbe und ihre Tanzmasken" (WW VI 42). Hier werden mittels organischer Formen die organischen Gesamt-Formen zerstört, nicht aus einem Mangel an Gestaltungskraft, sondern aus dem entschiedenen Willen zur Wider-Form. Ob diese Deutung gemäß ist, sei hier dahingestellt, Tillich ergänzt sie durch die gleichlautende Interpretation rauschhafter Zerreiß-Mythen und Orgien, des Moloch, der die Erstgeburt verschlingt, um die Stadt zu retten, bis zu Dostojewskis „Großinquisitor", in dem die Religion sich absolut setzt und konsequent ihren Stifter vernichtet. An diesen Beispielen gewinnt er jedenfalls den Begriff des Dämonischen als des „positiv Formwidrigen" (WW VI 44),

---

[16] Das Dämonische. Ein Beitrag zur Sinndeutung der Geschichte, Tübingen 1926.

einer Gegebenheit also, die durch die „Spannung zwischen Formschöpfung und Formzerstörung" gekennzeichnet ist.
Als solche ist sie vom Satanischen unterschieden, das – als reine unschöpferische Zerstörung gedacht – keine Existenz hat, sondern nur als Moment, als zerstörerisch sinnfeindliches Prinzip *im* Dämonischen wirksam wird. („Mythologisch gesprochen ist der Satan der oberste der Dämonen, ontologisch gesprochen ist er das im Dämonischen enthaltene negative Prinzip" – WW VI 45.) Der Grund der Dialektik des Dämonischen aber liegt – wie schon in dem früheren kurzen Abschnitt der Religionsphilosophie dargestellt – in der Unerschöpflichkeit des Seins, die nicht passiv, bloß gewissermaßen unaufbrauchbar ist, sondern aktiv und produktiv sich jeder Gestalt gegenüber als das „verzehrende Feuer" zeigt (WW VI 47), sosehr zugleich sie die vielen Gestalten ermöglichend trägt.
Die Einheit von Seinsgestalt und Unerschöpflichkeit des Seins „als Wesenstiefe schlechthin ist das Göttliche, ihr Auseinander in der Existenz, das relativ selbständige Hervorbrechen des ,Abgrundes' in den Dingen, ist das Dämonische" (ebd.). Das absolute Hervorbrechen wäre das Satanische.
Die oben gestellte Frage nach dem positiven Aspekt des Dämonischen scheint also beantwortet. In jedem Ding stehen der Wille zur Gestalt (in der allein es *sein* kann) und der Drang zu ihrer Durchbrechung (aufgrund der Dynamik des *Seins* in ihm) in lebendiger Spannung. „Aus der Isolierung und dem gestaltlosen Hervorbrechen des Unendlichkeitswillens ergibt sich die dämonische Verzerrung" (ebd.). Man kann sie also dem Gesagten entsprechend das Satanisch-Dämonische nennen und hätte so das „numinos"-Dämonische genauer bestimmt. Aber wie steht dazu das – numinos-ekstatische – Heilige?
Der Zugang zu einer Klärung dieser Frage liegt wohl darin, daß als Ort des Dämonischen wieder der Geist bestimmt wird. Hier verschärft sich die Dialektik nämlich noch einmal. „Der geistige Widerspruch [gegen die Form] ist Widerspruch gegen die geistige Gestalt, gegen den Ort, an dem er allein zur vollen Existenz kommt" (WW VI 48). So aber wird

die Persönlichkeit in sich zwiespältig; sie gibt einer Macht Raum, die als geistig geistverzerrend wirkt. „Es ist der Zustand der ‚Besessenheit', durch den sich die Dämonie im Persönlichen verwirklicht": „Ichzerspaltung ekstatischen, in aller Zerstörung schöpferischen Charakter[s]" (WW VI 49). So aber kennt gerade die Besessenheit (vgl. etwa Mark 1, 23 f.), was ihr entspricht und sie überwindet (und was das „profane" Bewußtsein nicht bemerkt): die Begnadetheit. Auch hier wird die Gestaltgeschlossenheit durchbrochen, aber von Kräften, die mit der höchsten Form geeint sind, die darum seinsfüllend und formschaffend wirken. Die Verwandtschaft beider Weisen der Ekstase rückt sie dem moralisch-profanen Denken und Verhalten gegenüber in eine eigene Sphäre, die nicht mit (individual- oder sozial-)psychologischen Alternativen (bewußt – unbewußt, Ratio – Trieb) zu fassen ist. „Das Dämonische wie das Göttliche zwingen uns, eine dritte Kategorie zu bilden, zu der wir zwar von den beiden anderen her den Zugang suchen, die aber nicht in sie aufgelöst werden kann" (WW VI 51): eben die (Tillich nennt sie hier nicht) des Heiligen.

Der Zugang zu dieser Sphäre liegt in den beiden andern. In der Auseinandersetzung dieser beiden konstituiert sich so auch jene kulturelle Dimension, die der Kategorie des Heiligen entspricht, die Religion. Aus der sakral-dämonischen Unbestimmtheit früher Religiosität heraus (die „anscheinend ebenso undämonischen wie unkultischen und unkulturellen Urhebergottheiten" [WW VI 57] läßt Tillich beiseite) kommt es in den großen Kulturreligionen zu systematischer Durchgliederung. Einerseits ist das einzelne nicht mehr aus sich (aufgrund seiner Fremdartigkeit, seiner Zufälligkeit usf.), sondern nur als Bestandteil und Repräsentant der entsprechenden Sinnsphäre heilig, andererseits stehen nun verschiedene Sinnsphären neben- (und gegen-)einander. Deren Verhältnis bleibt fragwürdig, sinnwidrig und insofern dämonisch – auch wenn es monarchisch strukturiert wird. „Der höchste Gott des monarchischen Monotheismus ist nicht imstande, die Dämonie der Zerspaltenheit des Unbedingten zu überwinden. Er bleibt Dämon, ein Endliches, das das Unbedingte erschöpfen will" (ebd.).¹⁷ So radikalisiert sich die Auseinandersetzung zum religiösen Dualismus, der Form, „in der das Problem der Religionsgeschichte (des Heidentums) am klarsten gestellt ist" (WW VI 58). Aber auch er bringt keine Lösung, weil so der Gott des Lichts nicht fraglos unbedingt der Herr des Ganzen ist. Darum treibt die Geschichte der Religionen über den Dualismus ebenso wie über die nationalmonarchische Ordnung hinaus.

Tillich nennt drei religiöse Formen des Versuchs zur völligen Vernichtung des Dämonischen. Zunächst die asketische Mystik. Ist für den indischen Asketen die Wirklichkeit überhaupt und wesenhaft dämonisch, so hat sie für die abendländisch-neuplatonische Mystik zumindest ein dämonisches Moment in sich: das μὴ ὄν der geistfremden Materie. In beiden Fällen bedeutet Überwindung des Dämonischen daher die Überwindung des Daseins selbst und seiner Formen. „Insofern nun die Zerstörung dieser Formen Merkmal des Dämonischen ist, hat das Unbedingte der asketischen Mystik selbst einen halb-dämonischen Charakter" (WW VI 59).

Demgegenüber verwirft der zweite Versuch alle Formen um einer einzigen entdämonisierten willen; er bejaht so die geistige Form gemäß einer ethisch-sozialen Vollkommenheits-Idee; er ordnet nicht monarchisch unter, sondern verwirft exklusiv. Tillich bezieht sich hierbei auf die jüdische Prophetie. Ihr ist die Welt nicht dämonisch; „Sinnwidrigkeit, Formzerstörung, entstammt dem Willen der Kreatur, nicht einem dämonisch-schöpferischen Prinzip" (WW VI 60). Hier wird

---

[17] Dämonie der Zerspaltenheit will wohl sagen: Zerspaltenheit aufgrund der Anwesenheit auch des Dämonischen in seiner Sphäre (welches Dämonische zudem noch in sich selbst zerspalten ist). Es handelt sich also kaum um eine dritte Bedeutungsnuance des Wortes, über die von „götzenhafter" und „satanischer" Dämonie hinaus, vielmehr haben wir wieder beide Nuancen nebeneinander, die Zerspaltenheit als das zerstörende Moment des Numinos-Satanischen, die Teileelemente als die Götter und Götzen. – Vgl. III 125: „Das Hauptcharakteristikum des Dämonischen ist der Zustand der Gespaltenheit." Weil der Göttlichkeits-Anspruch eines Endlichen zum Widerspruch nötigt und zu Konkurrenz-Ansprüchen provoziert.

das Dämonische also (jedenfalls als schöpferisches) nicht bekämpft, sondern geleugnet. Und doch sieht Tillich auch hier die „Wiederkehr echt dämonischer Motive". Auch den exklusiven Gott hat ja ein Volk nicht anders als auf seine besondere Weise. Entweder hält man an solcher Besonderheit fest („wie etwa im jüdischen Ritualismus"), dann geht das Recht zur Unbedingtheit verloren, der Gott wird dämonisch; oder man gibt sie auf, dann entschwindet er „in einer unnahbaren Transzendenz, die das religiöse Bewußtsein entleert" (ebd.).
So bietet sich als dritter Versuch der „Weg der Mysterien" an. Hier wendet Gott die dämonische Zerstörung freiwillig gegen sich selbst und läßt sie auf diese Weise in sich selber zerbrechen. Dies ist die Botschaft der Mythen vom leidenden und vom sterbenden Gott. Hier ist Gott einerseits da und konkret gegenwärtig, andererseits bleibt er wahrhaft unbedingt, weil er selbst den Anspruch seiner *Einzelheit* auf Unbedingtheit handelnd: durch den Tod, verneint. Allerdings gelingt die Überwindung des Dämonischen auf diesem Weg nur dort, wo dieser Mittler-Gott wirklich Gott selbst ist, das bedeutet: rein geist-personal, ohne Willkürmomente, und dies nicht aus sich, neben Gott, sondern gänzlich *aus* ihm.
Schließen wir, bevor wir Tillichs Lehre vom Dämonischen sachlich zusammenfassen, noch den letzten Versuch der Entdämonisierung an, den er behandelt. Er besteht, gegenüber den drei genannten innerreligiösen Wegen, in dem Unternehmen antireligiöser Profanisierung. Hier wird die Religion überhaupt, also auch das Göttliche verlassen, um das Dämonische zu besiegen. Auch wenn das nicht die ursprüngliche Intention der antiken wie der neuzeitlichen Aufklärung war, wird doch eine rationale Klarheit so zur Norm erhoben, daß nicht nur die dämonischen, sondern auch die „göttlich-schöpferischen Tiefen des Daseins" (WW VI 62) verneint werden. Das Denken wird zweidimensional, es kennt Form und Stoff, nicht mehr die dritte, gegen-positive, der Form-Durchbrechung. Doch meldet sich diese verdrängte Dimension im immer neuen pessimistischen Gegenschlag, da der Widerstand gegen die Verwirklichung der rationalen Form stets neu erfahren wird.

So entspricht die Profanität zwar mit ihrem Willen zur reinen Form der Forderung des Göttlichen, aber indem sie das prinzipielle Ungenügen jeder Form gegenüber dem transzendierenden Göttlichen verkennt, widerspricht sie diesem zugleich. Darum bricht andererseits das Dämonische wieder in sie ein, und zwar nun als formzerstörend, widergöttlich. „In der Profanität ist das Göttliche ohne die Tiefe des Dämonischen und das Dämonische ohne die Klarheit des Göttlichen" (WW VI 64). Und schließlich ist in concreto beides nicht in dieser Extremform gegeben, tatsächlich wirken auch in der Profanität „ständig Verbindungen von Göttlichem und Dämonischem, Formverwirklichung und schöpferischem Abgrund". Wie Tillich diese Arbeit über das Dämonische mit einem Hinblick auf die Kunst (der Primitiven und Asiaten) begonnen hat, so zieht er auch hier die Kunst heran (WW VI 65): die klassische griechische Plastik, auf der schmalen Scheide zwischen dämonischer Archaik und nachklassischer Formleere bzw. rein individueller Bewegtheit (in deren Naturalismus dann die Dämonien der Archaik in neuer Gestalt wieder aufleben).[18]

Was läßt sich nun aus der Vielfalt von Bestimmungen als das Wesen des Dämonischen herausheben? – Die Aussagen der beiden ausführlichen Texte darüber darf man wohl im Sinn jener Parallelisierung zusammenfassen, die Tillich selber (WW VI 64) vorgenommen hat und die soeben zitiert worden ist: Göttlich und Dämonisch = Formverwirklichung und schöpferischer Abgrund. Grund und Abgrund zumal ist das Heilige, göttlich als Grund (und gerade als Grund und Verwirklichung ist es jenes, das das Gegründete übersteigt, relativiert, als endlich sichtbar macht; hier hat die Hegelsche Dialektik des „Zu-Grunde-Gehens"[19] ihren Ansatz), dämonisch als Abgrund (eben als das verendlichend-„tötende" Moment

---

[18] Ein Schlußteil spricht von den „Dämonien der Gegenwart": Intellektualismus, Ästhetizismus, Kapitalismus, Nationalismus, in denen wiederum eine tragende und zugleich zerstörende Kraft sichtbar wird. Aber hier ergeben sich keine neuen Momente.
[19] Wissenschaft der Logik (G. Lasson), 2 Bde, Hamburg ³1966/67, II 61 ff., 99 f.

des Gründens). Schöpferisch wäre das Dämonische dann darum, weil es Abgründigkeit des Gründens, zu-Grunde-richten als Walten des Grundes ist (statt bloßer Zerstörung).
So aber gehören Göttlichkeit und Dämonie des Heiligen unmittelbar zusammen. Treten sie auseinander, dann muß wie dem Gründen seine Abgründigkeit dem Abgründigen sein Grundsein verdeckt werden. Das Göttliche wandelt sich zum Licht-Rationalen mit dem Endpunkt rationaler Profanität, das Dämonische zum Dumpf-Irrationalen mit dem Endpunkt kontradiktorischer Satanität. Zwar ist keiner der Endpunkte voll zu erreichen, dennoch differiert ihre Unerreichbarkeit nochmals bemerkenswert: der absolute Selbstwiderspruch restloser Nichtung ist anders unmöglich als der volle Sieg rationaler Autonomie.
Tatsächlich bleiben, wie Tillich sagt, nun auch diese Wege jeweils miteinander verschränkt. Und als Gestalten dieser Verschränkung der beiden Fehlwege kann man nun vielleicht *das* Dämonische auffassen, von dem Tillich sonst, wenn er das Wort beiläufig braucht, immer spricht: die Götzen, in denen ein Symbol sich für das Symbolisierte setzt (bzw. gesetzt wird). Das heißt, der Wille zum Nichts drückt sich unvermeidlich in bestehenden Form-Gestalten aus, und der Wille zu rationaler Autonomie scheitert bei seinen Gestalten an deren irrational-zerstörerischem Charakter.
Dann aber wäre ursprünglichst eben der Wille zur Scheidung von Göttlichkeit und Dämonie im Heiligen dämonisch; seiner Verselbständigung entspringen die Dämonen, während das Heilige, das es selber nur als auch „dämonisch" ist, gerade diesen trennenden Willen nochmals einbehält. Tillich scheint das nicht ausdrücklich zu sagen; doch man erinnert sich daran, daß er seine philosophische wie seine theologische Dissertation F. W. J. Schelling gewidmet hat.[20]

[20] Die religionsgeschichtliche Konstruktion in Schellings positiver Philosophie, ihre Voraussetzungen und Prinzipen, Breslau 1910 (philos. Diss.); Mystik und Schuldbewußtsein in Schellings philosophischer Entwicklung, Gütersloh 1912 (Lic. Diss.). Vgl. WW VIII (285 ff. Der Begriff des Dämonischen und seine Bedeutung für die Systematische Theologie – 1926) 291: „Es ist offenbar, daß hinter

Entdämonisierung kann dann nicht Rationalisierung bedeuten – da das ja gerade nur Dämonen schüfe –, sondern Wahrung des Heiligen (Reinhalten seiner „Integrität") als „Integration": wachsende Anerkennung des Abgrundcharakters seiner Abgründigkeit. Profanisierung aber wäre der Versuch zur Autonomie unter Leugnung des Abgrund-Grunds überhaupt.

Wahrung der Heiligkeit des Heiligen heißt so (im Gegensatz zur Profanisierung, doch zugleich auch in der Aufnahme ihres berechtigten Anliegens): „eine Beziehung eingehen, die im eigentlichen Sinne des Wortes überhaupt keine Beziehung ist" (I 312). Das Heilige ist Ort, Grund und Sinn von Beziehungen, nicht Element und Partner einer solchen. In diesem Sinn werden dann Gott die beiden „Hauptsymbole" der Ich-Du-Beziehung, Herr und Vater, zugeteilt (I 329), von denen, als Symbolen, der Mensch aber stets auch übergeht „zu einer Kontemplation über das Mysterium des göttlichen Grundes" (I 331) als des unnahbar, unfaßlich Heiligen.

Der rechte Gebrauch dieser Symbole, also das wahre Verhältnis[21] zum Heiligen wird für Tillich anschaulich im Symbol Jesu als des Christus.

„Das Paradox der christlichen Botschaft besteht darin, daß in einem personhaften Leben das Bild wesenhaften Menschseins[22] unter den Bedingungen der [entfremdeten, zerfalle-

---

allen ausgesprochenen Gedanken ein Gottesgedanke steht, der sich von dem üblichen dogmatischen Gottesbegriff nicht unwesentlich unterscheidet. Dieser entstammt dem zweibegrifflichen Denken der Spätantike und ist unlöslich geknüpft an den Monotheismus der reinen Form, des actus purus, wie ihn Aristoteles entsprechend der fast völlig entdämonisierten und entgöttlichten Rationalität seiner Philosophie faßte." Die Abkehr davon hat freilich stets der Gefahr zu wehren, „Gott selbst zu einem Dämon zu machen und über der Tiefe Gottes seine Klarheit zu verleugnen."

[21] Als theoretisch-praktisches, umfassendes im eingangs aufgezeigten Sinn.

[22] Also auch und gerade wesenhaften Sich-verhaltens zum Heiligen, und das heißt: wesenhaften Erscheinens dieses Heiligen selbst, ist doch wesenhaftes Sein nichts anderes als wahres Selbst-Transzendieren, die Erfahrung des Selbsttranszendierens aber eben die Begegnung mit dem Heiligen (II 14).

nen, unwesentlichen] Existenz erschienen ist, ohne von ihnen überwältigt zu werden" (II 104). Und diese Erscheinung, die sich in Wort und Tat bekundet, findet ihren höchsten Ausdruck in den beiden Hauptsymbolen des christologischen Dogmas: dem Kreuz und der Auferstehung des Christus (II 165).

Indem sich Jesus dem Christus opfert, bewährt er sich gegenüber der Versuchung zur Dämonie als Symbol, und indem er in diesem Opfer nicht untergeht, wird sein Symbol-Rang bestätigt. Insofern bringt er die Erlösung, weil er zum „Neuen Sein" befreit. „Heilige" heißen nun jene, die von der Macht des Neuen Seins ergriffen sind (II 193).

Diese Macht ist, wie gesagt, jene zu wahrer Selbsttranszendierung. Von ihr ist ausführlich im dritten Band der „Systematischen Theologie" die Rede, vor allem im vierten Teil des Systems, dem Tillich die Überschrift „Das Leben und der Geist" gegeben hat. Die Spannungs-Identität von In-sich und Über-sich-hinaus, die das Leben kennzeichnet und die Tillich glücklich im Wort Selbst-Transzendierung erfaßt (im Doppelsinn des Selbst, insofern es nicht nur das Transzendierte, sondern auch das Transzendierende meint), wird erst im Geiste sichtbar, „und zwar als die Erfahrung des ‚Heiligen'" (III 44). Sie tritt als dritte Lebensfunktion neben die Selbst-Integration unter dem Begriff der Zentriertheit (Moralität) und das Sich-Schaffen unter dem Prinzip des Wachstums (Kultur).

Es ist offenkundig, daß diese Funktionen nicht in Bereichen neben- oder als Schichten übereinanderliegen, sondern sich als Dimensionen durchdringen.[23] Profanisierung bedeutet, als Widerstand gegen die Selbsttranszendierung, also den letztlich unmöglichen Versuch zur Zweidimensionalität des Lebens; aber wenn sie auch niemals völlig gelingt, so gilt doch andererseits, daß sie in jedem Akt der Selbst-Transzendierung gegenwärtig ist, das Leben sich also stets „in zweideutiger Weise" transzendiert (III 108). Insofern wurde zuvor

---

[23] Vgl. WW II 118–129: Dimensionen, Schichten und die Einheit des Seins.

von *wahrer* Selbst-Transzendierung gesprochen. Die Grundzweideutigkeit liegt im Auseinandertreten der drei Lebensfunktionen, sie entbindet die Zweideutigkeit eines jeden dieser Vollzüge in sich.

Die grundlegende Zweideutigkeit der isolierten Religion besteht dabei darin, daß sie einerseits Überstieg ist, andererseits aber nun nicht mehr Überstiegsmoment der beiden anderen Funktionen, sondern selbständige Funktion des Lebens, welche (d. h. sich selbst) sie also ihrerseits übersteigen müßte und doch nur so zu übersteigen vermag, daß sie eben so sich selbst als die Funktion des Überstiegs bestätigt. Wir stehen vor der Antinomie des antireligiösen Pathos aller wahren Religion, der Tillich schon 1922 den Aufsatz „Die Überwindung des Religionsbegriffs in der Religionsphilosophie" gewidmet hat.[24]

Diese radikale Zweideutigkeit legt sich in einer doppelten Weise aus: in den beiden schon behandelten Formen der „Gegenwart profaner Elemente in jedem religiösen Akt" (III 121) und der „Zweideutigkeit von Göttlichem und Dämonischem" (III 128). Zeigt sich die Profanisierung in der Institutionalisierung der Religion, deren Überwuchern die reine Selbsttranszendierung zum Heiligen in (kulturell-moralischer) endlicher Immanenz aufgehen läßt, und/oder in einer mehr oder minder ausdrücklichen Reduktion des Religiösen auf seine kulturelle Form oder seinen moralischen Ernst, *widerstrebt* also hier der Mensch der Selbsttranszendierung (ohne sie doch de facto ganz verweigern zu können), so *verfälscht* er sie in der dämonischen Zweideutigkeit dadurch, daß er bestimmte Träger der Heiligkeit mit dem Heiligen identifizert.

Heiligkeit des Heiligen

Da diese Zweideutigkeiten unaufhebbar sind, ist keine Religion *die* Antwort auf die Frage nach dem Heil. „Und doch kann die Antwort nur durch die Religion empfangen wer-

---

[24] WW I 367-388.

den" (III 130): als die Selbstmanifestation dessen, was der Mensch von sich aus, durch seine Selbsttranszendenz nicht zu erreichen vermag.

Damit ergibt sich nun über dem bisher behandelten zweideutigen Begriff des Heiligen ein engerer, reiner Begriff (sosehr davon reden bedeutet, ihn wiederum in die Zweideutigkeit zu überführen). Die hier gemeinte Wirklichkeit umschreibt Tillich mit den drei einander ergänzenden Symbolen: Geist-Gegenwart[25], Reich Gottes, Ewiges Leben.

In der jetzt schon gegebenen Präsenz dieser unzweideutigen Erfüllung zeigen sich selbstverständlich die nun schon mehrfach gekennzeichneten Spannungen, Antinomien und Zweideutigkeiten. Tillich entfaltet sie für jedes der drei Symbole in ihrer jetzigen Gegebenheit. Doch diese Zweideutigkeit wird auch immer schon vom Neuen Sein überwunden, wenngleich nur fragmentarisch. Fragmentarische (antizipatorische) Verwirklichung ist so von Zweideutigkeit zu unterscheiden (von der freilich unsere Antwort auf solche fragmentarische Selbstmanifestation gleich wieder unvermeidlich gezeichnet ist – III 166 f.). Fragmentarisch, doch unzweideutig zeigt sich also „die Heiligkeit des Heiligen" (III 127).

Wie ist sie zu bestimmen? Einmal mit der früheren Definition: „Das Heilige ist die Qualität dessen, was den Menschen unbedingt angeht" (I 251). Sodann negativ aus den erwogenen Zweideutigkeiten des tatsächlichen Lebens heraus, die sie überwindet. Das Heilige ist jenes, das eint.[26] Es will Religion, Kultur und Moralität nicht vereinheitlichen, aber einen: Kultur ist die Form der Religion, Religion die Substanz der Kultur (III 185 u. ö.); Moral ist, könnte man analog formulieren, die Form, wie in der Religion die Würde der Person gewahrt wird. Religion gibt den Grund (im unbedingt An-

---

[25] Im Original: „Spiritual Presence", in der deutschen Ausgabe übersetzt als „Gegenwart des göttlichen Geistes".
[26] Siehe oben S. 63 das Goethe-Zitat. Vgl. G. W. F. Hegel, Philos. Propädeutik, Erster Kursus. Unterklasse. Dritter Abschnitt. Religionslehre § 77: „Gott ist, nach den Momenten seines Wesens, 1) absolut *heilig*, insofern er das schlechthin in sich allgemeine Wesen ist." Nürnberger Schriften (J. Hoffmeister), Leipzig 1938, 197.

gehenden), die Inhaltlichkeit (in der agape) und die Garantie der Moral (in der Gnade) (III 186 f.). Entsprechend gibt Kultur der Moral den konkreten Inhalt und Moral der Kultur „letzten Ernst" (II 189). Religion ist so gerade keine Sonderfunktion neben den beiden anderen, sondern Moment an ihnen, die ihrerseits sich zu einem Gesamtvollzug ergänzen.
War aber deren Trennung die Quelle der Zweideutigkeiten, dann sind mit der Überwindung jener auch diese, ihre Folgen, überwunden. Die Zweideutigkeiten personaler Selbst-Integration fallen in einer theonomen Moralität, in der die Geist-Gegenwart die Liebe gibt, die sie fordert. Die Zweideutigkeiten kulturellen Sich-Schaffens fallen bei einem Humanismus, der in Sprache, Erkenntnis, künstlerischer Gestaltung, Technik, gesellschaftlich-politischer Ordnung eine theonome Moral verwirklicht. So werden schließlich auch jene Zweideutigkeiten überwunden, die bislang das explizite Verhältnis zum Heiligen zeichnen (und das heißt, anders gewendet, dessen Erscheinen selbst): indem die Geist-Gegenwart in den religiösen Gemeinschaften wie in den Einzelnen durch Glaube und Liebe die Religion als eine spezielle Funktion des menschlichen Geistes überwindet. „Dabei bedeutet ‚Überwindung der Religion' nicht Säkularisierung, sondern es bedeutet, daß der göttliche Geist die Kluft zwischen dem Religiösen und dem Säkularen als eigenständigen Bereichen überbrückt. Dementsprechend bedeutet Glaube nicht die Bejahung von gewissen Glaubenssätzen, selbst wenn diese Gott zum Gegenstand haben, sondern das Ergriffensein von dem, was uns unbedingt angeht. Und dementsprechend bedeutet Liebe nicht einen Akt der Verneinung aller Dimensionen um einer Transzendenz willen, in der alle Dimensionen aufgehoben sind, sondern die Wiedervereinigung des Getrennten in allen Dimensionen, der des Geistes eingeschlossen" (III 280 f.). Derart sind dann auch Profanisierung wie Dämonisierung in ihrem Widerspiel überstiegen und verwunden. Die innere Profanisierung (die Mechanisierung in Ritus, Lehre und Amtsstruktur) durch die Geist-Teilhabe aller; die äußere Profanisierung (die Säkularisierung) durch den Fortfall der inneren, gegen die sie protestierte. Die Dämonisierung (die Er-

hebung eines Endlichen zu unendlicher Geltung im Namen des Heiligen) durch die Geist-Erfaßtheit der Gemeinschaft wie der Einzelnen, aus der sie wissen: „Niemand kann das ergreifen, wodurch er ergriffen wird – den göttlichen Geist" (III 281).

Umfassend zeigt die Heiligkeit des Heiligen sich so als das befreiend Einende, und was vor allem hinsichtlich der Hauptfunktionen der Geistdimension behandelt worden ist, greift darum über diesen Aspekt hinaus auf das Ganze des Lebens über. Nicht minder fragmentarisch als im Geistigen, zugleich jedoch genauso unzweideutig wie dort, erscheint es als das Heilende überhaupt (III 315–323).

Als solches wird es zuletzt in trinitarischen Symbolen ausgesagt. Denn was uns unbedingt angeht, ist 1. sowohl schlechthin absolut wie greifbar konkret, und dies in Einheit (dieser Einheit werden [halb-]göttliche Mittler-Gestalten nicht gerecht); es ist 2. nicht tote Identität, sondern Leben (weder irrational noch paradox, sondern „dialektisch": innere Selbstbewegtheit von Ausgang und Vereinigung, ewiger „Prozeß"); es ist 3., und dies gibt den entscheidenden Anstoß, in dreifacher Weise manifest, als dreifache Heilsantwort auf die dreifache Frage der menschlichen Situation: Die Frage der Endlichkeit des Menschen wird im Symbolkreis von Schöpfer und Schöpfung beantwortet; die Frage seiner Entfremdung durch die Symbole von Inkarnation und Erlösung; die Frage der Zweideutigkeit im Hinblick auf seine Partizipation am umfassenden Leben durch die Symbolik des göttlichen Geistes (III 324–327).

Alle drei Symbole bzw. Symbol-Kreise, alle drei Symboliken sprechen die Erfahrung des Unbedingten aus, jede in ihrer Weise, ihrer Erfahrung gemäß; aber zugleich steht keine für sich, sondern ist aus sich selbst auf die beiden anderen bezogen und setzt sie mit, wie sie selbst von ihnen mitgesetzt wird. Nur in solchem Ineinanderspiel der Symbole läßt sich die menschliche Erfahrung mit dem Heiligen formulieren.

Dies geschieht hier aber so, daß nicht nur sie, diese Erfahrung, selbst, sondern auch ihre Formulierung, ihre Symbolik vom Heiligen her gewirkt wird. Die drei Symbole zeigen das zuhöchst darin, daß sie die Alternative „personal – unpersonal" zu übersteigen und zu einen versuchen.

Mit dieser letzten Bestimmung des Heiligen ist nun zugleich auch ein zentraler Punkt der *Diskussion* um Tillichs Religionsphilosophie und Theologie getroffen: die Frage der Personalität oder Impersonalität des Heiligen. W. Weischedel etwa wendet ein, es sei gerade die Frage, ob, was uns unbedingt angeht, nur personal gedacht werden könne und müsse;[27] von der anderen Seite wird Tillich die Vernachlässigung des Personalen vorgeworfen.[28]

Tatsächlich ging es Tillich (man möchte sagen: wie stets) um die Vermittlung von beidem, weil beides nur symbolisch von dem spricht, was es meint. In einer eigenen Schrift hat er sich mit dem gestellten Problem beschäftigt, wie die ontologische Rede vom Sein mit dem biblischen „Anthropomorphismus" übereinkomme,[29] und am Ende formuliert: *„Gegen* Pascal sage ich: der Gott Abrahams, Isaaks und Jakobs und der Gott der Philosophen ist der gleiche Gott. Er ist Person und die Negation seiner selbst als Person" (WW V 184).

Man kann theologisch fragen, ob Tillich den biblischen Anthropomorphismus nicht doch zu leicht nimmt;[30] ob die Rede von der Rechtfertigung des Sünders nicht zu sehr hinter jener vom Neuen Sein zurücktrete; ob die Einheit bzw. Partizipation nicht zu wenig durch das Schöpfungs- und Erlösungs-Gegenüber geklärt sei.[31] – Aber der Hinweis auf Schöpfung und Partizipation ist nicht mehr nur theologisch. Und auch die Rechtfertigung des Sünders muß nicht nur evangelisch-

---

[27] Paul Tillichs philosophische Theologie. Ein ehrerbietiger Widerspruch, in: K. Hennig (Hrsg.) 63–85, 37.
[28] Z. B. Hessen I 191; O. Wolff, 139; K.-D. Nörenberg 177: „Wenn Tillich sagt, daß den Menschen nichts unbedingt angehen kann, was nicht personenhaft ist, so kann das nicht bedeuten, daß das Sein als das, was mich unbedingt angeht, personenhaft ist, sondern daß Gott, weil er mich unbedingt angeht, gerade nicht als das Sein verstanden werden darf."
[29] Biblische Religion und die Frage nach dem Sein, Stuttgart 1956: WW V 138–184.
[30] Schmitz 221. Vgl. F. Rosenzweig, Kleinere Schriften 526–533.
[31] Rosenthal 438; Schmitz 220.

theologisch, sie kann durchaus religionsphänomenologisch verstanden werden. So aber führen die Bedenken zum Symbolverständnis Tillichs zurück.

Hat Tillich das Christentum darum herausgestellt, weil hier Jesus sich dem Christus opfere und in diesem Geschehen Religion ihre Selbstaufhebung vollziehe, so fragt Tavard dagegen, ob nicht aufgrund des Kreuzes gerade Kult und Sakramente bestünden, und dies nicht als Fehlform:[32] sei doch das Kreuz selber ein Akt göttlichen Kultes gewesen. „Once more, Tillich has been caught in the snare of ontology. He has ontologized the symbol of the Cross."[33]

Aber es geht nicht um das speziell Christliche. Grundsätzlich, hat Looff angemerkt,[34] verwechsele Tillich den religionsphilosophischen mit dem religiösen Akt. Die Aufhebung schließlich Gottes selbst als Symbol sei ein religionsphilosophischer, kein religiöser Akt. So drohe in der Tillichschen Konzeption ein religiöser Fiktionalismus.[35] – Nun ist es zwar eine Frage der Definition, wieweit man nicht auch Formen der Aufhebung Gottes noch als religiös bezeichnet. Gerade die Rede vom Heiligen will ja nicht zuletzt den „atheistischen Religionen" ihr Recht einräumen.[36] Und wäre man früher geneigt gewesen, Looffs Kritik trotzdem insofern zuzustimmen, als Tillich in seiner philosophischen Theologie nicht zuerst und

---

[32] Welche Fehlformen ihrerseits nicht geleugnet werden sollen; vgl. H. Kessler, Die theologische Bedeutung des Todes Jesu. Eine traditionsgeschichtliche Untersuchung, Düsseldorf 1970.
[33] Tavard 79.
[34] Looff 61.
[35] Ebd. 63.
[36] Vgl. z. B. N. Söderblom 162 f.: „So wichtig auch der Gottesglaube nebst der Gottesverehrung für die Religion ist, so gibt es doch, wie ich oft hervorgehoben habe, ein noch bedeutungsvolleres Kriterium für das Wesen der Religion, nämlich [den] Unterschied zwischen ‚heilig' und ‚profan'. Soweit stimme ich mit Durkheim und seiner Schule überein, wenn ich auch außerstande bin, überall seine Anwendung auf die einzelnen Fälle mitzumachen. [Anm.: So verlegt z. B. Durkheim ... das Heilige im Buddhismus in die vier Wahrheiten vom Leiden. Eher aber müßte man den Heiligkeitsbegriff in den drei Zufluchten erkennen, die sich scharf gegen das Elend und Leiden des Daseins abheben.] Es kann wirkliche Fröm-

eigentlich den Buddhismus bedenken wollte, so hat inzwischen eine christliche „Theologie" des Todes Gottes das Problembewußtsein geschärft. Inwieweit muß man sich der Gefahr des Fiktionalismus aussetzen, um die Gefahr der Idolisierung zu meistern? – Wie behauptet man sich indessen gegenüber jener, der Gefahr der Scheinbarkeit, – ohne Bezug auf das *geschichtliche* Erscheinen der Freiheit und ihre *dialogische* Symbolisierung?[37]
Tillich, dessen Denken derart auf Verbindung und Versöhnung, auf Synthese ausgeht, ist tatsächlich zwischen Zerrissenheit und Identität gespannt. „Where a distinction existed, Tillich sees a separation."[38] Das zeigt sich zugespitzt in seiner umstrittenen Lehre von Schöpfung und/als Fall. So aber muß dann die Heilung als Differenz-*Identität* gedacht werden,[39] wobei diese Identität offenbar gerade nicht als dialogische konzipiert wird. Es stellt sich die Frage, inwiefern Tillich tatsächlich „wieder die Lehre von der analogia entis hervorgebracht" hat.[40] Und damit die weitere Frage – die allerdings auch an die Tradition der Analogie gehen muß –: Läßt sich

---

migkeit geben, ohne einen ausgebildeten Gottesglauben und Kult. Aber es gibt keine Frömmigkeit, die diesen Namen verdient, ohne die Vorstellung vom Heiligen. Fromm ist der, für den es etwas Heiliges gibt." Vgl. ebd. 179 f.
[37] Vgl. J. Splett, Wahrheit, Ideologie und Freiheit; J. Heinrichs, Ort der Metaphysik 279 (Anm. 35): „Auf einer ungenügenden transzendentalen Analyse von Person und Interpersonalität (im Sinne einer ‚transzendentalen Dialogik'!) beruht m. E. auch Tillichs Forderung einer Überwindung des personalen Theismus, die er auf den letzten Seiten von „Der Mut zum Sein" überraschenderweise erhebt. Tillich bleibt hier in einer dinghaften Auffassung von Person und einem undialogischen Subjekt-Objekt-Verständnis der personalen Beziehung befangen, von dem her allerdings ‚der Gott über dem Gott des Theismus' zu suchen wäre."
[38] Tavard 39; vgl. Rhein 126 f.
[39] Vgl. Tavard 42 f.
[40] K. Rosenthal 436. Vgl. dazu Nörenberg 171 f. So warnt auch Weigel in W. Leibrechts „Religion and Culture" vor der Überstrapazierung des Begriffs „symbolisch" und befürwortet die Analogie als Mitte zwischen „univocal literalism" und „unliteral symbolism" (120–130 [Myth, Symbol and Analogy], 127 f.).

überhaupt (wie weit läßt sich) Analogie ohne Dialogik denken?
Unser eigener Antwortversuch wird darauf eingehen müssen. Tillich freilich will gerade darauf hinaus. „Wir versuchen, wieder einen Weg für Symbole zu entdecken, für offenbarende Symbole, für Symbole, die unmittelbar offenbaren, die etwas von Gott und zugleich von der Seele aufschließen, so daß sie einander begegnen können" (WW VII 210). Aber dieses Begegnen nochmals gilt für Tillich ja „nur" symbolisch. Gewiß hat gerade er sich scharf gegen ein solches „nur" in Verbindung mit dem Symbol gewandt, aber wie weit nicht dennoch unter der stillschweigenden Voraussetzung, daß das „Eigentliche" gleichsam „hinter" dem Symbol verbleibe (sosehr es vielleicht dem endlichen Denken *prinzipiell* entzogen bleibt, so daß, mag sein, keine bestimmte, doch „Symbolik" überhaupt die größtmögliche Annäherung an es darstellt)? Anzeige dafür ist nicht zuletzt, wie schon angeklungen, die oft bemerkte Zweitrangigkeit von Geschichte und Geschichtlichkeit in seinem Denken. Nörenberg besonders hat gerade zu dieser Frage ausdrücklich auf Heidegger verwiesen.[41] Folgen wir seinem Hinweis.

[41] Nörenberg 217 f.

6. Martin Heidegger

Gegen Ende seines Nachworts zur 4. Auflage von „Was ist Metaphysik?" (1943) schreibt Heidegger: „Das Denken, gehorsam der Stimme des Seins, sucht diesem das Wort, aus dem die Wahrheit des Seins zur Sprache kommt ... Aus der langbehüteten Sprachlosigkeit und aus der sorgfältigen Klärung des in ihr gelichteten Bereiches kommt das Sagen des Denkers. Von gleicher Herkunft ist das Nennen des Dichters. Weil jedoch das Gleiche nur gleich ist als das Verschiedene, das Dichten und das Denken aber am reinsten sich gleichen in der Sorgsamkeit des Wortes, sind beide zugleich am weitesten in ihrem Wesen getrennt. Der Denker sagt das Sein. Der Dichter nennt das Heilige."[1]

Dieser Text soll hier, zumindest jetzt noch, nicht im einzelnen erwogen werden. Denken, Sein, Wahrheit, Sprache, anklingend sodann (in der Sprachlosigkeit) Vergessen, Geschick, ebenso Lichtung ... eine ganze Reihe von Grundworten Heideggers sind hier versammelt. Sie werden im folgenden zu interpretieren sein; doch eben unter dem Hinblick, der unsere Untersuchung bestimmt, der Frage nach dem Heiligen. Dieses nennt, sagt Heidegger, der Dichter.

Zunächst sei dem Text nur dieser Hinweis entnommen. Er verweist uns auf Heideggers Erläuterungen von Dichtung, oder vielmehr genauer: *zu* Dichtung (nämlich auf sie hin), und zwar vor allem auf die Erläuterungen zum Gedicht *des* Dichters, Hölderlins. Die Frage nach dem Heiligen, an Heidegger gerichtet, muß so zur Frage nach dem werden, was – gemäß Heideggers Vernehmen – der Dichter nennt, und zwar in erster Linie Hölderlin, dessen „Wort, zuvor schon wie andere Dichter zunächst bekannt, zum Geschick" wurde in dem „Augenblick des Abwerfens der letzten Mißdeutungen

[1] Wegmarken (= W) 106 f.

durch die Metaphysik, d. h. in dem Augenblick der ersten äußersten Fragwürdigkeit des Seyns selbst und seiner Wahrheit (Wahrheitsvortrag 1929/30)."[2]

Das Wort des Dichters

Der erste veröffentlichte Text zu Hölderlin ist Heideggers Rede von 1936: Hölderlin und das Wesen der Dichtung.[3] Er wählt Hölderlin, weil dieser Dichter für ihn „in einem ausgezeichneten Sinne der Dichter des Dichters" ist (E 32). Inwiefern ist er dies? – bzw. (denn nur so läßt sich diese erste Frage beantworten): Als was dichtet ihm Hölderlin den Dichter? – Aufgrund einer Auswahl verschiedener Worte aus dem Gesamtwerk, die er deutend zueinander ordnet, kommt Heidegger zu dem Satz: „Dichtung verstehen wir aber jetzt als das stiftende Nennen der Götter und des Wesens der Dinge. ,Dichterisch wohnen' heißt: in der Gegenwart der Götter stehen und betroffen sein von der Wesensnähe der Dinge" (E 39), hinausgeworfen sein ins „Zwischen, zwischen den Göttern und den Menschen" (E 43). Doch der Schluß des Vortrags greift über dieses „Ergebnis" hinaus: „Hölderlin dichtet das Wesen der Dichtung – aber nicht im Sinne eines zeitlos gültigen Begriffes." Er stiftet[4] das Wesen der Dichtung seiner Zeit, und dies nicht einfach als einer schon bestehenden, vielmehr in seiner Stiftung „bestimmt er erst eine neue Zeit. Es ist die Zeit der entflohenen Götter *und* des kommenden Gottes" (E 44).

[2] Heidegger 1941, nach O. Pöggeler, Der Denkweg Martin Heideggers (= Pöggeler) 218.
[3] Erläuterungen zu Hölderlins Dichtung (= E) 31 ff. – Ihr ging im Wintersemester 1934/35 eine Vorlesung über Hölderlins Hymnen „Der Rhein" und „Germanien" vorauf (Richardson 668).
[4] Vgl. Holzwege (= Hw) 62 f. (im Kunstwerk-Aufsatz aus der selben Zeit, der mit einem Hölderlin-Wort schließt): „Das Stiften verstehen wir hier in einem dreifachen Sinne: Stiften als Schenken, Stiften als Gründen und Stiften als Anfangen." Ein unableitbar Neues wird geschenkt; aber indem der Schenkende sich in seine geschichtliche Bestimmung gründet, und eben so, stiftet er geschichtlich den Anfang neuer Geschichte, d. h. der „Entrückung eines Volkes in sein Aufgegebenes als Entrückung in sein Mitgegebenes" (64).

Dies ist es, warum Hölderlin dem Denken Heideggers zum Geschick wird.[5] Er ist Dichter der dürftigen Zeit, indem er in ihre Notlosigkeit die Not des Nichtmehr und des Nochnicht des Göttlichen stiftet (noch schärfer: jene *als* diese stiftet und so die „Wahrheit" der Zeit „ins Werk setzt").

Das Heilige freilich ist in dieser Rede noch nicht ausdrücklich genannt, auch nicht in den zitierten Hölderlin-Texten. „Des Kommenden" (E 44): das meint hier den kommenden Gott (so wie als eine „Weise, wie Wahrheit zum Leuchten kommt", im Kunstwerk-Aufsatz „die Nähe dessen" genannt wird, „was schlechthin nicht ein Seiendes ist, sondern das Seiendste des Seienden" – Hw 50).

Drei Jahre später, 1939, spricht Heidegger ausführlich über jenes Gedicht, das er schon in der ersten Rede „als die reinste Dichtung des Wesens der Dichtung" bezeichnet hat, von dem er dort aber nur ein erläuterndes Fünf-Zeilen-Zitat aus der Schlußstrophe gibt (E 41): über die Hymne „Wie wenn am Feiertage".

Der Erläuterung voran ist der Text der Hymne gestellt, und zwar ein Text, der, „nach den urschriftlichen Entwürfen neu geprüft, auf dem folgenden Versuch einer Auslegung [beruht]" (E 50). Da es uns um diese Auslegung zu tun ist, können wir nicht bloß auf philologische Fragen verzichten, sondern Hölderlins eigene Aussage überhaupt, habe sie Heidegger nun aus- oder auch umgedeutet,[6] hier beiseite lassen.[7]

---

[5] Vgl. Pöggeler 216 f.; 217: „Sofern nun das seynsgeschichtliche Denken nach seinem ersten, sich selbst noch nicht hinreichend verständigten Versuch (in SuZ) sich in die Gott-losigkeit geworfen sah, mußte, so kann nachher gesagt werden, eine Nennung des Gotthaften und des über den Göttern zum Geschick werden, damit geschichtlich ein Widerhalt sei, an dem die denkende Auseinandersetzung die Anfänglichkeit ihres Fragens bewahre und so dieser Widerhalt selbst, der dadurch nie Mittel zum Zweck wird, in seiner eigenen dichterischen Geschichte sich kläre" (Heidegger 1941).

[6] Vgl. außer Allemann und der dort genannten Literatur jetzt R.-E. Schulz-Seitz, „Bevestigter Gesang". Bemerkungen zu Heideggers Hölderlin-Auslegung, in: V. Klostermann (Hrsg.) Durchblicke 63 bis 96.

[7] B. Allemann beginnt die Einleitung seines Buches bezeichnenderweise mit dem Zitat des angeführten Heideggerschen Satzes.

Wie der Landmann auf seinem Gang, so stehen unter günstiger Witterung die Dichter: in der Erziehung der Natur. „Natur" ist das, was das ganze Gedicht durchstimmt, oder vielmehr nicht einfachhin die Natur, sondern, „was Hölderlin hier noch ‚Natur' nennt" (E 51). Denn wenn in der nur wenig späteren Hymne „Am Quell der Donau" der Name „Natur" von Hölderlin gestrichen wird, weil er nicht mehr genügt, so ist er „als das dichterische Grundwort" doch schon in unserer Hymne überwunden (E 56 f.), und zwar in das Wort vom „Heiligen" hinein.

Die umfangende Natur scheint zu schlafen.

> Jezt aber tagts! Ich harrt und sah es kommen,
> Und was ich sah, das Heilige sei mein Wort.

Die Natur erwacht, und „indem sie erwacht, enthüllt sie ihr eigenes Wesen als das Heilige" (E 57). Denn das Heilige, das der Dichter sah und sagt, ist nach Heidegger nichts anderes als in ihrem Erwachen (das eben im Sehen und Sagen des Dichters tagt) die Natur: „sie selbst, die älter denn die Zeiten / Und über die Götter des Abends und Orients ist".

Älter als die Zeiten und über die Götter ist sie aus demselben Grund. Sie ist älter, d. h. zeitiger, zeithafter (nicht etwa überzeitlich-ewig), und sie ist über (nicht bezirkhaft-oberhalb, über *den* Göttern) als die allem erst Gegenwart schenkende Lichtung (welche allgegenwärtige Lichtung jetzt im Tagen ihrerseits licht wird[8]). „Die Natur nennt Hölderlin das Heilige, weil sie ‚älter denn die Zeiten und über die Götter' ist. Also ist ‚Heiligkeit' keineswegs die einem feststehenden Gott entliehene Eigenschaft. Das Heilige ist nicht heilig, weil es göttlich, sondern das Göttliche ist göttlich, weil es in seiner Weise ‚heilig' ist; denn ‚heilig' nennt Hölderlin in dieser Strophe auch ‚das Chaos'. Das Heilige ist das Wesen der Natur" (E 58).

Sie fügt als Begeisterung in der aus-einander-setzenden Versammlung des Geistes „Äther" und „Abgrund" in ihren Bezug. In ihren Streit, hat es im Kunstwerk-Aufsatz geheißen,

---

[8] Zur Unterscheidung von „Lichtung" und „licht" siehe: Zur Sache des Denkens (= SD) 71 f.

wo die beiden des Gegeneinander als „Welt" und „Erde" benannt wurden. Den Abgrund bestimmt Heidegger auch hier als „das alles Verschließende, das von ‚der Mutter Erde' getragen wird" (E 59). Von der Welt aber wird zur Bestimmung des Äthers hier nicht mehr gesprochen.[9] „Welt" meint vielmehr, „was wir ‚eine Welt' nennen", die gemeinsame (gesellschaftliche) Wirklichkeit, in welche eingelassen die Dichter „weltlich seyn" müssen (E 62), die also *in* dem Widerspiel von Äther und (Erd-)Abgrund steht. Damit aber dieses Spiel von Er- und Widerscheinen sich entfalte, „müssen die Unsterblichen und die Sterblichen sich begegnen und beide je in ihrer Weise zum Wirklichen sich verhalten" (E 59). Und jenes wie dieses Begegnen ist nur möglich, wenn „die Natur das Offene gewährt".

So ist alles Wirkliche (als nur in den vom Offenen vermittelten Bezügen wirklich) vom Offenen vermittelt. Es allein, die Mittelbarkeit des Vermittelten, ist das Unmittelbare. „Gesetz" (d. h. Vermittlung) wie „Chaos" (d. h. eröffnendes Sich-Eröffnen) meinen diese umfangende Offenheit, die das Heilige ist. „Wie einst" ist für Heidegger dieses Offene, die Natur, als das Einstige, d. h. das Älteste und das Jüngste zumal: allem voraus (da nichts ihm voraus geht, nur in es ein) und zugleich immer neu und bleibend anfänglich.

In solcher Anfänglichkeit ist das Heilige in *sich* „unversehrt und ‚heil'", und zugleich ist es jenes, das allem Wirklichen „das Heil seiner Verweilung" schenkt (E 61). Aber es bleibt gerade in seinem Gewähren als das Unmittelbare jedem Vereinzelten, „sei dies ein Gott oder ein Mensch", unnahbar. Das Wirkliche wird von ihm in die Bezüge seiner Vermittlung gesetzt; doch der Bezug zum Heiligen selbst setzt aus solcher Vermittlung heraus und entzieht so dem Wirklichen seinen

---

[9] Er „ist der Name für den Vater des Lichtes und der allbelebenden lichten Luft" (E 59). Vgl. D. Sinn zum Übergang vom „Gezweit" zum „Geviert", bes. 129 f. Hier auch der Hinweis auf die Nietzschevorlesung von 1939, wo Heideggger von der Wahrheit des Seins spricht, „aus der sich allein Welt und Erde für den Menschen ihr Wesen erstreiten und dieser in solchem Streit die Entgegnung seines Wesens zum Gott des Seins erfährt" (Nietzsche II 29).

Standort (ja, muß man sagen, die Wirklichkeit selbst): „Also ent-setzend ist das Heilige das Entsetzliche selbst" (E 62). Doch diese Entsetzlichkeit bleibt „in leichtem Umfangen" verborgen; das muß wohl besagen: im Gewähren der Vermittlung, so daß der „Bezug" zum Heiligen hier nicht „unmittelbar", sondern als das – ahnende – Wissen (belehrt durch die Erziehung der Natur) um das Woher aller Bezüglichkeit und konkreten Bezüge gegeben ist.

Dieses Wissen ist weithin verloren gegangen; die Natur ist vergessen, gerade weil sie im Umfangen verborgen, unscheinbar einräumend wirkt. Was Hölderlin nämlich von den Göttern sagt, daß sie in Knechtsgestalt „uns lächelnd den Aker gebauet", bezieht Heidegger ursprünglicher auf die Natur selbst, aus deren „Kräften" auch die Götter erst wirken.

Nun aber tagts aus diesem Vergessen, d. h. das Heilige kommt. Nicht als ob nun der Dichter es von sich aus nennen könnte. Vielmehr bedarf es dazu der Gemeinsamkeit von Gott und Dichter. – Der Mensch nicht, aber auch der Gott nicht vermag von sich her den unmittelbaren Bezug zum Heiligen; der Gott bringt es, in einen Strahl gesammelt, dem Menschen, und in solcher Mittlerschaft gehören sie beide dem Heiligen, ihrem „Gesetz". Und auf diese Weise wird das Gedicht. Zuvor als das stiftende Nennen der Götter und des Wesens der Dinge bestimmt (E 39), ist jetzt die Dichtung tiefer verstanden: „Das so entspringende Wort-Werk läßt das Zusammengehören des Gottes und des Menschen erscheinen. Das Lied gibt dem Grund ihrer Zusammengehörigkeit das Zeugnis, be-zeugt das Heilige" (E 67).

So „hat das Heilige für die Erdensöhne das Gefahrenvolle verloren" (E 68). Doch um so gefährdeter sind die Dichter, die diese Vermittlung des Unmittelbaren übernehmen und ihm zugleich seine Unmittelbarkeit lassen müssen. Sie vermögen das nur „reinen Herzens", d. h. in der bewahrten Ursprünglichkeit ihrer „Zugehörigkeit in die Umfängnis des Heiligen" (E 69).

Ist so aber nicht, gerade wenn das Lied und die Vermittlung glückt, das Heilige in seinem innersten Wesen verkehrt, wird doch das Unmittelbare selbst auf diese Weise mittelbar? Aber

nicht erst im Wort des Dichters, schon im gottgesandten Strahl scheint das Unmittelbare sich selber entrissen und zerstört zu sein. Doch die Entschiedenheit, mit der das Heilige sich in solchem Strahl verschenkt, ist gerade die Treue zu seinem Wesen: zu seiner Wirklichkeit gewährenden Vermittlung, seiner in Bezüge sammelnden Innigkeit. Der Anfang endet in seinem Aufgang nicht, sondern geht gerade als „stets nur herrlicherer Anfang" auf (E 72). Bleiben heißt hier nicht selbst-bewahrendes und derart leeres Dauern, sondern Kommen, und eben so, nur so waltet Anfang. „Das Bleiben als Kommen ist die unvordenkliche Anfänglichkeit des Anfangs" (E 73), unvordenklich, weil sie erst von ihr her, in sie hinein, nicht ihr vorauf gedacht werden kann.
Ebenso ist das Jetzt des Tagens dieses Anfangs nur von ihm her zu bestimmen. In Hölderlins Wort, das er (der Anfang) schenkt, schenkt sich dieser selbst. „Das Wort ist das Ereignis des Heiligen" (E 74). – Also ist das Heilige bereits gekommen, die dürftige Zeit zu Ende gegangen? Abgesehen davon, daß wir noch zu bedenken haben, was es heißt (und zwar jeweils geschichtlich heißt), daß das Heilige komme (auch wenn es schon voller als in einem ersten Tagen käme); abgesehen davon lesen wir: Dieses Wort, das den „einmaligen Zeit-Raum der anfänglichen Entscheidung" für eine neue „Geschichte der Götter und der Menschentümer" nennt, ist selber noch nicht angekommen, ist selbst noch Zukunft, „noch ungehört, aufbewahrt".
Wieder drei Jahre später, zum hundertsten Todestage des Dichters, hat Heidegger zwei weitere seiner Gedichte ausgelegt: in einer Fest-Rede das Gedicht „Heimkunft", in einer Abhandlung (von dem dreifachen Umfang) das Gedicht „Andenken". – Wiederum ist es uns nicht um diese Erläuterungen als ganze zu tun, sondern um die Rede vom Heiligen darin. Trotzdem gehen wir auch jetzt jedem der Texte für sich nach, um die unterschiedliche „Gestimmtheit" beider und so auch ihrer Aussagen zum Heiligen nicht zu verwischen.
Das Grundwort der Rede (um mit dem kürzeren Text zu beginnen) ist „Heiterkeit" oder, wie Heidegger selber angibt: Freude. Nach dem Abdruck des Hölderlinschen Gedichtes

stellt er als Motto über seine Erläuterung die Worte aus dem Bruchstück eines Entwurfs: „Zu wissen wenig, aber der Freude viel / Ist Sterblichen gegeben." Man muß sich freilich vor einem irrigen Vorverständnis dieses Wortes hüten. Was Freude hier meint, ergibt sich erst im Gang der Erläuterung selbst.

Wie in Aufnahme des Gedankens, mit dem die Erläuterung der Feiertags-Hymne endet, bedenkt Heidegger eingangs, daß mit der Ankunft die Heimat noch nicht erreicht ist, daß ihr Eigenstes zwar zugeschickt, doch noch nicht übereignet ist. Heimkunft sagt dann den Anruf, heimisch zu werden im „noch vorenthaltenen Wesen der Heimat" (E 14). Dazu muß dieses sich zeigen, und es zeigt sich im „Freudigen".

Das Freudige wird sogleich in seinem Bezug zum Dichten erwogen: als das Gedichtete.

... und die Wolke
Freudiges dichtend, sie dekt drinnen das gähnende Thal.

Was Dichten heißt, ist in der früheren Auslegung deutlich geworden: es heißt, sich von der „offenen Helle" oberhalb anblicken, sich aufheitern lassen und derart „aufgeräumt" selber anderem den ihm gemäßen Ort einräumen. Aus dem Heiteren aber wirkt der aufheiternde Lichtstrahl als Engel, ἄγγελος, d. h. Bote. Der Strahl kommt aus dem Licht, doch nicht das Licht ist schon das Heitere, dieses räumt vielmehr auch dem Licht erst seine Helle ein: „Das Höchste ‚über dem Lichte' ist die strahlende Lichtung selbst" (E 18). Heidegger nennt sie „die Heitere". „Sie ist in einem zumal die Klarheit (claritas), in deren Helle alles Klare ruht, und die Hoheit (serenitas), in deren Strenge alles Hohe steht, und die Froheit (hilaritas), in deren Spiel alles Freigelöste schwingt." So ist in ihr alles heil. „Sie ist das Heilige" (E 18). In diesem Höchsten wohnt „der Hohe", der Freudige und Erfreuende, der so erst auch die finstere Tiefe zu sich (zu ihr) eröffnet.

Dieser Hohe heißt der Äther; mit dem Licht (dem „Engel des Jahres") und der Erde (dem „Engel des Hauses") bildet er die „einigen drei", in denen die Heitere sich aufheitert.[10] Und so-

[10] Heidegger zieht für diese Deutung die Schlußstrophe der früher geschriebenen Elegie „Der Wanderer" heran.

fort wird auch das vierte genannt (E 19): die Menschen, die die Heitere derart grüßt (ihnen voran der Dichter, der dem Gruß entgegenkommt).

In solchem Grüßen kommt die Heitere nahe. Von der „Burg der Himmlischen", den Alpen, heimkehrend, kommt der Dichter also gerade im Abschied von diesem ursprungnahen Ort in die Nähe zum Ursprung, – und so wahrhaft heim. Darum ist das Wort der Heimkehr „Freude", denn „das ursprüngliche Wesen der Freude ist das Heimischwerden in der Nähe zum Ursprung" (E 24). Und das Gedicht selbst ist das Ereignis der Heimkunft.

„Aber das Beste, der Fund ... ist Jungen und Alten gespart." Heimkunft ist das Gedicht vor allem darin, daß es das Geheimnis der Heimat sagt: das Gespartsein des Fundes, die Ferne in der Nähe zum Ursprung, so „thörig" solche Rede klingt. „Das Freudige grüßt, indem es sich spart" (E 25).

Das Wort der Freude steht darum in der Sorge, dieses Sich-Sparen nicht zu übereilen. Das Freudigste läßt sich nicht einfach freudig singen. Bei *Sophokles* erst findet Hölderlin es in Wahrheit gesagt: „Hier spricht endlich es mir, hier in der Trauer sich aus." Die Trauer erst ist ihm die entsprechende Freude, die gemäße Nähe; entsprechend und gemäß dem Freudigsten, insofern es sich spart.

Doch selbst diese „sparsame", trauernde Freude reicht nicht, über „seine Wohnstatt, die Heitere", hinaus, den Hohen selbst zu nennen (d. h. ihn erscheinen zu lassen). „Wohl kann zuweilen ‚das Heilige' genannt und aus seiner Aufheiterung das Wort gesagt werden ... Wer Er selbst ist, der im Heiligen wohnt, das zu sagen und sagend ihn selbst erscheinen zu lassen, dafür fehlt das nennende Wort" (E 26): „... es fehlen heilige Nahmen".

Nicht das Heilige, wie wir jetzt klarer sehen, entzieht sich: Es erscheint; aber der Gott bleibt fern. Andererseits ist er in solchem Fehlen doch nahe. Darum kommt alles darauf an, die Gegenwart dieses Fehls nicht zu versäumen. Ohne Furcht vor dem Anschein der Gottlosigkeit zu harren, bis sich der Name schenkt: „... bis Gottes Fehl hilft."

Wie ist aber die „Wohnstatt" des Gottes gegeben, wenn er

selber fern ist? Beziehungsweise, was bedeutet sein Fehl und dessen erharrtes Ende für das Heilige selbst? Wie steht überhaupt „der Hohe" zum Heiligen? Denn bloß die Wohnstatt war es den Göttern nicht; andererseits wird auch Er, nicht nur es, den Engeln entgegengesetzt. Hier waltet also ein Bezug unvergleichlicher Einzigkeit. Zwar kann erfüllende Antwort auf diese Fragen erst das Ende des Fehls geben; aber insofern jetzt schon geredet und im Reden derart unterschieden wird, muß dieses Reden einen Sinn enthalten, der schon jetzt bestimmbar ist.

Nach solchem Sinn fragt das Denken, und Heidegger sagt gar: „Jetzt müssen *zuvor* Denkende sein, damit das Wort des Dichtenden vernehmbar wird" (E 29).[11] Ein sorgsames Denken wird wissen, daß es noch nicht weiß, was in dem Gefragten Unterscheidung und Bezug besagt. Aber es weiß zugleich auch, daß – wie oben bedacht – eben das unmittelbare Heilige die Mittelbarkeit Bezogener ist, daß also gerade von ihm her Unterscheidung und Bezug gewährt sind.

Stellen wir diese Fragen gleichwohl zurück; denn der vierte Text des Bandes steht noch aus, die Abhandlung „Andenken" aus dem selben Jahre 1943.

Andenken, das ist das „dichtende Denken der künftigen Dichter" (E 80). Und das Wesen dieses Andenkens wird für Heidegger in Hölderlins vaterländischem Gesang gleichen Titels gedichtet. Auch hier erscheint also Hölderlin als der Dichter des Dichters: als Dichter der „kommenden Dichter", welche Heidegger in dieser Hymne unter dem Namen der Schiffer genannt findet. Und wieder heißt es programmatisch von ihnen: „Sie sagen das Heilige" (E 82).

Es wird im Gruß gesagt, der „die Ferne zwischen dem Gegrüßten und dem Grüßenden [entfaltet], damit in solcher Ferne eine Nähe sich gründe, die der Anbiederung nicht bedarf" (E 91). Und dieser Bezug entfaltet sich, indem im Gruß das Gegrüßte den Dichter wiedergrüßt (E 93), ja, indem es zum Gruß allererst ermächtigt. Das gegrüßte Gewesene erscheint als das grüßend Kommende (E 94), und so wird es um

[11] Hervorhebung von mir.

den Menschen offen, indem sich „im Dichten (oder abgründig davon verschieden und zu seiner Zeit im ‚Denken')" das Offene öffnet (E 97).
Solches „Tagen, in dessen Licht das Offene sich lichtet", ist das Fest, das Brautfest von Menschen und Göttern, aus dem die Dichter hervorgehen, indem sie kommen sehen, was sie sagen müssen: das Heilige (E 98). Es „läßt das Fest das Brautfest sein, das es ist", d. h. das Ereignis geschiedenen Zueinanders von Göttern und Menschen im offenen Raum ihres Zwischen, und solcherart grüßt es und erscheint grüßend (E 99). Der Dichter aber hat diese Spannung des Zwischen offenzuhalten. Er hat des Festtags zu gedenken, dem er entstammt. So aber denkt er an das Kommende (an das, was seit jenem Festtag nicht vergangen ist, sondern als gewesen[12] fortwest, ja „über unsere Gegenwart sich hinausschwingt und als ein Zukünftiges auf uns zukommt" – E 93). „Dies ist das Heilige, das ankommend das Festliche des Festes bereitet" (E 101).
Noch ist das Fest nicht. Vor dem Tagen herrscht die Nacht als der Zeit-Raum der Gott-losigkeit. Aber diese Nacht selbst heißt schon heilig, denn in ihr fehlt das Göttliche nicht einfachhin, das vergangene wie das kommende Göttliche ist in ihr vielmehr in Ununterschiedenheit verborgen (E 104). Das Jetzt, das Hölderlin singt, ist nun die Gleiche von Nacht und Tag, die Zeit, da wir noch in der Nacht stehen, aber zugleich im aufgehenden Tagen des Fests. Die bisherige Wirklichkeit wird unwirklich, ein Neues kommt an, in der Stunde der Schwebe, des Traumes zwischen Nicht-mehr und Noch-nicht. Eben dieser Traum aber ist „durch das Kommen des Heiligen geheiligt", ist „das unvordichtbare Gedicht des Heiligen". „Dieses Gedicht müssen die Dichter sagen" (E 107).
Indem sie sagen, was kommt, weder als Propheten eines schon gewußten Gottes[13] noch als wahrsagende Seher, sondern als

---

[12] Als „gewesend" (SuZ 326).
[13] An dieser Stelle trägt Heidegger seine Kritik an den biblischen Propheten vor, die statt des Heiligen „sogleich" den Gott vorhersagen, „auf den die Sicherheit der Rettung in die überirdische Se-

Empfänger des „vom Heiligen her Entschiedenen und Geschickten", jener „unwägbaren zugewehten Spende" (E 108), deren gediegenes Gewicht und deren Un-(als Vor-)wirklichkeit zumal Heidegger in Hölderlins Wort von den „goldenen Träumen" ausgesagt findet. So zu träumen heißt, „sich immer ausschließlicher fügen" in die „aufmerkende Offenheit für das Heilige" (E 112), in die Achtsamkeit jenes Gesprächs, in dem das Sagen ursprünglich das Hören des Zugeschickten, das Hören antwortendes Wiedersagen des Gehörten ist (E 117). So sagen die Dichter die Meinung ihres Herzens: „das Gedicht des Heiligen, das im Schicksal verweilt zur Zeit des Festes", indem sie von Liebe und Tat hören lassen (E 118): der Erfüllung des Schicklichen, d. h. des (sterblichen) Maßes, gebändigter Ruhe im zugeschickt Eigenen.

Solche Erfüllung aber geschieht und wird dichterisch gesagt einzig in Scheu; dieses Wort meint hier nicht Schüchternheit, Unsicherheit, sondern das Ansichhalten entschiedener Geduld, die einzig gemäße Wahrung jener Nähe zum Ursprung, in der er *als* Ursprung, d. h. in bleibender „Ferne" oder Unnahbarkeit, nahe gewußt wird. „Die Scheu ist das Wissen, daß der Ursprung sich nicht unmittelbar erfahren läßt" (E 124) (daß er nur auf dem „Umweg" der Ausfahrt in die fremde Fülle der Welt, in deren Meer er eingegangen ist, gefunden werden kann).

Dieses „Wohnen"[14] in der Nähe zum Ursprung, vom Ursprung ermöglicht, ist nun das Bleibende, das die Dichter stiften. Der Ursprung aber entspringt im Fest, in dem das Offene des Zwischen (für Götter und Menschen) erstlich eröffnet wird. „Dies im voraus Öffnende ist das Heilige, das unvordichtbare Gedicht, das zuvor schon alles Dichten überdichtet hat, weil in ihm alles Stiften sein Gestiftetes festmacht" (E 139). Was ist damit gesagt?

Was gestiftet wird, ist das Bleiben; ein Bleiben, das freilich

---

ligkeit rechnet". – M. Bubers oft zitierte Bemerkung dazu findet sich Werke I, München 1962, 557.
[14] Wohnen, das „Schonen" ist, d. h. in seinem Wesen Belassen: Vorträge und Aufsätze (= VA) 149.

so wenig statisch wie bloß passiv ist, sondern nur derart nahe bleibt, daß es sich nähert, sich zunehmend in seiner Nähe festigt. In diesem Sinn ist Heideggers Satz zu verstehen: „Gestiftet wird erst nur dieses Stiften" (E 140). Dichten heißt also: Festmachen im Ursprung. Damit wird nun die zitierte Bestimmung des Heiligen verständlich: Alles Festmachen, alles Sichgründen in ihm *gründet* in ihm als dem gründenden Abgrund, der selbst natürlich – unvordichtbar – unbegründbar-unergründlich ist. Inwiefern aber heißt dieses Festigend-Gründende seinerseits „Gedicht"?

Allemann[15] verweist auf die Analogie „Ge-schicht". Geschichte, dem vom Heiligen geschickten Fest entspringend, „ist ,das Geschicht', wie das Gebirg für die Berge, der ursprünglich einigende und bestimmende Grundzug der Geschicke des Schicksals" (E 101). Nach Heideggers Wink müßte man zwar eher ein Substantiv zu „Geschicht" suchen; wie zum Gebirg die Berge verhielten zum Geschicht sich Schichten. Aber tatsächlich leitet „Geschicht" sich hier wohl von „schicken" her.[16] So gedeutet, bildet es in der Tat eine erhellende Parallele. Gedicht ist dann gerade nicht ein Gedichtetes (so wenig wie Geschicht ein Geschicktes), es ist auch nicht bloß Dichten (sowenig wie Geschicht nur Schicken);[17] es ist „der ursprünglich einigende und bestimmende Grundzug" des Gedichteten, also jenes Dichten, das nur im Gedichteten, in den Gedichten da ist, bzw. das „Gedicht(et)sein" des Gedichteten, wenn man das nur nicht statisch-immanent, „metaphysisch" versteht (als Wesen und forma), sondern verbal, herkünftig: als Gedichtetwerden, ja als Dichten des Gedichteten. Man mag als vergleichbare Wortbildungen das Gerede oder das

---

[15] Allemann 122 Anm. 55.
[16] Und Heidegger nennt es nur darum nicht Geschick, weil dieses geläufige Wort eher resultat- und einzelhaft verstanden wird, eben wie „Berg" statt „Gebirg".
[17] Hätte man eben noch hinzufügen können: „sowenig wie Gebirg ein Berg", so endet nun die Vergleichsmöglichkeit offensichtlich („bergen" gehört ja nicht hierher); damit aber wird dann auch die erste Fortsetzung als irreführend deutlich, Gedicht ist nämlich ebensowenig das eine Gesamt des Gedichteten (wie doch das Gebirg das der Berge, jedenfalls im üblichen Verständnis).

Geschrei heranziehen, die beide ebenso nicht so sehr das Zwischen als vielmehr den Übergang von Verlautenlassen und Laut, das Entspringen von diesem aus jenem, das Entspringen von jenem in dieses hinein bezeichnen. In der religiösen Sphäre bietet sich als unmittelbares Pendant zum Gedicht das Gebet an — insofern die Theologie ebenso singularisch etwa vom Gebet der Kirche spricht. Dieses Gebet ist das Beten der Kirche wie die gemeinsam-„eigentliche" Wirklichkeit der Gebete der Gläubigen und so „der ursprünglich einigende und bestimmende Grundzug".[18]

So scheint jetzt mit der Benennung des Heiligen als Gedicht dasselbe gesagt wie zuvor mit der Rede von ihm als der Mittelbarkeit. – Doch nicht der Denker, sondern der Dichter sagt das Heilige. Wenn auch das Heilige als das Gedicht die Mittelbarkeit ist, ist dann auch die Mittelbarkeit schon — und nur das Heilige (ist also, anders gefragt, das Heilige nur die Mittelbarkeit)? Vermittelt ist zudem auch und gerade das Dasein in seinen *heutigen* vielfältigen Bezügen, und doch steht es für Heidegger in der dürftigen Zeit der Heillosigkeit.

Lesen wir also zunächst fragend weiter, in einem späteren Text, der der heutigen „Rolle" des Dichters nachgeht, dem Rilke-Gedenkvortrag von 1946.[19] Auch dieser Vortrag beginnt und schließt mit Hölderlin.

„Wozu Dichter in dürftiger Zeit?" ist eine Frage Hölderlins, in seiner Elegie „Brot und Wein". Seit dem Ende des Göttertags ist die, d. h. unsere Zeit nicht nur durch den „Fehl Gottes" gezeichnet, will sagen, dadurch, daß — unbeschadet des bestehenden Christentums — „kein Gott mehr sichtbar und eindeutig die Menschen und die Dinge auf sich versammelt" und daraus Geschichte fügt; ärger ist sie geprägt durch das Erlöschen des Glanzes der Gottheit überhaupt, so daß der Fehl Gottes nicht einmal mehr als solcher gemerkt werden kann.

---

[18] Vgl. auch R. Berlinger, Vom Ursprung der sinnlichen Erfahrung. Zur Metaphysik der Kunst, in: F. Hollwich (Hrsg.), Im Umkreis der Kunst. Eine Festschrift für Emil Preetorius, Wiesbaden 1953, 24–38, bes. 30 ff.
[19] Hw 248–295.

So „hängt" das Weltalter „im Abgrund", „Abgrund" nicht mehr als tiefster unergründlicher Grund, sondern als Fehlen jeglicher Gründung genommen (Hw 248). Es steht in der Konsequenz des schon Gesagten, wenn Heidegger schreibt, eine Wende dieses Geschicks könne nicht von daher kommen, „daß irgendwann nur ein neuer Gott oder der alte neu aus dem Hinterhalt hereinstürzt". (So freilich nicht; wäre zudem, was derart hinterhältig hereinstürzte, überhaupt [ein] Gott?) – „Wohin soll er sich bei seiner Wiederkunft kehren, wenn ihm nicht zuvor von den Menschen ein Aufenthalt bereitet ist?" (Aber läge es derart beim Menschen, ihm „zuvor" den Aufenthalt zu bereiten? Heidegger selbst formuliert gleich nochmals und behutsamer:) <u>„Wie könnte je dem Gott ein gottgemäßer Aufenthalt sein, wenn nicht zuvor ein Glanz von Gottheit in allem, was ist, zu scheinen begänne?"</u> (Hw 249).

Allerdings sind die von uns sogleich mit Zwischenfragen aufgenommenen Worte Heideggers das Echo Hölderlins, jener Zeilen aus der unvollendeten Hymne „Mnemosyne", die Heidegger schon früher (E 67) herangezogen hat:

             Nicht vermögen
Die Himmlischen alles. Nemlich es reichen
Die Sterblichen eh' in den Abgrund. Also wendet es sich
Mit diesen.

Wiederum nur als Zwischenfrage indes sei hier an eine Bemerkung W. Bröckers zu Hegel erinnert: „Wie es die Schwäche der Dichtung Schillers ist, daß sie die Philosophie Kants in dichterische Form bringt, so ist es die Schwäche der Hegelschen Philosophie, daß sie die Dichtung Hölderlins in philosophische Form bringt."[20] Nun werden wir ja sehen müssen, wie Heidegger, der die Gefahr der Nähe von Denken und Dichten wahrlich anders betroffen als Hegel bedacht hat, dieser Gefährdung des Denkens begegnet. Eine der Hauptfragen wird dabei die nach dem Wesen der Himmlischen sein. Jetzt schon aber sei auf die Klärung hingewiesen, die Heidegger in einem Antwort-Brief an Max Kommerell gegeben hat. Der

---

[20] W. Bröcker 50.

Germanist hatte gefragt, wie es komme, „daß der Philosoph, der mir bisher als der Virtuose im Bestehen und Gestehen der ungelösten und unlösbaren Situationen des Menschen gegolten hat, zu einer Stiftung und Gründung, einem durchgängig gedeuteten Sein, die nicht sein eigenes sind", gefunden und darin sich selbst mit seiner Welt gefunden zu haben scheine.[21] Heidegger antwortet darauf (am 4. August 1942), daß alles echte und aufrichtige Denken in unmittelbarer Darstellung tatsächlich eine Verunglückung sei. „Daraus ersehen Sie schon, daß ich mich nicht und nirgends mit Hölderlin identifizieren *kann*. Hier ist die Auseinandersetzung eines Denkens mit einem Dichter im Gang, wobei die Aus-einander-setzung sogar den Entgegnenden erst setzt."[22]
Jedenfalls, darauf kommt es hier an, richten die Zwischeneinwände sich nicht an den Dichter und seine mythische Rede, sondern an das Wort des bei aller Nähe „anderen" Denkens. – Danach nun wendet es sich mit den Sterblichen, „wenn sie in ihr eigenes Wesen finden" (Hw 250). Doch dieses Finden (und das sagt in der Tat Heidegger selbst oft genug) muß ihnen zugeschickt werden.
In den Abgrund reichen heißt, die Spur der entflohenen Götter spüren. „Der Äther jedoch, worin die Götter allein Götter sind, ist ihre Gottheit. Das Element dieses Äthers, das, worin selbst Gottheit noch west, ist das Heilige" (Hw 250). Und – nun eine Aussage, die wir bislang noch nicht in dieser Bestimmtheit gefunden haben – das Heilige „ist die Spur der entflohenen Götter".
Heute geht selbst diese Spur („die Hinterlassenschaft einer kaum geahnten Weisung") verloren, ja „sogar die Spuren zu dieser verlorenen Spur sind beinahe ausgelöscht" (Hw 251); zumindest, so heißt es vorsichtiger zwei Seiten später, bleibt unentschieden, „ob wir das Heilige noch als die Spur zur Gottheit des Göttlichen erfahren, oder ob wir nur noch eine Spur zum Heiligen antreffen". Und was wir dazu fragen

---

[21] M. Kommerell, Briefe und Aufzeichnungen 1919–1944 (I. Jens), Olten 1967, 397.
[22] Ebd. 405.

möchten, fragt Heidegger selbst: „Undeutlich bleibt, was die Spur zur Spur sein könnte. Fraglich bleibt, wie eine solche Spur sich uns zeigen möchte" (Hw 253).
Diesen Verlust bringt in Heideggers Sicht bekanntlich die Technik, deren Wesen jetzt an den Tag kommt, d. h. die schrankenlose Durchsetzung des metaphysischen „Willens zur Macht", zum Willen selbst. Unter der Herrschaft der Technik wird die Welt heil-los, und *damit* scheint auch die Spur zur Spur ausgelöscht; denn, wie wir nun erfahren, die Spur zum Heiligen ist das Heile. Oder wird vielmehr durch sie das Unheil *als* solches sichtbar? „Es sei denn, daß noch einige Sterbliche vermögen, das Heillose *als* das Heillose drohen zu sehen" (Hw 272). Insofern muß – nach dem Hölderlin-Wort – das Rettende von dorther kommen, wo die Gefahr ist. „Unheil als Unheil spurt uns das Heile. Heiles erwinkt rufend das Heilige. Heiliges bindet das Göttliche. Göttliches nähert den Gott" (Hw 294).
Mit dieser Reihung hat Heidegger freilich Rilke wieder überschritten, zurück zu dem unüberholbaren „Vor-gänger der Dichter in dürftiger Zeit" (Hw 295), zu Hölderlin. Auch dessen Wort ist darin nicht etwa auf eine Formel gebracht. (Übrigens zeigt sich nicht nur Rilke als „metaphysischer" Dichter, Hölderlin selbst hat ja „diesen Bereich des dichtenden Denkens mitgeprägt." So ist auch bei ihm im Gesagten das Ungesprochene zu vernehmen [Hw 252].) Diese spruchhaften Sätze scheinen vielmehr den eigentlichen Ertrag von Heideggers „seinsgeschichtliche[r] Zwiesprache mit dem Dichten" (Hw 252) zu bergen. So stellt sich erst recht die Frage nach dem genauen Sinn der offenkundig äußerst sorgfältig gewählten Worte.
Transitiv braucht man „spuren" sonst nur im Sinn der Figura etymologica: Der erste Skifahrer fährt für die Nachfolgenden die Spur aus. So verstanden, sagt der erste Satz: „Unheil als Unheil" eröffnet uns die Spur des Heilen, also das Heile als Spur und Weg (zum Heiligen).[23] Das heißt, es läßt uns (*als*

---

[23] Oder wäre, da die andern Sätze dieser Reihe alle ein Ziel-Objekt haben, auch das Unheil (*als* Unheil) als Spur *zum* Heilen zu

Unheil) des Heilen ansichtig werden, klarer, schärfer vielleicht, als dessen selbstverständliche Gegenwart es vermöchte, und es läßt gerade dadurch dessen Verweisungs- (dessen Symbol- und „Angeld"-)Charakter deutlicher sehen als dieses, in seinem (wenn auch relativen) Sinngenügen, selbst.
Das Heile seinerseits (als „relativ" erfüllend) „erwinkt rufend das Heilige."[24] Heiles, das heißt Sinnereignis, Sinnerfahrung, ist nicht Wink als Zeichen und Hindeutung auf anderes fort, sondern Wink in die volle Bedeutung seiner selbst, eben dieses Geschehens hinein; Aufruf dazu, zu sehen, was sich „eigentlich" ereignet: Heil des Heiligen, vom Heiligen her. Doch ist nicht darauf abgezielt, daß uns gewinkt, daß wir gerufen werden. Im Wink des Sinns erscheint vielmehr das Heilige, *es* wird erwinkt, d. h. im Zeichen, durch das Zeichen gegenwärtig. Das Ereignis des Sinns „ruft" nach dem Namen seines Gottes; doch dem bestimmten Namen zuvor ruft es das Göttliche überhaupt. Und es selbst ruft, auch wenn sich dieser

verstehen? „Spuren" hieße dann: als Spur geleiten zu, oder vielmehr (das Ziel steht akkusativisch): als Spur eröffnen, zugänglich machen. Und auch das entspricht noch nicht ganz, die Spur-Richtung scheint nämlich eher umgekehrt zu verlaufen, die Spur ist weniger die *unseres* Zugangs als des Aufgangs des Heilen (obwohl andererseits die „Aktivität" nicht vom Heilen, sondern vom Unheilen ausgeht): Das Unheil macht also uns dem Heilen zugänglich, es leitet als Spur das Heile zu uns. Und jetzt mag durchaus mitschwingen, daß, was es uns zuleitet, eine Spur ist – die nun uns geleiten will.

[24] Heidegger schreibt „Heiles". Das – wie auch in den folgenden Sätzen – klingt einzelhaft, vorläufiger, so als sei *das* Heile erst mit dem Heiligen selbst gegeben usf. Andererseits hat er zuvor (Hw 272) durchaus von *dem* Heilen als der Spur zum Heiligen gesprochen; es könnte sein, daß der Artikel nur aus stilistischen Gründen entfallen ist und so der Fortgang von Satz zu Satz dieser Reihung in bestimmter Hinsicht bruchlos aufsteigt (analog zu den entsprechenden Sätzen aus dem Humanismusbrief, die wir im folgenden zu bedenken haben). Vielleicht aber „überlappen" die Sätze einander auch wie Schindeln (oder besser: wie die Hüllblätter eines Fruchtstands), so daß demnach das Ziel jedes einzelnen Satzes reicher ist als der Beginn des folgenden, dieser nicht mit dem Erreichten, sondern, bescheidener, nur innerhalb dessen, in dem dadurch Erschlossenen ansetzt.

Ruf im Ruf des Menschen verlautbart, denn dieser Ruf steht nicht beim Menschen. So ruft beim Wiedererkennen Helena im Schauspiel des Euripides (V. 560): „O Götter! — Denn (ein) Gott ist auch, die Lieben zu erkennen."[25]

Doch auch das Göttliche wird nach Heidegger nicht schon gerufen, sondern vorab das Heilige. Es erst „bindet" das Göttliche. Sagen wir also: Das Heile ruft nach dem Ruf zum Göttlichen; der preisende Aus- und An-Ruf des Göttlichen geschieht schon im Bezirk des Heiligen. Bezirk (templum) aber grenzt aus und ein: er bindet. Die „aufgeräumt" einräumende Ermöglichung des Bezugs stiftet diesen, sie bezieht, das heißt: sie bindet. Sinn eröffnet den Bezirk, in dem das Göttliche erscheint.

Göttliches nun — („O Götter!": „Gott" als Prädikat des Sinngeschehens im obigen Sinn) — „nähert den Gott"; es läßt ihn ankommen und anwesen (die „Hierophanie" wird zur „Epiphanie", zur „Parusie" des Fortgegangenen). Die Weise, in der Göttliches sich zeigt, „bringt" es dem Menschen unter einem bestimmten Hinblick „nahe", so daß er ihm den entsprechenden Namen geben, es als *diesen Gott* erkennen kann.

Oder ist nicht vielmehr der Gott es, der sich genaht hat? Von hier her stellt sich die Frage an die ganze Reihe der Sätze. — Aufgrund der bisher nachgezeichneten Gedankengänge Heideggers verbietet es sich, diese Reihe — (mono-)theistisch — einfach als Aufstieg zu interpretieren.[26] Sie läßt sich unter dieser Hinsicht eher als ein Bogen darstellen, dessen Höhe das Heilige ist. Die sprachliche Parallelität der immer gleichen

---

[25] ᾽Ω θεοί· θεὸς γὰρ καὶ τὸ γιγνώσκειν φίλους. — Vgl K. Kerényi, Die griechischen Götter, in: A. Schaefer (Hrsg.), Der Gottesgedanke im Abendland, Stuttgart 1964, 13–20; ders., Griechische Grundlagen des Sprechens von Gott, in: Arbeitsgemeinschaft Weltgespräch (Hrsg.), Weltliches Sprechen von Gott. Zum Problem der Entmythologisierung, Freiburg 1967, 9–15; der eine Titel „Theophania" stehe für das Werk W. F. Ottos; siehe auch Vycinas 174 bis 190, 218–223.

[26] Vielleicht zeigt das bereits die Wahl der Verben in unserem Text, im Unterschied der freier lassenden ersten beiden zu den enger bindenden folgenden.

Aktionsrichtung von Satzsubjekt zu -objekt darf uns nicht täuschen – sowenig man andererseits sie als nur sprachliche Formulierung des eigentlich gegenläufigen Sachverhalts lesen darf (wie es die theistische Deutung fordern würde). Gleichwohl ist diese Gegenrichtung hier nicht nur im Anstieg des Bogens mitzusehen (daß Unheil *als* Unheil nur vom Heilen, Heiles im Vollsinn nur im Aufschein des Heiligen gegeben sein kann), sondern auf andere Weise auch in den beiden Sätzen der zweiten Hälfte; denn der verlassene Tempel eines „leeren" Heiligen wäre nicht mehr heilig und im Sich-zu-erkennen-Geben des Gottes erfüllt und bestätigt sich erst die Göttlichkeit des Heilgewährenden.[27]

Der „Bogen" dieser Reihung bleibt dennoch bestehen. Freilich wird er hier nicht völlig deutlich (die Anführungszeichen markieren das Ungenügen des Wortes); ebensowenig – trotz der unterschiedlichen Wortwahl – der je verschiedene Bezug von „Stufe" zu „Stufe" (der den Bogen zerbricht und schließlich die Rede von Stufen verbietet); damit das in den „Stufen" Angesprochene selbst, vor allem jenes, wonach wir eigentlich fragen: das Heilige. Wir nehmen darum einen Text hinzu, in dem sich diese Reihung wiederholt: die Äußerungen Heideggers im Humanismusbrief. Damit verlassen wir zunächst die Arbeiten, in denen Heidegger ausdrücklich im Gespräch mit einem Dichter steht (und sich so auch dessen wechselnder Bildworte bedient), zugunsten „prinzipieller" Darlegungen, wo der „heilsame Zwang zur bedachtsamen sprachlichen Fassung"[28] vielleicht eindeutiger von *Heideggers* zu Sagendem ausgeht. Der Brief ist im Herbst 1946 geschrieben, also gleichzeitig mit, ja wohl noch vor dem Rilke-Vortrag.

---

[27] Es wird sich zeigen, daß Heidegger später diese Doppelung der Richtung auch eigens anspricht.
[28] Brief über den „Humanismus", in W 145–194: 147.

Das Nichts als das Sein selbst

Jean Beaufret hatte gefragt: „Comment redonner un sens au mot ‚Humanisme'?" (W 147, 175). Und Heidegger antwortet mit dem Aufweis der nur metaphysischen Position des bisherigen und auch heutigen abendländischen Humanismus. Schon innerhalb dieser Position ergibt sich als befremdliche Fragwürdigkeit, daß der Mensch vom Lebewesen her – als animal rationale – gedacht wird. Ist doch Tiersein und Leben uns in seiner Nähe wohl das Fremdeste. „Dagegen möchte es scheinen, als sei das Wesen des Göttlichen uns näher als das Befremdende der Lebe-Wesen, näher nämlich in einer Wesensferne, die als Ferne unserem eksistenten Wesen gleichwohl vertrauter ist als die kaum auszudenkende abgründige leibliche Verwandtschaft mit dem Tier" (W 157).

Aber schon diese Bemerkung will bei Heidegger anders gelesen werden als die (wahrhaft nicht seltenen) ähnlichen Texte der Tradition. Hier geht es nicht um die Einordnung in die aufsteigende Reihe der Seienden (oder die unterschiedlichen „Stufenabstände"). Es geht darum, die unvergleichliche Stellung des Menschen zum Sein zu erblicken. „Ek-statisch" ist der Mensch als das Da des Seins. Vom Sein her ist seine Würde (als sein Dienst an diesem) zu denken. Er hat dessen Wahrheit zu „hüten", d. h. erscheinen und sein zu lassen, was es schickt und wie es das Geschickte anwesen – oder (auch das eine Weise der Schickung) abwesen heißt: die Geschichte, die Natur, den Gott und die Götter (W 161 f.).

Vom Sein aber läßt sich nur sagen: „Es ist Es selbst". „Nicht Gott und nicht ein Weltgrund" (W 162); denn solches („sei es ein Engel oder Gott") ist Seiendes, nicht das Sein. Seine Charakterisierung als Weite, Nähe und Ferne zumal, seine Wahrheit „als die Lichtung selber" (W 162), es als Sich-geben (W 165): all das wiederholt anscheinend das bisher über das Heilige Gesagte. Die „Heimat", von der in Hölderlins Elegie „Heimkunft" die Rede war, zeigt sich jetzt als „die Nähe ‚des' Seins, als welche das ‚Da' des Daseins ist" (W 168). Als der Ek-sistierende, d. h. als Mensch, wohnt der Mensch schon immer in dieser Nähe, nur kann er das noch nicht eigens erfahren und übernehmen. Aber hier: „in dieser Nähe vollzieht sich, wenn überhaupt, die Entscheidung, ob und wie der Gott und die Götter sich versagen und die Nacht bleibt, ob und wie der Tag des Heiligen dämmert, ob und wie im Aufgang des Heiligen ein Erscheinen des Gottes und der Götter neu beginnen kann. Das Heilige aber, das nur erst der Wesensraum der Gottheit ist, die selbst wiederum nur die Dimension für die Götter und den Gott gewährt, kommt dann allein ins Scheinen, wenn zuvor und in langer Vorbereitung das Sein selbst sich gelichtet hat und in seiner Wahrheit erfahren ist" (W 169).

Das Sein ist also nicht einfach das Heilige. Heidegger stellt vielmehr beides in eine ähnliche Reihung hinein wie am Schluß des Rilke-Vortrags. Das erste „ob und wie..." des Passus steht voran als summarische Antwort auf die an sein Denken gerichtete Frage nach seinem Gottesverhältnis. Das Folgende schlüsselt ihr Bedingungsgefüge auf. In einem ersten Schritt die beiden nächsten „Ob"-Sätze: Der Gott und die Götter (über diese Doppelung ist später zu handeln) können erst erscheinen, wenn das Heilige aufgegangen ist. Dabei ist ein „Zwischenglied" übersprungen: Das Heilige ist hier wie zuvor der Wesensraum erst der Gottheit, die dann ihrerseits die Dimension für Gott und Götter öffnet. Vor allem aber wird nun das Heilige nicht schon als Äußerstes genannt: es kommt erst von der Lichtung des Seins her ins Scheinen.

Vielleicht darf man das Sich-Lichten des Seins, anders gewendet also das Erfahren seiner Nähe, das Heile nennen (es dürfte in der Tat für Heidegger *das* Heil sein, bzw. sein Ausbleiben das Unheil, vor dem alles andere Heile hinfällig wird). Dann hätten wir dieselbe Reihung wie früher vor uns – allerdings mit zwei bedeutsamen Änderungen.

Zum ersten ist die fast gewalttätige Aktivität der Verben verschwunden. Das Heilige heißt der „Wesensraum" der Gottheit (= des Göttlichen, in ähnlichem, nur vom Essentiellen ins Verbale gewendetem, Sinn, wie etwa Kant von Menschheit = humanitas spricht), die Gottheit „gewährt" die „Dimension" der Götter, – die sich vielleicht versagen. Hier werden also zwar unerläßliche Bedingungen benannt (woher freilich sie aufgestellt werden, läßt sich hier nicht entnehmen); aber innerhalb ihrer scheint der nächsten „Konkretion" eher ein „Freiheitsspielraum" gelassen.

Zum zweiten wird jetzt, außerhalb des interpretierenden Gesprächs mit dem Dichter, als äußerste Dimension das Sein genannt. – Die Frage nach dem Woher, der Legitimation von Heideggers „allein, wenn zuvor" spitzt sich hier aufs schärfste zu, insofern – entsprechend dem Schlußwort zu „Was ist Metaphysik" – „Danken" (= „Religion"?) und „Dichten" trotz ihrer abgründigen Geschiedenheit vom Denken doch derart auf es verwiesen sind, daß sie erst ihm „entspringen" (W 107).

Wir stellen die Frage zurück. Aber sie macht auf eine bemerkenswerte Entsprechung aufmerksam. Einige Seiten später (W 181 f.) gibt Heidegger nämlich nochmals diese Reihung: „Erst aus der Wahrheit des Seins läßt sich das Wesen des Heiligen denken. Erst aus dem Wesen des Heiligen ist das Wesen von Gottheit zu denken. Erst im Lichte des Wesens von Gottheit kann gedacht und gesagt werden, was das Wort ‚Gott' nennen soll." Die benannten Bedingungsverhältnisse sind also solche des Denkens, wobei Heidegger freilich jede transzendentalphilosophische Interpretation zurückweisen würde. Es ist das Sein, das diese Bedingungsordnung zuschickt. Aber deren Licht wird offenbar nur im Denken des Denkers gehütet: „Oder müssen wir nicht erst diese Worte alle sorgsam verstehen und hören können, wenn wir als Menschen, das heißt als eksistente Wesen, einen Bezug des Gottes zum Menschen sollen erfahren dürfen?" (W 182).

Allerdings, fragen kann der Mensch nach der Nähe oder dem Entzug dieses Bezugs erst aus der rechten Dimension dieser Frage, der des Heiligen, welche Dimension „sogar schon als Dimension verschlossen bleibt, wenn nicht das Offene des Seins gelichtet und in seiner Lichtung dem Menschen nahe ist" (W 182). Andererseits betont Heidegger eben die „Achtung der Grenzen, die dem Denken als Denken gesetzt sind". Danach könne es weder theistisch noch atheistisch sein; das besagt wohl, es hat nicht (den) Gott zu denken, sondern nur (erst?) die Wahrheit des Seins; „erst", nämlich wenigstens „im Augenblick des jetzigen Weltgeschicks" (ebd.). Und die gegenwärtige Wahrheit des Seins ist dann die „Verschlossenheit der Dimension des Heilen".

„Unheil als Unheil" indes „spurt uns das Heile". So führt das Denken „in den Bereich des Aufgangs des Heilen" (W 189). Dieser Bereich öffnet sich im Sich-Lichten des Seins, und dahinein zumindest scheint Heideggers Weg (bei aller sorglichen Abwehr positiver „Standortbestimmung") schon gelangt zu sein; denn wir erfahren nun bedeutsam Neues über das, was hier erscheint: „mit dem Heilen zumal ... das Böse".

Auch dieses Böse ist nicht ethisch-anthropologisch zu verstehen, „sondern es beruht im Bösartigen des Grimmes" (W 189). Das Heile und das Grimmige kommen aus dem Sein als dem selber Strittigen. „Das Nichten [wird gegen Sartre gesagt] west im Sein selbst" (W 190). „Das Nichtende im Sein ist das Wesen dessen, was ich das Nichts nenne ... Sein erst gewährt dem Heilen Aufgang in Huld und Andrang zu Unheil dem Grimm" (W 191).

Diese Bemerkungen sind leider knapp genug. Wir lassen deren ethisch-biographische Deutung und Kritik beiseite (was nicht heißen soll, sie treffe nicht zu ihrem Teil). Zur immanenten Erhellung bieten sich aus dem bis dahin Zugänglichen Heideggers Erörterungen über den Streit von Welt und Erde im Kunstwerk und zuvor noch über das Nichts in der Vorlesung „Was ist Metaphysik?" an.

In dieser seiner Antrittsvorlesung von 1929 weist Heidegger das Offenbarwerden des Nichts in der Grundstimmung der Angst auf. Das Nichts west als die Nichtung, das heißt als von sich abweichendes Verweisen auf das Seiende, welches zugleich dieses entgleiten und entsinken läßt, freilich zugleich und eben so es erstlich als Seiendes offenbar macht. Und zwar offenbart es das Seiende – wie Heidegger in verwandelnder Übernahme eines religionsphilosophisch-theologischen Terminus sagt, der bisher schon mehrmals begegnet ist – „als das schlechthin Andere – gegenüber dem Nichts" (W 11). So aber zeigt sich vor allem das Nichts selbst als Anderes, bzw. als das schlechthin Andere offenbart sich das Sein.

Mit dem Nichts in dieser Weise selbig ist das Sein gerade, weil und insofern es „sich nur in der Transzendenz des in das Nichts hinausgehaltenen Daseins offenbart" (W 17), d. h. in einer Transzendenz, die – gemäß der gleichzeitig konzipierten Abhandlung „Vom Wesen des Grundes" – als endliche „überschwingend-entziehend zumal" ist (W 63). Es geht hier nicht um den von Heidegger später selbst kritisierten „willentlich-subjektiven" Ansatz des bedachten Verhalts. Wir haben hier auch nicht die vordergründigen Mißverständnisse zu diskutieren, auf die das spätere Nachwort eingeht. Jedenfalls stellt dieses Nachwort vor allem (gegenüber dem Vorwurf des Nihilismus) den „positiven" Aspekt der Seinserfahrung heraus. Es spricht vom Opfer; aber „im Opfer ereignet sich der verborgene Dank, der einzig die *Huld* würdigt, als welche das Sein sich dem Wesen des Menschen im Denken übereignet hat". Und das entsprechende Denken „ist der Widerhall der *Gunst* des Seins, in der sich das Einzige lichtet und sich ereignen läßt: daß Seiendes ist" (W 105).[29] All dies im Sinn der Erklärung: „Das Nichts als das Andere zum Seienden ist der Schleier des Seins" (W 107). Aber das Sein zeigt sich dennoch einzig unter diesem Schleier.

Diesem Faktum der Verschleierung denkt Heidegger unter einem anderen Leitwort in jenem Vortrag nach, der am unmittelbarsten die sogenannte Kehre seines Denkens markiert: „Vom Wesen der Wahrheit", den er seit 1930 mehrmals gehalten, wenn auch erst 1943 im Druck veröffentlicht hat.

„Das Wesen der Wahrheit ist die Freiheit" (W 81), das heißt das Sicheinlassen auf das entborgene Seiende, oder vielmehr, noch zuvor, „die Eingelassenheit in die Entbergung des Seienden als eines solchen" (W 84). Die Freiheit nun kann das Seiende auch gerade nicht das Seiende sein lassen, es verdecken und verstellen. Aber wie dem Sicheinlassen der Freiheit ihre Eingelassenheit vorausgeht, so entspringt auch das Unwesen, die Verdeckung der Wahrheit nicht erst nachträglich dem Verhalten des Menschen. Dessen Unvermögen und Nachlässigkeit verweisen ihrerseits zurück: „Die Unwahrheit muß

---

[29] Hervorhebungen von mir.

vielmehr aus dem Wesen der Wahrheit kommen" (W 86). Deren Wesen ist demnach erst dann angemessen gedacht, wenn die Möglichkeit und Tatsächlichkeit ihres Unwesens dabei – wesentlich – mitgedacht ist.
Den ersten Zugang sucht Heidegger hier nun nicht im Nichts, das im Entsinken des Seienden das Seiende im Ganzen aufgehen läßt, sondern im alltäglichen Erfahren. Diesem Verhalten, das auf das jeweils offenbare Seiende zielt, ist die vorgängige Offenheit des Gesamts gerade nicht (wie das Nichts es der wesentlichen Angst war) gegenwärtig, sondern verborgen. Darum geht es hier auch nicht um den Entzug anderer Möglichkeiten durch die Gewähr jeweils dieser, wie zuvor in der Schrift über das Wesen des Grundes, sondern darum, daß in der Entbergung des einzelnen Seienden das sie ermöglichende Entbergen des Seienden im Ganzen seinerseits sich verbirgt (W 88).
Dieses Sichverbergen läßt erst das Entbergen des Einzelnen zu. Die Un-wahrheit (Verborgenheit) erst läßt die Wahrheit des Seienden aufgehen. Über diesen ersten Schritt geht der Gedanke nun in doppelter Weise hinaus. Einmal ist nicht nur die Wahrheit dieses oder jenes Seienden, sondern das umfassende Seinlassen überhaupt, die Wahrheit des Seienden im Ganzen, nur vom Sichverbergen eben dieser Wahrheit her gegeben (will sagen: Wahrheit des Seienden ist sie faktisch als Wahrheit des Seienden, und gerade nicht als die ihrer selbst). Und zum andern ist nicht bloß diese Wahrheit an ihr selber verborgen, sondern zuvor und vor allem nochmals dieses ihr Verborgensein. Dies ist „die eigentliche Un-wahrheit. Das eigentliche Un-wesen der Wahrheit ist das Geheimnis" (W 89).
Dies eigentliche Un-wesen nun, das Geheimnis, ist im alltäglichen Verhalten unter und zu Seienden vergessen. Obwohl nur von diesem Geheimnis her (also als ek-sistent) für Seiendes eröffnet, versteift sich das Dasein im Vergessen der (Un-)Wahrheit auf das Seiende (d. h. es lebt tatsächlich seine Eksistenz als Insistenz). Und solches ek-sistente Insistieren nennt Heidegger die *Irre* (W 92).
Nicht also die eigentliche Un-wahrheit, sondern die Irre ist

das Gegenwesen zum Wesen der Wahrheit. Aber auch sie ereignet sich nicht beliebig; sie wird das *wesentliche* Gegenwesen genannt. Insofern nämlich jede Offenheit als bestimmte (als Offenheit für Seiendes) das Vergessen ihrer selbst impliziert, hat jedes Verhalten „je seine Weise des Irrens" (ebd.). „Deshalb ist der Mensch in der Ek-sistenz seines Daseins dem Walten des Geheimnisses und der Bedrängnis der Irre *zumal* unterworfen" (W 93), ja man wird sagen müssen: jenem Walten nur in der Weise dieser Bedrängnis – wie dieser Bedrängnis nur als der je anders konkreten Gestalt jenes Waltens.

Der früher bedachte Satz „Unheil als Unheil spurt uns das Heile" gewinnt von daher eine neue Dimension, wenn es jetzt, angesichts solcher „Verschränkung" beider, heißt: „Dann ist die Ent-schlossenheit zum Geheimnis unterwegs in die Irre als solche" (W 93).[30]

Was in diesem Vortrag noch in einer Sprache zu Wort kommt, deren Mühsamkeit zeigt, wie sehr das Denken hier im Übergang steht, wie sehr es selber seinen Weg noch sucht, das hat ein Jahrfünft später wesentlich an Klarheit gewonnen (ehe es dann, aber wesentlich anders, erneut diese übersichtliche Faßlichkeit verliert). Die Vorträge über den Ursprung des Kunstwerks rekapitulieren in gewisser Weise das im Wahrheits-Vortrag Erarbeitete, um es dann in einer bestimmten Hinsicht zu konkretisieren.

Heidegger erblickt hier das Kunstwerk als das „Aufstellen einer Welt und das Herstellen der Erde" zumal (Hw 36). Was ist damit gemeint?

---

[30] „Philosophiegeschichtlich" formuliert sich das Unterwegs in die Irre-als-solche als Frage nach der Metaphysik als solcher. Entsprechend verdeutlicht die spätere *Einleitung* die (– durch Großschreibung von „Nichts" – bedeutsam abgewandelte) Leibnizsche Frage, mit der die Metaphysikvorlesung schloß: „Warum ist überhaupt Seiendes und nicht vielmehr Nichts?" zu der Fragestellung (W 211): „Woher kommt es, daß überall Seiendes den Vorrang hat und jegliches ‚ist' für sich beansprucht, während das, was nicht ein Seiendes ist, das so verstandene Nichts als das Sein selbst, vergessen bleibt?"

„Welt ist ein Grundbegriff in „Sein und Zeit" gewesen, nicht im Sinn des Alls, des Gesamts aller Seienden, sondern in transzendentaler Bedeutung, d. h. als Wort für den Horizont des geworfenen (Selbst-)Entwurfs, des sorgenden Daseins. In seiner Schrift „Vom Wesen des Grundes" hat Heidegger die Geschichte dieses anthropologischen Welt-Verständnisses nachgezeichnet (W 35–55), bis hin zu seiner eigenen Bestimmung: Welt „als die jeweilige Ganzheit des Um-willen eines Daseins" als transzendierenden (W 54). „‚Das Dasein transzendiert' heißt: es ist im Wesen seines Seins *weltbildend*, und zwar ‚bildend' in dem mehrfachen Sinne, daß es Welt geschehen läßt, mit der Welt sich einen ursprünglichen Anblick (Bild) gibt, der nicht eigens erfaßt, gleichwohl gerade als Vor-bild für alles offenbare Seiende fungiert, darunter das jeweilige Dasein selbst gehört" (W 55).

Der Gegenbegriff „Erde" zeigt bereits an, daß „Welt" jetzt anders verstanden sein will. Zwar war schon beim Weltbilden vom Welt-*Geschehen-lassen* die Rede, im Bedenken des Kunstwerks jedoch hat sich die Blickrichtung grundsätzlich umgekehrt. „Welt ist die sich öffnende Offenheit" der wesentlichen Entscheidungen eines Volkes, die Erde demgegenüber „das zu nichts gedrängte Hervorkommen des ständig Sichverschließenden und dergestalt Bergenden". Beide sind wesenhaft aufeinander bezogen: „Die Welt gründet sich auf die Erde, und Erde durchragt die Welt" (Hw 37). Ihr Bezug ist indessen stets ein Gegeneinander, die Welt will das Verschlossene eröffnen, die Erde das Eröffnete in sich verbergen. So stehen beide im Streit. Die *reine* Anstiftung aber, die unabgelenkte Sammlung auf diesen Streit wirkt das Kunstwerk, wie Heidegger etwa am griechischen Tempel anschaulich macht (Hw 30–32). Insofern wird in ihm „die Wahrheit ins Werk gesetzt".

Damit ist der Erfahrungs-Anhalt gewonnen, von dem aus die Gedanken des Wahrheitsvortrags ein Stück weit zugänglicher werden. Heidegger greift zunächst auf die allgemeinen Aussagen zurück. Seiendes kann als Seiendes nur sein (jetzt nicht mehr: wenn das Dasein transzendiert; Transzendenz des Daseins bzw. Erscheinen des Seienden als Seienden gibt es viel-

mehr nur dann), wenn die Lichtung inmitten des Seienden, eine „offene" Mitte, dem Menschen den Zugang schenkt.
Allein in dieser Lichtung ist das Seiende ihm unverborgen, aber auch in ihr nur ihm verborgen. Und tatsächlich ist es immer beides, verborgen zudem auf zweifache Weise. Verborgen 1. in der Weise des Versagens, insofern wir nicht wissen, was es sei; aus solchem Sich-versagen tritt es jeweils erst hervor (ohne jemals gänzlich offenbar zu werden). Verborgen ist es aber 2. stets auch in der Weise des Verstellens, insofern es sich (durch anderes verstellt) uns anders gibt, als es ist. Dabei lassen sich die beiden Weisen niemals deutlich scheiden, das Verbergen versagt und verstellt noch einmal sich selbst. „Das Wesen der Wahrheit, d. h. der Unverborgenheit, wird von einer Verweigerung durchwaltet" (Hw 43), und diese Verweigerung selber bleibt zweideutig. Denn einmal sagt Heidegger, nicht zuletzt im Blick auf die wesenhafte, innere Begrenztheit unseres Erkennens: „Durch das Sein geht ein verhülltes Verhängnis, das zwischen das Gotthafte und das Widergöttliche verhängt ist" (Hw 41), sodann aber erklärt er, daß dieses Verweigern keinen Mangel noch Fehler bedeute: „Zum Wesen der Wahrheit als der Unverborgenheit gehört dieses Verweigern in der Weise des zwiefachen Verbergens" (Hw 43). Im Streit von Welt und Erde zeigt sich so der Urstreit als das Wesen der Wahrheit in sich selbst. Und umgekehrt zeigt sich der Urstreit (unter anderem) in diesem Streit: zwischen der Erde, die als Sichverschließendes aufgeht, und der Welt als Eröffnung von Entscheidung (das heißt, von Entscheidung Forderndem, noch nicht Entschiedenem, also Verborgenem).
Weder ist also die Offenheit einfach die Welt noch die Verbergung einfachhin die Erde. Offenheit und Verbergung in ihrem wesenhaften Zu- und Gegeneinander erscheinen vielmehr schon verschränkt in deren Streit. Doch dieser Streit muß selbst erst ausbrechen. Das heißt, die Offenheit (entsprechend und zugleich damit die Verbergung) muß sich in ihr Offenes einrichten, um zu sein, was sie ist. „Darum muß in diesem Offenen je ein Seiendes sein, worin die Offenheit [wie die Verbergung] ihren Stand und ihre Ständigkeit nimmt"

(Hw 49). Unter den Weisen dieser Standnahme[31] ist nun das Kunstwerk eine ausgezeichnete Möglichkeit. Denn „an der Erde als der wesenhaft sich verschließenden findet ... die Offenheit des Offenen seinen höchsten Widerstand und so gerade die Stätte seines ständigen Standes, darein die Gestalt festgestellt werden muß" (Hw 57). Das reine Wesen der Kunst aber ist der lichtende Entwurf im Wort, in der Sprache. Kunst ist zuinnerst entwerfendes Nennen des Seienden, das Sagen seiner – eben auch in und gemäß seiner Unsagbarkeit. Das nun nennt Heidegger – „ganz weit, aber deshalb vermutlich gerade nicht unbestimmt" (Hw 60) – Dichtung. „Das entwerfende Sagen ist Dichtung: die Sage der Welt und der Erde, die Sage vom Spielraum ihres Streites und damit von der Stätte aller Nähe und Ferne der Götter" (Hw 61).
Das Nichts, die Un-wahrheit und Irre, zwiefaches Verbergen. Ist nun von all dem her die Rede vom „Grimm" zugänglicher geworden? Vielleicht doch ein wenig, insofern auf verschiedene Weise immer dasselbe gemeint gewesen ist. Nicht als seien Sein und Nichts die allgemein abstrakte Wahrheit, das Geschehen im Kunstwerk wie die Erfahrung des Grimms dann Beispiele dafür. Es handelt sich ja um selbständige und – zumindest vorerst – durchaus un-vergleichliche Weisen der Erfahrung der Wahrheit. Sie alle kommen aber offensichtlich doch in der „Struktur" einer doppelten Verneinung oder Verweigerung überein. Einer Verweigerung, die zum Un- als Ur-wesen der Eröffnung und Gabe gehört, und einer Verweigerung als *Gegen*wesen dieses Erscheinens. Auch die zweite, das Gegenwesen, wird freilich wesentlich genannt. Es ist nicht bloß Sache des Menschen, wiewohl nicht ohne ihn; denn Sein „ist Zuspruch an den Menschen und nicht ohne diesen".[32] – Gerade aber weil es sich jeweils um eigenständige Erfahrungsdimensionen handelt, ist über das qualitative Eigenwesen des Grimms damit kaum etwas gewonnen. Damit

---

[31] Hier zählt Heidegger auch das schon eingangs zitierte [„religiöse"] Widerfahrnis auf: „die Nähe dessen, was schlechthin nicht ein Seiendes ist, sondern das Seiendste des Seienden" (Hw 50).
[32] Heidegger im „Zusatz" zum „Ursprung des Kunstwerkes" in der Reclam-Ausgabe.

auch kaum etwas für die qualitative Bestimmung des Heiligen. Immerhin läßt sich wohl sagen, der Grimm ist die gegenwesenhafte Verneinung und Verweigerung (des Heilen) im Heiligen.

Um diese formale Bestimmung zu füllen, wenden wir uns Heideggers Gedanken über den Nihilismus zu. Sie ihrerseits stehen in dem größeren Zusammenhang seiner Beschäftigung mit Friedrich Nietzsche.

Erst 1961 hat Heigegger in zwei umfangreichen Bänden seine Nietzsche-Vorlesungen aus den Jahren 1936–1940 veröffentlicht, ergänzt durch Abhandlungen und Entwürfe aus der folgenden Zeit (bis 1946), die das in in den Vorlesungen Aufgerissene klären und vertiefen. Uns geht es nicht um Heideggers Nietzsche-Deutung im ganzen noch um seine Sicht des abendländischen Denkens überhaupt, in die hinein jene Deutung sich ausweitet und von der her zugleich sie sich erst eigentlich ausweist.[33] Wir befragen diese Texte nur im Hinblick auf das Verhältnis von Nichtigkeit und Nichts zum Heiligen.

Wird das Sein als Wille gedacht, dann gehört zu ihm fraglos das (alles Entgegenstehende, Bisherige) Zerstörende, „das Nichtige, nicht als bloßes Nichts der Leere, sondern als das machtende Nein" (N I 73). Dieses Denken beginnt nicht, es vollendet sich nur in gewisser Weise bei Nietzsche, nachdem es in anderer Hinsicht seinen Höhepunkt im Deutschen Idealismus erreicht hat.[34]

Der Name, in dem diese Vollendung Gestalt wird, ist der Name Zarathustras. Zarathustra findet zu sich, indem er der Lehrer der ewigen Wiederkunft wird. Diesen abgründigsten

---

[33] Auch hier gilt ja wohl analog das oben angeführte Wort aus dem Hölderlin-Buch (E 50), daß der zugrunde gelegte Text auf dem folgenden Versuch einer Auslegung beruhe. (Die Bände werden zitiert als N I bzw. II.)

[34] Nietzsche, Der Wille zur Macht, Nr. 416 (Werke III 496): „Die Bedeutung der deutschen Philosophie *(Hegel):* einen *Pantheismus* auszudenken, bei dem das Böse, der Irrtum und das Leid *nicht* als Argumente gegen Göttlichkeit empfunden werden ..." (N I 74).

Gedanken annehmen und verkünden, bedeutet – nicht auch, sondern als wesentliche Bedingung – das Widrige und Böse überwunden haben. Zarathustra hat es „überwunden, indem er lernte, daß der Abgrund zur Höhe gehört". Er hat es also gerade nicht ausgelöscht oder getilgt. „Die Überwindung des Bösen ist nicht dessen Beseitigung, sondern die Anerkennung seiner Notwendigkeit" (N I 315).

Der Ring der Wiederkehr, in dem das zerstörende Nichts den Platz seiner Notwendigkeit behauptet, ist so der circulus vitii, der circulus vitiosus (N I 321). Von ihm fragt Nietzsche: „Wie? Und dies wäre nicht – circulus vitiosus deus?"[35] Nietzsche fragt nur; aber, sagt Heidegger, „zu bedenken bleibt, ob der Gott göttlicher ist in der Frage nach ihm oder dann, wenn er gewiß ist ..." (N I 324). Nietzsches Gewilltheit zur im Augenblick enthüllten Ewigkeit (zur Entschiedenheit) dessen, was ist (sein „amor fati") denkt in solcher Frage (N I 471) „hinaus auf Jenes, *worum* herum eine Welt zur Welt wird" (woher also sie sich zum Ring schließt).

„Um den Helden herum wird alles zur Tragödie, um den Halbgott herum alles zum Satyrspiel; und um Gott herum wird alles – wie? vielleicht zur ‚Welt'? –"[36] Beides sind „nur" Fragen, im „Widerspruch" zueinander obendrein, da einmal der Kreis, einmal sein Mittelpunkt als Gott gefragt wird. Aber in beidem wird nach Heidegger das eigentlich zu Sagende erschwiegen (N I 471). Und das „Und ebenso", mit dem Heidegger hier fortfährt, das zunächst nur wie die Wahrnahme einer Gelegenheit zur Selbstverteidigung anmutet, legt als seinen eigentlich gemeinten Sinn die Deutung: „Und (= denn) überhaupt" nahe: „Und ebenso [= denn überhaupt]: dort, wo vom Nichts gehandelt wird und vom Tod, ist das Sein, und nur dieses, am tiefsten gedacht, während jene, die angeblich allein sich mit dem ‚Wirklichen' befassen, sich im Nichtigen herumtreiben" (N I 471).

Eben derart indessen denkt Nietzsche selber nicht. Sein Nihi-

---

[35] Nr. 56, im III. Hauptstück („Das religiöse Wesen") von „Jenseits von Gut und Böse", Werke II 617.
[36] Jenseits von Gut und Böse, Nr. 150, Werke II 637.

lismus, den er als klassischen verkündet, insofern in ihm das schaffende Zerstören des Willens zur Macht ausdrücklich und entschieden zu sich selbst kommt, enthüllt sich für Heidegger „als jene Vollendung des Nihilismus, in der sich dieser der Notwendigkeit für enthoben hält, gerade das zu denken, was sein Wesen ausmacht: das Nihil, das Nichts – als den Schleier der Wahrheit des Seins des Seienden" (N II 42). Nietzsches Begriff des Nihilismus ist dann selbst ein nihilistischer Begriff (N II 54), weil hier – bei aller Bejahung des Zerstörerischen – doch das Nichts für etwas Nichtiges gehalten wird und der Nihilismus „für eine Verneinung, die durch kräftige Bejahung sogleich wettgemacht werden kann" (N II 53).

Diese Bejahung ist ja die Triebkraft von Nietzsches aktivem Nihilismus. Dessen Totalität steht im Dienste der totalen Herrschaft des sich in neuer Wertsetzung zu sich selbst übersteigenden Willens zur Macht (N II 277 f.). – Aber macht nicht die Rede vom Nichts als dem Schleier des Seins das Nichts nicht weniger zum Nichtigen, zum (freilich existenten) Nichts im Sinne des μὴ ὄν? Was heißt, das Nichts sei vielleicht „noch im Wesen dem Sein und nur ihm botmäßig" (N II 251)?

Daß es mit dem Nichts nichts ist, bedeutet allerdings für Heidegger noch nicht die treffendste Charakterisierung des Nihilismus. Gerade insofern das Nichts den Schleier des Seins darstellt, liegt das innerste Wesen des Nihilismus darin – und in diesem Sinn zeichnet er in Heideggers Sicht zutiefst die abendländische Metaphysik –, daß es (weil nur das Seiende im Blick steht) mit dem Sein nichts ist: „Mit dem Sein als solchem ‚ist' es nichts: das Sein – ein Nihil" (N II 338).

Woher diese „Nichtung" des Seins? Ist sie als seine Übermächtigung durch den Machtwillen der Subjektivität zu erklären? – Es fehlt nicht an Sätzen Heideggers, die – isoliert genommen – diese Deutung zu bekunden scheinen, und es fehlt nicht an geistesgeschichtlichen Darstellungen, die in ihrem Urteil über die abendländische Metaphysik diese Deutung als Meinung Heideggers übernehmen. Indes wäre gerade eine solche Deutung des Nihilismus seine Vollendung. Sie machte endgültig das Sein zu einem Seienden, dessen der

Mensch sich zu bemächtigen vermag. Heidegger sagt vielmehr deutlich genug: „Die Metaphysik ist kein Gemächte des Menschen" (N II 332).
Sie ist überhaupt kein Gemächte, sosehr in ihr und ihrer Vollendung nach Heidegger die Macht sich zu sich selber er- und übermächtigt. Diese Macht verwirklicht sich zwar in der Auseinandersetzung von Mächten. Der Kampf wird bezüglich des Seienden geführt. Aber Heidegger will auf jene „Auseinander-setzung", jene Eröffnung des Kampfraums hinweisen, in der vom *Sein* her die Macht des Seienden frei- und auseinander-gesetzt wird, frei und auseinander nicht in die Differenz zur *Macht* des Seins, sondern zu seiner *Wahrheit* (N II 262).
Das Sein ermächtigt nicht als Macht und Übermacht, sondern als Wahrheit, und das heißt: als Unverborgenheit. Als deren Schleier wurde das Nichts bezeichnet, und wir haben uns nun endlich der Frage zu stellen, ob es damit nicht nur subtiler nichtig geworden sei.
Die dichteste Formel für das von Heidegger Gemeinte findet sich vielleicht im 2. Nietzsche-Band 353 f. Um nochmals daran zu erinnern: „Das Sein selbst west als die Unverborgenheit, in der das Seiende anwest. Die Unverborgenheit selbst jedoch bleibt als diese verborgen." Und das ist der Nihilismus. „Das Sein selbst bleibt aus." Dieses Verborgen- und Ausbleiben kann aber nicht (wie? und woher?) zum Sein hinzukommen. „Das Ausbleiben des Seins als solches ist das Sein selbst." Und nun die zusammenbindende Formel: „Im Ausbleiben verhüllt sich dieses [das Sein als Ausbleiben, insofern es die verborgen bleibende Unverborgenheit ist] mit sich selbst. Dieser zu sich selbst entschwindende Schleier, als welcher das Sein selbst im [und als] Ausbleiben west, ist das Nichts als das Sein selbst."
Die Rede vom Schleier will also das Nichts so wenig zum Nichtigen herabsetzen, daß sie vielmehr es als das Sein selbst, das Sein als das Nichts selbst bestimmt. Daß es mit dem Sein selber nichts ist, wird zum Wesen (im verbalen Sinn natürlich) des Seins selber erklärt.
Ist dieses Nichtssein des Seins das, was das Wort vom Grimm

gemeint hat? – Wir müssen zuvor nochmals fragen, *wie* das Sein das Nichts, wie es mit ihm selber nichts „ist".

Das Sein, verborgen als die Unverborgenheit, bleibt derart aus nur als schon zugesprochen. So denkt Heidegger das Ausbleiben des Seins als sein *Versprechen* seiner selbst (N II 369). Das Eigentliche am Nihilismus ist dieses Versprechen; sein Uneigentliches ist das Vergessen, die Verbergung dieses Versprechens. Der Grimm wäre also wohl diese Verbergung? Doch eben in dieser Verbergung birgt sich das Versprechen. „Im Uneigentlichen des Wesens des Nihilismus geschieht das Geheimnis des Versprechens, als welches das Sein Es selber ist, indem es sich als solches spart" (N II 370).

Es geschieht das *Geheimnis*. Vor allem im Vortrag „Vom Wesen der Wahrheit" war schon davon die Rede. „Aus einem Gespräch von der Sprache" wird Heidegger als Wort seines japanischen Partners berichten: „Ein Geheimnis ist erst dann ein Geheimnis, wenn nicht einmal dies zum Vorschein kommt, *daß* ein Geheimnis waltet."[37] Aber ist das Geheimnis nicht eigentlich dort, wo es *als* Geheimnis waltet? „Das eigentliche Un-wesen der Wahrheit ist das Geheimnis" (W 89); das *eigentliche*. Ebenso jetzt im 2. Nietzsche-Band: „Was seinem Wesen nach verwahrend verbirgt [„Un-wesen"] und dabei in diesem seinem Wesen sich selbst und damit überhaupt verborgen bleibt [also doch nicht *als* verborgen kund ist? – nein, Heidegger fährt fort:] und gleichwohl irgendwie erscheint, ist in sich das, was wir das *Geheimnis* nennen" (N II 369 f.).

Diese doppelte (oder potenzierte) Verbergung, die Verbergung selber nochmals der Verbergung macht das Wesen des Geheimnisses aus. Dennoch aber, *als* Geheimnis besteht es dergestalt erst, wenn diese doppelte Verbergung gleichwohl „irgendwie erscheint". Wäre der Grimm dann die Verbergung (das Nicht-„irgendwie"-Erscheinen) des potenziert verborgenen Geheimnisses? – Er wäre also das, was Heidegger die Not der Notlosigkeit nennt (N II 391). Entspricht dieser Name nicht völlig dem, was man sonst als die vollendete Profanität anspricht?

[37] Unterwegs zur Sprache (= Sp) 148.

Der Grimm stammt aus dem Heiligen selbst. So ist auch die Notlosigkeit Geschick des Seins; es gefährdet darin nicht bloß den Menschen in seinem Wesen, sondern sich selbst (ebd.). Solche Notlosigkeit ist die äußerste Gefahr. „Das Ausbleiben der Unverborgenheit des Seins als solchen entläßt das Entschwinden alles Heilsamen im Seienden. Dieses Entschwinden des Heilsamen nimmt mit sich und verschließt das Offene des Heiligen. Die Verschlossenheit des Heiligen verfinstert jedes Leuchten des Gottheitlichen. Dieses Verfinstern verfestigt und verbirgt den Fehl Gottes" (N II 394).

Wieder sind wir damit, nunmehr umgekehrt, auf die schon vertraute Stufung gestoßen. Ihr gemäß kann Heidegger sagen: „Unheimlicher denn der Fehl Gottes ist, weil wesender und älter, das Seinsgeschick, als welches die Wahrheit des Seins inmitten des Andranges von Seiendem und nur Seiendem sich verweigert": das Geschick der Not der Notlosigkeit (N II 396).

Die „dürftige Zeit", in der diese Not ihren Gipfel erreicht, wird eben darin zum καιρός, zur Stunde der Krisis, weil sie „das Unentschiedene [enthält], ob in ihr als einem Äußersten der Verbergung des Seins schon die Entbergung dieser Verbergung [„Unheil *als* Unheil"] und so der anfänglichere Anfang [das Heile] sich lichtet" (N II 471).

Was bedeutet nun aber, daß das Sein selber sich mit solch einer Gefahr „begabt" (N II 391)? Im Dezember 1949 hat Heidegger unter dem Titel „Einblick in das was ist" vier Vorträge gehalten, deren dritter „Die Gefahr" hieß. Er ist bislang nicht veröffentlicht. Doch der abschließende Vortrag „Die Kehre" scheint wenigstens einiges des dort Gesagten zusammennehmend aufzugreifen.

Die sichtbare Gefahr ist das Gestell; doch in dessen Gefahren bleibt *die* Gefahr (die Gefahr *als* Gefahr) gerade unsichtbar. „Die Gefahr, nämlich das in der Wahrheit seines Wesens sich gefährdende Sein selbst, bleibt verhüllt und verstellt. Diese Verstellung ist das Gefährlichste der Gefahr."[38] Deswegen ist nach Heidegger noch nicht zu sagen, was die Ge-

---

[38] Die Technik und die Kehre 37.

fahr in ihrem Wesen ist, das heißt, was es bedeutet, daß das Sein sich von seinem Wesen weg und so gegen die Wahrheit seines Wesens kehrt (40). Die Gefahr ist das Sein selbst, darum nur von ihm selbst her zu verstehen, von seinem Sichgeben her, das die Gefahr *als* Gefahr sichtbar macht und so rettet und heilt (41 f.).

Die Verweigerung ist das Geheimnis des Seins (46). Zeigt es sich *als* diese, dann wird Welt (42). Und das heißt offenbar zugleich, daß das Heilige aufgeht; denn im Ereignis von Welt kann der Mensch „als der Sterbliche dem Göttlichen entgegenblick[en]" (45). Erst in diesem Ereignis ist Gott Gott (45 f.).

„Welt" wird in solcher Sprechweise indes schon nicht mehr im Sinn des Kunstwerk-Aufsatzes gebraucht, als Gegenwort zu „Erde". Sie ist jenes Ereignis, das im Ding-Vortrag von 1950 bedacht wird. Läßt sich von daher die (eigentliche) Gefahr deutlicher fassen, und so das Heilige, in dessen Bereich sie gehört? – Als „vorgreifender" Hinweis auf das nun zu Bedenkende sei eine Bemerkung aus der letzten der Vorlesungen über den Satz vom Grund (1955/56) zitiert. Hier wird vom ab-gründigen Spiel des Seins gesprochen. Der Mensch aber könne in diesem Spiel nur bleiben, insofern er „in dieses Spiel gebracht und dabei aufs Spiel gesetzt ist".[39] Gilt von der Gefahr des Seins dasselbe wie von der Gefährdung des Menschen (-wesens), von der diese Stelle handelt? Dann wäre die Gefahr, mit der das Sein sich begabt – die es selbst ist, das Spiel des Seins – das es selbst ist? Und das Spiel als Spiel, als „es selbst", wäre das Heilige?

Spiel des Gevierts

„Welt", meinten wir, habe nunmehr den Sinn, den das Wort im Ding-Vortrag[40] besitzt. Es bezeichnet jenes Ereignis, das Heidegger jetzt als „Spiegel-Spiel" der „Vierung" zu denken sucht.

[39] Der Satz vom Grund 186.
[40] VA 163–185.

Als Ding stellt dieser Vortrag einen Krug vor. Dessen Wesen erfüllt sich im (Aus-)Schenken des Gusses (Heidegger sagt: in dessen „Geschenk"[41] – VA 170). In diesem Geschenk aber sind Vier gegenwärtig: Erde und Himmel, aus deren Zusammenspiel Wasser und Wein hervorgegangen sind. Die Menschen, die schenken und denen geschenkt wird. Heidegger nennt sie die Sterblichen, denn gemäßer als vom animalischen Leben und dem Vernunftgebrauch her sieht er sie von daher bestimmt, daß sie „den Tod als Tod vermögen" (VA 177). Schließlich die Göttlichen, denen gegenüber der geschenkte Guß am reinsten ist, was er ist: Spende des Opfers.

Diese Vier sind nun durch das Ding nicht erst zusammengebracht. Sie gehören von sich her zusammen. Erde und Himmel bilden in ihrem Zueinander den Raum, in dem die Sterblichen und die Göttlichen einander begegnen. Die Sterblichen, den Tod als Tod vermögend, „sind das wesende Verhältnis zum Sein" (ebd.). Und als solche den Göttlichen gegenüber? Was sind die Göttlichen?

Sie „sind die winkenden Boten der Gottheit. Aus dem verborgenen Walten dieser [d. h. der Gottheit] erscheint der Gott in sein Wesen, das ihn jedem Vergleich mit dem Anwesenden entzieht" (ebd.).

Woher empfängt solches Denken seine Weisung?, hat man gefragt (VA 182).[42] Heidegger antwortet mit dem Aufruf zu prüfend hörendem Entsprechen (VA 185). Solches Denken ist nicht nach der Weise exakt-eindeutigen Denkens belegbar, gleichwohl behauptet es sich als unbeliebig sich anmessend und „streng". Den Namen „Phänomenologie" (schon in „Sein und Zeit" wurde er gewissermaßen umgekehrt[43]) gebrauchte Heidegger nicht mehr; aber wie die „Umkehrung" in „Sein und Zeit" eigentlich nur „das Wesen der Phänomenologie ur-

---

[41] Im selben Sinn, wie oben (S. 144 f.) von Geschick, Gedicht und Gebirg die Rede war.
[42] So u. a. auch W. Marx 226 ff., 241 f.; vgl. K.-O. Apel, Wittgenstein und Heidegger. Die Frage nach dem Sinn von Sein und der Sinnlosigkeitsverdacht gegen alle Metaphysik, in Pöggelers Sammelband 358–396: 390; E. Tugendhat 259 ff.
[43] SuZ § 7c.

sprünglicher zu denken" suchte (Sp 95), so will auch das Denken des Gevierts nichts anderes als „eine Wegrichtung einschlagen, die eine Sache von sich aus schon genommen hat" (VA 68). Insofern kommen ihm die drei Bestimmungen zu, die Dieter Sinn aufzählt[44]: prinzipielle Mehrdeutigkeit, Anstrengung des Hörens (statt schon des Begriffs), Bestimmtsein aus der Un-Verborgenheit, dem Aufgang, das heißt aus dem jeweiligen Spiel des Gevierts, dem es nachdenkt.

Wer sind die Göttlichen?, war unsere Frage. Wir erhalten keine faßlich-prüfbare Antwort. Es gilt vielmehr, sich „einzuhören" anhand der verhaltenen Äußerungen, die Heidegger in seinen späten Schriften gibt.

Daß Vycinas' Reduktion auf Erde und Götter nicht recht entspricht, drängt sich auf.[45] Andererseits scheint auch Sinn eine zu eindeutige Reduktion zu vollziehen, wenn er gegen H. Otts These, Erde und Himmel seien nicht „als ‚Symbole' gedacht, sondern als der wirkliche, leibhaftige Himmel und die wirkliche, leibhaftige Erde"[46], auf deren „Gedanklichkeit" besteht.[47] Allerdings setzt, wie Ott das Wort „Symbol", Sinn das „Gedankliche" in Anführungszeichen. Vielleicht träfen sich beide bei deren Wegfall: Es geht offenbar um ge- und bedachte Leibhaftigkeit.[48] Wenn Erde und Himmel einander spiegeln, begegnen gewiß „Weltgegenden" einander, aber kann man sagen, es sei „damit keinesfalls ein Verhältnis von Seienden gemeint"?[49] Sind nicht die Sterblichen zumindest und auch die Göttlichen Seiende? Und begegnen sich nicht doch auch in ihnen Weltgegenden?

Sie begegnen sich gerade dadurch und darin, daß die Vier in diesem Ineinanderspiel „enteignet" werden (VA 178), das heißt, nicht einfachhin umgrenzt in ihrer Besonderheit bleiben, sondern aufs Spiel gesetzt, ins Spiel gebracht werden. Andererseits bleiben sie doch, sie werden enteignet „zu einem

---

[44] D. Sinn 111 f. (Anm. 55).
[45] Vgl. D. Sinn 130 f.
[46] H. Ott 217 f.
[47] Sinn 133 Anm. 90.
[48] Vgl. Sinn selber 152.
[49] Sinn 132 f.

Eigenen" (ebd.), zwar nicht zu je ihrem, sondern zu *einem* Eigenen;[50] aber Eigenes ist dies nur, wenn es (eben als „ein" zugleich eines: das vierfach-eine) doch auch *ihr* Eigenes ist. Gewiß, die Vier dürfen nicht als jeweils vereinzeltes Wirkliches vorgestellt werden, „das durch einander begründet und aus einander erklärt werden soll" (VA 178). Andererseits ist offenbar das Geviert als es selber auch nicht zu denken.[51] In jedem der Vier werden die anderen drei mitgedacht, so entbirgt sich die Vierung, aus der sie in ihrem Mit- und Zueinander sind. Doch indem sie als sie selbst in keinem der Vier ist, bleibt sie als sie selbst, sich entbergend, verborgen.

Die Vier sind nicht vereinzelt zu denken, aber trotzdem als die Vier; nicht durch einander begründet und aus einander erklärt, aber gleichwohl – aus der Vierung heraus und in ihr – auf einander bezogen. Sind die Vier auch nicht das Letzte, so will doch auch das Vorletzte erfragt sein.

Die Sterblichen wohnen, das heißt, sie wahren das Geviert, indem sie die Erde wie den Himmel als sie selbst hervorkommen lassen; indem sie den Tod übernehmen. Sie wohnen schließlich,[52] „insofern sie die Göttlichen als die Göttlichen erwarten. Hoffend halten sie ihnen das Unverhoffte entgegen. Sie warten der Winke ihrer Ankunft und verkennen nicht die Zeichen ihres Fehls ... Im Unheil noch warten sie des entzogenen Heils" (VA 151).

In solchem Warten, sagte der Ding-Vortrag, sind sie das wesende Verhältnis zum Sein als Sein. Nicht einfach zum Sein, sondern zu dem, dessen „Vorwort" erst das Sein – als das durchkreuzte Sein des Aufsatzes „Zur Seinsfrage" – ist. Das durchkreuzte Sein zeigt „in die vier Gegenden des Gevierts und deren Versammlung im Ort der Durchkreuzung" (W

---

[50] Vgl. Sp 107 f.:
„F Gebärde ist Versammlung eines Tragens.
J Sie sagen wohl absichtlich nicht: unseres Tragens, unseres Betragens.
F Weil das eigentlich Tragende uns sich erst *zu*-trägt."
[51] Vgl. Sinn 132.
[52] Wir rücken hier, worauf vor allem unser Fragen geht, an den Schluß, während es bei Heidegger üblicherweise an der dritten Stelle steht.

239); es ist selbst dieser Ort, und das bedeutet nach dem Heideggerschen Gebrauch des Wortes wohl: die Vierung selbst.
Diese Vierung darf aber nun nicht als Allgemeines, stets Vorhandenes gedacht werden, sie ereignet sich vielmehr aus der Jähe des jeweiligen Geschicks her. Dahinein spricht das „Sein als Sein"; so freilich, daß, wie es schon im zweiten Nietzsche-Band hieß, es seinen Namen in seine Wahrheit hinein verliert (N II 336, 338, 389 f.).[53]
Das, woher „es" auch das Sein „gibt", nennt Heidegger das Ereignis: „Ereignis: Ereignen das Ge-Viert. Das Ereignen aber: in sich Enteignis in das Geheimnis."[54]
In diesen Bereich nun weisen und winken die Göttlichen hinein. Im Spiel des Seins öffnet sich der Bereich, innerhalb dessen sie erscheinen: das Heilige.
Sinn schreibt: „Es bleibt dabei zu beachten, daß das Heilige nichts mit Religion zu tun hat, ‚Der Glaube hat im Denken keinen Platz' (Hw 343)."[55] – Daß wir mit der Lektüre Heideggers in gewisser Weise den Rahmen unserer religionsphilosophischen Fragestellung überschritten haben, ist wohl unbestreitbar. Wie Heidegger keine Philosophie treiben will, so lehnt er die „römisch gedachte" Religion ab. Andererseits steht es uns frei, Philosophie und Religion so offen zu fassen, daß sie Heideggers Denken und sein „Warten auf Gott"[56] in der Dimension des Heiligen miteinbegreifen.
Nochmals D. Sinn: „Das Heilige öffnet und verschließt sich demnach in dem selben Sinne, wie Sein sich entbirgt und verbirgt [gemäß E 139, N II 394], mit dem Unterschied jedoch, daß Sein die Mehrdimensionalität selbst ist und für alles (Geviert) gilt, das Heilige dagegen als eine Dimension nur für das Viertel der Göttlichen."[57] – Von der nicht ganz glück-

[53] Vgl. F. W. v. Herrmann, 210 ff.
[54] Sinn 153 f. nach einer Notiz Heideggers (vgl. Sinn 85 Anm. 5). Dabei haben wir, nach dem Vorgang von „Der Satz v. Grund" 93 f., „Was heißt Denken?" 111, 114 u. ö. das eingeklammerte „ist" vor den Doppelpunkten ausgelassen.
[55] Sinn 157.
[56] Heidegger (in: Partisan Review, April 1948, 511) nach: H. Kuhn, Begegnung mit dem Nichts 151.
[57] Sinn 157.

lichen Ausdrucksweise sehen wir ab; Sinn selber hat zur Genüge deutlich gemacht, daß keines der „Viertel" vereinzelt für sich genommen werden darf. „Das Heilige öffnet sich den Menschen und den Göttern zumal" (E 139) und verwandelt darin auch das Zueinander von Himmel und Erde. Im Spiegelspiel spiegeln stets alle Dimensionen ineinander. Aber genügt es auch nach dieser Klärung, das Heilige als eine der vier Dimensionen zu nehmen, statt (wenn vielleicht auch unter bestimmter Rücksicht) als *die* „Dimension" der Vierung und ihres Ereignens selbst? Ist die Lichtung, und das heißt „dichterisch gesprochen das *Heilige*"[58], nicht solcherart Dimension der Dimensionen?

Nur in diesem vollen Sinn wohl ist, was der Denker als Sein denkt, dasselbe wie das, was der Dichter als das Heilige sagt.[59]

Gleichwohl steht unbestreitbar das Heilige in besonderer Nähe zum Göttlichen, den Göttlichen, den Göttern, dem Gott. Sind vielleicht zwei Weisen der Rede vom Heiligen zu unterscheiden, metaphysisch gesprochen: eine kategorial-dimensionale und eine transzendentale, von Heidegger her eine geviert-(bzw. „viertel"-)dimensionale und eine ereignis-(gesamt-)dimensionale?

Jedenfalls stellt sich erneut unsere Frage nach den Göttlichen. Vielleicht darf man sie als das verstehen, was bei M. Eliade „Epiphanie" heißt. Je nach dem Bezugsrahmen dessen, dem sie begegnen, werden sie Götter, Dämonen, Engel[60] (vielleicht gar Heilige[61]) genannt.

---

[58] B. Allemann 122.
[59] Vgl. B. Allemann 123: „Es darf wohl gesagt werden, daß sich in ihm [dem Geviert], dem Spiegel-Spiel der einigen Vier: Himmel und Erde, der Göttlichen und Sterblichen, die Lichtung des Seins und die Dimension des Heiligen zusammenfinden ... in diese[m] Gebilde von letzter Einfachheit, das die Erfahrung der Dimension des Heiligen wie der Lichtung des Seins, den dichterischen und den denkerischen Bezug in sich aufgenommen hat."
[60] Vgl. E 19 zu Hölderlins Ersetzung der „Götter (des Jahres, des Hauses)" durch „Engel": „Sind in der späteren Fassung die Götter zu bloßen Engeln herabgesetzt? Oder sind neben die Götter auch Engel getreten? Nein – sondern jetzt wird durch den Namen ‚die

Solche Begegnung geschieht erst in der Offenheit des Heiligen
überhaupt, d. h. des „Religiösen" im weitesten Sinn. Insofern hier Boten erscheinen, sagt sich in ihnen die Gottheit selber an; das heißt, in der Offenheit des Heiligen öffnet sich,
die Offenheit erfüllend, das Göttliche, das indes nun seinerseits als Offenheit bezeichnet werden muß: für die verschiedenen möglichen Weisen seines konkreten Sich-Zeigens.
Dabei entspricht den Graden dieser Offenbarung in ihrer
dynamischen Stufung eine Steigerung in der „Gegen-Wesentlichkeit" dieser Unverborgenheit, derzufolge die höchste Offenbarkeit Gottes (und „nicht erst Er selbst") im reinsten
Sinn Geheimnis ist (VA 197).
D. Sinn macht hierzu die wichtige Bemerkung, daß gemäß
der „Kehre" von Heideggers Denken die konkrete Bestimmung des Gevierts und seiner Verhältnisse nicht mehr phänomenologisch evident zu machen sei.[62] — Allerdings war schon
wiederholt von Heideggers spezifischem Phänomenologiebegriff die Rede. Ungeschichtliche Wesensverhalte lassen sich
hier freilich nicht evident machen (schon für diese Evidenz indes verlangte man das methodisch-kritisch unvoreingenommene Sich-Einlassen auf das Begegnende). Andererseits appelliert doch Heidegger durch die Veröffentlichung seiner Gedanken an die einstimmende Erfahrung von derart sich Zeigendem beim Leser.
Daß dieses Erfahren wie seine Selbstaussage von Erfahrung
zu Erfahrung differiert, ist im Gang der bisherigen Referate
deutlich geworden. Es tut dies – subtilerer Differenzierung im
Göttlichen selber voraus – bereits als Als-Erfahren. Scheint
doch im Erfahren von etwas *als* diesem die Grunddifferenzierung zu liegen (wenn sie auch nicht, wie Hegels Erfassen
von „Etwas als dieses und nichts anderes", auf absolute Of-

Engel' das Wesen der sonst so genannten ‚Götter' reiner gesagt."
Das Eigenste der Götter besteht im Engelhaften des „Grüßens".
[61] Dies nicht so sehr im Fall der vom Heiligen erfüllten Sterblichen,
der lebenden Heiligen, sondern vor allem bei deren „Erscheinungen" (siehe bes. die zahlreichen Marienvisionen). – Vgl. R. Egenter, Das Heilige und die Heiligen.
[62] Sinn 159.

fenheit, sondern zuletzt auf das Geheimnis als Geheimnis abzielt).⁶³ Etwas wird aber *als* etwas ausgelegt in der Sprache.⁶⁴

Scheler stellte darum dem Denken und Sprechen über Gott die wertfühlende Liebe voran.⁶⁵ Aber auch diese ist in den verschiedenen Menschen doch eher als selbe denn als gleiche gegeben. Mit anderen Worten: wenn hier Übereinkunft möglich sein soll, muß sie es *in* Differenz sein, und als Übereinkunft gerade der Differenten. Dann aber ist es gerade der Bereich ursprünglicher Unterscheidung, der sich als Ort möglicher Einstimmung zeigt. – Artikulieren sich die verschiedenen Als-Erfahrungen in der Sprache, dann kann sich offenbar auch nur in ihr ein Zusammenklang der „Urworte" ergeben.

Wenn also irgendwo, dann kann es nur hier einen Aufweis des von Heidegger Gedachten geben. Und wie dieses Kapitel mit der Sprache begann (Das Heilige als *Wort* des *Dichters),* wenn auch nicht „thematisch" mit ihr *als* solcher, so mündet es jetzt⁶⁶ bei der ausdrücklichen Besinnung auf sie als die „Gegend" für das Erfahren und Denken des Heiligen.

Das zitierte Wort von dem Geheimnis der Offenbarkeit Gottes selbst stammt aus dem Vortrag „Dichterisch wohnet der Mensch" von 1951. Dichten wird hier im Verständnis Hölderlins als Ermessen gedacht, als Erblicken und übernehmendes Annehmen des Maßes, als „Kommen-lassen des Zu-Gemessenen" (VA 199).

---

⁶³ Insofern bleibt F. Wiplinger wohl unter dem erreichten Frage-Niveau, wenn er derart für die Ursprungs-Einheit eintritt, daß er nicht einmal den Plural „Urworte" zulassen will (Ursprüngliche Spracherfahrung und metaphysische Sprachdeutung, in: O. Loretz/ W. Strolz [Hrsg.], Die hermeneutische Frage in der Theologie, Freiburg 1968, 21–85, 66 ff.).
⁶⁴ So jedenfalls für den späteren Heidegger. Wir verzichten auf eine Behandlung seiner „Als"-Auslegung in SuZ (bes. §§ 32, 33), die von einer eingeschränkteren Sprachauffassung bestimmt zu sein scheint (vgl. W. Müller-Lauter 57 ff.; dagegen: I. Bock 17 ff.).
⁶⁵ Siehe oben S. 59 f.
⁶⁶ Wie auch D. Sinns Analyse von Heideggers Spätphilosophie bei seinem Sprachdenken mündet.

„Was ist das Maß für das Dichten? Die Gottheit; also Gott? Wer ist der Gott? Vielleicht ist diese Frage zu schwer für den Menschen und zu voreilig. Fragen wir darum zuvor, was von Gott zu sagen sei. Fragen wir erst nur: Was ist Gott?" (VA 199). Und Heidegger antwortet: Das Fremde in der vertrauten Erscheinung des Himmels, das Unsichtbare in seiner Sichtbarkeit, die dunkle Tiefe, deren Farbe sein lichtes Blau in Wahrheit ist (VA 200 f.), also das Geheimnis.

„Der Gott west nur an, indem er sich verbirgt", heißt es zu denselben Versen Hölderlins („Was ist Gott?") in dem späteren Vortrag „Hölderlins Erde und Himmel".[67] So ist er selbst nicht sichtbar, wird es nur in dem, das ihn verbirgt: „Der Gedanke, den das Dichten des Sängers bildet, gehört dem heiligen Bilde, d. h. dem Anblick des Heiligen, das den Gott verbirgt." Der Dichter sagt also nicht so sehr, was er sieht, als daß er „die Stimme des Gottes" vernimmt.[68] „Dichten heißt: nach-sagen ... Dichten ist, bevor es ein Sagen im Sinne des Aussprechens wird, seine längste Zeit erst ein Hören" (Sp 70).

Was nach Allemann[69], Ott[70], Marx[71] und Pöggeler[72] I. Bock und D. Sinn[73] über die Sprache bei Heidegger verdeutlicht haben, braucht hier nicht noch einmal dargestellt zu werden.

Wir fragen nur im Hinblick auf das Heilige (im Geviert). Das Geviert wird vom Ding eröffnet, das Ding aber zum Ding „bedingt" durch das Wort (Sp 232). Diese Nennkraft des Wortes, aus dem Sichsagenlassen (Sp 180) stammend, ist vor allem dem Dichter gegeben, aus dem Auffangen der Winke des Göttlichen (E 42). Aber sie macht den Reichtum und das Wesen von Sprache überhaupt aus; Sprache überhaupt hält den Bereich, in dem das Heilige erscheinen kann,

---

[67] Im Hölderlin-Jahrbuch 30.
[68] Ebd. 30 f.
[69] Allemann, bes. 108 ff.
[70] Ott, bes. 176 ff.
[71] W. Marx, bes. 203 ff., 229 ff.
[72] Pöggeler, bes. 268 ff.
[73] Sinn, bes. 161 ff.

offen.[74] Insofern ist die Sprache „die Sage des Weltgeviertes" (Sp 215); dies aber – in den gesprochenen Lauten, die sie braucht, um hörbar zu werden – „als das Geläut der Stille" (Sp 30).

Dürfen wir diese Stille das Heilige nennen? Den Ausdruck braucht Heidegger in dem Vortrag „Die Sprache" von 1950, in der Besinnung auf Trakls Gedicht „Ein Winterabend". Der zweite Aufsatz des Sprachbuches, ausdrücklich eine Erörterung des (in seinen geschriebenen Gedichten zu erörternden ungeschriebenen) Gedichtes Trakls, spricht von der hellen (der hellenden) Bläue. Und diese Bläue der Nacht ist wahrlich „kein Bild für den Sinn des Heiligen. Die Bläue selber ist ob ihrer versammelnden, in der Verhüllung erst scheinenden Tiefe das Heilige" (Sp 44)[75]. Das heißt, sie ist hier und jetzt das Heilige, oder richtiger: das Heilige ist sie. Sie ist also eine Weise, wie das Heilige sich zeigt; aber in der es *sich* und in seinem jetzigen (An-)Wesen sein (gleichwohl unverrechenbares) „Wesen" überhaupt zeigt. In solch scheinender Stille ist das Heilige, mit einem andern Wort Trakls, Gottes Wind.[76] Es ist das Sanfte.

Damit scheint sich nun die Zweideutigkeit zu lösen, die früher die Rede vom Grimm in das Heilige selbst hineintrug. Das Heilige ist das Sanfte, während das Böse die Zügellosigkeit des Aufruhrs, die Zerstörung der Sammlung bedeutet (Sp 60). Als Wind und Sanftheit aber ist das Heilige jenes, das sich

---

[74] Hebel der Hausfreund 38.
[75] Vielleicht wird an einer solchen Stelle unmittelbar deutlich, was es mit der Prüfbarkeit solcher Aussagen des „späten" Heidegger auf sich hat. Die Strenge solchen Redens als Strenge im Spiel (vgl. Sp 121). Prüfung vom Ereignis her und allein aus ihm, ob das Denken dem Ereignis entspricht oder nicht. Das Denken wird demnach auf seine Verbindlichkeit in der Weise befragt, daß es „in der Erfahrung des Ereignisses selbst, also innerhalb der Verbindlichkeit, auf die Probe gestellt" wird (Sinn 178 Anm. 193).
[76] Vgl. Sp 141: Iki als „das Wehen der Stille des leuchtenden Entzückens". Ein Wort, das unmittelbar an das „Säuseln des Windes" denken läßt, in dem Elias Gott erfährt (3 Kg 19, 9–13). M. Buber übersetzt diesen Ausdruck mit „Stimme verschwebenden Schweigens".

einzig im Entzug gewährt. Die Heiligkeit der nächtlichen Bläue „leuchtet dem Anlitz der Seele entgegen, indem sie sich in ihre eigene Tiefe entzieht" (Sp 64). Eben darin jedoch, daß sein Erscheinen „das Anschauen in das Fügsame verweist" (65), in den Verzicht, „stillt [das Heilige] als der Geist des Sanften zugleich den Geist des Bösen" (Sp 67). Weder durch Bejahung noch durch vernichtende Verneinung, sondern verwandelnd.

Das klingt, wie gesagt, anders als die frühere Rede vom Grimmen und vom Nichts. So andeutend alles bleibt, scheint die Rede vom Heiligen sich doch erst so einer möglichen Dialektik des Bösen entwunden zu haben, eben in die Fraglosigkeit des wahrhaft Heiligen hinein, das im „verschwebenden Schweigen" der Bläue erscheint. (Dieser Fortgang entspricht wohl jenem von der Sentenz „Das Fragen ist die Frömmigkeit des Denkens"[77], in der noch – und nicht geringer – Zugriff herrscht, zu der Frömmigkeit des ins Hören gerufenen Nachsagens,[78] die in Trakls Gedicht und in Heideggers Auslegung Wort wird.[79])

Daß sich mit der Zuwendung zu Trakl die Erwartung, das „Noch nicht", der Hölderlin-Erläuterungen nicht etwa in ein verzichtendes Nicht-mehr verloren hat, dürfte ohne weiteres vernehmbar werden. (Hier wie dort fragen wir ja nicht nach der philologischen Vertretbarkeit der Heideggerschen Interpretation, sondern nach dieser selbst). Heidegger sieht in den Abend- und Abschiedstexten Trakls, in dem hier beschworenen Untergang den „Übergang in den Anfang der in ihm verborgenen Frühe" (Sp 77).[80]

Dieser Übergang, das Unterwegs steht programmatisch im Titel des Sammelbandes. Und nach dem Gespräch mit dem

---

[77] VA 44.
[78] Sp 70.
[79] Sp 175 f. Und für die Diskussion von Heideggers Gottesverhältnis oder gar seiner Christlichkeit, die wir bewußt vermeiden, wäre ebenso zu bedenken, was er zu Trakls Christlichkeit bemerkt (Sp 75 f.).
[80] Die Leitzeile des Aufsatzes: „Es ist die Seele ein Fremdes auf Erden", steht in der Dichtung „Frühling der Seele".

Japaner, einem Hin und Wider zwischen zwei Grunderfahrungen der Sprache, sind unter der Überschrift „Das Wesen der Sprache" drei Vorträge von 1957 abgedruckt, in denen „Weg" ein Grundwort bildet. Weg nicht als Verbindung zweier Punkte, sondern als Eröffnung eines Zueinander, als eine Beziehung, die nicht von dem her, zwischen dem sie waltet, sondern von sich selbst her gesehen und gedacht werden muß (Sp 188). „Vielleicht verbirgt sich im Wort ‚Weg', Tao, das Geheimnis aller Geheimnisse des denkenden Sagens, falls wir diese Namen in ihr Ungesprochenes zurückkehren lassen und dieses Lassen vermögen" (Sp 198).

Weg als Gelangen-lassen, in das was „be-langt", wobei Heidegger den „Be-lang" in ähnlicher Weise denkt, wie wir bei Tillich das Wort vom „ultimate concern" (dem, was uns unbedingt betrifft) gefunden haben (Sp 197). „Weg", als Eröffnung und Sammlung, entspricht so offenbar tatsächlich den Grundworten „Vernunft" und „Logos", womit man das Tao hat übersetzen wollen, wenn man nur diese Wörter ebenfalls mit Heideggers Sinngebung liest. Dann aber dürfte „Weg" ein anderer Name für die Nähe sein, also seinerseits ein Name für das Heilige: als die Eröffnung der Nachbarschaft, des „Gegen-einander-über", von Erde und Himmel, Gott und Mensch (Sp 210 f.).

Dies alles nicht als statisches Verhältnis, sondern als Geschehen gesehen, heißt schließlich das Weltspiel, darin wird Weg als „Wëgung" (Sp. 197 f.), d. h. Eröffnung von Weg, zur Nähe als „Nahnis", das heißt (in der Wahrung der Ferne) zu nähernder Nähe. „Sollte die Be-wëgung selber das Ereignis der Stille heißen?" (Sp 214).

Dieses Versammeln und Be-wëgen geschieht für Heidegger in der Sprache, genauer: im „Geläut der Stille", das ihr Wesen ausmacht und das er (mit einem freilich ebenfalls dem Mißverständnis ausgesetzten Wort — Sp 145) die Sage nennt. Darin liegt das Geheimnis des Wortes. „Als Geheimnis bleibt es das Ferne, als erfahrenes Geheimnis [man könnte sagen: *als* Geheimnis] ist das Ferne nah" (Sp 236).

Der Dichter nennt das Heilige. „Indem wir das Gedicht hören, denken wir dem Dichten nach. Auf solche Weise *ist:* Dichten und Denken" (Sp 237). Dieses Sagen hören, diesen Aufgang, das (unfeststellbare) Anwesen (geschichtlicher: das Anwähren[81]) des Sagens und des Gesagten denken heißt das Sein bedenken. So aber ist die frühere scheinbar eindeutige „Aufteilung" zwischen Dichter und Denker ins Unausdenkbare hinein überboten: „Alles sinnende Denken ist ein Dichten, alle Dichtung aber ein Denken. Beide gehören zueinander aus jenem Sagen, das sich schon dem Ungesagten zugesagt hat, weil es der Gedanke ist als der Dank" (Sp 267). (Ist der Dank aber nicht das Fest? Fest hinwieder ist das Fest des Heiligen.)

„Dem Einwand, daß solche Erwartung und Erfahrung nicht zum Inhalt und zur Enthüllungsweise der Philosophie gehört, wäre zu begegnen mit dem Hinweis, daß es keinen Grund geben kann, die aus dem Sein her gedachte ek-statische Offenheit der Existenz aus dem philosophischen Entwurf auszuklammern."[82]

Gleichwohl: Wie ist, was wir von Heidegger über das Heilige erfahren haben, zu verstehen? Im Gespräch über das Denken sagt zu einer ähnlichen Frage der „Lehrer": „Ich verstehe es auch nicht, wenn Sie mit ‚verstehen' das Vermögen meinen, Angebotenes so vorzustellen, daß es im Bekannten gleichsam untergestellt und dadurch gesichert ist; denn auch mir fehlt das Bekannte, worin ich das, was ich über das Offene als Gegend [= das Heilige als „aufgeräumtes" Einräu-

---

[81] Identität und Differenz 62.
[82] G. Siewerth, Das Schicksal der Metaphysik 432 Anm. 2. Er fährt fort: „Kann man aber nicht die ‚Göttlichen' und ihre ‚Winke' aus vorgängig offenbaren Gründen oder ‚Prinzipien' aufweisen oder sichtbar machen, so eröffnet die ‚Lichtung der Wahrheit' doch das ‚Wunderbare' des Seins in solcher undurchdringlichen Tiefe, daß es keinen Grund gibt, diese ‚geschick-lichen' Numina, so sie durch den Rang der Aussage und ihre dichterische Begeisterung glaubwürdig bezeugt werden, abzuweisen und nicht als Erfahrung der menschlichen Existenz ehrfürchtig zu würdigen. Immer wenn sich dem Menschen das Unableitbare, Wunderbare enthüllt, erfährt er auch ‚Göttliches', das aus der Höhe der Lichtung der Wahrheit niederwinkt."

men des Bezugs] zu sagen versuchte, unterbringen könnte."[83]
Darum, weil erst diese „Gegend" alles Unterbringen ermöglicht. „Aber nicht nur dies." Gegend ist das gleichsam ereignislose „versammelnde Zurückbergen zum weiten Beruhen in der Weile" (G 42). Eine Bestimmung, von der man sagen möchte, in ihr sei „Landschaft" auf den Begriff gebracht (wobei „Begriff" dann allerdings nicht rational-abstrahierende Definition, sondern die ihr zugrundeliegende intellektuale Wesenserhellung besagt). Eben als solche Durchlichtung wird die Bestimmung aber zur „symbolischen" Aussage, in dem gefüllten Sinn, den dieser Begriff bei Scheler und Tillich besaß. Sie spricht von der Landschaft und läßt sie durch ihre prägnante Nennkraft ebenso gegenwärtig werden, wie es anders die Sprache des Dichters vermag. Solche Gegenwart jedoch gibt sich so, daß sich „mehr" in ihr gibt. In der Gegend zeigt sich zumal und zuvor, was die Gesprächspartner mit der älteren Wortform die Gegnet nennen, um ihre strikte Einzigkeit zu wahren. Und von „beiden", von der Landschaft wie von der Gegnet „in" ihr[84] gilt: „Soviel glaube ich zu sehen, daß die Gegnet sich eher zurückzieht, als daß sie uns entgegenkommt..." (G 42).
Gerade so aber gewährt sie sich offenbar dem, der sie als solche (G 51) „sein läßt" – in einem Denken, das der „Forscher" als „das In-die-Nähe-kommen zum Fernen" bestimmt (G 45). Sie gewährt vor allem dieses Denken, also das Sein-Lassen ihrer, selbst. (Sie „vergegnet" es, sagt Heidegger, um deutlich zu machen, daß dieses Gewähren „weder ein kausaler Wirkungszusammenhang, noch das horizontal-transzendentale Verhältnis" ist; daß die Beziehung, „falls sie überhaupt

---

[83] Gelassenheit (= G) 40.
[84] „In" meint hier jenes „symbolische" Verhältnis, das E. Przywara (vielleicht noch zu dialektisch) als „In-über" gefaßt hat, um so die Hoheit und das tragende Umgreifen dieses „Inseits" anzusprechen, denen zufolge man nicht weniger im Gegensinn vom „in" der Landschaft in der Gegnet reden muß (vgl. z. B. K. Kremer, Gott und Welt in der klassischen Metaphysik. Vom Sein der ‚Dinge' in Gott, Stuttgart 1969).

noch eine Beziehung ist, ... weder als ontische noch als ontologische gedacht werden [kann]" – G 55.)

In dieser Doppelung von Entzug und Gewährung erscheint so noch einmal, nun ganz in die ruhende Stille der Gelassenheit gesammelt, das berühmte Begriffspaar Rudolf Ottos. So zeigt in der Gegnet sich das Heilige, in dem Zumal der Aspekte, die G. Siewerth wie folgt zusammengefaßt hat[85]: „das Reichste an gewährender Zuneigung, das Weiteste an waltender Eröffnung, das Innigste an einfältiger Versammlung, das Tiefste an herz-erschließender Begeisterung, das Hellste an strahlender Auflichtung und das Höchste an entrückender Übersteigung."

Hineingenommen in das „nüchterne Schwärmen" (G 63) solchen Gesprächs um die Gelassenheit zum (und im vorhinein: vom) Heiligen, verzichtet man auf die erneute Diskussion von Heideggers Sicht des abendländischen Denkens. Die Diskussion des Themas „Martin Heidegger und die Frage nach Gott"[86], „Die Gottesfrage im Denken Heideggers"[87] oder ähnlich[88] übersteigt den Rahmen dieser Studien. Einer kurzschlüssigen Kritik gegenüber sei hier nur noch einmal Gustav Siewerth zitiert, dessen Distanz zu Heidegger auch jene anerkennen dürften, die glauben, hier gegenüber B. Welte und M. Müller[89] Vorbehalte anmelden zu sollen: „Dem methodischen Gang der thomistischen Gottesbeweise gemäß muß ja Gott im ‚Wort' ursprünglicher genannt werden, als er im ‚Erweis' in seinem Dasein erhärtet werden kann. Nach Thomas geht dieser Erhärtung das ‚Gleichnis' Gottes im Sein und den Seienden voraus ... Wenn wir nun das unmittelbarste Gleichnis Gottes in dem aus dem Sein erfahrbaren Heiligen

---

[85] Das Schicksal der Metaphysik 418.
[86] G. Siewerth, Grundfragen der Philosophie 245–259.
[87] B. Welte, Auf der Spur des Ewigen 262–276.
[88] Vgl. J. B. Lotz, Das Sein selbst und das subsistierende Sein nach Thomas von Aquin, in: G. Neske (Hrsg.), Martin Heidegger zum 70. Geburtstag 180–194; ders., Sein und Existenz 97–242; die Sammelbände von G. Noller und J. M. Robinson/J. B. Cobb.
[89] Siehe bes.: Seinsdenken – ontotheologische Metaphysik – christliche Theologie und metaphysischer Atheismus oder Heidegger und das Gottesproblem, in: Existenzphilosophie 63–72.

sehen, im Höchsten und Waltenden des lichtenden Seins die
‚Gottheit' (die nach Heidegger erst aufgehellt werden müssen, um ‚Gott nennen zu können'), so stehen Heideggers Forderungen in der Ebene seiner Seinsdeutung offenbar in einem
gewissen Einklang mit der inneren Stufung des thomistischen
Beweisganges."[90]

Mit dem eigentlichen „Beweisgang" haben wir uns, wie gesagt, hier nicht zu befassen. Die Mißverständnisse, denen sich
Heidegger in dieser Frage vor allem seitens katholischer Autoren ausgesetzt sah, sind zwar nicht schlechthin Vergangenheit, aber doch erheblich seltener geworden. Man hat erkannt,
daß etwa der Hinblick, in dem Heidegger von ‚Geworfenheit'
spricht, die Frage nach einem ‚Werfer' legitimerweise ausläßt.[91]

Gleichwohl bleibt diese Frage und damit die nach der Legitimität des Heideggerschen Hinblicks, insofern er sich, wenn
schon nicht als ausschließlich, so doch als „wesentlich" und
„*fundierend*" versteht.[92] – Heidegger will nur von dem reden, was er erfährt. „Ob aber das Sein in seiner Reziprozität

---

[90] Schicksal der Metaphysik 416.
[91] Freilich wandelt sich mit der „Kehre" auch die Weise dieser Auslassung. Im Humanismusbrief heißt es, der Mensch sei „vielmehr vom Sein selbst in die Wahrheit des Seins ‚geworfen'" (W 161), das „Werfende im Entwerfen" sei „das Sein selbst" (W 168).
[92] Vgl. so zu der entsprechenden „Formalisierung" des Gewissens und seines Rufes: H. Kuhn, Begegnung mit dem Sein 88–100, sowie die Monographie Hollenbachs. Die Frage scheint mir auch nach der klärenden Antwort Heideggers offen zu bleiben, die M. Müller aus einer Seminar-Diskussion berichtet: „daß der Begriff des ‚Schuldigseins des Daseins' in ‚Sein und Zeit' (sowie der von ihm verwendete Begriff der ‚Schuld' überhaupt) seine ‚volle Qualifikation' nur auf der religiös-christlichen Ebene habe, aber dennoch ‚formalanalog' in der Struktur eines jeden (geschichtlichen) Daseins seine Entsprechung finde und dann in dessen Selbstinterpretation Verwendung finden dürfe" (M. Müller, Zur Problematik eines „christlichen Menschenbildes", in: K. Färber (Hrsg.), Krise der Kirche – Chance des Glaubens. Die „Kleine Herde" heute und morgen, Frankfurt 1968, 185–216, 199). Es wäre nämlich zu klären, welche Momente erhalten bleiben müssen, um – wenn auch noch so „formal-analog" – dasselbe (eben Schuldigsein und Schuld) finden zu lassen.

mit dem Seienden die Erfahrung gleichsam schließt oder ob es gerade in dieser Reziprozität eine diese Reziprozität transzendierende ‚formale Anzeige' über sie hinaus noch enthält, eine Anzeige also in das von unserer Konstitution her anscheinend schlechthin Unerfahrbare: wie Heidegger hier denkt, das zu entscheiden ist nach dem, was bisher von Heidegger gesagt worden ist, sehr schwer, d. h. kaum möglich."[93] Aber läßt ein Denken wirklich alles offen, bzw. welche Qualität hat solches Offenlassen, wenn es unsere Erfahrung einzig „ontologisch" – unter Abweis aller „ontischen" Fragen – auslegen will?

„Sind denn [um auf unsere Fragestellung zu kommen] ‚Huld' und ‚Gunst' des Seins nicht nur feierliche Worte, wenn das ontologische Sein kein onto-theologisches Fundament hat, sei es in einer natürlichen Offenbarung der ‚lebendigreichen Schöne' eines sichtbaren Kosmos, oder in einer übernatürlichen und geschichtlichen Offenbarung eines unsichtbaren Gottes?".[94]

So ist es sicherlich bedenkenswert, wenn Löwith schreibt: „Was aber allem von Heidegger je Gesagten hintergründig zugrunde liegt und viele aufhorchen und hinhorchen läßt, ist ein Ungesagtes: das *religiöse Motiv,* das sich zwar vom christlichen Glauben abgelöst hat, aber gerade in seiner dogmatisch ungebundenen Unbestimmtheit um so mehr diejenigen anspricht, die nicht mehr gläubige Christen sind, aber doch religiös sein möchten ... Diese die Not der Zeit wenden sollende denkerische Frömmigkeit dürfte auch der wesentliche Grund für Heideggers breitere Wirksamkeit sein."[95]

In der Tat, das Verbot „ontischen" Fragens, die ständige Verdächtigung der Grund- und Warum-Frage, die Art der Bezugnahme auf das abendländische Denken bis hin zu dem Satz aus „Zeit und Sein", wonach die Metaphysik nicht ein-

---

[93] M. Müller, Existenzphilosophie 68 f.
[94] K. Löwith 32 (wobei wir das „oder" der Löwithschen Frage jetzt nicht diskutieren wollen). Entsprechend meint Löwith, daß die Verlautbarungen von Heideggers Epoché (bes. W 55 Anm. 56) „jetzt nicht mehr ausreichen" (90).
[95] A.a.O. 111.

mal mehr zu überwinden sei; es gelte, „vom Überwinden abzulassen und die Metaphysik sich selbst zu überlassen,[96] all das scheint eben für den, der bei Heidegger auf das Ungesagte im Gesagten zu achten gelernt hat, eine eigentümliche Gewolltheit zu offenbaren (eine Gewaltsamkeit, die sich übrigens, trotz des oben Gesagten, auch und gerade in seinem Reden vom Lassen noch nicht ganz verloren hat). Ist solche Absage wirklich voll legitimiert durch die unbestreitbare, nicht nur drohende, sondern immer auch eingetretene „Verdinglichung" von Schöpfer, Schöpfung, Gott-Welt-Bezug und so fort?

So bedenkenswert also Löwiths Frage ist, so bedenklich zugleich ist sie dennoch als Argument der Auseinandersetzung mit Heideggers Denken. Die möglichen privaten Motive seiner Rezeption interessieren hier ebensowenig wie seine eigene private Glaubenshaltung. Was nun seine Aussagen als solche angeht, so ist es gewiß übereilt, das Heilige und erst recht den göttlich(er)en Gott schon mit dem Vater Jesu Christi gleichzusetzen. Es scheint aber nicht minder verfehlt, wenn man, offenkundig aufgrund einer bestimmten dogmatisch-theologischen Position, diesen Gott in entschiedenen Gegensatz zum Gott der christlichen Verkündigung stellt als Welt-Gott und „Herrn der Welt" im Sinn des Johannes-Evangeliums.[97] Schließlich muß die Rede vom Heiligen nicht bloß eine Schwundstufe von Theo-logie (als vage „Theo-logie") sein. Das Heilige meint für uns ja nicht „einen neutralisierenden Sammelnamen für verschiedene Gestalten, in denen der höchste Ursprung je nachdem personal oder apersonal verstanden wird. Das Achten auf das Heilige sucht vielmehr jenen Raum oder jene Dimension, in denen dieser höchste Ursprung auf die ihm eigene, göttliche Weise aufzugehen und zu begegnen vermag."[98]

---

[96] Zur Sache des Denkens (= SD) 25.
[97] So H. Franz, Kerygma und Kunst und noch entschiedener in G. Nollers Sammelband 249–289.
[98] K. Hemmerle, Das Heilige 577 f. Dessen bedarf nicht nur, wer sich „vom christlichen Glauben abgelöst hat"; der Aspekt der „dogmatisch ungebundenen Unbestimmtheit" (Löwith) ist sekundär. Ge-

Konnte man „Sein und Zeit" so verstehen, als werde hier eine grundsätzliche Verschlossenheit des Daseins verkündet, die Erfahrung des Unheils (als Verlust von Gegenwart und Eigentlichkeit) ungeschichtlich allgemein behauptet, so erhält diese Behauptung später den historischen Index der „dürftigen Zeit". Damit wird die Aussage freilich nicht abgeschwächt, sondern im Gegenteil verschärft. Zugleich aber wird wohl erst so das Unheil in aller Schärfe *als* Unheil sichtbar, um so das Heile zu „spuren".

Heidegger hat gesagt, wie viel er dazu Hölderlin verdankt. „Es geht freilich nicht an, besonders im Hinblick auf die Geschichtlichkeit des Seins und des Daseins, die christlchen Wurzeln dieses Seinsgeschicks zu verschweigen und außer acht zu lassen, in welchem Maße die sich auszeugende, die ideeierende, die schöpferische, die inkarnierte und im Geiste heilige Gottheit Herz und Geist der Dichtenden und Denkenden [d. h. Hölderlins und jener, deren Sagen und Denken in seinem Werk mit- und „nachklingt"] zur ‚Innigkeit des Gegensätzlichsten' ermächtigte."[99]

Um die Hineinnahme dieses geschicklichen Bezugs, und so auch in etwa der „ontischen" Dimension, in das Seinsdenken Heideggers geht es offenbar Bernhard Welte und seinen Schülern.

---

rade eine dogmatische Theologie könnte ohne solche „dimensionale" Besinnung („Erörterung" würde Heidegger sagen) „aus der Offenbarung ein System richtiger Sätze gewinnen, die *in* ihrer Richtigkeit die wesenhafte und gemäße Begegnung mit dem göttlichen Gott und der Gnade seines Heils unerhellt ließen, ja zu überfremden drohten" (Hemmerle, ebd.).

[99] G. Siewerth, Das Schicksal der Metaphysik 426 Anm. 1. Vgl. K. Lehmann, Christliche Geschichtserfahrung und ontologische Frage beim jungen Heidegger, in Pöggelers Sammelband 140–168 (etwa Anm. 85).

7. Bernhard Welte und seine Schüler

Im Rahmen des *Dies universitatis* der Universität Freiburg hat Bernhard Welte im Winter 1948/49 fünf Vorlesungen über *Das Heilige in der Welt und das christliche Heil* gehalten.[1] Wir wollen von diesen Vorträgen ausgehen, um die Konzeption des Freiburger Lehrers und seiner Schule[2] darzustellen.

Vor-Verständnis des Heils

Welte setzt ein mit dem Hinweis auf den Ausfall des Heiligen in unserer Welt. Der Anfang von Vergils *Georgica* zeigt den „numinosen" Charakter der antiken Natur.[3] Es handelt sich dabei offenbar nicht um eine Gloriole aus unverbindlicher Stimmung heraus, sondern um einen sich zeigenden Charakter jener Welt selbst, so schwierig es ist, diese geheimnisvolle und doch durchaus bestimmte Qualität hinlänglich zu erfassen. Uns fehlt diese Dimension, und wird das weithin nicht oder doch ohne innere Beteiligung bemerkt, so stehen andererseits Hölderlin, Nietzsche und Heidegger für die Betroffenheit von „Gottes Fehl". Gerade die Unbetroffenheit kenn-

---

[1] Jetzt in: Auf der Spur des Ewigen (= SE) 113–151.
[2] Denn von einer „Schule" kann man, bis zum Sprachduktus hin, durchaus reden.
[3] Vgl. den klassischen Passus in Ciceros Rede De Haruspicum Responsis (Nr. 19): „Quam volumus licet, patres conscripti, ipsi nos amemus: tamen nec numero Hispanos, nec robore Gallos, nec calliditate Poenos, nec artibus Graecos, nec denique hoc ipso huius gentis ac terrae domestico nativoque sensu Italos ipsos ac Latinos, sed pietate ac religione atque hac una sapientia, quod deorum immortalium mumine omnia regi gubernarique perspeximus, omnes gentes nationesque superavimus."

zeichnet zudem den Ausfall; aber es kommt darauf an, eben von ihr betroffen zu werden: „Mangelt unserer Welt nicht wirklich der Glanz der seligen und gebietenden Höhe, der Reichtum der bergenden und befriedigenden Tiefe, die mit der Qualität des Heiligen verbunden zu sein scheinen ...?" (SE 116).

„Welt" meint dabei den einheitlich-umfassenden qualitativ bestimmten Raum möglicher Gegenwärtigkeit. Dieser Raum wandelt sich geschichtlich und ist darum als ungeschlossen zu fassen, d. h. als offen für die Ansätze solchen Wandels und darin offen auf kommende wie gewesene „Welten" hin. Aus dieser Offenheit erst kann ein bestimmter Entzug, der die Gegenwartsweise einer Welt prägt, als solcher erfahren werden. Damit ist er freilich nicht schon überwunden. Das Bewußtsein des Entzugs macht zwar ihn selbst gegenwärtig und bringt so in neuen Bezug zum Entzogenen; aber es darf sich deshalb keineswegs („dialektisch") als dessen Präsenz behaupten. Als eine Form von Präsenz, von Gegenwärtigkeit jedoch ist offenbar das Heilige zu bestimmen (gemäß der Berufungsvision des Jesaja [Js 6] oder Pascals Memorial). Deren Entzug ist zu wahren, aber auch möglicher Anzeigen ihres Sichgebens muß man gewahr werden können. Darum behandelt die zweite Vorlesung die *ontologischen Grundlagen des Heiligen*.

Welte betrachtet dazu „die Grundlagen der allgemeinsten Form unseres Seinsbewußtseins" (SE 123). Er sieht sie in der „scheinbar nichtssagenden Form: zu denken, was ist", die sich angesichts des Begegnenden die Gestalt der Frage nach Was, Wie und vor allem Warum gibt. Daß das Begegnende zur Frage herausfordert, macht seine *Frag*würdigkeit offenbar: Es genügt sich nicht selbst und verweist auf einen Grund seines fraglichen „Ist". Dieser Grund aber muß andererseits dem Bewußtsein schon inne sein, weil nur von ihm her die Fraglichkeit des Gegebenen als eine solche bewußt werden kann. Fraglichkeit und Grund sind hier freilich angemessen ursprünglich zu nehmen: Über aufstoßende Fragen innerhalb des Rahmens des Alltäglich-Selbstverständlichen hinaus zeigt sich der ernsten Besinnung die radikale Fraglichkeit von allem

schlechthin, zu Worte kommend in der Frage: „Warum nur ist überhaupt etwas?" (SE 127).
Wenn diese Frage alles erfaßt, was ist, dann kann ihr Maß nicht selber *sein.* „Eben, was *ist,* zeigt sich als abständig gegen es" (ebd.). Aber wäre es einfachhin nichts, so ergäbe es keinerlei Maß und Anhalt der Frage. Der Grund, auf den die Frage hier zielt, ist also im Sagen dessen, was ist, nicht mehr zu sagen (auch nicht durch Verneinung des „ist", weil er ebensowenig nicht[s] ist). Er ist „das unaussprechliche Geheimnis", das vollkommen Unvergleichliche: „superior summo meo" (SE 128). Dies aber gerade nicht als fernes Jenseits, sondern vielmehr als der innere Ursprung aller Äußerungen des Bewußtseins: als „interior intimo meo" (ebd.).
Diese Bestimmungen scheinen formal, aber sie meinen ein Qualitatives, insofern darin jeder Gedanke und der ihn Denkende selbst mit sich übereinkommt, als in dem Unberührbaren und Vertrautesten zumal. Und in diesem Zumal zeigt das Unfaßliche sich als das „hinreißendste Geheimnis", So „erkennt man: hier ist *Heiliges als Heiliges.* Hier erwächst uns die Phänomenalität dessen, was das Wort heilig je auszudrücken versucht hat." Die ontologische Besinnung trifft sich – und zwar „von innen her" – „mit dem contremui amore et horrore Augustins (Conf. VII 10,16) und vielen ähnlichen Zeugnissen" (SE 129).
Doch das Heilige, hieß es, ist eine Weise von Gegenwärtigkeit. Entweder ist seine Präsenz mit jener „Nähe" gegeben, die jetzt als die des Grundes von Welthaftigkeit überhaupt ontologisch gewonnen worden ist – was besagt dann die Rede von seinem Ausfall? Oder diese Rede hat recht – dann ist das Heilige damit doch noch nicht nach seinem ganzen Wesen, seiner ganzen Gegenwärtigkeit bestimmt.
Welte meint offensichtlich das zweite. Entsprechend trägt sein dritter Vortrag die Überschrift: „Die Erscheinung des Heiligen innerhalb der Welt". Den Mangel im Bisherigen, der zum Fortgang nötigt, sieht er darin, daß die Bestimmung des Heiligen durch Analyse gewonnen wurde, bzw. durch eine Synthese von Merkmalen, während es an sich nicht etwas Zusammengesetztes darstellt. Als es selbst ist es darum noch

nicht offenbar, wenn es „nicht auch irgendwo in sich selbst in diesem seinem Qualitativen" hervortritt (SE 131).

Welte findet nun dieses Hervortreten – wiederum zunächst prinzipiell ontologisch – im bisher unberücksichtigten positiven Aspekt der Fraglichkeit des Begegnenden, man könnte sagen: seiner Frag*würdigkeit*. Das fragliche Seiende *ist* nämlich trotz seiner Fraglichkeit und behauptet sich „in dieser seiner Positivität über alle Fraglichkeit hinaus" (SE 132). So aber ist in ihm auch sein nicht-seiender Grund in seiner Unfaßlichkeit nahe.[4]

Obzwar in allem nahe, ist dieser Ursprung dennoch in seiner Nähe verborgen. Insofern ist er nicht „gegenwärtig" (damit wird unser Zwischeneinwand beantwortet), wenn das Bewußtsein sich von ihm nicht treffen und betreffen läßt. Das Bewußtsein aber entzieht sich ihm, weil es, im Interesse am Seienden befangen, von dessen Urfraglichkeit absieht und darum auch deren immer schon geschehende Beantwortung nicht in acht nimmt. Ausfall des Heiligen sagt diese Achtlosigkeit der Verfestigung des Bewußtseins in sich.

Wie ist sie aufzubrechen? Die reinste Möglichkeit, der Einbruch des heiligen Geheimnisses selbst, ist unausdenkbar; ausdenkbar sind zwei andere Möglichkeiten, und sie skizziert dieser Vortrag im folgenden: einmal die Selbsteröffnung des Denkens in schweigender Sammlung, sodann das eröffnende Dicht- und Mächtigwerden des Seienden auf seinen „immer noch aller Verfügung sich entziehenden Gipfeln" (SE 135). Welte nennt zwei: Liebe und Tod. Die Liebenden sind daher, „sofern sie dies wesenhaft sind, einfach durch ihre Liebe fromm" (SE 135 f.). Ebenso gilt, und ebensowenig als bloß subjektive Zutat: „Heilig ist der Tod" (SE 136).

Ob freilich das Denken seine Sammlung und die genannten „Gipfel" ihre sammelnde Kraft von anderswo her als gerade vom sich gewährenden Heiligen her vermögen? So würden sich die beiden Möglichkeiten als Weisen der einen unaus-

---

[4] „ἑκατηβόλος, fernhintreffend, fern, und doch unbeirrbar da, treffend ins Herz, wie Homer es von dem heilig-strahlenden Apoll empfindet und in seiner – homerischen – Weise *sieht*" (SE 132).

denkbaren zeigen (und umgekehrt vollzöge diese sich, auch in ihrem reinsten Sichereignen, *in* den beiden Formen). Nicht zwischen den Möglichkeiten, sondern innerhalb ihrer verliefe dann die Grenze zwischen reiner und (noch) verdeckter Gegenwart. Daß jedenfalls Liebe und Tod, wie sie tatsächlich begegnen, diese Gegenwart nicht so rein und eindeutig gewähren, verhehlt Welte nicht.

Dieses Eingeständnis nötigt zu der Thematik der vierten Vorlesung: „Die Wesensdefizienz des Heiligen in der Welt".
– Das Heilige war als Maß und Grund der radikalen Frage „Warum ist überhaupt etwas und nicht nichts?" erschlossen worden. Aber damit ist die Frage und die in ihr aufgebrochene Fraglichkeit alles dessen, was ist, nicht erledigt. Zudem darf man nicht vergessen, daß diese Fraglichkeit als radikale nicht nur theoretisch, sondern ebenso und ernster (lebens-) „praktisch" gilt: als Fraglichkeit des *Sinns*, ohne welchen zuletzt das Dasein selber unvollziehbar würde.

Insofern Dasein in Praxis und Theorie sich faktisch vollzieht, setzt es darum den Sinn ja schon voraus. Daß diese faktische Voraussetzung des Sinns im ganzen, dessen, „was wir als das *Heil* bezeichnen dürfen" (SE 140), rechtens geschieht, wollte das Bisherige erweisen, indem es auf die Möglichkeit seiner realen Erfahrung, seiner als des Heiligen, hinwies.

Benennen und denken läßt sich indessen nur, was ist. Wäre das Heilige solches, fiele auch es unter die alles fraglich machende Frage des radikalen „Warum?". Das Denken des Heiligen muß also scheitern. – Dennoch versagt es nicht einfachhin; es kann nämlich auf eine äußerste Weise über sich hinaus, indem es *selbst* sich – sich übersteigend – negiert; d. h. „es kann denken: es ist undenkbar" (SE 141), und dies so, daß es „nicht in eine leere Negativität versinkt, vielmehr in die jede endliche Gestalt unter sich lassende Positivität des heiligen Seinsgrundes selber" (ebd.).

Damit ist nun – obwohl solches sich durchaus erfahren läßt – nicht doch ein positiver Anhalt gewonnen. Halten kann man sich daran gerade nicht. Es wird im Gegenteil deutlich, warum das Heilige als so ortlos und verschwindend in unserer Welt erscheint, wie vorhin zuzugeben war. Entweder tritt es näm-

lich in den „Schein einer bloßen Negativität" und sein Nicht-Sein wird als Nichtigkeit und Nicht-Sein verstanden, oder es wird als seiend vorgestellt und gedacht – um als derart „zusätzliches Bestandstück" der Welt jener Fraglichkeit zu verfallen, die von allem Seienden gilt[5] (SE 142).
Darum verbirgt das Heilige sich, gerade indem es in größerer Nähe erscheint. „Die hier erscheinende Defizienz gründet nicht in einem *zufälligen* Umstand, sondern auf dem *Wesen* des Verhältnisses zwischen dem Heiligen und der Welt" (SE 142).
Um erneut das Referat durch eine kritische Zwischenfrage zu unterbrechen: Handelt es sich bei diesem Satz um eine *disiunctio completa*? Wie steht es mit dem unzufälligen, unbeliebigen Geschick der je epochalen Gestalt des einen Wesensbezugs zwischen dem Heiligen und der Welt? Konkret: wie stellt sich von diesem Satz her die 1. Vorlesung Weltes dar? Wie das Verhältnis der antiken Numinosität zu unserer „unheiligen" Welt?[6]
Welte geht jetzt nicht auf diese Frage ein. Er weist zunächst nur die Meinung ab, man dürfe oder könne sich bei dieser Wesenseinsicht prinzipieller Defizienz beruhigen. Gleicherweise den subtileren Versuch, das Denken bei der Unruhe selbst: als der „konkrete[n] Gestalt der Negativität des Heiligen", beruhigen zu wollen (SE 143). Die geforderte Weise des Standes in diesem negativen Bezug, das heißt, des (Mit-)Vollzugs seiner, benennt Welte vielmehr mit den Grundworten „Erwartung" und „Hoffnung". Dem korrespondiert vom „unberührbar in sich weilenden Grunde" her das Wort „Gnade".

---

[5] Vgl. Kants berühmte Vorstellung des sich selbst befragenden ewigen Wesens (KrV A 613, B 641).
[6] In dieser Frage ist „Wesen" scholastisch gelesen, als essentia, – so wie es offenbar an dieser Stelle von Welte gemeint ist; aber die Frage würde nicht schon dadurch beantwortet, daß man „Wesen" hier mit Heidegger verbal läse. Dann wäre die Definition zwar „geschicklich"; aber kommt dieses Geschick nur einer oder einigen Epochen zu, bzw. inwiefern ist die „Antike" von ihm ausgenommen?

Hoffnung und Gnade in solchem Bezug bilden dann „die eigentliche Wahrheit des Menschen und seiner Welt" als „Advent" (SE 144).
So ist der Schlußvortrag überschrieben: „Die geschichtliche Erfüllung des Heiligen in der Welt".
Die geschilderte Not des Denkens und unseres Seinsvollzugs überhaupt sei kein Zufall, die darin erscheinende Grenze keine beliebige, sondern sie zeige „den wesenhaftesten und damit unaufhebbarsten Zug unserer ganzen Seinsverfassung an, unsere Endlichkeit", heißt es eingangs (SE 145).[7] Darum die immer neuen und wechselnden Aufschwünge in der Geschichte, die bei aller Verheißung doch über kurz oder lang ihr Scheitern erwartet.
Dennoch sind es Aufschwünge der Hoffnung, die aus allem Scheitern heraus immer von neuem beginnt. Und worauf geht (der Unaufhebbarkeit ihrer Endlichkeit eingedenk) diese Hoffnung? Das zu umschreiben ist das Thema dieses letzten Vortrags. Er will also vom Vor(be)griff der Hoffnung aus das Erhoffte in seinen Wesensumrissen bestimmen – freilich in klarem Bewußtsein seines *Gnaden*charakters und der „Vorläufigkeit" jedes derartigen Bestimmungsversuchs.
Zuerst: das Heilige wird *als* Heiliges erhofft, d. h. seine Nähe als eine solche der Unnahbarkeit, sein Heil als Überwältigung. Dies aber nicht als unwirkliche Traumerfüllung, sondern in Wirklichkeit. Insofern muß dieses Erscheinen sich geschichtlich ereignen, das heißt, weder bloß diesseits der Geschichte, in reiner Innerlichkeit, noch einfachhin jenseits.
Nun erscheint das Heilige je und je in der Geschichte, aber vieldeutig und verschwindend; und die Geschichte ist ihrerseits (eben darum) ein stetes Kommen und Gehen. In alldem

---

[7] Wieder drängt sich die zuvor gestellte Zwischenfrage auf. Inwieweit wird hier eine, sei es unbeliebige, sei es tatsächlich aus (freischuldhaftem) „Belieben" hervorgegangene *Gestalt* von Endlichkeit mit dieser selbst identifiziert? Wieweit droht hier also, was Theodor Haecker als *die* abendländische Irrung in unserer Frage namhaft gemacht hat: eine tragische Weltanschauung (vgl. Th. Haecker 32 ff.), d. h. die Tragisierung der Endlichkeit als solcher? Das wird später eigens zu erörtern sein.

„gravitiert" sie indes (SE 149) auf eine Gestalt hin, in der sie das erreicht, worauf alle geschichtlichen Entscheidungen aus sind (was auch Liebe und Tod ihren Rang gibt): Endgültigkeit. Dann ist allem Menschlichen das Heilige nahe, indem es „in *einem* Menschen ein für *alle* entscheidendes, verbindliches, tragendes Da" gewinnt (ebd.). – Damit übersteigt sich die philosophische Erwägung in die konkrete christliche Botschaft hinein.

Das ist nicht mehr unser Thema. Ergänzen wir vielmehr die referierte Skizze durch das, was Welte andernorts dazu dargelegt hat – und neben ihm, aus dem gemeinsamen Gespräch heraus, dann seine Schüler. Sammeln wir zunächst einfach Ergänzungen und Klärungen aus andern Texten Bernhard Weltes.

In einer Schrift von 1950 heißt es, wenn man die religiösen Phänomene subjektiv nimmt, so daß ihnen der volle Wirklichkeitscharakter mangelt, dann fehle „das Herzstück des Heiligen als Heiligen. Denn seit es Menschen gibt, wird das Heilige, wie immer es auch sonst gedacht werden mag, als das Wirklichste, Ernsteste, Verpflichtendste gedacht, vor dem alle profane Wirklichkeit auf die Seite zu treten hat, wenn es erscheint" (SE 300).

Hier sieht Welte den Mangel der Phänomenologie eines R. Otto, M. Scheler und ihrer Nachfolger. Die Forderung nach der gemäßen *Kategorialität* des Heiligen ist zureichend nur zu erfüllen, indem man zugleich der Forderung nach der *Rationalität* seiner Begründung nachkommt. Erst aus der Verbindung von beidem tritt jene *Existentialität* hervor, in der es den Menschen im Ernst einer jeweils konkreten Situation (rechtens) unabweisbar aus sich herausruft (SE 304).

Wir haben gesehen, in welcher Richtung Welte diese dreifache Aufgabe angeht: indem er aufzeigt, „daß die Vernunft an sich selbst das Organ des Heiligen ist, und die Stätte seiner Begegnung, in ihren Derivaten aber in die Vielfalt der profanen Kategorien führt", und daß die Charaktere des Heiligen hervortreten, „wenn die Vernunft in ihrem reinen Grund gedacht und vollzogen wird, [in] Sammlung, Einfalt und Stille" (SE 311).

Darin – aber auch noch („wie in umgekehrter Spiegelung") in der Verkehrung der Vernunft zur Selbstverfügung (aufgrund des „Gottes im Menschen") – zeigt sich „der mit dem Wesen des Heiligen zusammenhängende Charakter der Unantastbarkeit, der Unverfügbarkeit, der heiligen Entzogenheit und Absolutheit" (SE 278).

Nur zusammenhängend mit dem Wesen des Heiligen, nicht dieses selbst, ist dieser Charakter aber, weil in seinen formalen Bestimmtheiten deren qualitative Legitimation, ihr Ursprung nicht mitgesagt ist. Sein Formales wäre inhaltlich zu bestimmen, obwohl das die Sprache andererseits nicht vermag (vom Scheitern und der Negation war schon die Rede). Welte spricht so von der „einzigartige[n] Höhe des hier zu Denkenden", seiner „schlechthinnige[n] ontologische[n] Reinheit". „Das durch absolute Höhe, absoluten Rang und absolute Reinheit schlechthin [E]ntzogene und doch und zugleich uns selbst und das Ganze des Seins im Innersten Umfangende und uns in Schweigen und Andacht Angehende müssen wir das Heilige nennen. Das phänomenale Wesen des Heiligen als solchen liegt in den entscheidenden Grundzügen gerade in der Einheit der angedeuteten Charaktere" (SE 329).

Gerade von dem so umschriebenen Phänomen selbst her ergeht nun die Aufforderung, nicht bei ihm als solchem stehen zu bleiben. Der Fortgang zum noumenalen Wesen geschieht für Welte in den Gottesbeweisen. In ihrer üblichen Gestalt vollziehen sie sich allerdings außerhalb der Dimension des Heiligen. Eigentlich aber soll „das Denken im Verlauf des Ganges dieser Beweise und durch diesen Gang in die Grundgestalt geführt werde[n], die dem Denken des Heiligen als Heiligen entspricht", d. h. es soll selbst religiös werden. „Wenn der Beweis wirklich die Gotteswirklichkeit an dem ursprünglich für uns gegebenen Orte ihrer Zugänglichkeit aufzeigt, dann heißt dies doch offenbar, daß in ihm auch die Klärung der Erstgestalt des noumenalen Gehaltes der religiösen Grundbestimmung geschehen muß, in eins mit dem Aufweis der Wirklichkeit dieses Gehaltes" (SE 318).[8]

---

[8] In: Der Gottesbeweis und die Phänomenologie der Religion (SE 315–336). „Die Gottesbeweise müssen – dies wird hier zunächst

Solche ins Noumenale sich durchklärende Phänomenologie des Heiligen unternimmt B. Welte in der ein Jahr nach seinem Sammelband erschienen Untersuchung „Heilsverständnis". Deren Grundthese kann man so formulieren: Das *Selbst*verständnis des Menschen steht im Licht des *Seins*verständnisses, Verständnis des allbefassenden Seins aber ist Verständnis des *Heils,* das der Mensch erwartet. Den Umrissen der Vorzeichnung, des Vorverständnisses dieser Erwartung muß entsprechen, was sich uns als unser Heil zusprechen will, auch (und gerade dann) wenn es sie über-erfüllt.

Auch und gerade das Geheimnis muß – eben als Geheimnis – verstanden werden, um angenommen zu werden. Verstehen aber kann nur, wer sich selbst versteht. Sich selbst versteht der Mensch als ein Wesen, das vom Sein her allem eröffnet ist, was ist: das jeden Teilhorizont übersteigt, prinzipiell für nichts und keine Wirklichkeit blind ist und das zugleich doch sich *in* dieser bleibenden Offenheit jeweils geschichtlich-konkret bestimmt weiß. In diesem Zumal bilden Seinsoffenheit und Geschichtlichkeit die Grundgestalt menschlichen Selbstverständnisses.

Selbst- als Seinsverständnis, in dieser Doppelstruktur, ist weiterhin nun das Sichwissen eines Daseins in Welt. „Welt" als der „Raum" für Seins- und Selbstverstehen des Menschen ist nicht nur nicht die Sammlung aller Dinge (vielmehr deren und des Menschen „Horizont"; das Eine und Ganze, als das und wie er und sie da sind[9]), sondern entscheidend wird Welt

---

nur als ein sich ergebendes Desiderat ausgesprochen – nicht nur selbst im Phänomenbereich der Religion stehen, sondern sogar die von Husserl geforderte phänomenologische Klärung dieses Bereiches und seines Ursprunges mitleisten" (SE 318).

[9] Heilsverständnis (= HV) 71: „Welt, da für uns, wir, da in der Welt. Sein ist für uns zunächst als Weltdasein." Zu diesem in doppelter Richtung zu lesenden Ausdruck erklärt eine Anmerkung (71 f.): „Der Titel Weltdasein ist gebildet in Anlehnung an den Titel In-der-Welt-Sein, den Martin Heidegger in ‚Sein und Zeit' ... gebraucht. Aber natürlich ist unser Gedanke von einer anderen Hinsicht geleitet als der Gedanke Heideggers in ‚Sein und Zeit'. – Bei Thomas von Aquin entsprechen den dargelegten Verhältnissen [Mensch in *Welt,* Welt des *Menschen*] Satz*paare.* So wird einerseits

– über das *Faktum* des „Ich(Wir)-in-Welt" und „Welt-für-mich(uns)" hinaus – durch den Charakter der „Bedeutsamkeit" gekennzeichnet.

Diesen Begriff der Bedeutsamkeit wählt B. Welte zur Basis seiner noumenal gerichteten Phänomenologie des Heiligen. Er hat nicht sofort die zugespitzte Schärfe des „ultimate concern" P. Tillichs. Was hier „mich angeht", ist im weitesten Sinne genommen, bis hin zu jener Unauffälligkeit vagen Interesses, da das Leben „nur so dahingeht", gleichwohl ein unausgesprochenes „So wird's schon gut sein" voraussetzend (HV 74). Aber in diesem Grundcharakter des Weltdaseins tut sich eine eigentümliche Differenz auf, gerade an Erfahrungen konkreten Fehlens von Bedeutsamkeit: insofern die konkrete Situation erfahren wird von einem Grundbezug ursprünglicher, grundlegender Bedeutsamkeit her. Die Faktizität jeweiligen Lebens steht unter dem Maß eines „Wie es sein sollte" („in einem unspezifischen und nicht etwa ausschließlich ethischen Sinne" – HV 76).

In solchem Horizont und Maß für alles Seiende zeigt sich uns das Prinzip der Bedeutsamkeit überhaupt, den existenten Verhältnissen wie unserer Deutung ihrer voraus: „in einem Grunde, der früher ist als unser Gedanke und höher als alles faktisch uns Begegnende und Seiende unserer Welt" (HV 78). Doch es zeigt sich nicht an ihm selbst, sondern im Seienden unserer Welt. Nur insofern läßt sich von ihm reden, insofern aber ist es andererseits tatsächlich weiter zu bestimmen, über den Grundcharakter seiner Überseiendheit hinaus.

Vor allem ist dieses Prinzip – gerade als von allem Seienden verschieden – dessen bestimmende Bestimmung, eben *Prinzip* seiner (des Seienden) je eigenen Bedeutsamkeit. „Es ist schwer, hier nicht den platonischen Gedanken der μετοχή heranzuziehen" (HV 80). Dies vor allem angesichts der vom Prinzip her sich entfaltenden *Ordnung* von Bedeutsamkeit. Nicht

---

gesagt: (res) nata est animae coniungi et in anima esse ... S. th. I qu. 78 a. 1, andererseits aber auch: (anima) nata est convenire cum omni ente. Quaest. de ver. I, 1; vgl. M. Müller. Sein und Geist. Systematische Untersuchungen über Grundproblem und Aufbau mittelalterlicher Ontologie, Tübingen 1940, 64 und 138.

als besäße einzelnes in ihr die unveränderliche Stelle seines „Ortes"; aber als ganze ist sie unumkehrbar: „Gut", „vollkommen", „glücklich", „reich" stellen sich auf ihr Gegenteil hin niemals als gleichgültig dar – und zwar eben nicht bloß faktisch. „Der Richtungssinn der Ordnung der Bedeutsamkeit" (HV 84) geht auf eine Einheit von *Sinn*-Qualität.
„Sinn" hat Welte früher schon definiert als aktive Übereinkunft meiner mit meiner Welt und meiner Welt mit mir, meiner mit meinem Sein im Ganzen als Übereinkunft mit dem Seienden im Ganzen (SE 19–23). Und hier wie dort bezeichnet er als dessen vorzüglichen Ausdruck das Ja: „Ja, es ist gut" (HV 84). In der Vollständigkeit dieses Ja, in der sinnvollen Ganzheit ist der Sinn von Sein erfüllt und das Weltdasein heil. „Das Heil ist das sinnvolle, mit sich einige Ganze, dem nichts fehlt" (HV 85).
Von solcher Erfahrung (bzw. Erfahrungserwartung) her soll nun erneut das Prinzip dieses Heils in sich selbst befragt werden; denn, wenn auch nicht *an* ihm selber, zeigt es doch sich *selbst* im Seienden und in der Seinsübereinkunft. Es zeigt sich als das Allumfassende, da nicht nur alles Wirkliche, sondern auch alles Mögliche je schon vom Horizont seiner Bedeutsamkeit umgriffen ist. Als *Bedeutungs*horizont umfaßt es alles aber nicht bloß faktisch, gleichsam als Projektionsgrund oder indifferentes Behältnis; es umfaßt als allvereinend. Sinngefährdung irgendwo bedroht das Heil im ganzen. „Es zeigt sich eine Solidarität hinsichtlich der Bedeutsamkeit, die uns mit allem Seienden schlechthin verbindet" (HV 93).
Darin erscheint das Sinn-Prinzip als unendlich, das heißt, ohne Ende und Grenze, die ja über sich und es hinaus zu denken auffordern würden, als unvergänglich (von woher es dem Menschen stets und überall im Grunde auf Unvergänglichkeit ankommt) und als unbedingt. „Bedeutsamkeit", „Interesse" erhalten hier durch Trivialität und Versagen hindurch den Rang höchsten Ernstes. Unbedingter Anspruch einerseits, unbedingter Wille andererseits, ihm trotz aller gegenteiligen Erfahrungen zu entsprechen, „durchaus wahr, gut und glücklich sein zu wollen" (HV 100), geben dem Unbedingten als dem unveräußerlichen Maß des Menschen Zeugnis.

Derart Maß des Seienden, ist das Unbedingte selber „überseiend", darum unfaßbar, unausdenkbar und unaussprechlich. Es ist – indem es aus solcher Unfaßlichkeit her den Menschen „angeht" – *Geheimnis*. „Im Geheimnis allein kann er zuäußerst sein Heil geborgen wissen" (HV 104).
Das Geheimnis ist das Unsägliche. Dennoch weiß der von ihm Erfaßte sich verpflichtet dazu, von ihm zu reden und es weiter zu bedenken. Bei aller Unangemessenheit dieser Versuche ist das Bemühen um sie „unerläßlich, gerade um das Denken davor zu bewahren, im Unangemessenen hängen zu bleiben" (HV 105). In seinem eigenen Versuch einer Weiterbestimmung benennt Welte das Geheimnis als das Selbst- und Du-hafte, schließlich als freie Huld.
Der Name „Das Selbsthafte" meint zunächst: Das Geheimnis ist es selbst, nicht unser Begriff, auch nicht einfachhin die Grenze unseres Begreifens, so daß es auf diese äußerste Weise doch noch unser wäre. Als das Unbedingte waltet es in sich und aus sich selbst und geht erst so, nur so uns unbedingt an. Ist also das Geheimnis nicht eine (neuzeitlich verstandene) „Idee", dann besagt seine Selbsthaftigkeit die Selbst(be)gründung seiner. Welte nimmt die thomasische Bestimmung des „Ipsum Esse" auf, um das reine unbegrenzte Sich-selbst-gehören des Geheimnisses auszusagen, und faßt diesen Selbstbesitz in die verdoppelte Formel: „Das unendliche Geheimnis ist selbst es selbst" (HV 105).
So aber weist seine uns betreffende Entzogenheit das Denken „in die Nähe des Bereiches, in dem wir das Wort ‚Du' als das gemäße gebrauchen. Was darunter läge, wäre bei weitem zu leer und zu nichtig" (HV 106). Das sich entziehende Schweigen des Selbsthaften ist in der Tat keine Leere, sondern von einer unvergleichlichen Qualität, insofern aus ihm heraus, eben *in* seinem Schweigen, das Geheimnis uns „anspricht": in „lautlosem Anspruch" (ebd.). Auf diese positive Qualität von Anspruch und Verheißung aus dem Selbstsein hier zielt die Rede vom „Du-haften" im Geheimnis.
Sie führt zu der letzten Benennung, die das Zumal von Unfaßlichkeit und Nähe des Geheimnisses aussprechen will: der „freien Huld". Die Besinnung auf Erfahrungen des täg-

lichen Lebens zeigt, daß die Bedeutsamkeit wächst mit der „Außerordentlichkeit" des Begegnenden, mit seiner Unerwartbarkeit und Unerzwingbarkeit. Unser Heilsverständnis weist in die Sphäre der Freiheit. Eben so ist das Prinzip unseres Heils das Fernste: unerreichbar und nicht sicherbar, aber gerade und nur so das Nächste: das „einzig als Heil Verständliche: sofern es sich aus seinem Ursprung gewährt" (HV 114).

Damit ist das (erwartete) Heil aber als göttliches Heil verstanden. „Denn das unendliche, sich selbst gehörende duhafte, unverfügliche, alles bestimmende freie Geheimnis darf das Göttliche genannt werden" (HV 115).

Die Wörter „heilig", „das Heilige" sind in diesem schrittweisen Aufweis nicht begegnet. Aber was er zu verdeutlichen suchte, war nichts anderes als die Gestalt des Heiligen, dessen ontologische jedenfalls. (Weltes Analyse hat ja eine andere Absicht als unsere Arbeit. Es handelt sich nicht um eine Phänomenologie des Heiligen, sondern um eine „philosophische Untersuchung einiger Voraussetzungen zum Verständnis des Christentums".) Gleichwohl wird im folgenden das Heilige schließlich noch eigens genannt. Im Anschluß an den referierten Aufriß wendet sich Welte der tatsächlichen „Heilsdifferenz" in der Wirklichkeit des menschlichen Daseins zu. Nach allgemeinen Hinweisen bedenkt er ihre Artikulation in den ausgezeichneten Daseinsmomenten Tod und Schuld. Und in der Besinnung auf den Tod ist nach den Abschnitten „Tod als Sammlung in die Ganzheit und Einmaligkeit", „Tod als Negativität" ein dritter überschrieben „Der Tod und das Heilige" (HV 132 ff.).

Schon in der anfangs wiedergegebenen Vorlesungsreihe war ja der Tod als Erscheinungsort des Heiligen behandelt worden. Hier wie dort bleiben die Aussagen gegenüber dem philophischen Aufweis schlichter phänomenal. Welte schreibt, der Tod zeige, indem er verstummende Ehrfurcht heischt, die Nähe des Sacrum, des Heiligen, „am deutlichsten dort, wo es mit dem ihm nicht Gemäßen zusammenstößt und dieses als das Profane zum Vorschein bringt" (HV 133): Rede und erst recht Gerede, Verfügen über den Verstorbenen wie besserwissendes Urteilen. Der Tod reinigt und verklärt den Menschen, indem er, alle faßlichen Weisen des Heilseins verzehrend, „neue Möglichkeiten aus dem ganz Anderen als dem Numinosen" zuwinkt (HV 137).

Diese Aussagen bringen nichts Neues, Welte ist sich zudem der Mißverständlichkeit und der Mißbräuchlichkeit seiner Worte und der genannten Momente selbst bewußt, aber dieser Abschnitt bestätigt, daß zuvor vom Heiligen die Rede war, auch wenn es nicht genannt worden ist.

Das Heilige im Denken

Ein „Anwalt des Heiligen im Denken" wird Bernhard Welte von seinen Schülern in der Festgabe zu seinem 60. Geburtstag genannt, einem schmalen, doch gehaltreichen „opus tripartitum" mit dem Titel: „Besinnung auf das Heilige"[10]. Hier wird nochmals und ausdrücklich – vor allem in dem ersten und umfänglichsten Beitrag – das Heilige zum Thema: „Die Besinnung auf das Heilige geschieht ... dem Geiste Bernhard Weltes gemäß zunächst als Phänomenologie des Heiligen, die sein Verhältnis zum Denken zu bestimmen versucht, sodann als die Bergung des dem Heiligen zugewandten Denkens in seinen Ursprung, ins Gespräch, und schließlich als seine Öffnung in die Geschichtlichkeit, die ihm darin in sich selbst als Öffnung zum Heiligen widerfährt" (B 6).

„Das Heilige und das Denken" lautet der Titel von Klaus Hemmerles Abhandlung „zur philosophischen Phänomenologie des Heiligen". Es geht darum, das Heilige als Heiliges zu denken, das heißt, es als es selber aufgehen zu lassen, aber für das Denken; also so, „daß es dem Denken selbst in sich selbst, [das heißt] in seiner [des Denkens] Helle für sich selbst [nicht aufgrund der Betrachtung eines vom Denken verschiedenen religiösen Vollzuges] heilig sei, daß also das Denken selbst sich zum Heiligen als einem Heiligen verhalte" (B 11).

---

[10] B. Casper, K. Hemmerle, P. Hünermann, Besinnung auf das Heilige (= B) 5.

Wir werden so auf ausdrücklichste Weise vor die hermeneutische (bzw. „wissenschaftstheoretische") Frage auch unseres eigenen Unternehmens gestellt, die – schon im Titel dieses Buches mitgenannt – uns bisher mehr oder minder thematisch bei jedem befragten Autor begegnet ist. – In der Einführung war die Rede davon: Man könnte fordern, diese Problematik am Anfang unserer Studien erörtert zu finden. Gerade die hermeneutische Einsicht in die „Zirkelstruktur" des Verstehens rechtfertigt jedoch auch die von uns gewählte Reihenfolge. Bezeichnenderweise merkt Hemmerle an, seine Phänomenologie setze die Untersuchungen von Otto und Scheler voraus. (Zugleich macht er auf den Unterschied seiner Fragerichtung aufmerksam, insofern er sich dem Denken als solchem zuwendet.)

Die erste Frage solcher hermeneutischen Besinnung ist die nach dem Zugang zum Heiligen, oder noch umsichtiger: nach dem Zugang *des* Heiligen. Sie entfaltet sich nämlich zweifach: als Frage nach dem Zugang des Denkens als Denkens zum Heiligen wie dem des Heiligen als Heiligen zum Denken.

Dieser Zwiefalt wird ein einfaches Modell von Polar-Gegensätzlichkeit nicht gerecht. Schon vom Verhältnis „Denken – Sache des Denkens" überhaupt gilt ja, daß dieses Zueinander einerseits *im* Denken zu geschehen habe, wenn es für das Denken sein soll, andererseits – eben als solches – von der Sache her, soll diese mehr als ein bloß Ge- oder Erdachtes sein. Seine „unüberholbare Ursprünglichkeit" hat dieser verschränkte Bezug aber im „Andenken des Heiligen" (B 14).

Im Denken: Denken ist Denken des Anderen seiner als Denken dieses Denkens (das heißt, als Denken seiner als des Denkens des Andern). Hemmerle drückt diese Reflexions-Intentional-Struktur mit der Formel aus: „Das Insichsein des Denkens ist das Insichsein seines Übersichhinausseins" (B 16). – Hinaus über sich ist das Denken auf das, was ist. Indem es dies aber als ein solches erfaßt, holt es das Seiende in seinen Ausgriff ein, so daß es „unter die fassende, ortende, in der ortenden Fixierung entzaubernde, ‚unschädlich' machende Macht des Denkens gerät" (B 18). – Ob diese Beschreibung grundsätzlich auf das Denken dessen, was *ist,* zutrifft (und nicht vielleicht bloß auf jenes, das sich – um solcher Bemächtigung willen – auf das beschränkt, was *erscheint),* ob also Hemmerles Charakteristik (die doch als Wesensaussage, nicht als Unwesens-Kritik zu lesen ist) auch für die Metaphysik und nicht nur für das Denken der (Einzel-)Wissenschaften gilt, muß später erörtert werden. (Wie im bisherigen werden wir auch in der Folge wiederholt auf diese Frage stoßen.) Gehen wir zunächst den Gang der Analyse weiter mit.

Was derart einholbar ist, kann dem Denken nicht heilig sein; vielmehr nur jenes, das (obwohl das Denken eben seinetwegen über sich hinausgeht) nicht in dessen Fassen eingeht – um aber derart den Ausgriff des Denkens gerade offen zu halten. Hier erscheint also ein Unverfügliches, doch nicht als Schranke und Verbot, die das Denken einengen würden, sondern so, daß einzig derart das Denken es selbst (nämlich Überstieg) bleibt. Ebensowenig im Sinne eines faktischen Noch-nicht (auch dies wäre eine – wenngleich „noch" offen haltende – Schranke[11]), sondern grundsätzlich, aus dem ursprünglichen Wesen dieses Woraufhin heraus. Für das Denken läßt sich diese Erfahrung in den Satz bringen: „Denken ist seine sich selbst helle Unangemessenheit ans Heilige" (B 19).

Denken als Denken gibt also hier sich als erfassendes Denken auf; nicht beliebig, aber auch nicht von außen gezwungen, sondern erfaßt als sich erfassen lassend; mit der früheren Formel gesagt: als insichseiendes Über-sich-selbst-hinaus. *In* sich seiend, auch indem es über sich hinaus ist; aber über sich hinaus nicht einfach von sich her, als bloßer Selbstüberschwung – woher käme dann dessen Erfüllung? –, sondern von seinem Ziel her.

Dieses *Von-her* ist nun zu bedenken. Das Denken stellt nämlich – wie eben geschehen – zwar die Bedingungen (des Er-

---

[11] Das hieße 1.) nur „entfremdend" (und damit nicht wirklich) offen haltend; 2.) (vgl. hierzu Hegels Dialektik der Schranke im 1. Buch seiner Logik [G. Lasson ³1966] 119 ff.) „offen" haltend nur als doch („an sich") je schon überwunden.

scheinens) des Heiligen auf; aber sie lassen sich zu einer einzigen conditio sine qua non zusammenfassen: daß es das Heilige sei, das hier Bedingungen zu stellen hat. Diese Bedingung, das Heilige *als* Heiliges zu denken, fordert vom Denken, „offenes" Denken zu sein, und das bedeutet: fragendes Denken. Aber fragendes so, daß seine Frage nicht schon ihre Antwort absieht und auf solche vorwegnehmende Weise dennoch sich schlösse. – Gibt es so etwas? Hemmerle hat das Gesuchte in der Anrede gefunden. Anrede fragt zwar sich wissend und denkend; aber als Anfrage läßt sie sich „in die Überraschbarkeit aus dem Angeredeten" frei (B 21), hat sie auf jegliches Fassen verzichtet.

Soweit die Bedingung des möglichen (Aufgangs des) Heiligen. Wirklich heilig, das heißt, betreffend, berührend und unberührbar zumal, ist das Heilige indessen erst als wirkliches. Auf diese Wirklichkeit stößt das Denken, wenn es sein Fragen auf sich selbst hin radikalisiert: *Was* ist, was es denkt, was ist es selbst? *Ist* dies alles und es selbst überhaupt? *Warum* ist dies und es selbst und dieses sein Fragen überhaupt? Solche Frage kann nicht als fassen wollende gestellt werden; denn sie überfragt alles Faßbare. In ihr – wenn sich das Denken wirklich auf sie einläßt – geht ihm sein Verdanktsein auf. Ein Sich-gegeben-sein, das „in ihm [,] doch ihm selbst *zuvor*" liegt, „in der Richtung jenes augustinischen ‚interior intimo meo'" (B 30), angesichts dessen in ihm eine Gestimmtheit lebt, „die, wiederum augustinisch, sich artikuliert als das ‚et inhorresco, et inardesco'" (B 31). Es ist diese zweieine Qualität, die das θαυμάζειν charakterisiert, in dem das Denken anfängt. Θαυμάζειν wird dabei als Antwort verstanden auf den „entzogen-gewährenden Anfang" (B 32), dem das Denken sich verdankt und zugleich verantwortlich weiß, dem es also im doppelten Wortsinn sich schuldet.

Während fassendes Denken sein Objekt in der Konsequenz seines Fassenwollens quantifiziert – unter dem Ideal einer „mathesis universalis" – und dabei doch die gesuchte Eindeutigkeit nicht erreicht, weil es selber sich fragwürdig bleibt, stellt sich das Denken im sich Einlassen auf seinen Anfang unter das Maß einer anderen Strenge und Eindeutigkeit: „Verdankendes Denken ‚zählt' nicht, sondern es ‚er-zählt', bezeugt im Bericht dessen, was sich begab, nicht die faßbaren Bestände, sondern das ihnen je Entgehende und in ihnen sich doch Zeigende" (B 36).

Damit verwandeln sich die Grundkategorien des Denkens: „Daß", „Was" und „Warum". – „An die Stelle der Feststellung tritt das Zeugnis" (B 39). Zeugnis zielt nicht auf Fakten, sondern auf Gegebenes im Wortsinn: auf Gewährtes. Insofern ist es Rühmung, und als solche sagt es nicht nur, was und wieviel es sagt (wie die Definition), sondern es meint wesenhaft mehr, als es sagt: das Denken rühmt den Ursprung der Gewähr (alles faßlichen Was) als Geheimnis. So aber nimmt es – nach oder vor allem Warum – seine Wirklichkeit und die Wirklichkeit seiner selbst als unbegreiflich an: Es empfängt das Ihm- und Sich-Gewährtsein letztlich fraglos als das Wunderbare.

Wunderbar ist ja nicht, was zu seiner Erklärung eine andere verborgene Ursächlichkeit fordert, sondern was von sich her diese Fragerichtung umkehrt. „Das Wunder kann also nicht erklärt, es kann nur ‚erzählt' werden: ‚Das hat sich begeben, das habe ich erfahren!'" (B 41). Zusammenhang, Verstehbarkeit, Ordnung sind damit nicht abgewiesen, im Gegenteil; aber sie geben sich im Widerfahrnis selbst, nicht ihm – nach irgendeiner Regel – voraus.

Darum ist das entsprechende Denken – dies die letzte zusammenfassende Aussage – glaubendes Denken. Es sagt in das „gewährende Woher" seines eigenen Anfangs hinein: „Ich glaube mich dir!" Und nur so kann es in Wahrheit sein, was es ist (B 42).[12]

Indem also das Denken auf seine Herkunft zurückkommt, verwandelt es sich in ein „neues Denken"[13] des Augenblicks und des Hinweises auf das hin, was auf es zukommt, ja was damit schon auf es zugekommen *ist*. – Wie das? – Es war bis-

---

[12] Hemmerle weist hierzu auf Baaders Lehre vom Ursprung des Denkens in einem immanenten Glauben hin: SW, Leipzig 1851 ff., X 24, VIII 29, I 365 ff.
[13] Vgl. F. Rosenzweig, Das neue Denken, in: Kleinere Schriften 373–398.

lang vom Denken die Rede; zu fragen, ob sich in der Umkehr dieses Zugangs der Aufgang des Heiligen begeben *habe,* scheint das (mögliche) Versäumnis dieses Aufgangs zu bekunden, also auch das Versäumnis der gesuchten Phänomenologie des Heiligen. Andererseits: nähmen wir die gewonnenen Elemente jetzt zu einer fixen Phänomenalität des Heiligen zusammen, um so zu wissen, was uns mit ihm bevorsteht, wäre es zu unserem Vorgestellten geworden und gerade nicht mehr uns heilig. Man kann das Heilige nicht im voraus ermitteln, darum es auch nicht schon in dem Moment selbst (als es selber) erfahren, da es sich zeigt, sondern immer nur von diesem Augenblick her.

Die Frage zielte also nicht auf ein Versäumnis — so wenig wie die „nachträgliche" Einsicht des Moses (Ex 3,5), Jakobs (Gen 28,16), der Emmaus-Jünger (Luk 24,31) einem Versäumnis entsprang. „Das Denken begegnet dem Geheimnis nicht, dem es sich verdankt, ihm begegnet, daß es diesem Geheimnis auf seinem Weg begegnet *ist*" (B 47). Dies, weil das Geheimnis eben (unbeschadet der vorher bedachten Notwendigkeit eines — formalen — Vor-Verständnisses seiner) *un*vordenkliches Geheimnis ist. So ergibt sich die (ihrerseits noch zum Vorverständnis gehörige) Konsequenz: „Der Aufgang des Heiligen ist also nur da im *Andenken*" (ebd.).

Man sieht, wie sich hier, vor allem in dem Hinweis auf die Emmaus-Jünger, ein Aspekt von Heideggers „Fehl"-Denken deutlicher akzentuiert. Gegenwart des Heiligen (und darin die heile Gegenwärtigkeit des Denkens selbst) besteht nicht in einem Da-*haben.* Das Denken ist beim Heiligen und so bei sich im Rückbezug auf dessen ihm nunmehr erneut entzogene Gewähr. Rückbezug aber meint kein Perfekt; entzogen ist die Gewähr von sich her: als freies Gewähren; darum ist und wird das Gedenken damit nicht „fertig", sondern hält sich gerade als solches je neuen Zukommens gewärtig. „Nur das Zugleich von Andenken und Verhoffen konstituiert die neue Gegenwart" (B 50).

Der Name für dieses Zumal von seiten des Denkens heißt Treue. Ihrer „Ewigkeit", d. h. dem Sich-Durchhalten ihrer Offenheit für das Heilige (aus dem „Ein-für-allemal" seiner

Gewähr[14]), zeigt sich nun dessen Ewigkeit in ihrem wesenhaften Unterschied zu „ewigen Wahrheiten" oder „Werten". Das heißt, der Aufgang des Heiligen geschieht als „Zeitigung" des Denkens (als erweckender Anruf zu der Gegenwärtigkeit von Andenken und Hoffnung zumal), und dies so, daß dadurch das Heilige selbst – prinzipiell – nicht zum Gezeitigten wird. Als reine Gewähr kann es nie zum „fertig" Gewährten werden, und nur als solches nicht Gewährbare kann es reine Gewähr sein: „nur dadurch also, daß es sich dem vernehmenden Gegenübersein des Denkens je auch noch vorenthält, ist es überhaupt als es selbst da – ähnlich wie das erklärte und ins Verstehen aufgearbeitete Du verschwände, wie das Du also nur in der Unerklärlichkeit, eben im Geheimnis seiner selbst, Du und nur *als* Du Partner des Ichs bleibt" (B 56).

Noch nicht Wahrheit, Gutheit, Ewigkeit und Unbedingtheit, erst die Zeitigung läßt das Unterscheidende des Heiligen aufgehen. Denn so erst steht das Denken unverwechselbar nicht vor (seinen eigenen, u. U. abschließenden) Resultaten, sondern vor dem Anfang, in der Offenheit für dessen unverfügliche Ursprünglichkeit.

Den *Unterschied des Heiligen* bestimmt Hemmerle unter drei Rücksichten: gegenüber dem Sein, gegenüber den Transzendentalien, hinsichtlich des Heils.

Die Überlegung setzt wieder bei der Frage ein, in der die Betroffenheit des sich verdankenden („eucharistischen") Denkens sich artikulierte: Was ist geschehen? Auch in der Verwandlung seines Fassens in ein sich lassendes Verdanken bleiben ihm zwei Weisen des Vollzugs dieser antwortenden Frage möglich: in das Andersgewordensein seiner und seiner Welt *hinein* oder darüber *hinaus*. Das erste wäre Verdanken als Staunen: Besinnung, das zweite Staunen als Verdanken: Anruf; jenes meint das Sein, dieses das Heilige.

---

[14] Auch dieses Ein-für-allemal meint nicht eigentlich das (nicht ungeschehen zu machende) Faktum, sondern den Ernst der Gabe, in der das Heilige sich (und das Denken selbst) dem Denken wirklich gewährt (d. h., wirklich *sich* – nicht nur ein Heil von ihm her –, und wirklich sich *gibt* – nicht nur verheißt oder zeigt).

Doch es gilt genauer zu sehen, was damit gemeint ist. Zunächst zeigt sich im alles verwandelnden Ereignis – Hemmerle bezieht sich hier auf Heidegger – die Differenz des Seins zum Seienden. Am Seienden wie an den Kategorien des Denkens hat sich ja nichts verändert, „und doch ist alles auf eine neue Weise das, was es ist" (B 63). Indem so das Sein im Unterschied zum Seienden aufgeht, erscheint es zugleich im Unterschied zu sich selbst: es erscheint „auf eine neue Weise", also als geschichtlich. Demgemäß ist das Sein wie im Seienden so in seinem geschichtlichen Sichzeigen offenbar und entzogen zumal. Entzogen, weil diese Weisen weder erschöpfend summiert noch gar deduziert werden können; die Einheit ihrer Vielfalt (also das Sein) gibt sich vielmehr nur im konkreten Bezug der je anders Betroffenen: in ihrem Gespräch.

Als Gespräch der Besinnung, des Sich-Hineinfindens in die neue Weise, wie es sich nun gewährt ist, verweilt das Denken in dem „zeithaften Raum" des neuen Sinnes von *Sein* (B 66), – indem es in *seinem* neuen Sein verweilt, also, sich annehmend, zu sich selbst kommt. „Besinnung ist das Denken, das sich auf die Weise des Denkens verdankt" (B 67).

Aber dies ist nicht die einzige mögliche Weise des Sichverdankens. Statt bei der Gabe (das heißt, bei sich) vermag das Denken auch auf den Geber hin zu sein, indem es „denkend das Nicht-mehr-Denken vollzieht" (B 67). Und diese zweite Möglichkeit besteht nicht bloß „auch"; tatsächlich fordert eins das andere – wie umgekehrt. Bei der Gabe (also bei sich) als *Gabe* (also nicht in solipsistischer Einsamkeit) sein bedeutet: über sie (und sich) hinaus auf den Geber hin sein – wie umgekehrt auf den Geber als *Geber* hin-sein bedeutet: seine Gabe (also sich) zu übernehmen. Es handelt sich also um zwei Momente *eines* Verhaltens, um zwei Momente (Hemmerle nennt sie „Geh!" und „Komm!") *eines* Anrufs.

Dennoch sind es zwei differente Momente. Während das „Geh!" den Raum des Bei-sich- und Beim-anderen-Seins im Gespräch einräumt, läßt das „Komm!" ihn und alles vergessen, alles „außer seinem [des Denkens] Gemeintsein, außer dem Polarisiertsein aufs rufende Geheimnis hin" (B 69). Im

Gewähren ruft insgeheim schon der konkret betreffende Ruf; der Ruf seinerseits impliziert die gewährende Ermächtigung des Gerufenen zu sich selbst (dem Gerufenen) und seinem Sich-lassen. Aber der Ruf verlangt eben doch, sich und alles zu *lassen*, Lassen jetzt nicht mehr als Zulassen, sondern durchaus als Verlassen gemeint: „Das Sein wird in der Erfahrung des Heiligen vollzogen, aber es wird nicht als solches thematisch" (B 71).
Entgegengesetzt dem Seinsvergessen des fassend-verfügenden Denkens zeigt sich hier also eine neue Weise von Seinsvergessenheit, und zwar derart inkommensurabel, daß nicht unbedingt erst die Besinnung auf das Sein sie möglich macht. Der Ruf kann unvermittelt in die „verfallene" Seinsvergessenheit hinein ergehen.[15]
Das Sein und das Heilige erscheinen also in der „Differenz der sein-lassenden und der meinend-anredenden, zu sich rufenden Komponente im einen Geschehen der Zeitigung" (B 72).
Mit dieser Differenz ist der „Unterschied des Heiligen" in einem ersten Schritt bestimmt. Welcher Art ist nun genauer diese Differenz? Entspricht sie jener der scholastischen Transzendentalien, der verschiedenen „Antlitze" des Seins, darin jeweils das Ganze „in je anderem Licht begegnet" (B 72)? Dann würde das sanctum die Reihe von res, unum, aliquid, verum und bonum über das später hinzugenommene pulchrum hinaus verlängern: omne ens est sanctum.
Doch auch hier arbeitet Hemmerle einen Gegensatz heraus, kraft dessen das Heilige sich geradezu als Umkehrung der Transzendentalien erweist. – Alles Seiende ist eines, wahr und gut, im Maße es ist; angesichts der Fülle von Wahrheit, Gutheit schlechthin gilt zwar auch: Kein Seiendes ist wahr und gut, doch nur in dem Sinne, in dem gilt: Kein Seiendes *ist* (schlechthin). Die Transzendentalien „sind Züge des Seins aufs Seiende zu in den Vollzug seines Seins hinein" (B 74).

[15] Um erst dann, aber wiederum nicht mit Notwendigkeit, die Besinnung auch auf das Sein zu eröffnen. Hemmerle spricht davon nicht, aber es folgt wohl aus dem Gesagten und markiert so einen bedenkenswerten Punkt für das Gespräch mit Heidegger.

Anders das Heilige. Das Seiende heißt nicht heilig, im Maße es ist, sondern insofern es zur „Stätte des Ereignisses wurde, das sich an ihm *über* ihm begab" (B 74), insofern es aus sich herausgerufen: geweiht ist.

Darum unterscheidet das Heilige sich auch von einem bloß Numinosen: als einer Qualität des Seins, am Seienden. Das Numinose ist zwar seine „Spur" im Sein, das Heilige erscheint darin, doch in der Zweideutigkeit solchen Erscheinens. In der äußersten Profanisierung vermag es nicht weniger (vielleicht gar reiner) zu betreffen.

Was aber bedeutet dieser Ruf nun für den, den er trifft? – Die dritte Unterscheidung des Heiligen gilt seinem Bezug zu unserem Heil. – Auch dem Denken als Denken eignet Selbstaufgabe und Ichvergessenheit, jedoch hinein in das von *ihm* Gedachte, „in sein Eigenes also hineingewandt" (B 76). Die Ichvergessenheit vor dem Heiligen dagegen ist die Selbstaufgabe ek-statischer Weihung, Überwältigtsein vom Anderen. Kann, wie kann solcher Ruf der Enteignung das Heil des Gerufenen sein?

Indem das Denken sich auf diesen Anruf einläßt, läßt es auch die zuvor bedachte Polarität von Komm! und Geh! zurück. Das Denken, je ich, hat jedes Pfand und Recht gelassen. Und in solcher Aufgabe geschieht erst Anbetung; ihr allein ist in Wahrheit das Heilige heilig. – Zuletzt fällt in diesem „Ich komme" auch noch das Heilige dahin: „nicht mehr das Denken und das Heilige, sondern ich selbst vor dem lebendigen Gott, Er selbst, Du allein" (B 78).

Damit ist freilich die philosophische Besinnung an ihrem Ende. Dies auch darin, daß sie nicht weiß noch wissen kann, ob diese Auslieferung nun das Unheil des Selbstverlusts bedeutet oder jene Hoffnungs-Gewißheit, mit deren Psalmworten Hemmerle seinen Beitrag beschließt: „Zeig uns Dein Angesicht, und wir sind heil!", „Sag meiner Seele: Dein Heil bin ich!"[16]

Wir haben hier zweifellos die eindringlichste Besinnung zu einer philosophischen Phänomenologie des Heiligen vor uns.

---

[16] Ps 80(79), 4.20 und Ps 35(34), 3.

Die beiden anderen Arbeiten des Buches führen gewissermaßen Teilthemen dieses Grundrisses aus.
Bernhard Casper zeigt den Ursprung des Denkens des Heiligen im Gespräch.[17] – Die Ausführungen zum Gespräch brauchen dafür nicht im einzelnen wiedergegeben zu werden. Denken als Sprechen geschieht in Gemeinsamkeit, in der die Partner sich einander aussetzen und anheimgeben. Es zeitigt sich darin, nicht nur insofern ein Gespräch – frei – beginnt, sondern auch in seinem unableitbar freien, je neuen Fortgang. Analog zu Hemmerles Unterscheidung von fassendem und lassendem Denken unterscheidet Casper dabei (im Rückgriff auf Rosenzweig und Ebner) zwischen (zeithaft) sprechendem und (zeitlos) feststellendem Denken. Das sprechende ist das begegnende und derart der Begegnung sich verdankende Denken gegenüber der „Aus-sage als Mittel des feststellenden Beherrschens" (B 96). Die Fragwürdigkeit unseres Sprechens liegt nun in der Zweideutigkeit der Sprache hinsichtlich dieser Unterscheidung.
Sprache ist nur vom Geschenk der Begegnung her möglich; aber der Mensch „kann das Geschenk, so scheint es, nicht dauernd im Augenblick des Geschenk*werdens* lassen. Er muß es vielmehr annehmen. Und die Gabe kann er zu seinem Bestande machen. Ja vielleicht muß er dies sogar, so, wie er sich findet" (B 97). Wir bedürfen also nicht nur des Geschenks der Sprache, sondern auch der Lösung aus der Dialektik zwischen den Welten von Ich-Du und Ich-Es.
Hier nun zeigt sich das Heilige. Es ist ja nicht – von „oben her" – zu definieren, sondern nur aus seinem Sich-Gewähren zu erfassen. Und es zeigt sich zunächst als das Gewährende des Gesprächs. Es gewährt die unableitbare Begegnung, in der Leben, Sprache, wir selber erst werden; es bezeugt darin sich selbst als Gewähr, doch so, daß es sich zugleich entzieht. Insofern ist es „das Selbstverständlichste, dessen alle für alles bedürfen, und das Furchtbare, das aus allen Standpunkten immer wieder Ent-Setzende zugleich" (B 99).
Das wird im glückenden Gespräch offenbar, doch ebenso im

---

[17] Seit ein Gespräch wir sind: B 81–123.

mißglückenden, gerade wenn Schuld es in die Nichtigkeit des Monologs hinein zerbricht. Indem das Ich sich auf sich selbst versteift, scheint das Heilige zwar abwesend zu sein, doch in der Reue, in der Schuld erst vollends als Schuld aufgeht, wird es als richtend gegenwärtig und als durch sein richtendes Entsetzen heilend erhofft. Es entsetzt als Gericht, es entsetzt als nur und rein erhoffbar, durch seine reine Unberührbarkeit (darum jenseits alles im psychologischen Sinne Entsetzlichen). Eben so und als solches aber wird es erhofft; denn so allein zeigt sich (und kann sich zeigen) die Verheißung neuen Heils (B 107 f.).

Gerade aus solcher Not nun geht nicht nur die Rede *vom* Heiligen, sondern das Wort *zu* ihm hervor. Wie das geglückte Gespräch zum Du des Danks und der Anbetung an das heilgewährende Geheimnis der Stille drängt, so blickt in der Reue der Mensch (nicht mehr, wie in der Schuld, vom Heiligen fort, sondern) unmittelbar das Heilige an (B 111).[18]

Zugleich wird daran am deutlichsten sichtbar, was schon Hemmerle herausstellte: daß man dem Heiligen nicht eigentlich begegnet, sondern ihm begegnet ist bzw. hofft, ihm zu begegnen. Der Augenblick des Verhältnisses selbst ist sprachlos, erst aus ihm heraus, von ihm her oder auf ihn hin sind Worte möglich: des Gedenkens und der Hoffnung.

---

[18] Es sei hier schon eine Frage notiert. Ob nämlich derart die Schuld und das Böse in ihrer äußersten Dimension erfaßt seien. Gewiß ist Schuld zunächst, im Wegblicken vom Heiligen, Zuwendung zu einem illegitimen Gut. Aber erreicht sie ihre „Spitze" nicht erst, nach der Einsicht in die Verfehltheit solchen Wollens, in der wissenden Entscheidung dazu: dem Heiligen „ins Angesicht"? Ihre Höhe erreicht sie also nicht im Wegblicken vom Heiligen, sondern im „verstockten" Nein *angesichts* seiner. Das Heilige wäre dann nicht bloß von daher zu bestimmen, daß es dem ent-sprechenden Denken heilig wäre (obwohl – „verum norma sui et falsi" – es nur hier in seiner reinen *Fülle* aufgeht), und nicht nur als das Heil des es, sei's auch in Reue, Erhoffenden, sondern auch als das mögliche „lautere" Unheil des sich ihm (und damit seinem eigenen Heil) mit Wissen und Willen Versagenden. Eine Frage, die an den „heilen" Duktus im Denken und Schreiben der „Schule" B. Weltes überhaupt zu stellen wäre.

Der Ort beider aber ist das zwischenmenschliche Verhältnis des Gesprächs. In Gedächtnis wie Hoffnung bezeugt, ist das Heilige, wenn es erscheint, „Heil zwischen dir und mir in der Welt, die zwischen uns zur Sprache kommt. Das Heilige bezeugt sich in dem erfüllten Frieden" (B 116). Dies nicht nur in der großen Begegnung, sondern in jedem noch so unscheinbaren Bezug, wenn in ihm nur die Partner sich wahrhaft an das „Unverfügbare des sich [und sie sich und sie einander] gewährenden Zwischen" (ebd.) hingeben.
Nun ist aber diese Hingabe nie rein gegeben. Schon dem einzelnen Versagen der Partner eines konkreten Bezuges zuvor, ist jedes Verhältnis in den Gesamt-Zusammenhang der Freiheitsverhältnisse gebettet, und dieser als ganzer ist de facto durch Selbstsucht entstellt.[19] – Man kann dieser Verkehrung zustimmen und ihr Gesetz für sich selbst übernehmen: „Ich kann aber auch für den wahren Sinn des Verhältnisses Zeugnis ablegen dadurch, daß ich das Angewiesensein auf das sich Gewähren des Verhältnisses bezeuge. Dies bedeutet dann, daß ich innerhalb des verkehrten Verhältnisses mich nicht als Gegenpart behaupte, also mich meinerseits zu dem Partner nicht als zu einem zu Besiegenden und verfügbar zu Machenden verhalte" (B 119).
Solche Selbstauslieferung kann auch den andern verwandeln, muß es aber nicht. Der Bezeugende kann also nur hoffen. Freilich ist es gerade die Macht des Heiligen, aus der allein ihm diese Selbstauslieferung in Hoffnung möglich wird. „In dem Zeugnis bezeugt sie sich selbst als Verheißung ... Gerade darin also erweist sich das Heilige [als] mächtig, daß es dem für es Zeugenden trotz allem gerade die Zukunft eröffnet. Es läßt ihn sein, selbst wenn er nicht mehr sein kann" (B 120).
Mit diesen Gedanken wagt Casper allerdings in seinem kurzen Beitrag einen großen Sprung, der unmittelbar auf das eigentlich christliche Bekenntnis hingeht. In einer Phänome-

---

[19] Durch die Verweigerung der Hingabe an irgendeiner Stelle, über die hier – philosophisch – nicht zu diskutieren ist, da sich die faktische Entfremdung nicht bestreiten läßt.

nologie, die in kleineren Schritten voranginge, wäre einmal darauf zu reflektieren, daß „ich" *tatsächlich* „für den wahren Sinn des Verhältnisses" nur derart „Zeugnis ablegen" kann, daß dieses Zeugnis auch gegen mich selbst spricht; denn ich finde mich nicht nur, meinerseits leidend, faktisch im Unheilszusammenhang, sondern ich habe ihm stets auch schon positiv zugestimmt, ihn befestigt. Wie aber steht es dann um mein „Können"? Hier erhebt sich die Frage der zu befreienden Freiheit mit ihrer ganzen bedrängenden Unauflöslichkeit.[20]

Sodann wäre zu untersuchen, ob das Zeugnis für die Wahrheit des Verhältnisses nur schon die Gestalt der Selbsthingabe in den Tod annehmen muß oder wie weit es (mag sein: nur vorläufig) auch als Bekenntnis, Forderung und sogar aktiv-kämpferischer Durchsetzungsversuch von *Gerechtigkeit* sich melden kann. Ob es also nicht eine Weise gebe, sich nicht bloß legitim, sondern aus Pflicht als „Gegenpart" zu behaupten, nicht seiner selbst als solchen wegen und auch nicht im Bestreben, den andern verfügbar zu machen, wohl aber um des Sieges der Gerechtigkeit willen.[21]

Würde die erste Reflexion die Macht des Heiligen noch überwältigender als Macht in der Schwachheit enthüllen (nicht bloß in der *Machtlosigkeit* seiner Zeugen, sondern in deren *unheiliger* Schwäche), so würde die zweite die Macht des Heiligen in der Gewöhnlichkeit bedenken, also die Selbstaufgabe seiner Unterscheidung[22], in der gerade es seine unantastbare Einzigartigkeit erweist.

Gleichwohl, auch (und gerade) in dieser Weise geht das Heilige bislang nicht in dem vollen Glanz unverwechselbarer

---

[20] Vgl. M. Müller, Zur Philosophie der Freiheit, bes. 90 f.
[21] Selbst biblisch stellt sich diese Frage. Um es bei einem bloßen Hinweis bewenden zu lassen: Die Vorschrift der Bergpredigt: „Wer dich auf deine rechte Wange schlägt..." (Mt 5,39), ist offenbar mit dem zusammenzunehmen, was wir (Jo 18,23) von Jesu eigenem Verhalten dem Bediensteten des Hohenpriesters gegenüber lesen.
[22] Biblisch wären hier die distanzierenden Texte mit den Gleichnisworten vom Sauerteig und vom Salz zusammenzunehmen.

Offenbarkeit auf. Darum steht das Gespräch, in dem vom Heiligen gesprochen wird (und in dem zugleich – eben derart – die Partner *einander* meinen und seinlassen wollen und sollen), noch in der Erwartung seiner endgültigen Erfüllung, in der Hoffnung darauf, „Daß alle sich einander erfahren, und wenn / Die Stille wiederkehret, eine Sprache unter Lebenden / sei".[23]

Damit wird nochmals der Zeit- und Geschichtsbezug des Heiligen thematisch. Ihm geht der dritte Beitrag der Festgabe nach: Peter Hünermann, „Die Geschichte und das Heilige" (B 124–152).

Was ist, ist so, daß es nicht einfach vorliegt, sondern sich zeigt und hervortritt. Hervortritt für uns. Der Mensch ist das Da des Seienden, indem er das Sich-Zeigende liest. „Dieses Hervor-Treten oder Sich-Zeigen und das Lesen sind synchron" (B 127). Dabei zeigt das Hervorgehende nicht nur sich, sondern stets auch das andere seiner: „Das, was ist, umschließt und bringt mit jenes, was gewesen ist" (B 129). Und dieses, als Gewesenes erscheinend, erscheint durch seine Spuren, seine Hinterlassenschaft in dem ihm Künftigen. Indem es derart hervortritt, tritt es aber als es selbst hervor, das heißt: in seiner Andersheit und Fremdheit zum jetzt Hervortretenden, an dem es erscheint. Damit wird ein Sachverhalt sichtbar, der die Problematik des Historikers übersteigt bzw. ihr umfassend vorausliegt: Gewähr und Entzug von Welt und Sein überhaupt. „Am Phänomen der fremden oder versunkenen Welt wird nun deutlich, wie sich das Sein des Seienden als Angehendes zugleich so entziehen kann, daß der Sinn dieser Welt dunkel bleibt" (B 132).

Zugleich öffnet eben dieser Entzug neue Zukunft (den unbekannten Horizont neuer Welten), indem er vom erscheinenden Gewesenen her nun auch das zunächst wie selbstverständliche Heute anders sehen läßt, Distanz zum Gegenwärtigen ermöglicht. Dieses Geschehen ist weder als Aufeinanderfolge von Verschiedenem noch als Entwicklung eines Einen zu fassen. Es ist überhaupt nicht zu fassen: Denken und Reden

---

[23] B 122, Hölderlin, Große Stuttgarter Ausgabe II 137.

werden hier „zum verweisenden Andenken und Ansagen" (B 136) eines Selbigen, das „sich ereignet".

Innerhalb dieses Geschehens und niemals außerhalb seiner steht nun der Mensch. Und damit in einer Fraglichkeit, die ausweglos ist, da jede mögliche Antwort überholt wird durch ein Künftiges, das seinerseits vergehend auf Neues vorausblickt. So ist aller Sinn in der „großen Ambivalenz" der Geschichte im Ganzen einbehalten, welches Ganze der Mensch nicht noch einmal begreift.

Eben in dieser Ausweglosigkeit der Frage jedoch erblickt (oder besser: vernimmt[24]) Hünermann deren wortlose Antwort. Auf sich selbst zurückgeworfen, gelangt die Frage nämlich vor das pure Ereignis ihrer selbst und der ganzen Geschichte als Frage überhaupt. Sie läßt ihr Fragen nach Warum und Wohin, „staunend, verwundert, daß es gibt, was es gibt. Was erregt dieses Staunen und Wundern? Jenes namenlose Geheimnis: *Es gibt* Geschichte. *Es gibt* jenes . . . Fragen. Geschichte ist Ge-schick" (B 139).[25]

Geschichte als Gabe verwandelt die Strittigkeit hoffender Verzweiflung und verzweifelnder Hoffnung in Dankbarkeit und Liebe. „In dieser Liebe ist der Mensch befreit zur Freiheit. Er jagt dem Sinn nicht mehr nach. Die Geschichte wird zum Zuspruch jener wortlosen Stille, in der alles geschenkt ist [...] Ist es vermessen, das inappellable Ereignis der Geschichte, jenes ‚Es gibt', mit dem alten, überlieferten Wort: das Heilige zu nennen?" (B 140).

Diese Antwort, von der her Geschichte überhaupt erst wird und ist, wird vom Menschen in der Geschichte erfahren und von dem, der sie erfuhr, auf seine Weise bezeugt. Die Ablehnung des Zeugnisses führt im äußersten Fall zum Tod des Zeugen – als seinem äußersten Zeugnis. Die Annahme dieses

---

[24] Hier „vermag der Sprechende nur vorweisend und dankbar bezeugend Zustimmung beim Gesprächspartner zu erbitten und ihn so einzuweisen in die Richtung gleicher Erfahrung und Widerfahrnis" (B 139).

[25] Vgl. den ähnlichen Ansatz, mit „antitranszendentaler" Spitze, in Anknüpfung an G. Siewerth, bei H. Verweyen 159 ff. (Das Staunen als ursprünglicher Wahrheitsvollzug).

Zeugnisses konstituiert die gedenkend dankende, feiernde Gemeinde.

Auch deren Zeugnis ist von außen wie von innen bedroht, doch Hünermanns Ausführungen dazu können wir hier übergehen. Abschließend beschreibt er drei Grundtypen gedenkenden Gemeindezeugnisses unter der Überschrift: Heilige Geschichten, Heilsgeschichte und Weltgeschichte. – Im ersten Typus ist eine bestimmte Gestalt des Heiligen „von einem Saum anderer Gestalten umgeben, die einander nicht ausschließen, sondern ergänzen oder miteinander konkurrieren". Casper weist auf „die Götter Griechenlands" (W. F. Otto) hin (B 147).[26]

Im zweiten Typ trägt sich die Geschichte einer Gemeinde – in der Sinnfigur des Bundes – durch verschiedene Welten, in Distanz zur Weltgeschichte hindurch. „Hier wird die Gemeinde selbst zur ausgesonderten, der Welt und den Welten entfremdeten Gestalt des Heiligen" (B 148). Die Distanz besagt freilich zugleich Verwiesenheit, in jener Schwebe der Verheißung für alle, die das Selbstverständnis Israels prägt.

Im dritten Typ schließlich wird das Heilige als Fülle der Zeiten gefaßt: als Heil der Zeiten und Welten wie jedes Einzelnen. Die Gemeinde weiß sich als (anfängliche) Offenbarkeit des Geheimnisses aller Geschichte. Heilsgeschichte ist Weltgeschichte und umgekehrt. Und die Gemeinde in Gedenken und Hoffnung bezeugt die zu sich freigegebene Geschichte der Welt und des Menschen als Geschick der Huld.

Als gemeinsamer Titel der referierten Arbeiten bietet sich die Überschrift eines bereits zitierten Aufsatzes von Franz Rosenzweig aus dem Jahre 1925 an: Das neue Denken[27].

K. Hemmerle charakterisiert dieses Gemeinsame dreifach:

---

[26] Der Gegentyp ist die Gestalt des Heiligen als „Entzug ins Gestaltlose der Gestalt", wie sie der frühe Buddhismus vertritt (B 147 f.).

[27] Siehe oben S. 205 Anm. 13. Vgl. die Rezension der Habilitationsschriften von B. Casper, Das dialogische Denken, und P. Hünermann, Der Durchbruch des geschichtlichen Denkens, durch K. Hemmerle unter dem Rosenzweigschen Titel.

„Einmal ist es eben die Bereitung und der Ansatz eines neuen Denkens, das sich wesentlich von dem der ‚Metaphysik' abhebt, wenn es auch bewußt auf ihr Erbe bezogen bleibt ... als ein Denken, das des Anderen und der Zeit bedarf."[28] Zweitens geht es „um die geschichtlich konkrete Weise", wie der Andere und die Zeit ins Denken kommen (um Forschung), und dies drittens im Dienst der heutigen Aufgabe der Theologie.

„Metaphysisches Denken" wird dabei charakterisiert als ein solches, „das alles, was ist, denkend zu bewältigen, somit aber dem Denken einzubegreifen versucht", indem es alles auf seinen Möglichkeitsgrund als die nicht mehr zu klärende klare Selbstverständlichkeit zurückführt. So entgeht ihm aber „das je Geschehende" selbst, das „zwischen dir und mir spielt" in Anrede und Antwort, „aufgehend im Zeugnis des Du und Ich von sich und allem" (387). Das neue Denken versteht sich demgegenüber als Freigabe; „es ist nicht Resultat einer Analyse, sondern die Umkehr, in welcher der Behauptung des Selbst und des von ihm vorausgesetzten Grundes der Abschied gegeben wird ins bezeugende Verdanken des Unselbstverständlichen" (388). In der auf Erklärung verzichtenden Freigabe an sie selbst geht diese Unselbstverständlichkeit als „Offenbarung des Heiligen" auf, so daß dem Denken nichts bleibt „als der schlechthin unselbstverständliche Umschlag in die direkte Rede der Rühmung."[29]

Die Sicht der Metaphysik (im „Kontext oder Kontrapunkt der Gestalt, die [ihre] ‚Überwindung' bei Martin Heidegger gewinnt" – 382) ist hier nicht eigens zu erörtern.[30] Aber wie

---

[28] Hemmerle, Das neue Denken 382.
[29] Ebd., dies besonders zu Hünermanns Arbeit 404 ff. Allerdings zeigt sich dem Außenstehenden wohl doch eine gewisse Fragwürdigkeit – nicht schon dieses Umschlags als solchen, aber seiner „konkreten Weise", seines „Stils"; dies zunächst wörtlich verstanden (vgl. z. B. – schon grammatisch – den letzten Satz auf S. 404), doch auch – gerade im Sinn des hier vertretenen Sprachdenkens – über das Vordergründige hinaus.
[30] Vgl. B. Casper, Der Gottesbegriff „ens causa sui". Zu Recht wird herausgestellt, daß bei Thomas dieser Terminus den (freien) Menschen, nicht Gott bezeichnet; daß Descartes vielmehr diesen

erscheint in solchem Denken das Heilige, um das es ihm und uns zu tun ist?

Einerseits wird, einer verengenden „Kategorialisierung" gegenüber, sei sie psychologisch oder soziologisch gewendet, das Heilige hier in der Tiefe und Totalität von Sein überhaupt in den Blick genommen. Ist andererseits aber die sakrale Welt der Antike nur als Modell (als eines unter anderen) gewählt oder wird ihr nicht doch eine gewisse Normativität zugewiesen? Bei den Schülern ist es weniger die Antike als eine bis in den Stil hinein eigentümlich „exklusive" Du-Welt, die offenbar als *die* Dimension des Heiligen gefaßt wird. Damit ergibt sich indessen - wenngleich auch durchaus auf höherem Niveau - eine neuerliche „Eindimensionalität" des Heiligen, aufgrund deren wesentliche Dimensionen - jedenfalls de facto - ins Unheile gesetzt zu werden scheinen.

Um die zuvor nur angemerkten Zwischenfragen aufzunehmen: Läßt sich fragendes, forschendes, auch grundsuchendes Denken derart als „Verfügen" etikettieren (ist der Name nur in der Anbetung Name)?

„Moralisch" gewendet: Lautet die Alternative einfachhin:

Gottesbegriff eingeführt hat. Die Theologie der Folgezeit spricht zwar zumeist mit Anselms Terminus vom *ens a se,* aber der absolute Vergewisserungswille im Sinn des neuzeitlichen Wissenschaftsbegriffs scheint doch auch sie nicht unwesentlich mitzuprägen.

Indes: gilt schon innerhalb dieses - zweifellos gegebenen und zweifellos defizienten - Verständnisses wirklich dies Sartresche Urteil: „Wenn Gott ist als die zeitlos-absolute causa sui, kann der Mensch nicht sein" (382)? Erst recht wäre zu fragen, ob, auch neuzeitlich, die Ursachkategorie - philosophisch - nur derart univok verstanden werden müsse, wie hier angesetzt (vgl. H. Ogiermann, Causa prima). Und Casper kritisiert in seinem Buch zwar die „Alternativik" Bubers und Ebners, er schreibt in unserem Artikel, daß im lassenden Denken „durchaus auch die fassende Bewegung des Denkens aufgehoben und aufbewahrt" sei (329); aber inwiefern will er doch das Wort ‚Gott' nur als „Vocativ" zulassen (330 f.), als gäbe es nicht auch ein wahrendes Reden in der dritten Person, als erlaube jenseits von Begriff und Idee der Name nicht außer der Anrede auch ein bezeugendes Reden-von?

Selbstsucht – sich opfernde Liebe, will sagen: fällt Gerechtigkeit aus dem Bereich des Heiligen heraus? Gewiß ist die Liebe „forma virtutum", und zuletzt gilt tatsächlich, mit dem Augustinus der *Civitas Dei*[31], nur die aufgestellte Alternative. Man muß auch zugeben, daß Gerechtigkeit nur (und „bloße Gerechtigkeit" nicht einmal dies) Erscheinung des Heiligen in einem Unheilszusammenhang ist (Antwort auf die Verletzung der Liebe).[32] Aber auch sie als solche ist gerade nochmals Erscheinung des *Heiligen*.

Im Gegenteil – und damit kehrt unsere kritische Anfrage sich eigentümlich in sich selber um, es geht eben um zwei Momente am selben –, im Gegenteil nun scheint eine Konzeption, die das Heilige auf die „reine Liebe" konzentriert, aufgrund der darin implizierten „Abwertung" alles übrigen die Schärfe ausdrücklicher Liebesverweigerung zu verwischen. Schuld, die wirklich Schuld ist (d. h. unter anderem vor allem: vermeidbar – HV 159), so wie sie Welte im „Heilsverständnis" (§ 10) äußerst eindrucksvoll vergegenwärtigt, bedeutet ein durchaus „anderes", *wesenhaft* tieferes Unheil als die allgemeine Zweideutigkeit fassenden Zu-Bestand-Machens, die für den Menschen, „so, wie er sich findet", „vielleicht" sein „muß" (B 97). Das Heilige erweist sich reiner heilig (wie wir schon zu Windelband angemerkt haben), indem es in solches Unheil hineinwirkt. B. Welte schildert dieses Wirken in behutsamer Hellsichtigkeit: „Die unbedingte Macht, die im Schuldigsein den Menschen verurteilt, wirbt auch um ihn und spielt ihm werbend die einzige Möglichkeit zu" (HV 153), um ihm, durch seine Reue hindurch, Versöhnung zu gewähren. Aber selbst an dieser phänomenologischen Analyse vermißt man noch eine Dimension: Schuld treibt nicht nur in – vergebliche – Flucht. Sie lockt zugleich. Nicht nur das Heilige wirbt, sondern auch das Widerheilige, sozusagen die Schuld, das Schuldigsein *als* Schuldigsein, das als solches die „einfache" Schuld um das selbe Maß übersteigt (oder untergreift)

---

[31] De Civitate Dei XIV, 28 (Migne PL 41,436).
[32] Vgl. J. Splett, Gerechtigkeit und Liebe, in: Entschluß 25 (1969/70) 315–318.

wie diese die allgemeine „Schuld" als Unheilssituation. Das Widerheilige spielt dem Menschen werbend *die* (und insofern kann man auch hier sagen: die einzige) Unmöglichkeit zu. Man könnte es das Dämonische nennen, unmißverständlicher, mit Tillich, das Satanische oder, schlichter, das Böse. Doch dann ist ausdrücklich sein „Unbedingtheitscharakter" mitzudenken, will sagen: seine Intention auf Endgültigkeit. Es geht also nicht bloß darum, eine *Flucht* in der Reue zum Stehen zu bringen: hier erscheint das Heilige vielmehr angesichts der Verkehrung, dessen, was – für uns heute, mag sein, etwas pathetisch – Georges Bernanos die „Gier nach dem Nichts" (als das Wesen der *Sonne Satans*) genannt hat. Erscheint nicht erst vor solcher Un-Möglichkeit das Heilige in seiner eigensten Qualität?

Zugleich aber erscheint auf diese Weise seine Qualität nicht mehr als nur (ein)dimensional, sondern als zugleich und eben derart allumfassend. Darum hieß es zuvor, in der Umkehrung ihrer Kritik gehe es unserer Frage um dasselbe wie zuvor, nicht um ein zweites. Damit zeigt sich zugleich die ontologische Valenz des zunächst „moralisch" bestimmten Aspekts.

Steht nämlich das Heilige in äußerster Zuspitzung der „Gier nach dem Nichts" als dem Bösen *als* Bösen (und nicht bloß dem „Profanen") gegenüber, dann ergibt sich die weitere Frage, ob Sein als Sein-lassen und Heiliges als Herausrufen sich so diametral (bei aller Verschränkung) auseinanderlegen lassen, wie es bei Hemmerle geschieht – gerade wenn das Heilige jene Wirklichkeit ist, deren Zuwendung heil macht.

Diese Frage schließt den Kreis, zurück zu den anfangs notierten Bedenken hinsichtlich der Sprach- und Denkkritik dieses „neuen Denkens". Denn sie impliziert die Frage nach dem hier vorausgesetzten Sinn von „Sein". Wird es in dieser Entgegensetzung vielleicht doch als „objektiviert-statisch" (also „metaphysisch") angesetzt, im Unterschied zum geschichtlich „herausrufenden" Heiligen? Beziehungsweise als Sein des Seienden, nicht als es selbst, gegenüber dem Heiligen in seiner Selbst-Vorbehaltenheit? Diese Fragen werden eigens

aufzunehmen sein. Jedenfalls hat unsere Problematik in diesem Denken eine Ausdrücklichkeit gewonnen, die es erlaubt, nun auf das Gesamt der Antworten zurückzublicken.
Versuchen wir zunächst, nicht das einzeln Zusammengetragene nochmals zu wiederholen, sondern seinen Ertrag zu fassen, um von da her vielleicht ein Stück Wegs weiter zu finden.

II. Plädoyer

1. Zusammenschau

Erfahrung unbedingten Betroffenseins

Das erste, was unsere Befragung der verschiedenen Autoren erbracht hat, ist eine bemerkenswerte Übereinstimmung bezüglich des Zugangs zu der hier bedachten Wirklichkeit. Sie alle setzen Erfahrung voraus. „Erfahrung" meint dabei nicht Kenntnisnahme im weitesten Sinn („von jemand erfahren") oder das synthetische Ergebnis einzelner Feststellungen, erst recht nicht nur im Sinn (einzel-)wissenschaftlicher Empirie, ebensowenig freilich schon ein u. U. sehr gefühlsbetontes „Erlebnis", sondern ein (wenn auch in Vermittlung[1]) unmittelbares Erfassen. Erfassen als Entgegennahme eines Gegebenen im Unterschied zu dessen spontaner Konstitution;[2] Erfassen schließlich als Betroffenwerden von einer Realität und Aktualität, im Unterschied zur Einsicht in einen idealen Sachverhalt, zu einer Prinzipien- oder Konsequenzevidenz.

Vorausgesetzt wird also Erfahrung im angedeuteten Sinn, als „Unmittelbarkeit bei rezeptivem Realbezug";[3] und zwar nicht irgendeine, sondern eine Erfahrung eigener Qualität, unterschieden vom „alltäglichen" Realbezug: Bei Windelband ist es das Betroffensein von der Grund-Antinomie zwischen Sollen und Sein; bei Scheler die „symbolische" Erfahrung der Welt. Otto wie Hessen beziehen sich auf Erfahrun-

---

[1] Vermittelt seitens des Subjekts durch seine Aktivität, vermittelt vonseiten des Begegnenden durch sein „Erscheinen" in Wirkung oder „Symbol".
[2] Damit wird die formende Aktivität des Subjekts nicht geleugnet; aber sie ist die Leistung eben eines Vernehmens. Dies wie die Vermittlung überhaupt der eben behaupteten Unmittelbarkeit ist später noch genauer zu bestimmen.
[3] H. Ogiermann, Die Problematik der religiösen Erfahrung, in: Scholastik 37 (1962) 487.

gen nach der Art Abrahams oder Moses'. Tillich spricht vom ontologischen Schock, in dem begegnet, was uns unbedingt angeht. Bei Heidegger führt vor allem der Dichter in das Vernehmen ein, dessen Gesehenes und Gehörtes dann als das Heilige sein Wort sein soll. Und ebenso versuchen Welte und seine Schüler im Leser jene Dimension zu erschließen, im Erfahrungsbezug auf welche ihr Reden allererst verständlich wird.

Dieser Bezug ist aber nicht nur in dem sozusagen analytischen Sinn gemeint, daß das Objekt eben gegeben sein müsse, über das man handelt; der Bezug geschieht vielmehr als Rückbezug: nicht einfachhin auf das/ein Objekt, sondern auf das Subjekt der Erfahrung, auf den Erfahrenden selbst, oder genauer: auf ihn als Erfahren-habenden, insofern dem Denken „begegnet, daß es diesem Geheimnis auf seinem Weg begegnet ist" (K. Hemmerle, B 47). Der Mensch erfährt das Heilige so, daß er sich selbst als es erfahren habenden erfährt.

Daß ihm wirklich etwas – und nicht bloß, in eigenem Entwurf, er selber sich – begegnet ist, gehört, wie gesagt, wesentlich zum Bewußtsein der hier bedachten Erfahrung. Aber sie wird ausdrücklich als Erfahrung bedacht. Das Denken ist wesentlich Auslegung dieser, nicht eines – zwar einzig durch sie erreichten, nun aber als es selbst zu behandelnden – Objekts in sich. Innerhalb dieser Auslegung lassen sich dann die Akzente verschieden setzen, stärker „subjektiv" bei Windelband und Otto, mehr „objektiv", z. T. fast „scholastisch", bei Scheler und Hessen, während in den übrigen drei Gestalten des Denkens vor allem das Ineins und Zueinander dieser Momente als solches bestimmend zu sein scheint.

Diese Weise des Zugangs bedingt die Gestalt der Bestimmung des Heiligen (wie die Form der Rechtfertigung einer vertretenen Bestimmung). Die vorgelegten Bestimmungen sprechen zunächst nicht das Wesen des Heiligen aus; dieses als Qualität ist unbestimmbar. Nicht weil es unbestimmt wäre, sondern weil gänzlich durch und in sich selbst bestimmt, während sprachliches Bestimmen ein solches von anderem her ist: „Umschreibung" im doppelten Wortsinn, nämlich Abgrenzung (de-finitio) gegen anderes, also von anderem her, und auf diese Weise sodann „uneigentliches Reden", Bestimmung *in* einem anderen (durch anderes, nicht nur gegen es und bloß in diesem Sinn „von" ihm „her").

Vom Heiligen „an ihm selbst" läßt sich also nur sagen, daß es das Heilige ist. Trotzdem verstehen die genannten Bestimmungen sich als solche des Heiligen selbst: eben als seiner selbst „für uns": Das Heilige betrifft den Menschen als „Normalbewußtsein", als mysterium tremendum et fascinosum, als ehrwürdiges „summum bonum", d. h. als das schlechthin Liebenswürdige (im Doppelsinn des Wortes); Tillich nennt es ausdrücklich das unbedingt Angehende, Heidegger denkt überhaupt derart in oder aus dem Bezug, daß ihm bis heute der Vorwurf des „Relativismus" gemacht wird, und ebenso steht es bei Welte und seinen Schülern.

Formal kommen diese Benennungen also darin überein, daß ihnen zufolge das Heilige den Menschen angeht und ihn wesentlich angeht. „Wesentlich" zunächst im Blick auf den Menschen gesagt. Es geht hier nicht um eine beliebige Erfahrung unter anderen, sondern um die „höchste" (oder „tiefste"), die ernsteste Erfahrung, oder vielmehr (diese Spannung bezeichnet die Grundschwierigkeit der Rede vom Heiligen) die „Höhe" (oder „Tiefe"), den Ernst *aller* seiner Erfahrung.

Wie steht es mit dem „wesentlich", auf das Heilige selbst hin geblickt? „Das Heilige selbst" meint dabei wiederum nicht es „an (in) ihm selbst", sondern es selbst für uns. Die vorgestellten Bestimmungen kommen offenbar auch darin überein, daß sie nichts Unwesentliches vom Heiligen sagen, wenn sie es als das bezeichnen, das den Menschen wesentlich angeht. Und zwar so, daß diese Bestimmung nicht nur für uns nicht unwesentlich ist,[4] sondern auch für das Verstehen seiner selbst. Das Heilige selbst ist (d. h. begegnet) als auch von ihm her nicht beiläufig uns betreffend.

Dennoch ist damit die einzigartige Weise dieses Betreffens

---

[4] Das ist nicht dasselbe wie die eben bedachte Wesentlichkeit der *Erfahrung* des Heiligen für uns; hier ist die *Bestimmung* des Heiligen (selbst) (die seiner Erfahrung als für uns wesentlicher) als für uns wesentliche gemeint.

noch nicht gefaßt. Das Heilige betrifft nämlich wesenhaft als
„unbetreffbar". Es ist diese Unbetreffbarkeit seiner selbst,
die die Deutung seines Betreffens als eines (auf seiner Seite)
beiläufigen nahelegt. Diese Deutung verfehlt aber gerade die
eigentümliche Qualität des hier erfahrenen Anspruchs. Wesentlich ist dieser Anspruch für den Menschen ja nicht bloß
de facto; er wird vielmehr so erfahren, daß er (nicht vom
Erfahrenden, sondern von seinem eigenen Woher her) als wesentlich *„gemeint"* ist, er wird als wesentlich sein sollend und
als rechtens wesentlich erfahren. Ein solcher Anspruch aber
muß sich selber ernst nehmen, und dies nicht willkürlich,
sondern nur legitim. – Zugleich jedoch widerspräche es seiner
Hoheit, könnte die tatsächliche Nicht- oder Mißachtung seiner ihn selbst berühren.

Auch diese Unangreifbarkeit des Heiligen kommt in den verschiedenen Texten zum Ausdruck. Tatsächlich ist sie ein
Hauptmoment im üblichen Verständnis des Wortes „heilig".
„Heilig" besagt hier zunächst zwar Unverletzlichkeit im
Sinn des Verbots, des Nicht-Sollens, nicht schon des Nicht-Könnens. Tatsächlich aber verletzt (oder zerstört gar), wer
das Heilige „antastet", nicht dieses, sondern sich selbst (wie
Oza an der Bundeslade 2 Sam 6,7 f.), bzw. seine Gemeinschaft, indem er, durch die „Entweihung" (nicht des Heiligen,
sondern) eines bestimmten „heiligen" Etwas, sich und seine
Gemeinschaft und ihren Lebensraum überhaupt entheiligt
und ins Unheil stürzt. Doch davon später.

Schließlich geht dieser unantastbare Anruf nicht von einem
bloßen Sollen aus, also als unantastbar in der Weise, wie ein
Imperativ auch (fast möchte man sagen: und gerade) als nicht
befolgter verpflichtender Imperativ bleibt. Es handelt sich
beim Heiligen nicht um reine Idealität, sondern um – so ungeklärt der Begriff auch sein mag – Wert-*Wirklichkeit*, Ideal-*Realität* bzw. -Aktualität. Unbetreffbar zeigt sich das Heilige demnach auch in dem Sinn, daß es keiner „Verwirklichung" durch den es Erfahrenden bedarf. Für sein „Anwesen" allerdings nimmt es den Menschen in Verantwortung;
doch von den hier sich verschränkenden Bezügen ist erst später zu reden.

In dieser „formalen" Bestimmung also treffen sich die gesammelten Stimmen: Die Rede vom Heiligen meint jene Wirklichkeit, die unantastbar den Menschen in höchstem Ernst angeht. In der weiteren Bestimmung jedoch dieser („formalen") Grundqualität – nach ihrer konkreten Gehaltlichkeit wie nach ihrem Verhältnis zum Wirklichkeitsgesamt von Welt und Mensch – gehen die befragten Autoren verschiedene Wege.

Das zeigt sich bereits in der verschiedenen Weise des Zugangs (unbeschadet der zuvor konstatierten Übereinstimmung hinsichtlich einer unverzichtbaren qualitativen Erfahrung überhaupt). Während Windelband sich auf eine allgemeine, prinzipielle Selbst-Erfahrung endlichen Bewußtseins überhaupt bezieht (ob bzw. inwieweit zu Recht, sei jetzt dahingestellt), wird im folgenden stets die Geschichtlichkeit und Unerzwingbarkeit der Erfahrung, ihr „Offenbarungscharakter" betont: als ausgesprochen „religiöse" Erfahrung bei Otto, Scheler und Hessen, von den frühen Religionen und alttestamentlich bestimmt bei Otto, biblisch-christlich bei Hessen (darum geben hier eher die „großen" Widerfahrnisse das Muster), mehr an zeitgenössischem Erleben abgelesen bei Scheler. Aber diese Geschichtlichkeit gilt auch für einen so „metaphysischen" Denker wie Tillich, der wohl Windelband am nächsten kommt; denn nicht einfach die (mehr oder minder allgemeine) Erfahrung des „ontologischen Schocks", sondern die vernommene „Antwort" auf die darin erwachte sprachlose Frage besagt das Erscheinen des Heiligen. Metaphysische und religiöse Erfahrung rücken hier im Geist philosophischer wie theologischer Tradition eng aneinander. Bei Heidegger dagegen schroffe Trennungen: das Denken wird gegen eine christlich-theologische Indienstnahme verteidigt, andererseits öffnet sich in ihm selbst ein Vernehmen, das sich bei aller Verschiedenheit mit der Heimsuchungs-Erfahrung des Dichters trifft, einer Erfahrung, die einerseits zu ursprünglich und abgründig ist, um „religiös" genannt werden zu können (sei dieses Wort doch schon vom spezifisch römischen Verständnis des hier Gemeinten geprägt), die andererseits aber eine durchaus eigene Qualität besitzt und eine eigene Kategorialität begründet. Diese Ausrichtung auf das Dichterisch-Mythische entschränken die zuletzt Befragten wieder auf die ontologische (Selbst-)Erfahrung des Menschen, der Freiheit, des Denkens überhaupt, dies aber nicht nur (gegenüber Windelband) geschichtlich im Sinn der unerzwingbar vernommenen Antwort, sondern auch (gegenüber Tillich) zugleich in einer bestimmten Qualifizierung dieses Denkens (als lebendig-dialogischen, „neuen" Denkens im Unterschied zum alltäglichen wie metaphysisch-philosophischen Denken).

Auslegung des Erfahrenen

Der jeweilige „Ort" und die Weise der angesprochenen Erfahrung entspricht dem, was als Heiliges bzw. als was Heiliges begegnet.

1. „Normalbewußtsein" heißt es bei Windelband, nicht nur als „Inbegriff der Normen, die das logische, ethische und ästhetische Leben beherrschen"; sondern dieser Inbegriff wird gleichzeitig „erlebt als transzendente Wirklichkeit". Das heißt wohl zunächst: als unreduzierbar auf biologische, psychologische oder soziologische Erklärungen (so sehr diese Disziplinen in der Behandlung des konkreten Transzendenzvollzugs zu Wort kommen müssen). Das heißt aber darüber hinaus auch: unreduzierbar auf bloße Normativität im weitesten Verständnis, also auf „Geltung" (in jenem Sinn, in dem etwa Husserl die eigene Artung des Logischen gegenüber dem Psychologismus klargestellt hat), da das Heilige zwar inhaltlich durch die Normen, formell aber nicht als deren Inbegriff, sondern als deren (transzendentales) Bewußtsein bestimmt wird.

2. In der Terminologie Ottos sind damit nur die rationalen Momente des Heiligen benannt, also gerade nicht dessen spezifische Qualität.[5] Ottos Bestimmung des Heiligen als myste-

---

[5] „Es handelt sich vielmehr bei Rationalismus und seinem Gegenteil um einen eigentümlichen *Qualitäts*unterschied in der Stimmung und im Gefühls-gehalte des Fromm-seins selber" (H 3).

rium tremendum et fascinosum ist, wie gezeigt, als bloß (oder doch noch zu sehr) psychologisch angegriffen worden. Aber es dürfte deutlich geworden sein, daß es ihm, trotz aller faktischen Mängel der Ausführung, um die Wahrung dieser Qualität ging, als deren „propria" erst sich die logische, ethische und ästhetische Normativität verstehen lassen. Wiederum wird also Irreduzibilität behauptet, nämlich dieser Qualität auf die von Windelband genannten Momente. Schrecken und Faszination sind nicht Wirkungen der Norm beziehungsweise des Norm(al)bewußtseins auf den Menschen; eher umgekehrt vielmehr ist dieses normierend – nicht zwar schon als tremendum und fascinosum, aber aufgrund einer „Hoheit", die ihrerseits ursprünglichst in dieser „Kontrastharmonie" erlebt wird.

3. Diese „Hoheit" zeigt sich angesichts der „Niedrigkeit" und „Nichtigkeit" des Menschen, die selber erst angesichts dieser Hoheit dem Menschen bewußt wird. Kreatürlichkeit, „Staub und Asche", nannte Otto diese Selbsterfahrung; Scheler differenziert darin nochmals: „Ich (und alles) nichts und nichtig – ich (und alles) dennoch nicht nichts, sondern etwas: von Gnaden dieses Hohen." Und aufgrund dieses zweiten Momentes tritt für ihn das tremendum völlig zurück gegenüber dem Gewährungs- und Gnadencharakter der absoluten Wirklichkeit. Er übersieht die Absolutheit des Göttlichen nicht; aber dessen „Qualität", und darauf zielt seine Benennung als das Heilige, faßt Scheler offenbar nur als („summum bonum") Heil des Menschen. Sosehr hierdurch die Zweideutigkeit des Heiligen im religionsgeschichtlichen Sinne, besser: des Sakralen, wenn nicht gar des Dämonischen, überwunden wird (die in Ottos Entwurf noch stark fortwirkt), sosehr ist andererseits damit offenbar das Moment der Hoheit und Unnahbarkeit, dem das Augustinische „inhorresco" antwortet, vernachlässigt.

4. Hessen wurde zwar vorgeworfen, das Heilige nur nach seinem Uns-Erscheinen bestimmt zu haben, insofern er wieder auf Ottos „tremendum et fascinosum" zurückgeht. Doch eben in dieser Bestimmung scheint er uns jenes „An-sich" des Heiligen in seinem „Für-uns" zu wahren, das wir bei Scheler

vermissen. Nicht als wäre der Schelerschen „Für-uns-Bestimmung" des Heiligen als Heil nun die Formel Ottos und Hessens als „An-sich-Bestimmung" entgegenzustellen; gerade „für uns" vielmehr ist das Heilige erst als das Heilige das Heilige, nicht schon als das Heil (ja, wie noch deutlich werden muß, ist es auch unser Heil eigentlich erst als das Heilige, nicht einfach schon als das Heil). „Das Heilige" in diesem Sinne ist entscheidend das „Ganz-Andere" (valde aliud).

Diese Andersheit wird nun von Hessen freilich mit einem sozusagen antirationalen Pathos vertreten, als religiöse und Wert-Kategorie in Unterschied und Gegensatz zur metaphysischen Tradition. Aufgrund dessen kann er zwar eine gewisse systematisierende Beschreibung der religiösen Vollzüge geben, aber vermag es eigentlich nicht, das Heilige (mit Hemmerle zu sprechen) dem Denken als Denken heilig sein zu lassen.

Anders gesagt, wie weit läßt der Verzicht auf metaphysische Kritik die Phänomenologie zu bloßer (Religions-)Geschichte, -Psychologie und Geisteswissenschaft werden?

5. Demgegenüber besteht P. Tillich auf der Verbindung von „intuitiv-deskriptiver" und „existentiell-kritischer" Methode. Seine Reflexion geht von derselben Erfahrung aus wie die Ottos, Schelers und Hessens: von der Erfahrung des Mysteriums als zugleich tremendum (worauf Otto den Akzent legt) und fascinosum (was Scheler akzentuiert). Die Drohung des Nichts und sein tatsächliches Dasein zumal werden dem Menschen in der „Offenbarung" des Geheimnisses als Abgrund und Grund endlicher Existenz gegenwärtig, im „Schock", der sich in die prinzipielle Frage artikuliert: „Warum ist nicht nichts?" Doch nicht dieser „ontologische Schock" ist schon die Erfahrung des Heiligen. Bezeichnenderweise spricht er sich in einer schwebend-offenen Frage aus. Das Heilige zeigt sich als deren Antwort. So allerdings, daß es zunächst diese Fraglichkeit radikalisierend „wiederholt", indem es sie beantwortet: als die vernichtende und erhebende Macht göttlicher Gegenwart.

In einer Intensität wie keiner der bisher genannten Denker insistiert Tillich dabei auf der Zweideutigkeit auch dieser

Antwort, einer doppelten Zweideutigkeit, die er mit den Wortpaaren „heilig – profan" und „heilig – dämonisch" benennt. Mit dem ersten ist der Sachverhalt angesprochen, daß das Heilige als Grund und Abgrund der Wirklichkeit überhaupt doch jeweils nur an bestimmten Wirklichkeiten begegnet und der Bezug zu ihm, der eigentlich alle Vollzüge, und zwar ursprünglichst, bestimmt, sich als solcher jeweils nur in bestimmten Vollzügen artikuliert. So ergibt sich eine scheinbare Partikularität des Allbetreffenden, die sein Wesen zu verstellen droht. Verfällt der Mensch dieser Versuchung, nimmt er das Partikuläre für das Ganze selbst, die Erscheinung für das Erscheinende, dann ist das Bild des Heiligen zum Idol, das Symbol des Heiligen dämonisch geworden.
Doch nicht nur in dieser Hinsicht hängen die beiden Paare zusammen. „Dämonisch" ist nicht nur Tillichs Prädikat für die gleichsam ideologisierte und totalisierte Erscheinung des Heiligen, sondern meint auch ein Moment des Heiligen selbst gegenüber dem Profanen, jenes, das Otto mit dem „tremendum" ansprechen will. Darum würde eine völlige Entdämonisierung (der Erscheinung) des Heiligen diese(s) in (mag sein moralisch-reine) Profanität entgleiten lassen; sie verlöre seine Numinosität, während umgekehrt eine schroffe Grenzziehung gegenüber der Profanität das Heilige in die Zweideutigkeit des numinos-unreinen Dämonischen abdrängen würde.
Sosehr hiermit eine Aufgabe des Menschen formuliert ist, so gut weiß Tillich andererseits, daß sie (und erst recht ihre Lösung) nicht Sache des Menschen ist, daß diese Unbestimmtheit entscheidend nur vom Heiligen selbst her behoben werden kann: dadurch, daß es sich, wenngleich bislang bloß fragmentarisch, doch unzweideutig als heilig zeigt, das heißt: weder partikulär in sozusagen räumlich-quantitativer Absetzung von etwas Profanem, noch (dämonisch-)numinos im Sinn einer bestimmten Qualität, einer qualitativen Abhebung vom Natürlichen; also nicht durch – sei's auch sich absetzenden – Vergleich alteriert, sondern als unvergleichlich es selbst, als, wie Tillich dann auch sagt: das Göttliche. Dabei muß freilich auch dieses Wort erst präzisiert werden; es ist gerade nicht in religionsgeschichtlicher Zweideutigkeit, sondern letztlich christ-

lich zu lesen, so wie von Scheler das Göttlich-Heilige im Anschluß an die klassische Tradition als „summum bonum" bestimmt worden ist.
Während wir aber bei Scheler das Moment des „tremendum" in seiner Bestimmung vermißten, so scheint bei Tillich trotz seinem Insistieren auf der notwendigen (Selbst-)Klärung des Heiligen das Dämonisch-Sprengende und -Verzehrende einen Eigenrang zu behaupten, der gewisse Vorbehalte nötig macht. Theologisch hätten sie an seiner Formel „Jesus opfert sich dem Christus" anzusetzen, metaphysisch ginge es um das Eigensein des Seienden bezüglich des Seins bzw. um die Gültigkeit des Ontischen und die entsprechende Konzeption des ontologischen Geschehens.
6. Vielleicht darf man sagen, daß gerade diese Frage das eine Thema Heideggers ist. Nicht ihre Beantwortung schon, sondern – im Bedenken der Metaphysik – erst einmal sie selbst nach Herkunft und Sinn. Insofern Heidegger gerade im Augenblick der Selbstverständigung über dieses sein Thema auf Hölderlin traf[6], wird ihm der Name des Dichters für dieses zu Denkende bedeutsam: das Heilige.
Der Zugang zum Heiligen und der Ort seines Erscheinens ist hier also nicht religionswissenschaftlich, erst recht nicht theologisch bestimmt; er liegt auch nicht im ethischen Phänomen des Sollens-Anspruchs noch in irgendeinem Anstoß metaphysischer Gedankengänge, sondern Heidegger sieht ihn in Dichtung und Kunstwerk. – Das heißt freilich nicht: in der „ästhetischen" Dimension, womit mehr abgewiesen sein soll als eine flache Ästhetisierung des Religiösen bzw. die Hinaufsteigerung des Ästhetischen zur („Ersatz"-)Religion. Es geht auch nicht um ein Erfühlen des Absoluten, sei es als absoluter Vollkommenheit und Schönheit, sei es als erhabener Macht. Wort und Werk der Kunst sind vielmehr eine Weise, wie Wahrheit „geschieht". Sie geschieht, indem das Heilige aufgeht, oder sagen wir besser: aufgehen läßt. Damit ist eine weitere notwendige Abgrenzung angezeigt.
Daß das Heilige aufgehe, in Kunst und Dichtung erscheine,

---

[6] Vgl. O. Pöggeler 218.

ließe sich ja auch im Sinn Hegels verstehen. Hegel kennt nicht nur unter andern Religionsgestalten eine Religion des Schönen (die griechische), sondern die Kunst und das Schöne stehen für ihn wesenhaft in religiösem Bezug, die Kunst ist erst dann „wahrhafte Kunst und löst dann erst ihre höchste Aufgabe", wenn sie mit Religion und Philosophie „nur eine Art und Weise ist, das Göttliche, die tiefsten Interessen des Menschen, die umfassendsten Wahrheiten des Geistes zum Bewußtsein zu bringen und auszusprechen".[7] Heil heißt bei Hegel Versöhnung, und versöhnt werden (genauer: als je schon versöhnt *offenbar* werden) Begriff und Realität (in Windelbands Terminologie: Sollen und Müssen). Diese Versöhnung (also ihre volle Offenbarkeit) ist erst im Denken, in der Philosophie erreicht; sie wird erlebt und gelebt in der Religion, angeschaut in der Kunst: im Ideal, der als existierend vorgestellten Idee. Diese Vorstellung aber ist wesentlich nicht die des Menschen, sondern das Sich-Vorstellen der Idee selbst: ihr Erscheinen. „Das Schöne bestimmt sich dadurch als das sinnliche Scheinen der Idee."[8] D. h. es bestimmt sich als (Er-)Scheinen der Idee selbst, aber zugleich als nur sinnliches Erscheinen, das darum über sich hinaus tendiert: „Erfaßt sich nun aber ... die Idee des Schönen als der absolute und dadurch – als Geist – für sich selber freie Geist, so findet sie sich in der Äußerlichkeit nicht mehr vollständig realisiert, indem sie ihr wahres Dasein nur in sich als Geist hat."[9]

Es ist hier nicht der Ort, Hegels Philosophie der Kunst zu behandeln. Entscheidend ist, daß sie vom absoluten Standpunkt, sozusagen vom (wenn auch dialektisch in Schwebe sich haltenden) Standpunkt des Absoluten aus vorgelegt wird. Dieses erscheint in der Kunst, bleibt allerdings auch verborgen, insofern das Medium ihm nicht angemessen ist; vollends da ist es erst im Denken, *als Geist*, das heißt: bei *sich*.

Auch bei Heidegger erscheint das Heilige im Wort des Dichters, und ebenso bleibt es bei ihm auch verborgen. Aber dies

---

[7] G. W. F. Hegel, Ästhetik I 19.
[8] Ebd. 117.
[9] Ebd. 297.

nicht etwa, weil es noch nicht bei sich wäre (man könnte eher versucht sein zu sagen: gerade weil es bei sich ist, noch nicht bei uns). Zwar gibt es auch hier ein „Noch-nicht"; doch es bezieht sich gerade nicht auf das Ende der Verborgenheit, sondern auf deren noch ausstehendes „wahres Dasein", also auf das Ende der Verborgenheit ihrer (der Verborgenheit) selbst.

Im Kunstwerk erscheint zunächst nicht eine oder die Idee, sondern das dargestellte Seiende selbst, und damit alles, was ist. „Je einfacher und wesentlicher nur das Schuhzeug, je ungeschmückter und reiner nur der Brunnen in ihrem Wesen aufgehen, umso unmittelbarer und einnehmender wird mit ihnen alles Seiende seiender" (Hw 44). So aber läßt das Werk „Unverborgenheit als solche" geschehen (ebd.): „Das ins Werk gefügte Scheinen ist das Schöne" (ebd.).

In dieser „Definition" ist das Scheinen nicht nur nicht das Hegelsche Erscheinen der Idee (vielmehr des und alles Seienden, welches darin als es selber aufgeht), es hat überhaupt keinen Genetiv bei sich[10], das heißt: es steht gar nicht mehr als Scheinen irgend eines Erscheinenden im Blick (so sehr es das als Scheinen immer ist), sondern als es selbst, als solches: „Unverborgenheit als solche".

Im Kunstwerk erscheint also nicht nur das Seiende in seiner Einzelheit und vielfältigen Bezüglichkeit, sondern zuvor und eigentlich erscheint – und *dies* ist Heideggers Thema – das Erscheinen als solches. Dieses Erscheinen aber kann seinerseits nicht als Erscheinendes erscheinen, sondern nur, indem es (anderes) erscheinen läßt. Damit haben wir unseren früheren Satz wieder erreicht: Im Werk der Kunst geht eigentlich nicht das Heilige auf, es waltet, indem es aufgehen läßt. Und das Eigene der Kunst ist es offenbar, dieses Aufgehen (des Seienden) – das, in unterschiedlicher Weise, überall geschieht, wo Seiendes da ist – *als* Aufgehen „ins Werk zu fügen". *Als* Aufgehen, das heißt: als Aufgehen-*gelassen*-Werden (Entborgenwerden), und das heißt nochmals: als Aufgehen-Lassen (Entbergen).

[10] Vgl. W. Biemel, Die Bedeutung von Kants Begründung der Ästhetik für die Philosophie der Kunst, Köln 1959, 182 ff.

Während im ausdrücklich religiösen Bezug der Mensch sich zum erscheinenden Gott oder Göttlichen verhält und während im Sollensanspruch die gestellte Aufgabe oder auch das/der Fordernde die Aufmerksamkeit bindet, will Heidegger auf das Erscheinen, das Geschehen des Aufgangs selber achten. Darum wird ihm die Kunst zum Zugang, innerhalb dieser Sphäre vor allem die Dichtung,[11] die „eine ausgezeichnete Stellung im Ganzen der Künste" hat, weil „die Sprache jenes Geschehnis ist, in dem für den Menschen überhaupt erst Seiendes als Seiendes sich erschließt" (Hw 60 f.).

Darum ist es auch erst innerhalb der Dichtung möglich, die Kunst selbst nach ihrem Wesen zum Thema zu machen.[12] Nicht also erst die Philosophie bedenkt (gar ihrerseits vom absoluten Standpunkt aus) die Kunst. Ursprünglicher dichtet die Dichtung selber die Dichtung. Hölderlin ist für Heidegger aus diesem Grund bestimmend geworden: als Dichter des Dichters.

Seit jeher haben die Dichter die Götter gerühmt; aber „der

---

[11] Im üblichen, Heidegger sagt: „engeren" Sinn, insofern „Dichtung" sein Wort für jenes Entbergungsgeschehen überhaupt ist, aus dem Mensch, Sein, Welt und alles Seiende Da-sein erhält, so „daß es offen bleiben muß, ob die Kunst und zwar in allen ihren Weisen, von der Baukunst bis zur Poesie, das Wesen der Dichtung erschöpft" (Hw 61).

[12] Gewiß gibt es in der bildenden Kunst die Tradition des Selbstbildnisses, in dem der Künstler sich nicht nur als diesen Menschen, sondern immer wieder gerade auch als Künstler darstellen wollte. Es gibt weiterhin die Tradition des Atelier-Bildes, d. h. des Motivs *Der Maler und sein Modell*. So ist etwa J. Vermeers „Ruhm der Malkunst" *(de schilderconst)* „ein Trakat über die Malerei, allerdings ein gemalter und nicht ein geschriebener" (W. Mrazek, zitiert von H. Sedlmayr 172), und dies gerade nicht nur aufgrund allegorischer Elemente oder deren allegorischer Komposition, sondern vor allem dadurch, daß „der eigentliche ‚Gegenstand' des Bildes" das Licht ist: „es zeigt das reine Dasein der Dinge" (Sedlmayr 168). Dennoch kann im Bild selbst jene Dimension nicht mehr *ausdrücklich* werden, die erst die sprachliche Auslegung aufschließt, abgekürzt gesagt: die des Lichtes *als* Licht (das etwa nicht nur die Dinge, sondern auch den Maler – nicht bloß zeigt, sondern – erscheinen, da-sein läßt, und zwar ihn als Maler, nicht nur als zu Malenden).

Wesensstand des Dichters gründet nicht in der Empfängnis des Gottes, sondern in der Umfängnis durch das Heilige" (E 67). Diesen Sachverhalt dichtet Hölderlin: „Das Heilige sei mein Wort."
Wir fragen hier aber nicht nach dem Wesen der Dichtung, sondern des Heiligen. Der Dichter sagt das Heilige. Doch ebenso gilt offenbar: Das Heilige ist jenes, das der Dichter sagt. Hier ist freilich sogleich eine Erinnerung vonnöten. Vor der zitierten Hölderlin-Zeile heißt es: „Jetzt aber tagt's!" Dieses Jetzt ist Heidegger nicht weniger wichtig als das bisher Genannte; es geht ihm nicht um das Wesen der Dichtung oder des Heiligen im Sinn der *essentia*, sondern um ihr Wesen im verbalen Sinn, um ihr An-wesen jetzt, in unserer Zeit.
Jetzt, heute, ist das Heilige jenes, das (allein) der Dichter sagt. Und der Dichter seinerseits sagt nicht die immergültige *essentia* des Heiligen, sondern er sagt es als solches, indem er sein *Jetzt*, sein *Tagen* sagt.
Was ist damit nun über das Heilige selber, inhaltlich, gesagt? Zunächst einmal dies, daß allgemeine Aussagen über es als solches keine Aussagen über das Heilige, sondern sich selbst nicht verstehende Kundgaben des Unheils sind. Als solche verstehbar werden sie allerdings erst vom Tagen des Heiligen her. Das heißt, das Heilige ist zunächst jenes, das uns unser Unheil aufgehen läßt. Und dieses Unheil besteht im (unbeliebigen, nicht subjektiv schuldhaften) Vergessen des geschichtlichen (geschicklichen) Entborgenseins (besser: Entborgenwerdens) alles Da-seienden; es besteht im Gebanntsein vom Seienden in seiner Anwesenheit.
Damit ist nun das Heilige selbst in einem ersten Schritt bestimmt: als jenes, das sich zunächst so entzogen hat, daß sich auch sein Entzug entzog (daß *es* auch ihn entzog), und das „jetzt" in der Weise „tagt", daß es seinen Entzug als solchen aufgehen läßt. Indem es aber den Entzug seiner als solchen gibt und seine Ferne als solche dem Erfahren nahebringt, beginnt *als* derart abwesend es doch schon selber anzuwesen, wenn auch unleugbar nur als *abwesend:* Das Heilige wird als gewesen(d)es – *und* (so) als zukünftiges gegenwärtig.

Diese Gegenwart ist also eine solche des „Zwischen" zwischen den Zeiten, diejenige „dürftiger Zeit". Aber in ihr spricht schon das kommende „Brautfest" sich zu. Läßt sich darüber etwas sagen? Und nochmals: inwiefern sagt (nur) der *Dichter* das Heilige? Gilt das allein für die dürftige Zeit oder auch für das Fest?

Zunächst müßte man mit Heidegger wohl den „Wesens"-Willen an diesen Fragen abweisen. So wie Heidegger sagt, das Sein sei es selbst, muß auch gelten: das Heilige „ist" es selbst; dies aber nicht im Sinn der Unzugänglichkeit einer Wesenheit, sondern im Sinn der „Freiheit" des hier Erfragten: das Heilige ist und wird sein, (als) was es ist und sein wird.[13]

Dann aber läßt sich aufgrund seiner anfänglichen Gewähr doch etwas sagen: Heidegger spricht vom Spiel des Gevierts, in das hineingenommen und zu seinem Teil es mit-erspielend der Mensch „dichterisch wohnt". Das Heilige ist dann die Mittelbarkeit selbst dieser Vermittlung, oder (bzw.: und, und zwar *als* solche) deren Unmittelbarkeit, obwohl der erste Ausdruck vorzuziehen sein dürfte, weil er die Schwebe der wechselseitigen Ver-eignung unmißverständlicher bewahrt.

Der Dichter aber bleibt dem Heiligen wohl darum zugewiesen, weil erstlich er jenen Raum offenhält, in dem die Begegnungen statthaben können, auf die sich dann Kult und Theologie je in ihrer Weise beziehen.

Das Heilige ist für Heidegger nicht das Normalbewußtsein; denn – um von allem anderen jetzt abzusehen – dieses ist noch nicht das Äußerste: Woher vielmehr stehen wir in Differenz zu ihm? Das Müssen stammt offenbar nicht aus dem Sollen; beide aber und ihr Widerstreit stehen in einem „Raum", der

---

[13] Man darf hier vielleicht an die „theologische Parallele" erinnern, welche die Auslegungsgeschichte von Jahwes Selbstbenennung Ex 3,13 f. bietet, unbeschadet der schroffen Grenzziehung Heideggers, die hiermit in keiner Weise diskutiert werden soll. Das „Ich bin, der ich bin", metaphysisch als Auskunft über eine essentia verstanden (eben die essentia des *Ipsum Esse*), wird heute als geschickliche Selbstzusage gelesen: Ich bin und werde sein, (als) der ich (da) sein werde. Auch dies nur scheinbar formal, tatsächlich ebenso inhaltlich wie die metaphysische Auskunft, allerdings in der Inhaltlichkeit der Treue und der Heilszusage souveräner Freiheit.

eröffnet sein muß wie jener von Himmel und Erde. (Und vielleicht darf man sagen: „als jener"; daß es sich also letztlich nicht um verschiedenes handle, sondern – bei aller Andersheit, ja eben und nur so – um das selbe: das Wider-Spiel von Eröffnung [Ermöglichung] und Verschließen [Verweigerung, Unmöglichkeit].)

In diesem Himmel-Erde-Raum treffen dann die Sterblichen und die Numina aufeinander. So ist das Heilige weder ein (etwa durch Rationalisierung und Schematisierung gewonnenes) Quale (Otto) noch eine (oder: die) Qualität des Göttlichen (Scheler) oder das Göttliche selbst (als transzendent personale Wertwirklichkeit – Hessen). Heidegger geht auch hinter Tillichs metaphysische Konzeption seinen „Schritt zurück". Nicht im Sinn eines radikalisierten transzendentalen Fragens nach den Bedingungen der Möglichkeit (des Betroffenwerdens durch das, was uns unbedingt angeht), nicht also in der Weise konsequenteren Fragens; sondern im Willen zum konsequenteren Verzicht auf das Fragen: „Woher rührt das Zeigen? Die Frage frägt zuviel und übereilt. Es genügt, darauf zu achten, was sich im Zeigen regt und sein Regsames zum Austrag bringt" (Sp 257).

„Raum" ist darum auch nicht als ein leer Vor(her – „apriori")liegendes für mögliche Begegnungen verstanden, sondern er „regt" sich, räumt ein, er eignet die Begegnenden einander zu, und derart ist er „das Ereignis selbst" (Sp 258).[14] Als solches Spiel ist er nicht mit *einem* Namen zu nennen; Heidegger legt sich darum nicht fest, sondern benennt das Heilige jeweils aus dem konkreten Gespräch heraus, wie das Wort des erörterten Dichters oder Anknüpfungen im Gang der Erörterung es nahelegen: Lichtung, die Heitere, Gegnet, Näherin, die Bläue ...

In all dem geht es darum, Beziehung „rein aus ihr selbst her zu erfahren", statt sie sogleich von dem aus vorzustellen,

---

[14] Im Wort „Raum" „spricht das Räumen". „Räumen ist Freigabe der Orte, an denen ein Gott erscheint, der Orte, aus denen die Götter entflohen sind, Orte, an denen das Erscheinen des Göttlichen lange zögert" (M. Heidegger, Die Kunst und der Raum 8 f.).

„was jeweils in der Beziehung steht" (Sp 188). Andererseits ist als vorgängiges „Zwischen" oder „Element" (Sp 189) Beziehung auch nicht als sie selbst gefaßt. Vor allem wird sie so nicht – und darum ist es Heidegger zu tun – von ihr selbst her *erfahren*.[15]

Heidegger geht es um ein Denken, „das sich eigens in das Ereignis einläßt, um Es aus ihm her auf Es zu – zu sagen."[16]

„Es gibt" scheint Heideggers letzter Name für das Heilige zu sein.[17] – „Es gibt" als Ereignis, als *das* Ereignis. Wobei man wohl nicht ganz fehlgeht, wenn man hierzu an Hölderlins „Nun aber tagt's" erinnert. Der Versuch, beides zusammenzunehmen, um ihr An- und Mit-einander zu verdeutlichen, könnte so aussehen: Nun gibt Es: Es gibt.

Die Frage „Was ist das Heilige?" besagte bisher schon: „Was

---

[15] „Dies alles ist freilich leicht gesagt, d. h. ausgesprochen, aber zumal für uns Heutige schwer zu erfahren" (Sp 189). Vgl. M. Müller, Existenzphilosophie 66 f., über Heideggers Versuch, in der Weiterführung von „Sein und Zeit" eine „theologische Differenz" auszuarbeiten, und die Aufgabe dieses Ansatzes „als nicht erfahren, sondern nur spekulativ, experimentierend gleichsam, aufgestellt", sowie die von Löwith mitgeteilte briefliche Äußerung Heideggers: „Ich nehme die Person entscheidend wichtig – aber in den Vollzugsmöglichkeiten, die ich ehrlicherweise lediglich zur Verfügung habe" (H.-G. Gadamer [Hrsg.] 39).
[16] SD 25.
[17] Nicht das bloße „Es". Die sprachwissenschaftlichen und philosophischen Deutungen solchen „Es" reichen „vom Belanglosen bis in das Dämonische"; für Heidegger nennt es jedenfalls „ein Anwesen von Abwesen", das nicht isoliert von sich (als Quasi-Subjekt) her, sondern nur von seinem Geben her vor den Blick zu bringen ist: eben das „Ereignis" des „Es gibt" (SD 19, vgl. 46). – Damit stellt sich freilich als „die eigentlich zu bedenkende Aufgabe" die Bestimmung des Verhältnisses dieses Ereignisses zu dem, was Gott heißt (M. Müller, Existenzphilosophie 65 f. Anm.), anders gesagt also: des „Es gibt" zu dem mit „Es" Angezeigten. Dies nicht nur „auch dann, wenn", sondern gerade, weil „Heidegger selbst in einer für den Theologen seltsamen Weise immer wieder die Rede darüber in seinem Werk ausspart" (K. Rahner, in: R. Wisser (Hrsg.) 49). Und diese Aufgabe stellt sich nicht bloß dem Theologen, sondern durchaus auch philosophisch (wiederum: nicht nur „auch dann, wenn", sondern gerade, weil Heidegger sie ausspart). Aber sie ist nicht mehr Aufgabe dieser Studien.

erfahren wir in der Erfahrung seiner?" Heidegger bindet nun dieses „Was" so eng an sein Erfahrenwerden, daß nicht mehr von Washeit (Wesen substantivisch), sondern allein vom Erscheinen (Wesen verbal) gesprochen werden kann. Nicht etwa als Phänomenalismus und Relativismus (wie es einem ungeschichtlichen Verständnis scheinen muß), sondern vielmehr als Verwirklichung des Programms „Zu den Sachen selbst" – insofern hier die Sache des Denkens das Heilige ist. Also als strikte Phänomenologie.[18]

Versuchen wir derart nochmals unsere Frage „Was ist das Heilige?" mit Heidegger zu beantworten, dann mag die Auskunft lauten: „Das Heilige: nun gibt Es (sein) Geben."

Diese „Auskunft" gibt sich freilich nicht als Auskunft, will sagen: der Satz nicht als Aussage-Satz[19] – so wenig, wie „das Heilige, das ich sah", Hölderlins „Aussage" sein soll statt vielmehr sein „Wort", das heißt: sein Zeugnis.

7. Zeugnis wem? Gewiß dem Fragenden. Doch nicht zuhöchst dem Heiligen selbst? – Heidegger ist es durchaus darum zu tun, „Es [d. h., das Ereignis des Es-gibt, nicht nur] aus ihm her [, sondern auch] auf Es zu – zu sagen";[20] aber „auf es zu" muß hier nicht mehr bedeuten als „in der Erwartung seiner", und *kann* es nach dem bisher Vorgelegten mehr bedeuten?

Wir stehen wieder bei der Frage, die Heidegger „in seinem Werk ausspart". Von ihm her denkend, stellen sich ihr Bernhard Welte und seine Schüler.

Der (Selbst-)Entzug des Heiligen ist auch Weltes Ausgangspunkt. Er wird hier allerdings etwas anders verstanden; wenn wohl auch nicht ontisch (statt ontologisch) – da es um einen Wandel der Welt(sicht) geht –, so doch der Psychologie recht nahe: nämlich nicht als Seinsvergessenheit (deren Geschick nach Heidegger das ganze abendländische Denken bestimmt), sondern als Schwund jener sakralen Weltsicht, wie

---

[18] „Sofern unter Phänomenologie keine besondere Art und Richtung der Philosophie sondern etwas, das in jeder Philosophie waltet, verstanden wird" (SD 48).
[19] SD 25, 43.
[20] SD 25.

sie etwa Schillers Gedicht *Die Götter Griechenlands* beschwört.

Von diesem Ausgangspunkt her führt die Besinnung jedoch auf eine prinzipielle, also über-epochale Entzogenheit des Heiligen, begründet darin, daß es kein Seiendes ist. So wird es entweder als Nichts und nichtig verstanden oder, wenn doch als Etwas vorgestellt, nicht mehr als das Heilige aufgenommen.

Dennoch erhofft der Mensch durch alles Scheitern hindurch sein Erscheinen, sein *wirkliches* Erscheinen als des *wirklich* Heiligen. Wirkliches Erscheinen besagt: Erscheinen in der Geschichte, an/in Seiendem, und dies zuletzt in End- und Allgültigkeit. Es besagt zugleich: Erscheinen als wirklich Heiliges, das heißt, in Unfaßbarkeit und Unnahbarkeit.

Von solcher Erwartung (und ihren vor-läufigen Rechtfertigungen durch die Sinnerfahrungen des Daseins) her bestimmt Welte das Heilige als das „durch absolute Höhe, absoluten Rang und absolute Reinheit schlechthin [E]ntzogene und doch und zugleich uns selbst und das Ganze des Seins im Innersten Umfangende und uns in Schweigen und Andacht Angehende", wobei die eigene Qualität des Heiligen „gerade in der Einheit der angedeuteten Charaktere" liegt (SE 329).

Eben diese Erwartung (und ihr „angeldlicher" Ausweis) aber verlangt darüber hinaus, nicht bei dieser Qualität stehen zu bleiben, sondern das Heilige dem Denken als Denken in der Weise heilig sein zu lassen, daß das Denken diese Qualität (in den „Gottesbeweisen") als *Gottes*wirklichkeit denkt: „als Aufweis der [personalen] Wirklichkeit dieses Gehaltes" (SE 318).

Nicht erst von Heidegger, sondern von Weltes vorherigen Aussagen selbst her stellt sich freilich die Frage, was „Wirklichkeit" hier bedeute, da es ja nicht die eines Seienden sei. Welte nennt eben wegen dieser Unsag- und Undenkbarkeit das Heilige das Geheimnis. Gleichwohl muß es weiter bedacht werden, bei aller Unangemessenheit solchen Denkens, und zwar eben darum, weil es dem Denken nicht erlaubt ist, bei einer bestimmten Unangemessenheit stehen zu bleiben (vgl. HV 105).

In diesem Sinn verdeutlicht Welte, was er mit Gotteswirklichkeit meint, durch drei Bestimmungen des Heiligen. Er nennt es das Selbst-, das Du-hafte und die freie Huld.
Selbsthaftigkeit soll dabei nicht Subjektivität besagen, höchstens „esse subiectivum" gemäß mittelalterlichem Sprachgebrauch; das heißt, es wehrt die Deutung von „Geheimnis" als bloß ideelle Geltung, gar bloß als regulative Idee ab. Der Name sagt das (Von-sich-)Selbst-Sein, die Selbstgründung des Geheimnisses, seine Selbigkeit nicht nur mit sich, sondern durch sich selbst und von sich selbst her. Eben in solcher Selbsthaftigkeit ist es Geheimnis: „es enthüllt sich, in dem es sich verhüllt" (HV 106); will sagen, es zeigt sich schlechthin als es selbst, also als unvergleichbar und unaussprechlich.[21]
Damit rückt nun doch die Subjektivität im heutigen Sinn in den Blick. „Selbst" als Geheimnis-Wirklichkeit im angezeigten Sinn: das führt in jenen Bereich, oder wenigstens „in die Nähe des Bereiches, in dem wir das Wort ‚Du' als das gemäße gebrauchen" (HV 106). Im Sichverhüllen enthüllt das Geheimnis sich ja zugleich, sein Entzug ergibt nicht einfach Leere, sein Vorbehalt ist nicht bloß Abkehr, sondern die Weise, wie es uns *angeht*, angeht in der Weise des *Anspruchs* aus dem Geheimnis seiner Selbsthaftigkeit heraus, und zwar derart, daß es selber ansprechbar ist: kein Muß-Diktat einer rein faktischen Struktur – sie könnte keinen Anspruch ver-antworten –, sondern, eben als Selbsthaftigkeit, Sinn, also Antwort auf unser Fragen.
Die Qualitas des Anspruchs, oder besser: des in ihm uns Angehenden benennt Welte als seine Du-haftigkeit.
Die besinnende Erfahrung des Selbst- als des Du-haften (wie umgekehrt) eröffnet im Blick auf den Ineinsfall dieser Namen die Möglichkeit einer äußersten Benennung dieses heiligen Geheimnisses.
Ausgehend vom Zauber des Überraschenden im täglichen Leben, führt Welte zu dieser Benennung durch den Hinweis,

---

[21] Auch diese *Abwehr* jeder Benennung hat man seit je in der Namenskundgabe Jahwes gesehen, auf die oben hingewiesen wurde (S. 239 Anm. 13).

daß Gruß und Freundlichkeit des anderen dem Menschen kostbarer sind als geschuldete und erzwingbare Leistungen, als einklagbare Rechte. „Das positive Wesen des Prinzips dieser Steigerung liegt im Wink der freien Gunst des frei sich selbst gehörenden Ursprungs" (HV 112). Diesen „sublimen Maßstab, dieses zarte und gefährdete Leitbild" (HV 113) hat der Mensch von dorther, daß er sich aus dem Heiligen als auf „seine *freie und umfassende* Gunst hin" versteht (ebd.).
So ist das Heilige sein Heil, aber sein Heil (die Gunst) nur als Heiliges (in freier Selbsthaftigkeit als du-haftes Geheimnis).
Weltes Schüler haben diese Bestimmung entfaltet: Die freie Gunst zeigt sich als die gewährende Ermöglichung dialogischen Miteinanders (B. Casper) und darin (wie darüber hinaus) als Sinn eröffnendes „Es gibt" von Geschichte (P. Hünermann). Eigens auf das Denken dieser Erfahrung hin hat K. Hemmerle das Heilige bedacht.[22]
Das Denken hält das Heilige heilig, indem es (als sich überfragende Anfrage) sich darauf als auf freie Huld bezieht. Zunächst in dem Sinn, daß seine Anfrage das Daß und Wie der Antwort freigibt, oder vielmehr: als frei anerkennt, denn nicht sie gibt die Freiheit. Sodann derart, daß diese Frage nicht von sich aus auf eine ihr von ihr selbst aus eröffnete Möglichkeit hin fragt, sondern aus einem wirklichen Widerfahrnis her: „Was ist mir geschehen?". Das Denken fragt also als verdankendes Denken. Gleichwohl fragt es und behauptet nicht aussagend seine Erfahrung, weil nicht es diese „hat", sondern eher diese Erfahrung das Denken; weil das Denken sich in seiner Erfahrung vorfindet und mit seiner Frage sich und das ihm Widerfahrene erst eigentlich zu finden sucht.
Im Andenken an das erhaltene „Angeld" seiner selbst und des

---

[22] In Fortführung dessen, was B. Welte im Gespräch mit K. Jaspers reflektiert hat (Der philosophische Glaube bei Jaspers, bes. 158 bis 162) und was er in seinen „Gedanken zur Theorie der Religion und zur Konstitution der Theologie" weiter ausgeführt hat (SE 279 bis 426; bes. 315 ff.: Der Gottesbeweis und die Phänomenologie der Religion).

gewährten Sinns fragt das Denken also nach dem Ganzen seines Heils. Aber sein Heil, sein Sinn ist nicht es selbst; in sich verstehender, aus der Erfahrung, der sie sich verdankt, belehrter Suche nach Identität kann es nicht sich selber suchen und erfahren.

Das ist nicht allein gemäß den Stichworten „Intentionalität" und „In-der-Welt-Sein" gemeint. Im Blick auf diese gilt B. Weltes Bestimmung von Sinn: „Übereinkunft meiner mit mir selbst als Übereinkunft mit meiner Welt", ja „Übereinkunft meiner mit meinem Sein im Ganzen als einer Übereinkunft mit dem Seienden im Ganzen" (SE 20, 22). Diese übergreifende Identität wäre das, was die Tradition mit „Sein" anspricht und in den Transzendentalien auslegt. Das Heilige aber ist jenes, das aus diesen Sinnbezügen, aus Selbst- und Welt-Identität *heraus*ruft.

Wir haben Bedenken zu dieser Entgegensetzung vorgebracht. Wenn es darum geht, den „Unterschied des Heiligen" (gegenüber Sein und Transzendentalien, umfassender: gegenüber dem Sinn[23]) zu wahren, dann ist ebenso, ja ernster, sein Unterschied auch zu subtilsten Formen des bedrohlich Verzehrenden oder auch nur dunkel Willkürlichen zu wahren, soll das Denken das Heilige in Wahrheit heiligen und es nicht (Tillich hat darauf hingewiesen) aus Furcht vor Profanisierung dämonisieren. Das besagt: Das Heilige ruft als Heiliges nur (sein Ruf kann nur dann als Ruf des Heiligen vernommen werden), wenn es den Menschen als sein Heil (als Sinnerfüllung) ruft.

Trotzdem gehen wir darin mit Hemmerle einig (gegen Schelers Auslegung etwa), daß der „Unterschied des Heiligen" auch gegenüber dem Heil gewahrt werden muß. Mit Weltes Ausdruck geht es um die Selbsthaftigkeit des Heiligen, traditionell gesprochen: um seine Absolutheit, d. h. seine Unbezüglichkeit. Nicht als bezöge es nicht (sich auf uns, indem es uns auf sich bezieht); doch es bezieht eben absolut, es ist Nähe als entschiedenste Ferne (immanent als transzendent), und nur so wahre Nähe.

[23] Vgl. J. Heinrichs, Sinn und Intersubjektivität.

Heil ist es also nur als das Heilige; als mehr denn (bloß unser) Heil; insofern der Mensch in jener Vorzeichnung seines möglichen Heils, die ihm aus der Erfahrung des Unheils als Unheil hervorgeht, sich verwiesen erfährt auf eine Erfüllung, die seine Identität, die Übereinkunft mit sich und der Welt übersteigt. Ja, diese Erfüllung muß auch sein Vorverständnis hinter sich lassen, nicht nur weil es vom Unheil zu sehr verzerrt wäre,[24] sondern prinzipiell; insofern gehört die Selbst-Transzendenz (im Tillichschen Doppelsinn) zu diesem Vorverständnis selbst, das heißt, als es selbst zielt es auf seine „Aufhebung" ins Geheimnis.[25]

Aber im Zug dieser Überlegung könnte der Unterschied des Heiligen auf die subtilste Weise „eingeholt" werden, indem es gerade als das Heilige *als unser Heil* verstanden würde. Der Mensch bezöge gerade das Absolute auf sich (weil ihm weniger als das „summum bonum" nicht genügte).[26]

Festzuhalten ist die Heils-Macht des Heiligen. Dennoch, gerade dank ihrer findet der Erfahrende sich ermächtigt, auch von diesem seinem höchsten „Interesse" Abschied zu nehmen. Und diesen Abschied von sich selbst und seinem Heil[27] – in der geschenkten Antwort auf den aus allem herausrufenden Anruf des Heiligen – meint das Wort „Anbetung". „Sie ist das in der Direktheit zum Heiligen einzig Gedurfte und Geschuldete, das Einzige, dem das Heilige in Wahrheit heilig ist".[28]

---

[24] So vor allem Th. W. Adorno; vgl. dazu jetzt G. Rohrmoser.
[25] „Das ist denn des Denkens höchstes Paradox: etwas entdecken wollen, das es selbst nicht denken kann" (S. Kierkegaard, Philosophische Brocken oder Ein Bröckchen Philosophie von Johannes Climacus, Düsseldorf⁶1967, 35 [SV IV 204]).
[26] In Schelers Terminologie: des Ungenügens der „Götzen" bewußt, wählte der Mensch das Göttliche. Aber er wählte es *sich*, und das besagt in letzter Konsequenz (vgl. Augustinus, oben S. 220, Anm. 31): er wählte sich.
[27] „Abschied" nicht als Verzicht gemeint, das wäre noch Verfügen, bliebe – im Blick auf sich – also gerade bei sich. Es geht, jenseits der Frage „Selbstgewinn oder -verzicht", um die Ungeteiltheit des Blicks, des „Kommens" (B 68 ff.) in das umfangende Heilige hinein, eben um – „selbstvergessene" – Antwort.
[28] K. Hemmerle, B 78. Vgl. in Kants Opus postumum: Als mora-

Was ist das Heilige? Die Antwort heißt von hier her: das, dem Anbetung gebührt. Und das besagt in einem letzten Schritt – so sehr das damit Gemeinte (vgl. Scheler, Tillich und Welte) der Verdeutlichung bedarf[29] –: „das Heilige" ist *der*, dem Anbetung gebührt.

---

lisches Wesen ist Gott „heilig (adorabilis)" (Akad. Ausg. XXII 117). „Sein Name ist *heilig*, seine Hochschätzung ist Anbetung" (XXI 52; vgl. 143).

[29] Welche zugleich verdeutlicht, inwiefern „Anbetung" rechtens „mehr" (und nicht etwa weniger) meint als Andacht, „Andenken" oder Kontemplation.

2. Einwände

Solche Rede vom Heiligen stößt nun heute zunehmend auf Kritik. Zur Generalversammlung der Görres-Gesellschaft vom 4. bis 8. Oktober 1969 in Münster hatte Prof. Dr. Max Müller der Sektion für Philosophie das Generalthema gestellt: „Die Situation der Religionsphilosophie heute (angesichts der Wandlungen in Glaubensverständnis und Theologie seit dem I. Vaticanum)". Den Abschluß der Behandlung dieses Themas bildete eine Podiumsdiskussion über „Die Frage nach dem Sinn von Sein sowie nach Sein und Sinn von Gott". Als Ausgangspunkt des Gespräches dienten „Thesen" von Prof. Dr. Dr. Heinz Robert Schlette. Diese, naturgemäß nicht bloß nur Thesen, sondern zudem eher Fragen als Behauptungen, faßten doch, ihrer Aufgabe entsprechend, die verschiedenen und von verschiedenen Seiten geäußerten Einwände gegen die Rede vom Heiligen derart prägnant zusammen, daß der Verfasser (selber Teilnehmer an diesem Podiumsgespräch) sich auf die dort genannten Punkte glaubt beziehen zu dürfen.

Acht Einwände

Schlette wies zunächst darauf hin, daß es sich bei der Rede vom Heiligen und der Bestimmung von Religion als Umgang oder Begegnung mit dem Heiligen (Heiler, Mensching u. a.) um eine Wesensformel handelt, zu der es im Gefolge des früh-neuzeitlichen Interesses an einer „religio naturalis" in und hinter den positiven Religionen gekommen sei.
Gegen diese Formel nun („Begegnung mit dem Heiligen") machte Schlette folgendes geltend: 1. erkenntnistheoretisch und ontologisch setze sie voraus, was zu begründen wäre;

2. religionsgeschichtlich sei a) ein allgemeingültiger Heiligkeitsbegriff wohl eine bloße Abstraktion und könne b) vor allem nicht in jeder Religion von Begegnung gesprochen werden; 3. phänomenologisch werde hier eine gefährliche Berufung auf „Unmittelbarkeit" gefördert; 4. speziell religionsphänomenologisch trete die Eigenart des Macht- und Ohnmachtserlebnisses darin zu wenig hervor; 5. soziologisch werde die Formel leicht elitär, mit einem Hang zum Totalitären und auch zum Zynismus; 6. politisch sei sie kompromittiert durch die meist anti-emanzipatorische Praxis der Religionen; 7. christlich-theologisch widerspreche ihr das Heiligkeitsverständnis des Neuen Testamentes und die Religionskritik Jesu selbst; 8. historisch und kulturphilosophisch ignoriere die Bestimmung den Prozeß der sogenannten „Säkularisierung".

Schlette plädierte daher für die Ablösung des älteren Titels „das Heilige" und trat demgegenüber für den Namen „Sinn" ein. In ihm finden sich nicht nur der Mensch und sein Leben als menschliches eher gewahrt, der Name deutet gleichzeitig in einen weiteren Bereich – dies also im Blick vor allem auf den letzten, 8. Einwand (und speziell im Blick auf die Thematik: Religion außerhalb der Religionen).

Die darauf folgenden Erläuterungen zum Sinnbegriff können wir jetzt übergehen, zumal da sie nur in knapper Thesenform gegeben werden konnten und der Verfasser sie sich weitgehend zu eigen machen würde. Wenden wir uns statt dessen den genannten Einwänden zu.[1]

---

[1] Um es nochmals zu sagen: den Einwänden als solchen, nicht als denen Schlettes, da die vorgetragene Einführung in ihrer Skizzenhaftigkeit nicht veröffentlicht wurde und nicht klar ist, inwieweit Schlette selbst die Einwände verträte (vgl. z. B. seine Publikationen zur Theologie der Religionen, die wir z. T. bei der Behandlung von Punkt 7 für unsere Antwort heranziehen werden).

Versuch einer Antwort

1. Erkenntnistheoretisch und ontologisch werde vorausgesetzt, was zu beweisen sei. Was? Offenbar ein den verschiedenen Religionen gemeinsames Wesen von Religion wie ein allgemeines Wesen des Heiligen. – Nun muß hier gleich (und für das Folgende mit) klargestellt werden, daß unsere Diskussion sich nicht auf die ganze gemeinte Breite der Thesen bezieht. Unsere Frage geht auf die Rede vom Heiligen, nicht auf die mögliche allgemeine Wesensbestimmung von Religion. Auf diese aber zielen die notierten Einwände in erster Linie. Gleichwohl impliziert hier eins das andere: Wie der Einwand die Rede vom Heiligen überhaupt, nicht bloß deren Verwendung zur Religionsdefinition in Frage stellt, so vertritt umgekehrt, wer vom Heiligen redet und auch weiter von ihm reden will, ein bestimmtes Verständnis von Religion. Nicht zuletzt darum stößt sein Reden ja auf Widerspruch. Dennoch ist dieses Verständnis nicht so eng und präzise umschreibbar, wie man vielleicht annimmt.

Es geht also, nochmals und den Einwand deutlicher fassend gesagt, um eine doppelte Voraussetzung solchen Redens: um die formale der Gemeinsamkeit und Allgemeinheit eines Wesens von Religion wie um die gehaltliche der Washeit dieses Wesens. *Die* Religion werde in solchem Reden verstanden als das individuell wie korporativ sich ereignende Begegnen des Menschen mit dem Heiligen, d. h., einem (Ganz-)Anderen (Nicht-Menschlichen, Nicht-Weltlichen). Und diese doppelte Voraussetzung erfolge als petitio principii sowohl erkenntnistheoretisch wie ontologisch.

Zunächst scheint dieser Einwand gegen die Religions*wissenschaft(en)* gerichtet. Als solcher (dies eine weitere Einschränkung unserer Diskussion) steht er hier nicht zur Erörterung, auch darum nicht, weil ihn der Religionswissenschaftler wohl schließlich – und zu Recht – an den Religionsphilosophen weitergeben dürfte. Jedenfalls setzt der Wissenschaftler zwar ein allgemeines Was seines Gegenstandes ebenso voraus wie die bestimmte Rücksicht, unter der er sich ihm zuwendet (Material- und Formalobjekt seines methodischen Forschens konstituieren es erstlich als diese bestimmte Wissenschaft); aber er setzt damit nicht etwas voraus, was er beweisen wollte oder müßte, da seine Forschungen nicht auf diese Voraussetzungen gehen, sondern auf Aspekte des Vorausgesetzten, auf Ergebnisse im Rahmen seiner Voraussetzung. Das schließt nicht aus, daß er aus verschiedenen Gründen zur Reflexion auf diese Voraussetzungen selbst genötigt wird; damit aber wandelt sich seine Fragestellung zur wissenschafts-theoretischen, ja zur (hier: religions-)philosophischen Frage überhaupt.

Begeht nun die *philosophische* Rede vom Heiligen jene petitio principii, die man ihr vorwirft? — Die hier befragten Denker kommen alle darin überein, daß sie Grunderfahrungen auslegen. Diese Auslegung hat freilich „Zirkelstruktur", jene des „hermeneutischen Zirkels", wovon — bei der immer noch (nicht nur einfachhin, sondern zunehmend) zunehmenden Literatur zur Hermeneutik[2] — jetzt nicht ein weiteres Mal gehandelt werden soll. Doch sie legt gleichwohl nicht bloß den Erfahrenden aus, sondern was ihm begegnet. Und das ist ein Anspruch, ein „Anderes", „Nicht-Menschliches" und „Nicht-Weltliches", nicht im Sinn einer zweiten, höheren, oberen Welt oder wie immer, sondern im Sinn der Unreduzierbarkeit auf alles sonst Begegnende. Dieses „Ganz-Andere" wird an und in dem hier Begegnenden erfahren, aber in Differenz zu ihm. Ob man es das „Umgreifende", das „Unbedingte", das „Sein", das „Es gibt" nennt oder mit anderen Namen: jedenfalls gilt von ihm, daß es „es selbst" ist, also nicht an ihm selbst durch das konkrete Was und Wie der Erfahrung bestimmt und bestimmbar, in der allein es doch jeweils — und zwar als es selber — zugänglich wird.

Daß es erfahren wird, und als es selbst — wird erfahren. Das wird zu Einwand 3 und weiteren noch zu erörtern sein. Ebenso, eben *so* aber wird auch seine Differenz zu dieser Erfahrung erfahren: nicht als „Dahinterbleiben", sondern als „Un-

---

[2] Siehe die Bibliographie von N. Henrichs (vgl. den Umschaubericht von W. Kern/J. Splett in: Stimmen der Zeit 185 [1970] 129 bis 135); neuestens vor allem die auch philosophisch relevante Theologische Sprachtheorie und Hermeneutik von E. Biser (den 1. Band eines dreiteilig geplanten Werkes).

faßlichkeit". (Deswegen läßt sich keine „Grenzlinie" zwischen dem konkreten Was-und-Wie der Erfahrung – das stets auch dem Erfahrenden verdankt wird – und dem In- oder An-sich des Erfahrenen ziehen.) Diesen Sachverhalt meint der Name „Geheimnis".

Indem das Geheimnis aber nicht als bloß Vermeintes, sondern als „Wirklichkeit" erfahren wird, als Wirklichkeit nicht nur für mich, sondern an und in sich: als „es selbst", wird es als „allgemeingültig" erfahren, d. h. „wir wissen, daß der Satz..., wenn wir sagen: [es] ist, wahr ist".[3] So wenig dieses „ist" hier dasselbe bedeutet wie bei allem Seienden sonst.

Das „Geheimnis" (oder wie man es nenne) wird also weder vorausgesetzt noch bewiesen, sondern erfahren. Seine Erfahrung wird ebensowenig vorausgesetzt oder bewiesen, sondern – erfahren. Beides unvertretbar vom jeweils Erfahrenden; insofern zunächst alles andere als „allgemein". Aber schon hier ist zu betonen, daß diese Erkenntnis andererseits nie schlechthin solipsistisch geschieht, sondern prinzipiell dialogisch-gemeinschaftlich; daß sie einzig derart möglich ist, wie sehr auch das Bewußtsein dieser Gemeinsamkeit zu variieren vermag.[4]

Diesem Punkt, den unter den behandelten Denkern des Heiligen am ausdrücklichsten die Welte-Schule thematisiert hat (obwohl er natürlich nirgends fehlt[5]), kommt überhaupt, wie noch zu zeigen ist, höchste Bedeutung zu. Trotzdem erscheint zunächst auch eine solche Interpersonalität als einzelhaft gegenüber der Allgemeinheit. Daß auch für sie das Unbedingte

---

[3] Thomas v. A., S. th. I q 3, a 4, ad 2: „esse dupliciter dicitur; uno modo significat actum essendi; alio modo significat compositionem propositionis, quam anima adinvenit coniungens praedicatum subiecto. Primo igitur modo accipiendo esse, non possumus scire esse Dei, sicut nec eius essentiam, sed solum secundo modo. Scimus enim, quod haec propositio, quam formamus de Deo, cum dicimus: Deus est, vera est, et hoc scimus ex eius effectibus."

[4] Vgl. z. B. E. Simons, Philosophie der Offenbarung, bes. 87 ff., 133 ff.; H. Duesberg (J. Splett, Zum Thema „Person" heute. Ein Literaturbericht, in: Stimmen der Zeit 186 [1970] 125–132).

[5] Am stärksten macht er sich einerseits in Schelers Person- und Liebeskonzeption, andererseits in Heideggers Rede von Spiel, Geschick und Sage der Sprache geltend.

gilt, wird in einem ersten Schritt im Sinn der Allgemeingültigkeit der Wahrheit des Satzes „Es ist" oder „Es gibt (sich und alles)" behauptet; in einem zweiten Schritt dann allerdings auch in dem Sinn, daß dieser Satz – und nicht nur er, sondern auch und zuvor das Unbedingte selbst – alle „angeht". Wobei freilich das konkrete Was und Wie dieses Angehens unableitbar, nicht im voraus festzustellen ist.

Diese zweite Allgültigkeit wird wiederum erkannt, nicht vorausgesetzt oder gefolgert. Sie wird sogar als der Möglichkeits- und Wirklichkeitsgrund der ersten erkannt, kann doch ein Satz nur für jemanden gelten, dem er im „Licht", das heißt: unter der Norm und dem Anspruch, der Wahrheit zugänglich ist. Dieser „Licht"-Charakter, die Hoheit und das souveräne Gerechtfertigtsein des Anspruchs der Wahrheit (des Guten) trifft nicht abstrakt-allgemein, sondern stets konkret, aber hier unbedingt, so daß sich die Behauptung seiner Allgemeingültigkeit als bloßer Aspekt dieser Unbedingtheit ergibt: immer und überall soll der Wahrheit und dem Anspruch des Guten, der Sinnforderung entsprochen werden.[6]

Doch muß nun endlich der Einspruch zu Wort kommen, inwiefern solche Gedanken auf Argumente gegen das *Heilige* und die Rede von diesem antworten sollen. Sie sollen das tatsächlich nicht – wie gesagt – in einem eingeengt religionswissenschaftlichen Sinn, sondern in jenem fundamentalen (Selbst-)Verständnis der Rede vom Heiligen, wie wir es im Gespräch mit den verschiedenen Autoren erreicht haben. Insofern stellen wir uns – wie ebenfalls gesagt – vielleicht gar nicht der Haupt-Stoßrichtung solcher Einwände; doch stellen wir uns immerhin insofern zu ihnen in Gegensatz, als wir den Namen des Heiligen festhalten wollen. Dies, zunächst im Blick hier auf den ersten Einwand, darum, weil wir tatsächlich von einer Begegnung, einem Betroffensein des Menschen gegenüber einem „Anderen" zu sprechen uns genötigt sehen.

Es zeigt, es offenbart sich eine Wirklichkeit, die nicht nur Raum und „Horizont" des Sichverhaltens (innerweltlicher

---

[6] Ausführlicher hat Verf. das hier Angedeutete dargestellt in: Der Mensch in seiner Freiheit, bes. Teil III: Der Mensch im Licht des Unbedingten.

Bezüge) ist, sondern ihrerseits Ausgang und Ziel unseres Verhaltens sein kann und soll (ja, will), Zielpunkt einer ausdrücklichen Beziehung auf eben sie – insofern diese Wirklichkeit sich in konkretem Anspruch gezeigt hat.[7] Dieses Sichzeigen und das explizite Verhältnis dazu hat in der christlichen Tradition sich in dem ausgelegt, was man die Gottesbeweise nennt.[8] Es übersteigt den Rahmen dieses Buches und wäre das Thema einer eigenen Arbeit, zu zeigen, daß und wie diese Versuche des Denkens weder erkenntnistheoretisch noch ontologisch Weisen einer petitio principii sind[9] (und daß und wie sie nicht nur nach Kant, sondern auch nach dem verschiedentlich proklamierten „Ende der Metaphysik" eine Möglichkeit, ja in etwa eine Notwendigkeit des Denkens bedeuten).[10] Dieses Verhältnis legt sich in anderen Traditionen anders aus. Aber wie durch alle Andersartigkeiten hindurch dem Menschen im Menschen eben der Mensch: das- und derselbe begegnet, so ist, was die Verschiedenen dasselbe sein läßt, in seinen verschiedenen Anblicken offenbar auch und erst recht das selbe. Und dies ist nicht nur der Wille und das Verlangen nach Sein, nicht einmal nur der Ruf nach dem Heil (dem Sinn), sondern das Angerufensein von einem abgründigen Grund der Wahrheit und des Guten; ein Wesensbezug, der theoretisch in Philosophie, Weisheit, Theologie thematisiert wird, zum Thema von Leben und Handeln aber in jener Dimension wird, die wir (Heidegger: römisch gedacht) „Religion" nennen, und in jenen Vollzügen, die Ritus (Kult) und Mythos (Kerygma, Zeugnis) heißen.

2. Hier setzt nun der zweite Einwand ein. Zunächst: Was man so auf alle Religionen beziehe, könne wohl nur eine bloße Abstraktion sein. Damit wird sicher nicht Abstraktion

---

[7] Das besagt, daß sie in anderer Weise Bezugsziel ist als ein zu verwirklichender Wert, die Idee des Guten oder dergleichen.
[8] Vgl. dazu besonders B. Welte, oben S. 195 mit Anm. 8.
[9] Eben als Auslegung von Erfahrung; „car ici comme partout, c'est l'expérience qui constitue la seule source de toute justification philosophique" (M. Müller, Expérience et histoire 6).
[10] Verf. hofft, bald einen solchen Versuch über „Gotteserfahrung im Denken" vorlegen zu können.

als solche verworfen; denn ohne sie wären nicht nur prinzipielle Allgemeinaussagen, sondern Begriff und Sprache überhaupt nicht möglich. Der Akzent liegt auf „bloß". Also: Es werde hier nur „abgeblendet" – ohne Erkenntnisgewinn („abstractio" ohne „illuminatio"). Und diese Feststellung wird schließlich nicht prinzipiell, sondern – zuerst jedenfalls – wiederum im Blick auf die religionsgeschichtliche Arbeit getroffen.

Doch auch in diesem Sinn darf man sie wohl diskutieren. Daß es der Einzelforschung gerade um das geht, was eine derartige Allgemeinaussage oder Allgemeinbenennung ausspart, versteht sich. Das gilt aber von jedem Begriff (auch etwa dem des Sinnes). Gleichwohl beziehen die Detailarbeiten sich als Unternehmungen *einer* Wissenschaft aufeinander, indem sie sich auf *ein* (Formal- und Material-)Objekt beziehen. Dieses Objekt muß freilich konkret als dieses bestimmt werden und nicht in einer solchen Weite, daß es in Wahrheit zum Objekt einer übergreifenden „höheren" Wissenschaft würde. Greift aber der Name des Heiligen und die Bestimmung „Begegnung mit ihm" zu weit?

Im Gegenteil scheint sie, dem zweiten Gedanken dieses Einwands zufolge, eher zu eng zu sein, da nicht in jeder Religion von Begegnung gesprochen werden könne; so insbesondere nicht im frühen Buddhismus. „Begegnung" setze nämlich eine Subjekt-Objekt-Konzeption voraus, die in der buddhistischen und auch hinduistischen Spiritualität keine metaphysische Basis besitze. – Dies mit dem ersten Gedanken zusammengenommen, rückt den ganzen Einwand in ein anderes Licht. Er richtet sich dann offenbar nicht so sehr gegen das Reden vom Heiligen überhaupt als vielmehr gegen eine Ausweitung dieses Namens, die ihn entleeren würde. Also: Überall von Begegnung mit dem Heiligen sprechen bedeute, den – tatsächlichen – Gehalt dessen, was „Begegnung" und was die Rede vom „Heiligen" meint, zu unterschlagen, wenn nicht preiszugeben.

Dem sei allerdings nur beigepflichtet. Zwar hat sich diese Bestimmung von Religion nicht zuletzt aus dem Grund eingebürgert, weil sie es erlaubt, auch „atheistische Religionen" als Religion zu bezeichnen.[11] Aber selbst damit wird ja nicht jede umfassende Weltdeutung und deren entsprechende Praxis zur Religion. Wäre es nicht auch denkbar, daß eine Philosophie oder eine philosophische Schule sich erst später zur Religion wandelt (natürlich nicht einfach „von selbst", sondern durch ein Schulhaupt oder durch allmähliche Übernahme religiöser Gedanken und Motivationen) und dann ihren Anfang nachträglich entsprechend uminterpretiert? Oder Reformbewegungen innerhalb bestehender Religionen können ein Denken freisetzen, das aus ursprünglich religiösen Motiven zu einer rein philosophischen (moralischen) Selbstbegründung gelangt. In diesem Sinn den frühen Buddhismus (oder auch spätantike Bildungen) zu untersuchen, ist hier nicht der Ort. Tatsächlich war und ist die Rede vom Heiligen zunächst eine Weise der Selbstinterpretation. Hier wie in anderen Fragen scheint es wenig sinnvoll, von bestimmten (und zudem uns fremden) Sonderfällen auszugehen, um eine Wesensbestimmung zu finden.

Das heißt nicht, es sei nicht auf sie einzugehen. Nötigen sie doch das Selbstverständnis zu heilsamer Selbstreflexion. Auch wenn das hier – wie gesagt – nicht einläßlich geschehen soll (ja, nicht geschehen *kann* – und, nicht zuletzt eben deswegen, auch nicht geschehen muß), scheint sich doch folgendes sagen zu lassen:

a) Unbeschadet der Frage nach ihrer „metaphysischen" Basis sind offenbar breite Ströme des buddhistischen wie der hinduistischen Spiritualität durchaus vom Begegnungsgedanken geprägt, im Buddhismus zumindest seit dem Aufkommen des Mahayana, im Hinduismus von den vedischen Hymnen an bis zum Werk eines Sri Aurobindo.[12]

b) Diese Bezüglichkeit wird allerdings als „vordergründig", als vorläufiges „Für-uns" des wahren Wesens der Wirklichkeit interpretiert. Aber einmal (1.) herrscht bezüglich des genauen Sinns der „eigentlichen" Deutung keineswegs Einhelligkeit – und zwar nicht nur bei westlichen Religionswissen-

---

[11] Siehe z. B. oben S. 129 f. Anm. 36 N. Söderblom.
[12] Vgl. die Dissertation von G. Rager, Die Philosophie von Sri Aurobindo im Hinblick auf Person, München (Msk.-Druck) 1965.

schaftlern, sondern unter den buddhistischen bzw. hinduistischen Lehrern selbst. Sodann (2.) stellt sich – gemäß dem vorher Gesagten – die Frage, inwieweit extreme Interpretationen eben tatsächlich nicht mehr religiös zu nennen seien (unentschieden, ob man ihr „Nicht-Mehr" als „Aufhebung" in ein geläutertes Bewußtsein oder als Beirrung und „Abfall" zu deuten hätte – oder als keines von beiden, insofern solche „Philosopheme" dann in einer anderen Bewußtseinsdimension ständen, die durchaus „neben" der Dimension der religiösen Vollzüge gelebt werden könne). Schließlich (3.) drängt sich die Ähnlichkeit von Aussagen christlicher Denker auf: nicht bloß von Mystikern und mystischen Theologen wie Meister Eckhart, sondern auch von üblichen Schul-Sätzen, seien sie theologischer Herkunft (so aus der Paulinischen Ἐν Χριστῷ-Theologie und der Pneumatologie) oder aus philosophischen Erwägungen gewonnen („esse ipsum subsistens", „participatio").[13] Ohne die Unterschiede verwischen zu wollen, darf man darum wohl sagen, diese Problematik stelle sich nicht nur dem östlichen Denken. Die *(westliche)* Diskussion um „Subjekt-Objekt-Spaltung" und „Objektivierung" (siehe oben besonders Tillich!) lebt ja nicht aus den Impulsen östlichen Denkens, auch wenn man es gern zur Stützung zitiert.

c) „Begegnung" darf nicht „univok" verstanden werden. Daß diese Vorschrift eine gewisse „Entleerung" des Begriffs bedeutet, ist unleugbar. Aber diese trifft alle Begriffe und Namen, die aus der Kategorialität des endlichen Seienden auf dessen Grund und Abgrund angewandt werden. Das eben meint ja Analogie, wie vor allem Erich Przywara wieder bewußt gemacht hat: „Inter creatorem et creaturam non potest similitudo notari, quin ... maior sit dissimilitudo notanda."[14] Gerade insofern „Begegnung" zur Bestimmung des Heiligen hinzugehört (nur darum wird sie hier mitdiskutiert), ist ihr analoges Verständnis gefordert, weil sonst das Heilige nicht als das Heilige verstanden wäre. – Bei den befragten Denkern

---

[13] Vgl. z. B. die Arbeit von L. Dümpelmann.
[14] Lateranense IV (1215): Denzinger-Schönmetzer, Enchiridion Symbolorum, Freiburg ³³1965, Nr. 806.

dürfte im übrigen deutlich geworden sein, wie wenig hier „Begegnung" mit dem Aufeinandertreffen zweier (gar gleichrangiger) Individuen zu tun hat, wie aber andererseits die Qualität des erfahrenen Anspruchs und Zuspruchs zum Gebrauch gerade dieses Wortes drängt.

d) Der Name „das Heilige" zielt zwar nicht wie „Begegnung" auf ein Selbiges, das als solches bezüglich des Seienden wie – analog – bezüglich seines Abgrund-Grundes auszusagen wäre; der Name meint vielmehr diesen Grund selbst, gerade in seiner „Unähnlichkeit" (als valde aliud). Aber damit wird er keineswegs schon „univok". Er meint ein Selbes, eben die bisher verschiedentlich verdeutlichte „Qualität" des unbedingt Angehenden; aber dieses Selbe ist, wie gezeigt, auf verschiedene Weisen präsent. Man darf wohl sagen, dieser Name nötigt sich nicht nur angesichts der Erfahrung(sberichte) eines Aurobindo geradezu auf, sondern auch bei der Lektüre der Lehrreden Buddhas. Dies zwar als unsere, nicht als seine eigene Auslegung, aber darum nicht als Mißdeutung und Mißverständnis, sondern eben aufgrund *unserer* Erfahrung des mit diesem Namen Gemeinten; denn wir selbst schon erfahren es mehrfach: einmal – und grundlegend – (und hier schon nicht nur eingestaltig) im Rahmen unserer Tradition, sodann im Umgang mit anderen Traditionen, so etwa auch mit der des Buddhismus. – Damit stehen wir bereits in jener Problematik, die der dritte Einwand ansprach.

3. Phänomenologisch werde hier eine gefährliche Berufung auf „Unmittelbarkeit" gefördert. Unleugbar besteht diese Gefahr, im Scheler-Kapitel klang das schon an. Doch untersuchen wir genauer. „Man sieht das Wesen, oder man sieht es nicht. Man kann es nicht beweisen, nur zu ihm hinüberführen. Und wo das geistige Organ dafür fehlt, wo es noch verschüttet oder wo es gänzlich verbildet ist – nun, da fehlt auch das eigentliche philosophische Organ. Wesenheiten sind Gegebenheiten." So Hedwig Conrad-Martius im Vorwort zu Adolf Reinachs Vortrag: *Was ist Phänomenologie?*[15]

---

[15] A. Reinach 10 f. Vgl. die von M. Müller berichtete Äußerung Husserls: „Wer mehr sieht (d. h. erfährt), hat immer recht" (M.

Diese Entschiedenheit radikalisiert sich noch im Bezug auf unsere Frage, da es beim Heiligen nicht allein um Essenz, sondern wesentlich um Existenz geht. Für die Wesenssicht, erklärt Reinach, bedürfe es keiner Erlebnisse (26), es sei nicht nur so, daß ein einziger wahrgenommener Fall genüge, in Wahrheit brauche man nicht einmal ihn, „man braucht überhaupt nichts wahrzunehmen, die reine Imaginierung genügt" (53 f.). Ob das für Essenz-Einsichten zutrifft, sei dahingestellt; jedenfalls genügt es (siehe oben: Scheler, Welte) nicht für eine wirkliche Erkenntnis (die ja mehr ist als sein „Vor-Verständnis") des Heiligen.

Indem also nicht allein „das geistige Organ", sondern faktisch-kontingente Erfahrung verlangt wird, verschärft sich jene Problematik, die der fünfte Einwand aufgreifen wird: die Frage der Exklusivität mit den Gefahren von Totalitarismus und Zynismus. Stellen wir aber deren Erörterung noch zurück, dann ergibt sich für den jetzt zu diskutierenden Gesichtspunkt, daß der Verweis auf real-konkrete Existenz-Erfahrung die Unmittelbarkeit in einem ersten und entscheidenden Schritt modifiziert. – „Existenz-Erfahrung" soll dabei in beiden Hinsichten verstanden werden: Existenz erfährt – Existenz (will sagen: Wirklichkeit).

Reinach erklärt, es gehe in der Phänomenologie gewissermaßen um den Schritt von Sokrates zu Plato, womit er meint: von der Bedeutungsanalyse im Dienst der Aufhellung eines bereits Intendierten zur „Erschauung" neuer Wesenheiten. Platons „Ziel ist die direkte Erschauung der Ideen, die unvermittelte Erfassung der Wesenheiten als solcher" (51). Wiederum sei dahingestellt, ob das für Platon zutrifft, jedenfalls gälte es, wenn überhaupt, nur für Wesenseinsichten. – Weiterhin ist es in einer solchen Auffassung konsequent, wenn die gesuchte „reine Intuition" andererseits nicht als eine „plötzliche Eingebung und Erleuchtung" gedacht wird, sondern als eine Erfassung, der man mit Mühe und Anstrengung, eben in „phänomenologischer Methode", näher und immer

---

Müller, Symbolos. Versuch einer genetisch-obiectiven Selbstdarstellung und Ortsbestimmung, München 1967, 21).

näher kommt (71). Auf diesem Weg drohen alle Täuschungsmöglichkeiten des Erkennens (71); doch wird das Ziel erreicht, dann erschaut der Erkennende die Apriorität der Wesenheiten und Wesensbezüge: der Sachverhalte (57), die Notwendigkeit des Seins – nicht des Denkens. Das Reden von Denknotwendigkeit kann dieser „Phänomenologe an sich und als solcher"[16] nur unwillig abtun: „Was sollen denn alle diese psychologistischen Verfälschungen!" (56).

Man sieht, aus welcher Kontroverssituation heraus hier formuliert wird. Auch die Rede vom Heiligen steht ja zum Teil in dieser Situation. Doch die Verwiesenheit auf konkrete Erfahrungen, die hier besteht, hat immer schon deutlicher deren Vermitteltheit ins Bewußtsein gerückt.

Erkenntnis als Einigungsgeschehen („cognoscens et cognitum sunt [fiunt] in actu [cognitionis] idem") kann nicht als eine den Erkennenden auslöschende pure Gegenwart des erkannten Eidos aufgefaßt werden, sondern nur als eine Seinsweise beider, erwirkt und vollzogen als gemeinsamer Akt, darum von beiden her bestimmt. Und diese Bestimmung darf nicht bloß in einem pejorativen Verständnis des „quidquid recipitur ad modum recipientis recipitur" genommen werden, nicht also als leider unvermeidliche Verkürzung und Verdeckung des Eidos durch die Subjektivität, sondern als gewollte und „gesollte" gemeinsame Aktualität des Erkennenden wie des Erkannten.

In einem zweiten Schritt ist zu thematisieren, daß der Erkennende nicht als isoliertes Individuum gesehen werden darf. So sehr er selbst es ist und sein muß, der erkennt, so sehr ist in doppelter Hinsicht der Andere (und sind die Anderen) wesentlich mit im Spiel. Einmal insofern der – als er selbst – Erkennende, gerade als solcher, in diesem Selbst und seiner konkreten Gestalt (seinem „modus recipiendi") wesentlich durch „Ort" und „Situation", durch den und die Andern bestimmt ist – im Sinn des vom „dialogischen Denken" Herausgearbeiteten. Sodann aber auch, insofern das zu Erkennende ihn als ein durch den/die Anderen Vermitteltes betrifft. Da-

---

[16] H. Conrad-Martius im Vorwort, 7.

bei zeigt die Unterscheidung einer doppelten Hinsicht sich als vorläufig; denn diese Vermittlung geschieht zuerst als konkrete „Bildung" seiner selbst, seines „Horizonts" und Vorverständnisses und seiner Deutungsmöglichkeiten. Sie geschieht sodann in der Verständigung über seine Deutung, durch die sie erneut mehr oder weniger modifiziert wird. Schließlich geschieht diese Vermittlung in dem Sinn, daß – wie vor allem die Welte-Schule (besonders Casper) bedacht hat – das Heilige „eigentlich" nur dem Miteinander als solchem sich offenbart. – Hans Duesberg hat diesen Sachverhalt – nicht eigens thematisch auf das Heilige, sondern auf den vollen Sinn hin – herausgearbeitet in seinen an Fichte und Buber orientierten Studien zu „Person und Gemeinschaft".[17]
Damit wird gegenüber dem Anschein weltloser Innenschau die Inter- oder besser Konpersonalität und die (individualistisch im Grunde gar nicht konzipierbare) Geschichtlichkeit der Erkenntnis des Heiligen und des Redens von ihm deutlich. Daß diese vielfache Vermitteltheit[18] andererseits die Unmittelbarkeit nicht aufhebt, sie nur qualifiziert, will die Rede vom Heiligen allerdings festhalten. Ohne die Unmittelbarkeit gäbe es ja weder Mittelbarkeit noch überhaupt Erkenntnis.

Ist gegenüber einem auch phänomenologischen Positivismus auf der „hermeneutischen" Gegebenheitsweise alles Gegebenen zu bestehen, so gegenüber dem Versuch einer totalen Vermittlung, ob im Sinn absoluter Dialektik, eines ausschließlichen „linguistic turn" oder eines verkürzten Verständnisses von transzendentaler Methode (als schließlich schlecht-unendlicher Rückfragebewegung), auf der Notwendigkeit und Tatsächlichkeit unmittelbarer Evidenz. Das kann und braucht freilich im Rahmen dieser Arbeit nicht einläßlich aufgewiesen zu werden.[19]

Wie das zu Erkennende das Selbst-sein des Erkennenden for-

---

[17] H. Duesberg, bes. 307 ff.
[18] Vgl. E. Simons/K. Hecker, Theologisches Verstehen.
[19] Siehe z. B. F. Wiedmann; R. Lauth, Begriff, Begründung, bes. 68 ff.; auch J. Splett, Der Mensch in seiner Freiheit 73 ff.

dert, so fordern Dialogizität und Geschichtlichkeit des Erkennens das Selbst-sein und -erkennen der Einzelnen – wobei freilich auch dieser Satz mit geschichtlichem Index zu lesen ist: Nicht nur kennt die Thematisierung des Individualitäts-Moments im Selbstsein und -erkennen wesentliche Grade, sondern es ist vor allem dem Anschein zu wehren, als wären Unmittelbarkeit und „Selbsthaftigkeit" des Erkennens mit seiner „Vereinzelung" identisch, eine Vorstellung, die wohl zum Teil hinter Aussagen steht, auf die sich die Unmittelbarkeits-Kritik richtet, die aber vielleicht noch diese selbst mitbestimmt.
Schließlich verbietet die „Formel" vom Heiligen (und der Begegnung mit ihm) keineswegs, sie gebietet sogar, was jeweils sie benennen soll, genauer zu beschreiben und im einzelnen zu entfalten. Sie will sich also auch nicht in der Weise „Unmittelbarkeit" vindizieren, daß sie jedes weitere Fragen abschnitte; die Formel besteht nur auf der „Voraussetzung" solchen Fragens, welche zu leugnen hieße, daß man, wenn überhaupt, de facto nach etwas anderem fragte, als worum es jetzt zu tun ist. Die Rede vom Heiligen besteht auf der so unreduzierbar wie undeduzierbar eigenen Qualität der grundgebenden Erfahrung und ihres Erfahrenen.
4. Diese Eigenqualität des Heiligen gerade nimmt jedoch der vierte Einwand in den Blick: speziell religionsphänomenologisch werde die Eigenart des Macht- bzw. Ohnmacht-Erlebnisses zu wenig berücksichtigt. Dieser Einwand erlaubt, so scheint es, zwei Auslegungen. In einem ersten Sinn deckt er sich in etwa mit Bedenken Nr. 2. Das hieße, die verschiedenen (und zwar sehr verschiedenen) Formen numinoser Machterfahrung (und der Ohnmachtserfahrung des Menschen angesichts ihrer) kämen in der Formel nicht zum Ausdruck. Darauf ist schon geantwortet worden. – Doch wird hier wohl eher anderes gemeint: daß nämlich die in all den verschiedenen Formen „variierte" selbe spezifisch „religiöse" Macht- und Ohnmacht-Erfahrung in der Rede vom Heiligen (und von der Begegnung bzw. dem Umgang mit ihm) nach ihrer Eigentümlichkeit zu wenig deutlich werde. Inwiefern?
Zunächst zeigt sich der Zusammenhang dieser zweiten mit

der ersten Auslegung des Einwands. Denn offenbar gilt er jedenfalls dann, wenn man frühkulturelle „tremendum"-Erfahrungen mit einem heutigen Begriff vom Heiligen als unbedingtem Norm-Anspruch und Sinn-Zuspruch konfrontiert. Insofern geht unsere Antwort in einem auf beide möglichen Bedeutungen der Objektion ein: a) Derart *eingeengt* spezifisch wie soeben angenommen ist die von uns gemeinte Erfahrung nicht zu verstehen. b) Indessen will eben die Rede vom Heiligen jene Eigenart der „religiösen Dimension" benennen und wahren, um deren Berücksichtigung es dem Einwand zu tun ist.

Sie kommt – wie unser Referat gezeigt hat – tatsächlich nicht immer genügend zur Geltung. Bei Windelband etwa tritt die Eigenqualität des Religiösen überhaupt zurück, bei Scheler rückt das Moment des tremendum in den Hintergrund. Wenn andererseits Rudolf Otto die Formel von der Kontrastharmonie des tremendum und fascinosum herausstellt, hält man ihm entgegen, derlei Ambivalenzen fänden sich auch sonst, und nicht zu Unrecht. Tatsächlich vermag Otto die besondere Qualität der hier gemeinten Kontrastharmonie zum Teil nur durch seine „numinosen Gänsefüßchen" anzuzeigen. Doch bietet er darüber hinaus verdeutlichende Beispiele aus der allgemeinen, der alttestamentlichen und christlichen Religionsgeschichte; und daß man auch in phänomenologischer Beschreibung weiterkommen kann, dürften die referierten Denkversuche Späterer durchaus belegen.

Die Momente, die in unserer Zusammenschau gesammelt und geordnet werden sollten, erlauben wohl einerseits eine Situierung auch frühkultureller Erfahrungen innerhalb dieses Rahmens (und zwar, aufgrund der bedeutsamen Rolle der Geschichtlichkeit in dieser Konzeption, nicht bloß als unvollkommen-partiale Vorstufen nach dem Vorgang Hegels)[20]; sie erlauben andererseits eine Abgrenzung der „religiösen" Erfah-

---

[20] „Nicht bloß" heißt es mit Bedacht; denn allerdings bedeutet etwas als etwas, als dieses anzusprechen, es auch an dem Maß zu *messen*, aufgrund dessen man es als dieses Etwas anspricht, und gegebenenfalls seine Defizienz vor diesem Maß zu bekunden.

rungsqualität gegenüber der ethischen Unbedingtheits-Dimension. Diese Abgrenzung fordert z. B., mit Otto gesprochen, die Unterscheidung von Sünde und Schuld – beziehungsweise die der entsprechenden positiven Bestimmungen: Erlösung, Heil (Gut-machen[21]) einerseits und Hinnahme (Auf-sich-Beruhen-lassen), Besser-machen andererseits[22]; sie fordert darüber hinaus (und erst recht hinaus über die Unterscheidung zwischen idealer Norm und konkret unableitbarem Anruf, die wohl erst durch die eben genannte eindeutig wird) zuletzt die Unterscheidung des Guten (nicht bloß als Gesolltes, sondern auch und dem zuvor als Sinn verstanden) – und des Heiligen.

Das Heilige, Begegnung mit dem Heiligen, „Religion" werden also umfassender verstanden, als sie offenbar der Einwand ansetzt. (Daher wird sich uns auch die Säkularisierungsproblematik anders darstellen als den Gegnern der Rede vom Heiligen.) Die Rede vom Heiligen als solche garantiert zwar nicht die Berücksichtigung der in Frage stehenden eigenen Qualität, aber 1. gibt es dafür überhaupt keine Garantien, 2. scheint bisher kein anderer Name diese spezifische (Sinn-)Macht (und die ihr entsprechende Ohnmachtserfahrung des Menschen) – im Unterschied zu anderen Macht- bzw. Ohnmachtserlebnissen – besser oder auch nur mit gleicher Deutlichkeit zu benennen. Dies nicht zuletzt bezüglich dessen, daß hier sich ja nicht einfach Macht und Ohnmacht gegenüberstehen, sondern die Ohnmacht – gerade als durch diese Macht erst vollständig entmächtigte – sich von ihr zugleich nicht bloß getragen, sondern vielmehr zu sich selbst ermächtigt findet. – Ein Beispiel dafür aus den christlichen Urkunden ist das Selbstverständnis des Paulus.[23]

5. Solches Selbstverständnis, ein Sichrühmen zwar ob der eigenen Schwäche, doch ob einer solchen, in der Gottes Kraft – und damit auch die eigene – sich vollendet (2 Kor 12, 9 f.), provoziert nun jenen Widerspruch, der sich in Nr. 5 der eingangs aufgezählten Bedenken artikuliert: soziologisch werde

---

[21] Vgl. Mt 9, 2–8; Offb 21, 4 f.
[22] Vgl. N. Hartmann 352–354.
[23] Vgl. z. B. 1 Kor 4; 15, 8–10; 2 Kor 4, 1–12; 11, 16–12, 10.

die Rede vom Heiligen leicht elitär.[24] Indem sie den und die Erfahrer des Heiligen von den übrigen unterscheide, habe sie einen Hang zum Totalitären und auch zum Zynismus.

Die Gefahr besteht allerdings. Aber droht sie nur hier? Will sagen, dieser Fraglichkeit voraus stellt sich (um es so auszudrücken) die „quaestio facti et iuris" der Rede vom Heiligen: Gibt es faktisch solche Erfahrungen, dann ist mit Recht von ihnen zu reden – ebenso wie von Sinnerfahrungen anderer Art: von theoretischen Einsichten (im Sinn der aristotelischen theoria)[25] – die auch nicht jedem gewährt, selbst nicht im Nachvollzug allen zugänglich sein mögen; von geglückten sittlichen Vollzügen; von erfüllter Liebe; von befreienden Begegnungen mit Werken der Kunst; von der Erfahrung freien Miteinanders in Gesellschaft und Staat[26] – wo solches sich gibt.

Alle diese genannten Weisen von Sinn-Wirklichkeit sind – leider – nicht allgemein und keineswegs (in diesem Sinn des Wortes) selbstverständlich. Sie sind andererseits nur von ih-

---

[24] Vgl. U. Bianchi, 74 f.: Obwohl im Unterschied zur privilegiert privilegierenden Kunst der religiöse Mensch „der gewöhnliche Mensch oder zumindest ein gewöhnlicher Mensch" ist, zeigt sich die Religion doch „auf ihre Weise ebenfalls [als] das Phänomen einer Elite, denn die religiöse Handlung, jene, die vom gewöhnlichen Menschen vollzogen wird, ist im Vergleich zum profanen Tun wirklich etwas ganz anderes. Sobald der gewöhnliche Mensch das Heiligtum betritt oder einen Ritus zu vollziehen beginnt, wird er zu einem Elitemenschen: er wird mit einem heiligen Merkmal begabt, das ihn von den anderen, den profanen Menschen absondert, ja, das ihn von sich selbst absondert, von dem, was er vorher war, und in gewissen Fällen auch von dem, was er nachher wieder sein wird. Heilige Handlungen werden für gewöhnlich nicht von Menschen vollzogen, die dazu nicht qualifiziert sind, und diese Qualifizierung ist sakraler Art; sie ist es – in gewissen Religionen – auch, wenn sie mit Geld oder als Folge einer bürger- bzw. familienrechtlichen Ernennung erworben wird, wie im Falle der beamteten Priester des römischen Heidentums."
[25] Vgl. zu dieser Aufzählung: M. Müller, Über Sinn und Sinngefährdung, bes. 15–18.
[26] Vgl. J. Ritter, Metaphysik und Politik. Studien zu Aristoteles und Hegel, Frankfurt 1969, bes. 57–105: Zur aristotelischen Theorie des Glücks.

nen selbst her verständlich, so sehr, daß auch ihr Mangel nochmals nur von ihnen her als solcher faßlich wird.[27] – Wo sie tatsächlich gegeben sind, droht darum stets die Bildung eines „elitären" Bewußtseins. Die pejorative Kennzeichnung „elitär" soll aber hier ausdrücklich nur die Fehlform eines durchaus Legitimen benennen, so wie die Bezeichnungen weiterer mit ihr verbundener Fehlhaltungen, besonders: „autoritär" und „totalitär". Das besagt: a) Eliten entstehen tatsächlich aus herausrufenden Sinnerfahrungen; b) wenn überhaupt etwas Autorität (bezüglich der Grundfragen menschlichen Daseins) und das Recht zu autoritativer Leitung verleiht, dann solche Erfahrungen; c) schließlich sind diese Erfahrungen, nach ihrem jeweiligen Maß, umfassend. – Was also Paulus von seiner eigenen Erfahrung her über den „pneumatischen" Menschen sagt: er beurteile alles, doch werde er selber von niemandem beurteilt (1 Kor 2, 15), läßt sich in entsprechender Weise bezüglich aller Sinnerfahrungen sagen, die eben aufgezählt wurden.

Dieser Satz zeigt – ebenso wie die oben zitierten Sätze von H. Conrad-Martius und E. Husserl – unmittelbar, welche Verkehrungen dem Bewußsein drohen, das sich in ihm ausspricht. Es kommt hinzu, daß dieses Bewußtsein als solches keineswegs garantiert, es seien wirklich Sinnerfahrungen, worauf es sich beruft. Nicht nur wo Sinnerfahrungen tatsächlich gegeben sind, auch wo sie nur vermeint oder gar usurpiert werden, droht die Bildung „elitären" Bewußtseins, ja hier erst recht. Man kann – und muß diese Feststellung sogar noch weiter verschärfen: Im Fall von Irrtum, Selbsttäuschung und Lüge *muß* es, wenn man an ihnen festhält, zu totalitären Erscheinungen kommen. Denn hier stoßen wir auf das Syndrom der „Ideologie".[28]

[27] Mindestens von ihrem „Vorverständnis" her (Welte HV), welches selbst aber schon eine, wenn auch defiziente, Erfahrung ihrer voraussetzt bzw. repräsentiert. Es sei erinnert an den vielzitierten Satz in Spinozas Scholium zur 43. Propositio des II. Teils seiner Ethik: „Sane sicut lux seipsam et tenebras manifestat, sic veritas norma sui et falsi est."
[28] Siehe J. Splett, Wahrheit, Ideologie und Freiheit. Vgl. die reich belegte Übersicht von K. Lehmann im Handbuch der Pastoraltheo-

Doch in unserem Fall schlägt diese Verschärfung leider nicht in eine Lösung des Problems um; denn das Vorliegen ideologischer Symptome garantiert nicht etwa seinerseits, daß hier nun *keine* Sinnerfahrungen gegeben seien, auf die sich der Redende berufen könne. – Das führt zur Frage nach der Praxis als Kriterium (biblisch: den „Früchten", an denen der Baum zu erkennen sei). Diese Frage wird das Thema der Erörterung des folgenden Einwandes bilden. Beim jetzigen Punkt scheint es weniger um die Rechtmäßigkeit der *Aussagen* zu gehen, d. h. um die Wahrheit des Gesagten, als um die Rechtmäßigkeit ihres *Ausgesagtwerdens,* d. h. um die Richtigkeit, die Verantwortbarkeit und Verantwortlichkeit des Sagens. Es geht um die Gefährlichkeit (die innere Gefährdetheit) des Redens vom Heiligen – eine Gefährdung, die wir zunächst für jede Berufung auf Grunderfahrungen konstatiert haben.[29]

Wir haben dennoch dieser Frage die „quaestio facti" und „iuris" vorangestellt. Zur quaestio facti: sie steht streng genommen ja nicht (noch nicht) zur Debatte. Daß es Erfahrung des Heiligen gibt, wird in den bisherigen Einwänden nicht bestritten; inwieweit ein elitäres Reden davon diese Erfahrung selbst in Frage stellt, wird zum folgenden Punkt bedacht werden müssen. Quaestio iuris: das meint hier die Frage des Rechts, der Legitimität des *Redens* von der faktischen Erfahrung, und zwar eines Redens, das diese Erfahrung als eine des Heiligen (und der Begegnung mit dem Heiligen) benennt.

Zu dieser zweiten Frage läßt sich nun sagen: Da die Gefährdung, auf welche der Einwand abhob, 1. bei allem Reden über Grunderfahrungen besteht, und nicht allein bei der Rede

---

logie II/2 (Freiburg 1966) 115–180: Wesen und Strukturwandel der Ideologien – Die Herausforderung der Kirche durch die Ideologien (109–113: Bibliographie).

[29] Wir haben nur von Sinn-Erfahrungen gehandelt. Doch ließe sich dasselbe für fundamentale Un- und Wider-Sinn-Erfahrungen aufweisen: auch unausweichlichen Schmerzen, großem Leid und vor allem der „Tragik" droht „elitäre" und überhaupt ideologische Interpretation.

vom Heiligen; da 2. diese Gefahr nicht nur mit dem Reden von ihnen, sondern mit diesen Grunderfahrungen selbst sich verbindet (auch wenn man von ihnen schweige), ist es – das *Faktum* einer Heiligkeitserfahrung zugestanden – nicht *gerechtfertigt*, eine bestimmte Weise des Redens von dieser Erfahrung ausschließen zu wollen. Es sei denn, diese bestimmte Redeweise oder Namengebung steht, als diese bestimmte, in besonderer Gefahr.[30] Läßt sich das über den Namen des Heiligen sagen?

Die Erfahrer des Heiligen würden von den übrigen unterschieden, hieß es zuerst. Allerdings. Nur ist hierzu an vorher Ausgeführtes zu erinnern: einmal an die Interpersonalität, die Vermitteltheit der unmittelbaren Heiligkeitserfahrung, sodann an die Abwehr einer zu eingeengten Auffassung vom „Erlebnis" des Heiligen. Beides muß auch bezüglich des Hangs zum Totalitären und der Gefahr des Zynismus gegenwärtig bleiben. Dann aber läßt sich als besondere Gefährdung *dieses* Redens nur sagen, daß hier tatsächlich das Umfassendste und Höchste (oder, wenn man will, das Tiefste) zur Sprache kommt: gleichsam der Sinn allen Sinns überhaupt, der schlechthinnige Sinn. Ihm gegenüber ist alles Reden nicht nur graduell, sondern wesentlich mehr und anders „defizient" als gegenüber den anderen genannten Sinnereignissen (die ja bereits sozusagen weitere – dimensionale – Erscheinungen seiner darstellen und weniger ihn als sich selbst thematisieren). Diese „potenzierte" Defizienz bedeutet eine besondere Versuchung dazu, sie ideologisch vergessen zu machen.

Und diese Versuchung ergibt sich nicht nur aus der gesteigerten Ohnmacht des Redenden, sondern auch, sich nochmals verstärkend, aus der unvergleichlichen Macht des erfahrenen Anspruchs. Die „Götter" der anderen Sinnerfahrungen begrenzen und ergänzen je von sich her einander im Sinn-Pantheon, wenn auch nicht kampflos; das Heilige aber kennt

---

[30] Auch das allein würde zudem solche Redeweise noch nicht verbieten, wenn sie adäquat begründet wäre: eben durch eine Erfahrungsgestalt, die solches Reden verlangt.

prinzipiell keine solche Begrenzung. – Indem nun ein Reden von ihm die *eigene* Grenze zu ihm vergißt, das heißt, indem es versucht, in „Demut" sich restlos zum Sprachrohr und Wort des Heiligen zu entselbsten, verfällt es dem Wahn, damit Wort des *Heiligen* selbst geworden zu sein – statt nur – endlich eigenes – Wort *von* ihm.[31] Diese Gefahr der Ideologisierung und Totalisierung ist angesichts des Heiligen also tatsächlich größer. – Aber sie wird zugleich am deutlichsten eben angesichts seiner *als* Gefahr kenntlich. Die Erfahrung selbst ist die entscheidende Instanz der Kritik des Redens von ihr. Ungleich entschiedener als die „Götter" der Sinndimensionen distanziert das Heilige jeden, den es betrifft.[32]

Hier zeigt sich wieder ein Sachverhalt, der für alles Reden von Sinn(-Erfahrungen) gilt. a) Ohne sie und ohne deren Anerkennung läßt sich von vielem überhaupt nicht reden; der Versuch dazu (ob bejahend, verneinend oder skeptisch) wäre seinerseits totalitär. Es gibt ja wahrlich nicht allein

---

[31] Dieser Umschlag zeigt sich z. B. in sehr anschaulicher Prägnanz an zwei, ja schon an einer Zeile des Gedichts *Eleusis,* das Hegel im August 1796 an Hölderlin richtete (K. Rosenkranz, Hegels Leben, Berlin 1844, 78–80, 78): „Was mein ich nannte, schwindet. / Ich gebe mich dem Unermeßlichen dahin / Ich bin in ihm, bin Alles, bin nur es." – Das vielfältig dialektische Gesamt dieses Sachverhalts ist – unter den Namen „Armut" und „Reichtum" – das Grundthema im Denken Ferdinand Ulrichs; siehe nach seinem Hauptwerk Homo Abyssus. Das Wagnis der Seinsfrage, Einsiedeln 1961, etwa: Atheismus und Menschwerdung, Einsiedeln 1966, und: Der Mensch und das Wort, in: Mysterium Salutis II, Einsiedeln 1967, 657–706.
[32] Gleichsam als Gegenstück zu Hegels Einheitsversen liest sich so der 1800 niedergeschriebene Hymnenentwurf Hölderlins *Wie wenn am Feiertage,* besonders die Schlußverse, die in Heideggers *Erläuterungen* fehlen. (Stuttgarter Ausgabe II, 120): „Und sag ich gleich, / Ich sei genaht, die Himmlischen zu schauen, / Sie selbst, sie werfen mich tief unter die Lebenden ...", aber nicht anders die vorhergehenden Zeilen über das Mittleramt des Dichters mit dem Hinweis auf Semele. Und was allgemein gnomisch das Bruchstück Nr. 44 ausspricht (II, 327): „Unterschiedenes ist / gut", wird in den Erläuterungen zum Ödipus ausdrücklich über „das Ungeheure, wie der Gott und Mensch sich paart", gesagt, daß hier „das gränzenlose Eineswerden durch gränzenloses Scheiden sich reiniget" (V, 201).

den Totalitarismus des Elitären; gerade soziologisch scheint jener des Egalitären sogar wichtiger zu sein, weil er offenbar nicht nur verbreiteter, sondern vor allem massiver und wirksamer ist.[33] – b) Das auf tatsächliche Sinnerfahrung gestützte, aber verkürzt-verfälschte („ideologisierte") Reden kann, insofern es damit das Menschliche überhaupt verkürzt oder verzerrt, auch von anderer Sinnerfahrung her kritisiert werden. Doch solche Kritik ist keineswegs „objektiv", sie steht vielmehr in besonderer Gefahr, ihren spezifischen Seins- und Sinn-Aspekt zum Maß des anderen zu machen, also ihrerseits totalitär-ideologisch zu werden. Sie kann also nur mit äußerster Selbstkritik kritisieren, und dies so, daß sie das zu Kritisierende und von ihr Kritisierte gerade im Entscheidenden an dessen Selbstkritik verweist, will sagen: an dessen Sich-Kritisieren-Lassen von seinem eigenen Maß, seiner eigenen Grunderfahrung und „veritas" (Spinoza) her.
Und wiederum gilt dieser allgemeine Sachverhalt in besonderer Weise hinsichtlich des Heiligen, insofern damit die Grund- und Abgrunderfahrung schlechthin bezeichnet sein soll, und bezüglich des „Religiösen", insofern hier diese Grunderfahrung als solche das bestimmende Thema darstellt. Religionskritik ist nicht bloß berechtigt, sondern immer neu gefordert. Aber einerseits lassen sich an der außerreligiösen Religionskritik nicht bloß Irrtümer und Mißverständnisse, sondern stets auch mehr oder minder massive Ideologisierungen aufweisen (so berechtigt meist ihre Anstöße sind); andererseits zeigt sich als schärfste und im Vollsinn treffendste Religionskritik die innerreligiöse.[34]

---

[33] Vgl. hierzu die erhellende Analyse von H. Schoeck, Der Neid. Eine Theorie der Gesellschaft, Freiburg-München ²1968. – Es trifft eben nicht schlechthin zu, was Rombach (Substanz-System-Struktur II 214) über speculari als „freies Sehen" schreibt: „Wer nicht zu sehen vermag, dem kann man auch nicht klarmachen, was ihm fehlt. Und das ist vielleicht auch gut so." Vielleicht nicht klar, aber unklar ist der Mangel durchaus nicht selten bewußt. Und solchem Bewußtsein entspringen autoritäre und totalitäre Strategien von ungleich größerer Konsequenz.
[34] Vgl. hierzu J. Splett, Zur Kritik und Selbstkritik der Religion.

Damit soll aber nicht etwa der außerreligiösen Religionskritik „der Mund verboten" werden – oder sie (da sie ein solches Verbot höchstens als Selbstbestätigung nähme) als unwichtig und stets schon „aufgehoben" behauptet werden. Die oben vertretene Interpersonalität und „Dialogizität" von Erfahrung und Auslegung gilt natürlich nicht weniger für das Verhältnis von Kritik und Selbstkritik. In diesem Sinn muß die Rede vom Heiligen auch dem sechsten, dem politischen Punkt der Kritik an ihr sich stellen.

6. Politisch, heißt es, sei die Formel „Begegnung (Umgang) mit dem Heiligen" kompromittiert durch die weithin antiemanzipatorische Praxis aller Religionen. Diese Kompromittierung ist nicht erst neueren Datums; lange vor der engagierten Kritik von Karl Marx und, vor ihm, der französischen Aufklärer bekundet sie sich in der zynischen Zustimmung eines Mannes wie Kritias, des Führers der Dreißig Tyrannen.[35] Sie ist nicht zu leugnen.

Doch wird man fragen müssen, welche Konsequenzen sich daraus ergeben. Zunächst, heißt das, ist zu klären, was hier kompromittiert sei: das Heilige bzw. seine Erfahrung, das Reden davon, dessen religiöse oder außerreligiöse Indienstnahme, die Bequemlichkeit und Freiheitsangst der „Manipulierten" (im Sinn der Rede von Dostojewskis Großinquisitor), der Wille zur Macht von Thron (bzw. „Kapital") und Altar, im Miteinander oder auch im Gegeneinander dieses Strebens? Insofern aber dies, dann der Wille zur Macht überhaupt (vgl. Heideggers Aussagen dazu), also auch dort, wo er in den „emanzipatorischen" Gegenbewegungen wirkt (entsprechend dem Reden von Gegen-, Schein-, Ersatzreligion[36])?

Sodann ist zu klären, was jeweils „Kompromittiertsein" bedeute. Wie oben gesagt, wir stehen vor der Frage nach der

---

[35] Siehe das Fragment aus seinem Satyrspiel „Sisyphos", Diels-Kranz: Kritias B 25 (Zürich/Berlin [11]1964, II 386–389).
[36] Vgl. z. B. die jeweilige Dennunziation des Vorgängers als im Grunde noch religiös bei den Linkshegelianern; dazu K. Löwith, Von Hegel zu Nietzsche. Der revolutionäre Bruch im Denken des neunzehnten Jahrhunderts. Marx und Kierkegaard, Stuttgart [5]1964, bes. 357 ff.

Praxis als Kriterium, beziehungsweise vor dem biblischen Problem der „Früchte".

Der Maßstab für die Güte der Früchte, die Rechtheit der Praxis ist offenbar der normale „Geschmack" des Menschen für menschliches Leben (von Schlette im Sinn-Begriff gefaßt), sein schlichtes Empfinden für Recht und Unrecht im Sinn der „Goldenen Regel": „Was du nicht willst, daß man dir tu . . ." Hier zeigen sich schon Schwierigkeiten an, wenn man auf den Geschichtlichkeits-Index solchen Bewußtseins reflektiert. Nicht nur stehen sich unter Umständen verschiedene Kulturentwürfe gegenüber, sondern auch innerhalb desselben „Denkhorizonts" verschiedene Entwürfe von Menschenbild und Sinnverständnis.[37] Diesen widerstreitenden Entwürfen insgemein mag sich nun die oder eine Religion mit ihrer „Anthropologie" entgegenstellen – mit der Folge, daß diese Entwürfe entweder ihren Streit im Blick auf die gemeinsame Gegnerschaft in den Hintergrund treten lassen oder umgekehrt jeweils den anderen für kryptoreligiös erklären.

Gleichwohl, zuzugeben und auch zugegeben *ist* die Tatsache eindeutiger Unmenschlichkeiten, die Tatsache nicht zu rechtfertigender Knechtung des Menschen im Namen der Religion, also unter Berufung auf das Heilige. Dabei sei abgesehen von allem, was man eindeutig als zynischen Mißbrauch aufweisen könnte. Daß die Rede vom Heiligen sich solcherart mißbrauchen läßt, bedeutet keinen Einwand, da nichts gegen Mißbrauch gefeit ist. Von Praxis der Religion, von „Früchten" der Rede vom Heiligen kann im Ernst nur dort die Rede sein, wo die Früchte nicht nur an oder auf diesem Baum (als die von Schmarotzern) wachsen, sondern wirklich seine Frucht sind; wo die Praxis die entsprechende Theorie nicht bloß betrügerisch zum Vorwand nimmt, sondern ihr tatsächlich entspringt.

Es zeigt sich nun aber, daß solche Praxis nicht nur vom

---

[37] Vgl. z. B. die Sinn-Auseinandersetzung, die von A. Schaff zwischen Existentialismus und Marxismus geführt wird (Marx oder Sartre? Versuch einer Philosophie des Menschen, Wien 1964; Marxismus und das menschliche Individuum, Reinbek 1970).

Rechts- und Freiheitsbewußtsein des Menschen überhaupt, sondern auch im Namen der Religion selbst kritisiert wird: nicht nur als unmenschlich, sondern auch als dem Gebot und dem Geist der Religion zuwider. Das heißt, es zeigt sich die Zweideutigkeit des Praxis-Kriteriums, weil sich entgegengesetzte Entwürfe und Verwirklichungen von Praxis auf dasselbe berufen.

Darauf bietet sich von seiten der Kritik indessen eine zweifache Erwiderung an: Einmal könnte gerade die doppelte „Verwendbarkeit" des Religiösen das sein, was es eigentlich bloßstellt; sodann aber zeigt diese „Doppelung" und der Widerspruch sich vielleicht nur als Widerspruch eines Selben, will sagen, nur als zwei Weisen – direkter die eine, die andere indirekter – anti-emanzipatorischer Praxis. Das meint jedenfalls offenbar die marxistische Religionskritik, wenn sie nicht zu vergröbert vorgebracht wird, so z. B. an der vielzitierten Stelle in Marx' Kritik der Hegelschen Rechtsphilosophie, wo Religion durchaus auch als „Protestation" gegen das wirkliche Elend verstanden wird, aber als der Protest bloßen Seufzens, als illusionäres Angebot eines illusionären Glücks.[38] Und man könnte von hier aus sogar – gegen den Marxschen Text – erklären, Religion, erst recht ihre human-protestierende Variante, bedeute nicht bloß eine imaginäre Blumengirlande an der allein zu sprengenden realen Kette, sondern gewissermaßen jene scheinbar spinnwebfeine Fessel der Märchen, die in Wahrheit fester bindet als Stahl. Dies zumal dann, wenn man kein primitiv-undialektisches Basis-Überbau-Schema vertritt, wonach allerdings mit dem bloßen Zerbrechen der Ketten aller ideale Zauber seine Kraft (weil jeden Ansatzpunkt) verloren hat.

Was nun die Doppelverwendbarkeit als solche angeht, so stellt sie kein ernstliches Argument dar. Aber auf sie hebt die Kritik auch nicht eigentlich ab. Etwas anderes sind schon gewisse positive Affinitäten zum Mißbrauch, die die Kritiker konstatieren.[39] Sie sind es, die eine Deutung des ersten Fak-

---

[38] K. Marx Die Frühschriften (S. Landshut), Stuttgart 1953, 208.
[39] Vgl. z. B. aus den von M. Horkheimer und S. H. Flowerman herausgegebenen Studies in Prejudice (New York 1949/50) den

tums in Richtung jenes Verdachts nahelegen, der sich (und keineswegs nur als Verdacht) in der zweiten Entgegnung ausspricht. – Die Rede vom Heiligen sei durch die Praxis der Religionen kompromittiert, besagt dann: 1) Im Namen des Heiligen wurden und werden Menschen an „menschlichem Leben", an „Sinn"-Verwirklichung gehindert. 2) Dabei scheint es sich nicht nur um a) äußerlichen Mißbrauch der Rede vom Heiligen zu handeln, sondern b) zumindest um sehr naheliegenden und zwar vom Heiligen (der Rede vom Heiligen) her naheliegenden Mißbrauch – wenn überhaupt um Mißbrauch, nicht um c) immanent legitime, vom Heiligen her legitimierte Praxis. 3) Kompromittiert, bloßgestellt ist die Rede vom Heiligen dann entweder a) als gefährlich, Sinn gefährdend – gemäß 2 b) – oder b) als Sinn zerstörend – gemäß 2 c).

Trifft letzteres zu, dann besagt Bloßstellung die Entlarvung praktischer und theoretischer Unwahrheit. Was derart Sinn verunmöglicht, darf nicht sein; es muß beseitigt werden (dies gilt dem Reden vom Heiligen). Und es kann nicht sein, das heißt: die Rede von ihm kann nicht wahr sein, wenn es als absolut und insofern als unbeseitigbar behauptet wird (dies gilt dem Heiligen selbst). So jedenfalls wird ein Denken erklären, das sich mit Verzweiflung, mit einer „tragischen Weltschau" oder ähnlichem – im Namen seines Sinn-Anspruchs – nicht abzufinden gedenkt. – Trifft ersteres zu: ist die Rede vom Heiligen „nur" Sinn *gefährdend*, dann ist solches Reden damit noch nicht als falsch nachgewiesen. Allerdings ist es in einem Ausmaß „verdächtig", daß es ausdrücklicher Rechtfertigung bedarf.

Die letztere Position (3 b) ist – radikal genommen – jene des sogenannten postulatorischen Atheismus. Dessen „christliche

---

Band von Th. W. Adorno und anderen über die autoritäre Persönlichkeit (The Authoritarian Personality) oder die Prognosen Mitscherlichs (Auf dem Weg zur vaterlosen Gesellschaft. Ideen zur Sozialpsychologie; Frankfurt 1963, u. ö.). Zu Mitscherlich wie später zu Bloch (S. 325, Anm. 48) siehe übrigens Ricoeurs Interpretation des Vaterbildes als „sich realisierende Eschatologie" (479): Le conflit 458–486 (La paternité: du fantasme au symbole).

Variante" wird im Gespräch mit den folgenden beiden letzten Einwänden mit einbezogen werden – soweit diese vorausliegende und begründende Problematik im Rahmen der vorliegenden Studien überhaupt behandelt werden kann. Das besagt, es wird hier weder ein „Gottesbeweis" unternommen noch, von dorther, jene Antwort auf einen humanistischen Atheismus entfaltet, die formelhaft das berühmte Wort des Irenäus darstellt: Gloria Dei *vivens* homo.[40] Es sei statt dessen zurückverwiesen auf das, was zum ersten Einwand gesagt worden ist.

Wird diese letzte Position aber nicht in solcher Radikalität verstanden, also nicht atheistisch, sondern nur areligiös: als Absage an eine bestimmte Form der Dimensionalität oder an die explizite Dimensionierung des Redens von und Sich-Verhaltens vor Gott überhaupt, dann ist sie Thema der beiden folgenden Punkte (dieser Sinn ist ja weithin auch das von der „christlichen Variante" Gemeinte).

Die andere Annahme, wonach der Rede vom Heiligen eine gewisse antihumane, freiheitsfeindliche („anti-emanzipatorische") Tendenz innewohnt, oder zumindest eine bestimmte Anfälligkeit für solche Tendenzen, verlangt jetzt eine klärende Antwort. – Und diese muß mit einem Eingeständnis beginnen. Man kann kaum leugnen, daß – über die klaren Fakten religiös legitimierter Unterdrückung hinaus – dem Reden vom Heiligen offenbar eine gewisse *Affinität* zu solchen Fakten eignet. Doch welche Deutung verlangt diese Affinität?

Sie erscheint zunächst als nur noch mehr kompromittiert und kompromittierend, wenn man darauf hinweist, daß die Dynamik des Bezugs hier offenkundig in beiden Richtungen verläuft. Religion scheint zur Herrschaftsübung zu tendieren; aber nicht weniger tendiert Herrschaft zu religiöser Selbstrechtfertigung. Doch vielleicht läßt gerade diese Ergänzung des Einwands jenes Ganze sichtbar werden, in dem seine Stelle, und sein Stellenwert, bestimmt werden kann. Um es

---

[40] Adv. Heres. IV, 20, 7 (Migne PG 7, 1037).

mit den Worten einer „Heiligen Schrift", der des Christentums, zu sagen: „Es gibt keine Gewalt außer von Gott." Dieser Satz findet sich, und zwar ganz im Sinn der „kompromittierenden" Tendenz, um die es geht, im 13. Kapitel des Römerbriefs (Röm 13, 1). Doch er zitiert wohl (oder spielt zumindest an auf) Weish 6,3. Dort heißt es in einer Mahnrede an die Könige („Horcht auf, die ihr das Volk regiert und stolz seid auf Scharen von Völkern!"): „Vom Herrn ward euch die Herrschaft verliehen, vom Allerhöchsten die Macht. Er ist's, der eure Werke erforscht . . ."[41]

„Es gibt keine Gewalt außer von Gott." Der Name „Gott" besagt mehr als „das Heilige". Aber einmal gilt die „antiautoritäre" Religionskritik auch der Rede von Gott (wenn nicht ihr erst recht und vor allem), sodann wird „das Heilige" hier ja nicht bloß im Sinn eines frühreligiösen „magischen" tremendum verstanden. Insofern läßt sich der Satz des Paulus durchaus in die Behauptung übersetzen, das Heilige sei die einzig gültige (Letzt-)Instanz der Legitimation von Gewalt beziehungsweise (dies ist wohl in erster Linie hier gemeint) von Macht.

So selbstverständlich die Behauptung damals war, so befremdlich wirkt unbestreitbar sie zumeist heute. Der letzte Einwand gibt diesem Sachverhalt sein Stichwort: „Säkularisierung". Doch es genügt für sich allein noch nicht; die bestimmte Form, in der das „säkularisierte" Bewußtsein – außerhalb wie innerhalb des Christentums – sich heute versteht, signalisiert das zweite Stichwort: „Demokratisierung". Das verweist zurück auf Überlegungen zum vorhergehenden fünften (wie zum 3.) Einwand. Es geht, anders gesagt, um die Ablehnung des Begriffs „Hierarchie".

Hierarchie: Ordnung vom Heiligen her, besagt zunächst Verschiedenheit und Bezüglichkeit der Ordnungsglieder (mit Heidegger gesprochen: differente Selbigkeit – im Gegensatz zu bloßer Gleichheit). Sie besagt des weiteren Rangunter-

---

[41] Vgl. auch Jo 19,11: „Jesus antwortete [Pilatus]: ‚Du hättest keinerlei Gewalt über mich, wenn sie dir nicht von oben gegeben wäre'."

schiedlichkeit der Glieder, und dies vom Prinzip wie von der Verwirklichungsweise dieser Ordnung her. Verwirklicht wird solche Ordnung nicht als (nachträgliches) Ordnen = Geordnetwerden vorliegenden Materials, sondern als ursprüngliches Sich-Ordnen (und sich-Einordnen) von Sichbeziehenden. Dieses Sichbeziehen schließt selbstverständlich Ranggleichheit nicht aus, auch zwischen Ranggleichen hat es statt; aber es darf nicht abstrakt geschichtslos betrachtet werden.

Nun spricht man gerade der metaphysischen Tradition geschichtliches Denken und ein Bedenken der Geschichtlichkeit ab, nicht zu Unrecht. Doch in der christlichen Metaphysik zumindest sind mit dem Begriff der freien Schöpfung aus dem Nichts (und der „dialogischen" Schöpfung von Freiheit) an zentraler Stelle (wenngleich weithin darauf beschränkt) Geschichte und Geschichtlichkeit im Wesensdenken selbst aufgebrochen. Wenigstens im Sinn dieser fundamentalen Geschichtlichkeit wird hier Ordnung als Hierarchie aus dem freien Willen Gottes – aus dem unableitbaren Zuspruch des Heiligen gedacht, also vom Prinzip her, das in unterscheidender Weise auf sich bezieht.

Doch auch hier entspricht diesem Bezogenwerden ein entsprechendes Sich-Beziehen der „Gerufenen". Entscheidend dabei ist, daß diese Unterscheidungen nicht solche „moralischer" Art sind, also keine „persönlichen" Qualifikationen bedeuten. Es gibt auch diese. Doch wesenhaft wird die Rangordnung der Hierarchie nicht etwa durch größere oder geringere Schuld konstituiert. Grundlegend sind sozusagen „amtliche" Rangordnungen – und diese sind geschichtlicher Natur: das „Fundament der Apostel", die Erstbischöfe, die „Väter" usf.[42]

Das scheinbar willkürliche „Diktat" göttlicher Gnadenwahl erhält damit jene Konkretheit, in der das Gemeinte auch einem anthropozentrischen Denken von Zeit und Situation zugänglich wird. Das Sich-(ein-)Ordnen von Freiheit geschieht nämlich stets als Übernahme von Erbe, also in Aner-

---

[42] Vgl. K. Rahners Deutung der großen Heiligen als „Schöpfer neuen christlichen Stils", in: Schriften III 117 ff.

kennung von Autorität.⁴³ Und diese Anerkennung ist eine menschliche (menschenwürdige) Möglichkeit gerade insofern, als solche Autorität sich aus dem (Zuspruch des) Heiligen ausweisen muß. Das heißt, es zeigt sich der *Dienst*charakter, man könnte durchaus sagen: die „Funktionalität" aller Macht in der Hierarchie, ohne daß doch die Glieder zu bloßen Mitteln der Selbstfindung im Selbstbezug aufs Heilige herabgesetzt würden (was als bezeichnende Kontrast-Folge in einer Konzeption auftritt, die um der „Emanzipation" des Individuums willen diese – unumgängliche – Vermittlung bloß „funktional"-äußerlich ansetzen will).

In einer solchen Hierarchie⁴⁴ sind die Menschen also in der Tat geeint durch das, was sie (auch rangmäßig) unterscheidet, wie (auch rangmäßig) unterschieden durch das, was sie eint. Dabei ist dieses Prinzip, wie gesagt, einmal selbst als geschichtlich wirkend zu sehen und dann sein geschichtliches Wirken als *in* der situativ gerufenen Freiheit wirkend.⁴⁵ In diesem konkret geschichtlichen Sinn ist also alle Macht vom Heiligen her, von der geistig-geistlichen bis zur politischen Macht. „Vom Heiligen her" aber heißt, wie bereits angedeutet, niemals bloß: von ihm sanktioniert, sondern ebenso: seiner Sanktion unterworfen, es heißt: von ihm her zu *beurteilen* – gegebenenfalls (die Propheten Israels zeigen das beispielhaft) vom Heiligen her zu *ver*urteilen.

Damit kommen wir auf die (von uns eingeräumte) antiemanzipatorische Praxis (und Tendenz) der Religion zurück. Es dürfte deutlich sein, daß das Vorausgegangene nicht eine Abschweifung darstellt. Es sollte einmal das dem Einspruch gegenüber zu behauptende Selbstverständnis einer Berufung

---

⁴³ Hier wäre vielleicht, im Gegenzug zum 2. Einwand, das moderne westliche Denken auf bestimmte „Selbstverständlichkeiten" des östlichen Denkens aufmerksam zu machen: auf den Grundsatz etwa, daß es keine Wahrheit(serkenntnis) ohne Lehrer oder Meister gebe – Vgl. J. Splett, Freiheit und Autorität.
⁴⁴ Vgl. über die gebotenen Andeutungen hinaus hierzu: H. Krings, Ordo; H. Kuhn, Das Sein und das Gute, bes. 171–219; M. Müller, Person und Funktion.
⁴⁵ Vgl. A. Darlap/J. Splett, Geschichte und Geschichtlichkeit.

auf das Heilige kennzeichnen, sodann aber verständlich machen, inwiefern hier tatsächlich spezifische Gefährdungen liegen. Macht kann sich zu Unrecht auf das Heilige berufen, eine Berufung auf das Heilige kann bestimmte Autoritäten zu Unrecht verteidigen: in Vernachlässigung des Freiheits- und Geschichtlichkeitscharakters des hier waltenden Bezugs und in Vernachlässigung der Differenz von transzendentaler und kategorialer „Dimension" der Wirklichkeit.

„Transzendental" und „kategorial" werden dabei in dem Sinn gebraucht, in dem sie K. Rahner in die Behandlung der religions- und christentums-(selbst-)kritischen Problematik eingeführt hat. „Kategorial" bedeutet: faßlich, greifbar, umschreibbar, bestimmbar, gegenständlich; „transzendental" zielt auf das in solcher Faßlichkeit „erscheinende", sich darin selbst bestimmende Ungegenständliche, das die verschiedenen Weisen seiner jeweiligen Gegenständlichkeit übersteigt. Ohne den konkreten Sprachgebrauch (und dessen Konsequenzen) bei Rahner sowie die mehrfach daran geübte Kritik hier zu erörtern, übernehmen wir diese Begriffe, statt neue vorzuschlagen. Dabei dürfte ohne weiteres einleuchten, warum „Dimension" soeben nur in Anführung gebraucht worden ist; denn natürlich handelt es sich nicht um zwei Dimensionen (gar Bereiche oder Schichten), sondern um die (Selbst-)Dimensionierung eines (eben auch bezüglich aller Dimensionen) Transzendentalen. Es ist in unserer Hinsicht vielleicht nicht besser zu kennzeichnen als mit dem Cusanischen Namen des „Non-aliud"; als jenes, zu dem alles, welches selbst aber zu nichts ein Anderes ist.

Das Heilige ist nun als transzendental je und je nur kategorial erfahrbar, erfahren, gewußt. Es selbst wird erfahren; doch gerade insofern es selbst erfahren wird, wird auch die Differenz dieser Erfahrung (objektiv gewendet: seiner Erscheinung) zu ihm selbst erfahren. Wird diese Differenz als „Jenseits" und „Dahinter" der Erscheinung gedeutet, so ist damit der Sachverhalt gleichermaßen verfehlt, wie wenn man vergißt oder leugnet, daß die Erscheinung in ihrer kategorialen (epochalen) Gestalt nur Erscheinung ist. Realistisches Trennen, das die Erscheinung verdinglicht, wie idealistischer

Scheinüberstieg, der über sie hinaus zu sein glaubt, bleiben außerhalb des symbolischen Ineins-Falls, in dem Heiliges präsent wird.[46] Es geht also darum, daß das Heilige (wie „Selbsthaftes" [B. Welte] überhaupt – in jedem ernsten Interpersonalbezug) die Vorbehaltlosigkeit seiner Eröffnung (sein Sich-*Selbst*-Eröffnen) eben in der Gewähr seiner Unfaßlichkeit gewährt.[47]

Diese Schwebe „versucht" durch sich selbst dazu, sie „festzumachen". Dies geschieht dadurch, daß eine bestimmte Erscheinung für das Erscheinende selbst genommen wird, sei es direkt und ausdrücklich, sei es indirekt dadurch, daß die Erscheinung zwar als (nur) Erscheinung bekannt, doch als solche ungeschichtlich verabsolutiert wird. Solche Ideologisierung wird folgerichtig autoritär.[48] Und sie provoziert zugleich bei denen, die sie rechtens bekämpfen, dieselbe unerlaubte Identifikation – nur unter Umkehrung ihres „Vorzeichens". Das heißt konkret: weil von der einen Seite aufzugebende Gestalten des Heiligen in dessen Namen als unaufgebbar proklamiert werden, richten die „emanzipatorischen" Kräfte sich in ihrem Kampf gegen bestimmte Präsenzweisen auf das Heilige selbst und liefern eben dadurch einer ideologischen Verteidigung den Schein des Rechts, ja oftmals mehr als diesen.

Kurz: die Religionen haben sich weithin anti-emanzipatorisch gezeigt. Das heißt: sie zeigen sich *immer* als autoritativ *und* autoritär (der berühmte theologische Terminus dafür –

---

[46] Siehe M. Müller, Existenzphilosophie, bes. 219–259 (vgl. L. B. Puntel, Analogie und Geschichtlichkeit, bes. 141–147).
[47] Siehe ausführlicher dazu die abschließenden Überlegungen dieser Arbeit.
[48] Vgl. J. Splett, Ideologie und Toleranz, in: J. B. Metz (Hrsg.) Weltverständnis 269–286; ders., Wahrheit, Ideologie und Freiheit. – Dabei sollte vielleicht auch an die Komponente von Mißtrauen oder gar Angst in dieser Verabsolutierung erinnert werden. Eine bestimmte Erscheinung wird darum so festgehalten, weil man andere nicht als Sinn-Erscheinung erkennt, bzw. der Macht des Sinns angesichts scheinbarer oder wirklicher Erfahrung von Sinnmangel nicht „traut". Wer z. B. glaubt, die Menschen gingen von selbst nur ins Unglück, wird sie zu ihrem Glück nötigen wollen, in direktem oder (so der „Großinquisitor") indirektem Zwang.

und er ist nicht bloß „individualistisch" zu verstehen – lautet: simul iustus et peccator). Autoritär aber zeigt Religion sich sowohl inter- wie innerdimensional; d. h. in unerlaubtem Übergriff auf andere Dimensionen wie innerhalb ihrer eigenen Dimension (als antireformatorisch – und so doppelt „semper reformanda").

Ebenso aber richtet sich auch die Kritik an den Religionen immer gegen *beides:* gegen das Autoritäre wie das Autoritative an ihnen. Das heißt, die Kritik steht durchaus in derselben Zweideutigkeit wie die von ihr kritisierten Religionen. War deren Zweideutigkeit mit dem Wortpaar „autoritativ – autoritär" beschreibbar, so die ihre (wenn nicht – gar nicht so selten – mit denselben Worten[49]) etwa mit dem traditionellen Paar „Freiheit – Willkür". Und diese Zweideutigkeit (verschärft durch den Umstand, daß auch ihre Selbstkritik ihr nochmals unterliegt) ist bei der Kritik genau so wenig zu beheben wie bei der Religion, es sei denn scheinbar – durch erneute (sozusagen Meta-)Ideologisierung, nämlich durch ideologische Leugnung der tatsächlich nicht fehlenden eigenen ideologischen Momente.

Daraus ein Kritik-Verbot herzuleiten, als gälte alle Kritik im Grunde doch nur dem Autoritativen, wäre ebenso autoritär – und ist deswegen auch keineswegs beabsichtigt – wie umgekehrt ein totaler Religions-Verdacht, als komme deren Denken und Reden nie Autorität zu.

Der Einwand war zwar als politisch deklariert; aber „politisch" verstand sich in weiterem Sinn. Das rechtfertigt wohl die Breite der Stellungnahme dazu. Außerdem konnte so schon einiges vorweggenommen werden, was zum letzten Punkt erwogen werden muß. Die *besondere* Gefährdung der Religion aber hat sich wiederum als Kehrseite jener Sonder-

---

[49] Camus spricht von Revolte und Revolution. – Wenn man außer an Mephistos Bemerkung über menschlichen Vernunftgebrauch (V. 283–286, Prolog im Himmel) an Hegels Darlegungen zur griechischen Komödie als Vor- und Durchführung der Emanzipation des Subjekts denkt (Phänomenologie 517 f., Ästhetik II 571 f.), drängt sich das eher banale Wortpaar „menschlich – allzumenschlich" auf, wobei „banal" indes nicht dasselbe besagt wie „harmlos".

stellung gezeigt, in der Religion nicht bloß (wie alle Erscheinung von bzw. aller Bezug zum Grund-Sinn[50]) in dem absoluten Sinn-(Ab-)Grund gründet, sondern dieses Gründen, das Erscheinungs- und Bezugsein aller Dimensionen selbst als solches thematisiert und darlebt. In dieser Bezugsausdrücklichkeit als solcher aber (nicht in deren oftmals inhumaner Gestalt) entzieht Religion sich der Kritik von anderen Dimensionen her.

Die Selbstkritik der Religion jedoch scheint ihrerseits nicht radikal genug zu sein; offenbar richtet sie sich nur auf Verkürzungen und Verfestigungen ihrer Theorie und Praxis, auf ihr „Unwesen", nicht etwa auf ihr Wesen selbst.[51] Eben auf dieses aber zielt – und mit Berufung auf den Sinn-Grund selbst, dem Religion den Namen des Heiligen gibt – der siebente Einwand.

7. Christlich-theologisch, heißt es, stehe der Rede vom Heiligen und dem (Selbst-)Verständnis von Religion als Begegnung mit ihm das Heiligkeitsverständnis des Neuen Testaments und die Religionskritik Jesu selbst entgegen. – Insofern dieser Einspruch von der Theologie her angemeldet wird, bedarf es einer theologischen Antwort, überschreitet seine Behandlung also das Feld unserer philosophischen Untersuchung. Andererseits ist er zu wichtig, um so, wie diese Arbeit sonst zur Theologie hinüberspricht, anmerkungsweise, in Fußnoten behandelt – oder gar ausgespart werden zu können. Wir müssen ihn nicht weniger ausführlich als die bisherigen Einwände aufnehmen. Das macht es nötig, theologische Autoren heranzuziehen, um mit Berufung auf sie eine Antwort zu geben.[52] Dennoch, zum Teil ist die Kritik und

---

[50] Wobei dieses nur die Weise darstellt, wie es jenes gibt – und umgekehrt.
[51] Vgl. B. Welte, Wesen und Unwesen der Religion: SE 279–296.
[52] Solche Berufung auf bestimmte Autoren einer anderen Disziplin, zumal in Fragen, die dort kontrovers sind – wie unsere Frage –, ist unvermeidlich immer ein Stück weit Berufung auf Autoritäten; bei völliger eigener Sacheinsicht bedürfte es ihrer ja nicht. Trotzdem müssen die Auswahlmotive nicht unbedingt nur äußerlich und sachfremd sein. Wenn im folgenden vor allem Karl Rahner ge-

ihre Begründung durchaus auch der philosophischen Überprüfung zugänglich.

Zunächst sind zwei Grundweisen des Selbstverständnisses dieser Kritik zu unterscheiden. Die erste, „traditionelle", versteht die Religionskritik des Christentums an den Religionen als die Kritik der wahren Religion an den falschen. In ihrer schärfsten Zuspitzung, der „dialektischen Theologie", wird schließlich der Name Religion überhaupt für das Christentum zurückgewiesen. Als Glaube aus dem Anruf des lebendigen Gottes stehe es in unvermittelbarem Gegensatz und Widerspruch zu den menschlichen (wenn nicht unmenschlich: dämonischen) Versuchen eines Gottbezugs „von unten her", die sich in den verschiedenen Religionen (einschließlich des „Religiösen" im Christentum) scheiternd verkörpern.

Wie in „dialektischem" Umschlag dazu steht die andere, „moderne", Richtung christlicher Kritik der Religion. In ihr wird nicht nur jegliches Wollen „von unten her", also jedes „Streben nach oben", verworfen, sondern auch jedes Denken „von oben her". Das heißt, die Vorstellung eines „vertikalen" Bezugs überhaupt wird abgewiesen. Damit entfällt zugleich auch jene polare Beziehung in der „Horizontalen", die durch die Grenzziehung zwischen dem „Fußpunkt" dieses Bezugs und dem übrigen Lebensraum konstituiert wird: die Unterscheidung von „sakral" und „profan". In der Menschwerdung Gottes sei der Mensch als solcher und die Welt als solche heilig-göttlich geworden beziehungsweise Gott weltlich. Alles religiöse Unterscheiden sei damit überholt.

Diese zweite Weise der Begründung hat den ihr gemäßen

nannt wird, dann durchdringen sich in diesem Fall wohl „biographische" und sachliche Begründung, da der Verf. in den drei Münchener Jahren dieses theologischen Lehrers als sein Assistent mit ihm zusammenarbeiten durfte. Das heißt, Verweise auf Rahner und ihm nahestehende Autoren bedeuten nicht so sehr Berufung auf Autoritäten, als vielmehr Abkürzung und Ersatz eigener Darlegungen, welche ihrerseits sich teils den zitierten Texten ausdrücklich verdanken, teils – ob selbständig oder nicht – nur wiederholen würden, was dort schon ausführlich gesagt ist.

Kontext wohl eher unter dem Stichwort „Säkularisierung", also im folgenden und letzten der hier zu behandelnden Einwände, obwohl der Charakter des Umschlags es bedingt, daß eine scharfe Grenzziehung zur ersten Argumentation nicht möglich ist. Nehmen wir jedenfalls zunächst die erste These auf: die im Namen der Schrift und Christi vorgetragene Kritik der „falschen" Religionen, die sich schließlich zur Kritik von Religion als solcher überhaupt zuspitzt.

Die Befragung der Schrift zeigt in der Tat, „daß die Grundhaltung des Alten und Neuen Testaments gegenüber den Religionen – von denen zwar expressiv verbis in der Schrift so gut wie nie die Rede ist – als äußerst negativ oder – wie die Religionshistoriker nicht ungern formulieren – als ‚intolerant' zu bezeichnen ist."[53] Doch eine heilsgeschichtliche Interpretationsweise gelangt dahin, „die zumeist negativ klingenden Aussagen der Schrift von ihrem geschichtlichen und heilsgeschichtlichen Ort her genauerhin zu prüfen, die wenigen positiven Aussagen der Schrift (etwa die biblische Urgeschichte, speziell die Noe-Erzählungen [Gn 6–9]; aus dem Neuen Testament die Paulus-Rede in Lystra [Apg 14,8–17] und die Areopag-Szene Apg 17,16–32) stärker hervorzuheben und die Auskunft der Schrift zu dem Thema ‚Religionen' und ‚Nichtchristenheit' vorsichtiger auszulegen und auszuwerten."[54]

Theologisch ist aufgrund des allgemeinen Heilswillens Gottes (vgl. 1 Tim 2,1–6) die Weltgeschichte im ganzen als „fundamentale Heilsgeschichte" zu deuten.[55] Gedeutet werden kann sie als solche allerdings erst von der speziellen, der „amtlichen" Heilsgeschichte her, die – nicht genau datierbar – in Israel anbricht und aus diesem „Advent" zur Geschichte des

---

[53] H. R. Schlette, Die Religionen als Thema der Theologie 24 f.
[54] H. R. Schlette, a.a.O. 25. Als Beispiel für die Gegenposition siehe etwa N. H. Søe 116 f.
[55] Schlette, a.a.O. 78 f.; A. Darlap, Fundamentale Theologie der Heilsgeschichte; K. Rahner, Die anonymen Christen, in: Schriften VI 545–554; ders., Atheismus und implizites Christentum, in: Schriften VIII 187–212; ders., Anonymes Christentum und Missionsauftrag der Kirche, in: Schriften IX 498–515.

neutestamentlichen „Volkes Gottes" wird. Daß die Weltgeschichte stets auch Geschichte des Unheils ist, soll damit nicht bestritten werden (das gilt ja nicht weniger für die Geschichte Israels und der Kirche); aber der Glaube weiß das Unheil nochmals umgriffen vom getreuen Heilswillen Gottes für alle.

Heilsgeschichte aber ist nur denkbar als Offenbarungsgeschichte; denn als Geschichte des Heils von Freiheit kann sie ihr nicht bloß angetan werden; sie muß als solche stets auch von der Freiheit selbst getan werden. Heil als Identität muß *Selbst*identität sein.[56] Das „übernatürliche Existential", das heißt, das gnadenhafte Berufensein, jedes Menschen kann es nur als dessen *An*gerufensein geben, also als sein (irgendwie) Vernommenhaben. Anders gesagt, es kann nicht bloß als ontisches Faktum gedacht werden, es ist Bewußtseins-Faktum – und als solches nie bloß Faktum, sondern Vollzug: nicht notwendig als ein Wissen und Bewußthaben von zusätzlichen Erkenntnis-Inhalten, vielmehr als ungegenständliches „Horizontbewußtsein", als – mit Heidegger gesprochen – verwandelte „Befindlichkeit".[57]

Insofern endliche Freiheit nun allein in Interpersonalität wirklich und möglich ist, stellt sich die Frage nach dem Gemeinschaftsaspekt auch des übernatürlichen Existentials".[58] Mit Schlettes Worten: „Von der Frage nach den Nichtchristen – sei sie auf den Stand oder auf den einzelnen bezogen – gilt es nun die Frage nach den nichtchristlichen Religionen zu unterscheiden."[59]

---

[56] Vgl. K. Rahner/J. Ratzinger, Offenbarung und Überlieferung; H. Waldenfels, Offenbarung.
[57] „Verwandelt", anders ist es im Gegensatz zum – gedachten – Stand eines Menschen in „natura pura", womit zwar nur eine Möglichkeit angezielt wird, dies aber unverzichtbar, wenn der sozusagen potenzierte Gnadencharakter dieses Existentials (über den Gnadencharakter des Daseins überhaupt hinaus) gewahrt werden soll. Vgl. R. Guardini, Freiheit – Gnade – Schicksal; K. Rahner, Natur und Gnade, in: Schriften IV 209–236; ders., Grundsätzliches zur Einheit von Schöpfungs- und Erlösungswirklichkeit.
[58] Vgl. J. Heislbetz 71 ff.
[59] Die Religionen 16.

K. Rahner formuliert – im Sinn des bisher Skizzierten – als 2. These seines Vortrags *Das Christentum und die nichtchristlichen Religionen* von 1961[60]: „Bis zu jenem Augenblick, in dem das Evangelium wirklich in die geschichtliche Situation eines bestimmten Menschen eintritt, enthält eine nichtchristliche Religion (auch außerhalb der mosaischen) nicht nur Elemente einer natürlichen Gotteserkenntnis, vermischt mit erbsündlicher und weiter darauf und daraus folgender menschlicher Depravation, sondern auch übernatürliche Momente aus der Gnade, die dem Menschen wegen Christus von Gott geschenkt wird, und sie kann von daher, ohne daß dadurch Irrtum und Depravation in ihr geleugnet werden, als, wenn auch in verschiedener Gestuftheit, *legitime* Religion anerkannt werden."

Legitimität der Religion besagt: „In Anbetracht der Tatsache, daß der konkrete Mensch die ihm gebotene Gottbeziehung konkret nur in gesellschaftlich verfaßter Weise leben kann, muß er das Recht, ja die Pflicht gehabt haben, diese seine Gottbeziehung innerhalb der ihm in seiner geschichtlichen Situation gebotenen religionsgesellschaftlichen Wirklichkeiten zu leben."[61]

Rahner formuliert perfektivisch, weil diese Situation vom christlichen Glauben aus als vorchristliche Situation verstanden wird; doch sie besteht auch post Christum natum: „bis zu jenem Augenblick, in dem das Evangelium *wirklich* in die geschichtliche Situation eines bestimmten Menschen eintritt."[62]

Mit anderen Worten, man wird Ratzinger zustimmen, wenn er schreibt: „Die primäre Frage ist nicht mehr das Heil der anderen, dessen prinzipielle Möglichkeit ungefragt sicher ist."[63] Zu dieser Möglichkeit gehört aber auch deren Konkretion in den Religionen. Jedenfalls scheint der Gedanke, die Religionen seien „ordentliche Heilswege innerhalb der allge-

---

[60] Schriften V 136–158: 143.
[61] K. Rahner, a.a.O. 154. Vgl. R. Panikkar 158 ff.
[62] Vgl. Heislbetz 200 ff.
[63] J. Ratzinger, Kein Heil außerhalb der Kirche?, in: Das neue Volk Gottes 339–361: 340.

meinen Heilsgeschichte", so daß sie wirklich „ihren Anhängern Heil vermitteln können"[64], der inkarnatorischen Struktur der Gnade(nordnung), weil der Leiblichkeit (d. h. Gesellschaftlichkeit) und Geschichtlichkeit des Menschen, angemessener als eine Konzeption, die dieses Heil als nur trotz diesen Religionen ermöglicht sehen wollte.

Was Ratzinger nun (gegenüber der Heilsmöglichkeit für die Einzelnen) als primär ansieht, ist die Frage nach der Verpflichtung des Christen zu *seinem* Glauben und die des Unbedingtheitsanspruchs dieses Glaubens auch an die anderen.[65] Zu der Aussage, „ein Moslem müsse, um gerettet zu werden, eben ein ‚guter Moslem' sein (was heißt das eigentlich?)"[66], erklärt er, solche Thesen seien nur scheinbar „progressiv"; „in Wahrheit erheben sie den Konservativismus zur Weltanschauung: Jeder wird selig durch sein System. Aber nicht das System und das Einhalten eines Systems retten den Menschen, sondern ihn rettet, was mehr ist als alle Systeme und was die Öffnung aller Systeme darstellt: die Liebe und der Glaube, die das eigentliche Ende des Egoismus und der selbstzerstörerischen Hybris sind. Die Religionen helfen so weit zum Heil, soweit sie in diese Haltung hineinführen, sie sind Heilshindernisse, soweit sie den Menschen an dieser Haltung hindern."[67]

In der wenig differenzierten Apodiktik, mit der H. Halbfas seine These vorträgt, scheinen die „Absolutheit" des christlichen Wegs und der Missionsauftrag an den Christen tatsächlich ungenügend bewahrt zu sein. Aber droht nicht die Gefahr der entgegengesetzten Verkürzung, wenn Ratzinger Religion mit System gleichzusetzen scheint (bis hin zu der Vergleichs-Frage, ob man dann nicht ebenso sagen müsse, ein überzeugter SS-Mann habe ein ganzer SS-Mann zu sein)? Gerade wenn man keinen statischen und symbolisch-spiritua-

---

[64] Schlette, Die Religionen 108; vgl. ders., Colloquium salutis.
[65] Ratzinger, a.a.O. 340, 352 f.; 362–375 (Das Problem der Absolutheit des christlichen Heilsweges).
[66] So H. Halbfas 241.
[67] A.a.O. 356.

listischen Begriff von Religion vertritt[68] – ja, einzig dann, wird man es vermögen, einerseits die Religionen bei aller Depravation als positive Heilswege aufzufassen (gegen ein bloß symbolisch-spiritualistisches Verständnis) und andererseits die Unbedingtheit des christlichen Heilswegs festzuhalten (gegen ein ungeschichtlich-statisches Verständnis). – Depravation, Verhärtung zum „System" aber findet sich in allen Religionen, einschließlich des Christentums; zugleich jedoch meldet sich nicht nur im Christentum, sondern ebenso in den anderen Religionen der immer neue religiöse Widerstand dagegen, der Ruf zur Reform, der prophetisch-charismatische Aus- und Aufbruch aus verfestigten Strukturen.

Bezieht sich nun dieser Protest nicht gerade auf das religiöse Heiligkeitsverständnis und ist der prophetische Aus- und Aufbruch nicht entscheidend ein solcher eben aus den Fesseln des Sakralen? Gewiß, jedoch dürfte aus dem bisher Erbrachten auch ohne die spätere terminologische Erörterung klar sein, daß Sakralität und das Sakrale sich nicht einfachhin mit dem Heiligen gleichsetzen lassen. Es ist hier vor allem an die bei Tillich reflektierten alternativischen Verkürzungen zu erinnern: die magisch-dämonische bei Ausklammerung des moralischen Momentes, die profan-moralische bei Ausklammerung des tremendum-Momentes. Die Kritik der jüdischen Propheten sowohl an der im Volk praktizierten Moral, vor

---

[68] Siehe J. Ratzinger, Der christliche Glaube und die Weltreligionen, in: J. B. Metz, W. Kern, A. Darlap, H. Vorgrimler (Hrsg.), Gott in Welt II 287–305, 219 f.: „Der Religionsbegriff des ‚heutigen Menschen' (man gestatte uns, diese Real-Fiktion beizubehalten) ist statisch, er sieht für gewöhnlich nicht den Übergang von einer Religion zur anderen vor, sondern erwartet, daß man in der seinen bleibe und sie in dem Bewußtsein lebe, daß sie in ihrem geistlichen Kern ohnedies mit allen anderen identisch ist ... Ein Zweites schwingt in allem Gesagten immer schon mit: Der Religionsbegriff des heutigen Menschen ist symbolisch und spiritualistisch geprägt. Die Religion erscheint als ein Kosmos der Symbole, die bei einer letzten Einheit der Symbolsprache der Menschheit (wie sie Psychologie und Religionswissenschaft heute gemeinsam immer deutlicher herausstellen) im einzelnen vielfältig differieren, aber eben doch alle dasselbe meinen und nur anfangen müßten, ihre tiefe untergründige Einheit zu entdecken."

allem an der der Reichen, wie am Kultbetrieb des Tempels richtet sich gegen beide Verkürzungen zumal. Und die Botschaft besonders des Jesaja und seiner Nachfolger zielt gerade auf die Göttlichkeit Gottes über dieser falschen Alternative.[69] „Darum ist auch ‚der Heilige' eine der häufigsten Gottesbezeichnungen im Judentum."[70] Von dort her wird im Bekenntnis der christlichen Gemeinde Jesus als der „Heilige Gottes" bezeichnet (Mk 1,24; Lk 4,34; Jo 6,69; vgl. Apk 3,7 und 6,10). Und erst recht ist der uns völlig gewohnte Name „Heiliger Geist", πνεῦμα ἅγιον, in den Schriften des Neuen Testaments in seiner ursprünglichen Kraft zu lesen. Von ihm her heißt die Gemeinde heilig und heißen die einzelnen Mitglieder der ἐκκλησία heilig und die Heiligen. Heilig als Gerufene und vom Geist erfüllte, sollen sie diese Heiligkeit im Kultdienst ihres Lebens sich auswirken und zur Erscheinung kommen lassen.

Das Heiligkeitsverständnis des Neuen Testaments umgreift also moralische wie kultische Momente, in den verschiedenen Schriften dieser Sammlung mit unterschiedlicher Akzentuierung. Kritisch steht es nur gegen die Isolierung eines jeden dieser Momente; dies aber darum, weil es rückbezogen ist auf das πνεῦμα ἅγιον als Prinzip aller Heiligkeit und Heiligung, welcher Geist als der Geist Jesu Christi *die* „gute Gabe" ist, die Jahwe als heiliger Vater den Seinen gibt (Lk 11,13).

So scheint die Rede vom Heiligen durch die Schriften des Neuen Testaments eher legitimiert, wenn nicht gar gefordert, als daß es von dorther ausgeschlossen würde. – Allerdings ist dieses Heilige nicht das Numinose, und hier wird nun doch eine entscheidende Differenz sichtbar: *„Dieses, das* Heilige" ist zwar mehr als das Numinose, aber auch als solches ist nicht

---

[69] Vgl. Kuhn/Procksch in Kittels Wörterbuch zum Neuen Testament: „Nicht so ist es, daß das hebräische קדש durch den griechischen Sinn von ἅγιος umgeprägt ist, sondern daß sich ἅγιος ganz in den Dienst des hebräischen קדש hat stellen müssen" (95 Procksch).
[70] A.a.O. 98. (Kuhn). Vgl. auch die kleine Monographie von Festugière, deren „objet propre" (X) die christliche Heiligkeit ist (mit Vorbehalten bezüglich seines allgemeinen Ansatzes – siehe Widengren 34–36).

es der letzte Grund und Abgrund aller Wirklichkeit, sondern *er – der* Heilige. Damit erscheint offenbar das Heiligkeitsverständnis des Neuen Testamentes tatsächlich als fundamentale Kritik eines philosophischen oder gar „theologischen"[71] Redens über, eines religiösen Sich-Berufens auf das Heilige.
In enger Bindung an Scheler schreibt so z. B. Bernhard Häring in seinem Buch „Das Heilige und das Gute", nachdem er von den religiösen Phänomenen Gebet, Offenbarung und Glaube aus das „Wesensmerkmal der ‚Dualitäts-Realisierung', des Dialogs"[72] herausgestellt hat: „Hier wird es wohl klar, welche Bedeutung der Ausdruck ‚das Heilige' in unserer Abhandlung nicht haben kann. Wir meinen damit nicht wie Rudolf Otto das Numinose (als ein Neutrum) als Gegenstand der Religion. Gegenstand der Religion ist uns nur *der* Heilige. *Das* Heilige ist uns das Religiöse oder die Religion, insofern sie nur wirklich und echt sein kann in der Bezogenheit auf den Heiligen hin."[73]
Daß die Rede vom Heiligen im Sinn des Neutrums dem Phänomen nicht gerecht wird, ist schon mehrfach angesprochen worden. Nach Scheler haben vor allem Welte und seine Schüler die Selbsthaftigkeit und Du-haftigkeit des Heiligen herausgearbeitet. Trotzdem besagt eine Beschränkung des sächlichen Ausdrucks auf die Religion und ihre Vollzüge, wie sie Häring vornimmt, nun von der anderen Seite her zu wenig. Für den Sprachgebrauch der neutestamentlichen Schriften sei hier vor allem an die Rede vom ἅγιον πνεῦμα erinnert. Daß dieses Pneuma Geist und Gabe (durch Christus) des Vaters ist, bezeugt die Selbsthaftigkeit und freie Ursprünglichkeit des Heiligen; daß aber das Pneuma zugleich doch nicht bloß eine Gabe ist, sondern die Weise, wie (durch Christus) der Vater *sich selbst* gibt,[74] läßt auch *das* Heilige als „*Gegenstand*

---

[71] In Anführung zu setzen, weil es streng genommen ja nur *theo*logisch wäre.
[72] B. Häring 42.
[73] Ebd. 43 f.
[74] Und dies nicht vorläufig, d. h. vorübergehend, sondern vorläufig nur in dem Sinn, daß eben diese Ankunft des Geistes bislang bloß „angeldhaft", vorwegnehmend geschehen ist und geschieht, die

der Religion" erscheinen. Es ist also nicht bloß ein Name für diese selbst beziehungsweise für das Gesamt des zu ihr Gehörenden (das Religiöse).

Das Heiligkeitsverständnis in den neutestamentlichen Schriften bedeutet darum auch in dieser Hinsicht keine Instanz gegen den Ausdruck „das Heilige" – sofern jedenfalls er nicht „quaternarisch" eine bzw. die Gottheit „über" dem dreipersönlichen Gott statuieren soll. Dieser Ausdruck meint damit keineswegs schon bloß eine „metaphysische Bestimmtheit in Gott", nicht schon nur „den Gott der Philosophen", sondern durchaus „den Gott des religiösen Menschen".[75] Freilich nicht als letztes Wort über ihn und vor allem nicht als direkt anredendes Wort der religiösen Sprache. Doch bereits im Sprechen-von-Gott des religiösen Menschen als solchen, also im religiösen Sprechen von Gott dürfte es seinen Platz haben, erst recht hat es ihn im (religions)philosophischen Reden davon.[76]

Die Antwort darauf kehrt nun an den Anfang des hier verhandelten Einwands zurück. Dem metaphysischen Gott der Philosophen sei nicht der des religiösen Menschen entgegenzu-

---

Vollendung aber nicht etwa ein Hintersichlassen dieses ungreifbaren Wind-Hauchs (Jo 3,8) ins Greifbare hinein bedeutet, sondern das endgültige Eingelassensein in das Spiel seines unvordenklichen Woher und Wohin. Vgl. E. Przywara, Deus semper maior III, Freiburg 1940, 165 ff., bes. 187–195, 363–407.

[75] Gegen Häring 44.

[76] In der Diskussion mit Theologen bedarf es dabei offenbar immer wieder des logischen Hinweises, daß philosophisches Reden als solches, allein aufgrund seiner Qualifikation als philosophisch, nicht schon den „Gott der Philosophen" meinen muß, sondern durchaus – philosophisch – den des religiösen Menschen. Daß solches Reden-von verwiesen bleibt und bleiben muß auf den ursprünglichen, dialogisch gelebten religiösen Vollzug, wird hier ebenso – nicht bloß zugestanden, sondern – gefordert, wie andererseits die Notwendigkeit dieses Redens-von erinnert sei, ohne daß jetzt gezeigt werden soll, wie dieses Reden über das direkte Kerygma hinaus dann *legitimerweise* ein solches der „philosophes" und „savants" wird (wobei übrigens letzteres Wort in Pascals Memorial die Theologen doch wohl mitmeint). Vgl. J. Splett, Unser Sprechen von Gott, in: Catholica 24 (1970) 118–128; ders., Sprache in der Religion.

setzen – die seien allerdings zuletzt identisch –, sondern (vielleicht nicht einmal einfachhin der „Dieu d'Abraham, Dieu d'Isaac, Dieu de Jacob", vielmehr der): „Dieu de Jésus-Christ". Dies aber jetzt nicht in Wiederholung der Anfangsfrage, sondern gleichsam eine Spiralwindung weiter, also gerade nicht mehr in dem von Pascal gemeinten Sinn seines Wortes, sondern in der Berufung auf die Inkarnation als „radikale und ursprüngliche Freisetzung der Welt ins Eigene und Eigentliche ihrer nichtgöttlichen Wirklichkeit ... in Weltlichkeit"[77]. Damit stehen wir bei dem letzten der genannten Einwände, beim Stichwort „Säkularisierung".

8. Historisch und kulturphilosophisch gesehen, heißt es, ignoriere die Rede vom Heiligen jenen Prozeß, der in den letzten Jahren ausführlich unter dem Namen Säkularisierung herausgestellt und interpretiert worden ist.

Die Geschichte dieser Interpretation braucht hier nun nicht erneut behandelt zu werden.[78] Es soll darum hier auch nicht, so reizvoll es wäre, die These der „Christlichkeit" dieser Säkularisierung diskutiert werden (in deren Sinn wir ja von Punkt 7 zum jetzigen 8. Punkt übergegangen sind).[79]

Wichtiger dürfte für uns der Hinweis auf die Infragestellung dieses „Interpretamentes" überhaupt sein, die sich in den beiden Bänden der Einführung in die Religionssoziologie von Joachim Matthes findet. Der von ihm geforderte „kritische Rückgriff hinter die kulturellen Selbstverständlichkeiten des Interpretaments der Säkularisierung" ist freilich nach seinem eigenen Eingeständnis „leichter zu bestimmen als zu er-

---

[77] J. B. Metz, Zur Theologie der Welt 31.
[78] Vgl. die Darstellung von H. Lübbe. Zuletzt (mit Literaturangaben): K. Rahner, Kirche und Welt, und A. Keller.
[79] In erster Linie D. Bonhoeffer, F. Gogarten, J. B. Metz; vgl. die in der vorigen Anm. genannten Literaturangaben; dazu W. Kern, Atheismus – Christentum – emanzipierte Gesellschaft. – Dagegen: in erster Linie H. U. v. Balthasar in zahlreichen neueren Publikationen; J. Danielou; U. Mann, Christentum, bes. Kap. III, 73 ff.; ders. Theogonische Tage, bes. 46 ff. Die inzwischen erschienene umfangreiche Auseinandersetzung H. Mühlens, auf die im folgenden und in den abschließenden Reflexionen immer wieder zu verweisen wäre, sei wenigstens hier zumindest genannt.

bringen"[80]. Eine entscheidende Voraussetzung des Begriffs der Säkularisierung scheint jedenfalls die unausdrückliche Identifikation von Religion und expliziter Religion zu sein. Säkularisierung besagt demnach in erster Linie Entkirchlichung. Dazu vermutet aber J. Matthes, daß eine angemessen komplexe Forschung zeigen würde, daß 1. die angesprochene „Diskrepanz zwischen institutionalisierten Verhaltens- und Einstellungserwartungen einerseits und deren Erfüllung andererseits" trotz gewisser Schwankungen als permanent, weil für ein volkskirchliches System charakteristisch anzusehen wäre; und daß 2. diese Diskrepanz auch immer wieder thematisiert worden ist.[81]

Es wäre also diese als belegt geglaubte These selbst soziologisch, historisch und kulturphilosophisch zu untersuchen.[82] – Hier ist allerdings dazu nicht der Ort. Es sollen ja auch keineswegs jene unbestreitbaren Fakten geleugnet werden, auf die die Säkularisierungs(hypo)these sich beruft. Darum sei auch offen gelassen, ob und inwieweit Matthes damit im Recht ist, die heute konstatierte „Unkirchlichkeit" als für ein volkskirchliches System charakteristisch anzusetzen. Genauer, wieweit dieser Ansatz, der heute wohl tatsächlich weithin noch zutrifft (für die realen Verhältnisse wie für deren vor allem kirchliche Interpretation), auch noch für „morgen" gilt, wieweit also nicht doch das volkskirchliche System im Begriff steht, in ein „Gemeinde-" oder „Entscheidungschristentum" überzugehen.

---

[80] J. Matthes, Religion und Gesellschaft 87.
[81] „... daß mit anderen Worten, die Entkirchlichungsthese, gebildet an Kriterien manifester Kirchlichkeit, die Geschichte christlicher Manifestation und Selbstverständigung in wechselnden Formen begleitet und daß ihre Aufwertung zu einer wissenschaftlich fundierten These, in der Entkirchlichung mit neueren Gesellschaftsentwicklungen verbunden wird, nichts anderes als eine spezifische *epochale Version* dieser strukturell verankerten Entkirchlichungsthese ist" (Kirche und Gesellschaft 26).
[82] Vgl. auch den in *Religion und Gesellschaft* abgedruckten Aufsatz von T. Rendtorff zur Säkularisierungsproblematik und von demselben: Christentum außerhalb der Kirche.

Nur darum geht es, Religion, das Religiöse nicht auf das explizit Religiöse, gar explizit Kirchliche zu reduzieren. Dann aber braucht die Rede vom Heiligen durch die berufenen Fakten nicht desavouiert zu sein, wenn sie selbst sich offen genug versteht.
Es gibt nämlich ein Reden vom Heiligen, das der jetzt diskutierte Einwand nicht trifft, das ihm aber auch nicht eigentlich antwortet, ihm vielmehr eher entspricht. Es handelt, eben weil es den Prozeß der Säkularisierung nicht (wie dieser Einwand tadelt) ignoriert, vom *„Untergang* des Heiligen"[83]. Dies zwar nicht schlechthin: außer dem berechtigten Abweis der These, im religiösen Phänomen fehle das Geschichtsbewußtsein[84], woraus ein unaufhebbarer Widerspruch zur Historizität des modernen Denkens entspringe, meldet Acquaviva Zweifel an der behaupteten Irreversibilität der Entsakralisierung durch den Prozeß der Technisierung an.[85] Aber aufs ganze gesehen „scheint dennoch ein umfassender Zerfallsprozeß im Gange, dessen Ende beim gegenwärtigen Stand der Untersuchung und der Dinge kaum abzusehen ist"[86].
Doch woran liest Acquaviva „das Abflauen des Heiligen" (174) ab? Um es bei einem Moment bewenden zu lassen, „der Verweltlichung stattlicher und nichtstaatlicher Institutionen ..., die eine Folge und gleichzeitig mit ein Grund für

---

[83] So S. S. Acquaviva. Im entgegengesetzten Sinn P. Prini.
[84] Eine These, für die vor allem Eliade zitiert wird; vgl. besonders (und hier schon die Titelgebung): Kosmos und Geschichte (Der Mythos der ewigen Wiederkehr); Ewige Bilder und Sinnbilder; Mythen, Träume und Mysterien.
[85] Zum ersten siehe Acquaviva 163 ff.; zum zweiten S. 173: „Die Desakralisierung ist Ausdruck eines Kontaktes zwischen determinierenden Merkmalen des Individuums, die den vorangehenden Phasen der Zivilisation entstammen, und den neuen, von der industriellen Gesellschaft gebrachten Merkmalen. Aus der Begegnung dieser beiden Faktorengruppen entspringt als Resultante die Desakralisierung. Was wird jedoch geschehen, wenn in einiger Zeit die Merkmale der vorangegangenen Phase beinahe verschwunden sein werden?"
[86] Acquaviva 174.

das Verschwinden des religiösen Gefühls ist"[87]: „Ein Beispiel dafür ist die tiefgreifende Verweltlichung der Schule im letzten Jahrhundert. Erinnern wir uns nur, daß in Italien bis zum Jahre 1859, vor gar nicht allzu langer Zeit also, ,die Schulen auch auf die Erfüllung der religiösen Übungen achteten, den Schülern den Besuch der Messe, die Beichte, die Kommunion vorschrieben und in direkter Kontrolle die regelmäßige Einhaltung dieser Pflichten überwachten'."

Abgesehen davon, daß statt von einem „Abflauen des Heiligen" höchstens von einem solchen des Sakralen geredet werden sollte (dazu später), geht es sogar nur um bestimmte Formen des Sakralen, über deren Wert und Rang sich zudem diskutieren ließe. – Das statt dessen offen verstandene Reden vom Heiligen soll nun nicht die „Entsakralisierung" ignorieren, im Gegenteil sich gerade durch dessen Erfahrung öffnen lassen. Die unvermeidliche Konkretheit („Kategorialität") alles Redens kann ja nur aus der Aufnahme geschichtlichen Wandels eine bestimmte Kategorialität abstreifen. Und nur auf diesem Weg kann das Reden (vom Heiligen) seine selbstkritische Distanz zu seiner jeweiligen Konkretheit ihrerseits konkretisieren.

Diese Selbstdistanz könnte freilich durchaus bis zur Aufgabe des Redens vom Heiligen überhaupt gehen, ohne damit schon in eine „transmanent-ideologische"[88] prinzipielle Abstraktheit und Formalität zu verfallen. Das „Heilige" soll also nicht, noch dazu gemäß einer bestimmten Deutung seiner, („immanent-ideologisch") prinzipiell behauptet, festgehalten und verteidigt werden; es wäre nicht es selbst, wenn es dieses Namens bedürfte. Tatsächlich aber scheint sogar dann, wenn man das Heilige im engeren, religionswissenschaftlich qualifizierten Sinn verstehen wollte, das Reden von ihm auch heute angebracht zu sein. Die Formen expliziter Religiosität, die trotz aller „Entkirchlichung" nicht nur fortleben, sondern

---

[87] Ebd. 111; Acquaviva spricht nur in einer Fußnote davon, weil er auf das „äußerst umfassende Problem" nicht ausführlich eingehen kann.
[88] Vgl. J. Splett, Wahrheit, Ideologie und Freiheit 33–35.

doch auch, erneuert, zum Teil geradezu aufleben,[89] und die sich herausbildenden Gestalten expliziter wie impliziter „privater" Religiosität rechtfertigen ein solches Reden durchaus. Jedenfalls zeigt sich in ihnen ein Überschuß über Sinn-Setzungen wie „Solidarität", „(Mit-)Menschlichkeit", „Stellvertretung", „politisches Engagement" und „Revolution" hinaus, der gegenüber deren propagierter Horizontalität es nicht nur rechtfertigt, sondern fordert, die „vertikale" Transzendenz dieser Vollzüge als solche und deren Woraufhin als solches zur Sprache zu bringen.

Dieser Bezug aber muß nun keineswegs bloß in spezifisch religiösen (kultischen) Vollzügen realisiert und thematisiert sein. Das „Heilige" und das Reden von ihm brauchen nicht auf dessen religionswissenschaftlich qualifiziertes Verständnis eingeschränkt zu werden. Die Frage der „Säkularisierung" ändert damit ihr Gesicht. Nicht mehr ein kritischer Beitrag zur wissenschaftstheoretischen Reflexion des Selbstverständnisses der Religionswissenschaften, ist sie zur Anfrage an das Bewußtsein und das Selbstverständnis, an das Gewissen dessen geworden, der „wissend, was er tut"[90], vom Heiligen spricht oder nicht spricht.

Wesentlich ist die Rede vom Heiligen nicht eine Weise „objektiv-distanzierter" Beschreibung oder Interpretation fremden Verhaltens, sondern – so von Windelband bis zur Schule Weltes – eine Weise des Redens von eigener Erfahrung.[91] Unter dieser Rücksicht vollends bleibt es nicht beim Gerechtfer-

---

[89] Vgl. Th. Bogler (Hrsg.), Ist der Mensch von heute noch liturgiefähig? Im übrigen soll hier über den „Stellenwert" der nachkonziliaren Liturgischen Erneuerung im Ganzen der gestellten Aufgabe, das „Licht" in seiner „Herrlichkeit" „allen" sichtbar zu machen (Vatic. II, Lumen gentium 1), ebensowenig gesagt sein wie über den der Liturgischen Bewegung nach dem Ersten Weltkrieg bezüglich des damals geforderten „Weltverständnisses im Glauben" und wie schließlich über ihrer beider Verhältnis.

[90] Vgl. das bekannte Logion des Codex Bezae zu Luk 6,4, das vor allem C. G. Jung wiederholt zitiert (z. B. WW 11 465, 493).

[91] „Eigen" bedeutet dabei, um erneut daran zu erinnern, nicht „isoliert"-individuell; es meint den „Einzelnen" wie die „Gemeinde".

tigtsein dieses Redens; es genügt nicht einmal zu sagen, es lege sich nahe. Die Erfahrung des Heiligen beruft zum Zeugnis – gerade gegenüber einer sich „säkular" verstehenden Selbst- und Weltinterpretation. (Und das ist keine, gar nur „erbauliche", Applikation. Dieser „Sendungscharakter" ist vielmehr ein integrierendes, wesentliches Moment eben dessen, worauf der Name des Heiligen zielt.)

Damit zeigt sich noch einmal, daß die Rede vom Heiligen nicht „privat"-solipsistisch, daß sie vielmehr von diesem selbst her wesentlich auf Gemeinschaft bezogen ist. Anders gesagt: „Zeugnis" ist eine fundamentale Weise, wie jene „Intersubjektivität" übernommen und gewahrt wird, die unter theoretischem Aspekt vor allem als conditio sine qua non von Wissenschaft im Blick steht. Beschränken wir uns hier auf diesen Aspekt, dann meint „Zeugnis" in etwa: Grundsätzliche (d. h. prinzipiell uneingeschränkte) Reflexion auf die eigene Grunderfahrung, die sich dem anderen zuspricht, indem sie auf dessen Grund-Erfahrung rechnet, auch wenn er sie anders deutet, um in gemeinsamer methodischer Kritik an dem Gesagten dieser Reflexion dem von ihr Gemeinten reiner zu entsprechen.

3. Zeugnis des Heiligen

Definitorische Klärungen

Der letzte Einspruch gegen die Rede vom Heiligen bezog sich auf das „Interpretament" der Säkularisierung oder Entsakralisierung. Damit (und schon zuvor im theologischen Einwand) kamen wieder jene Begriffe zur Sprache, die bisher nur im Tillich-Kapitel thematisiert worden sind, deren Diskussion aber – wie in der Einführung anklang – den aktuellen Kontext der gesamten Untersuchung bildet (vielleicht – wenn man die Wortmeldungen überschaut – den Kontext eben ihrer Inaktualität): das Begriffs-Paar „Sakral" und „Profan".
Unsere Antwort hat das Heilige und das Sakrale unterschieden. Diese Unterscheidung liegt allen Kapiteln dieser Studien zugrunde, doch so, daß sie in ihnen nicht einfach vorausgesetzt, vielmehr immer neu erhoben und expliziert wird. Allerdings liegt der Akzent dabei nahezu ausschließlich auf dem Heiligen. Es scheint darum angezeigt, sie nunmehr eigens zum Thema zu machen.[1]
Das Sakrale, um mit ihm zu beginnen, wird traditionell aus seinem Kultbezug bestimmt: „Sacrum dicitur aliquid ex eo, quod ad divinum cultum ordinatur."[2] Die (Unter-)Scheidung von Kult (Kultvollzug, kultischer Zeit, kultischem Ort etc.)

---

[1] Verf. nimmt hier Bemerkungen auf, die er in Concilium 7 (1971) 130–134 vorgelegt hat; vgl. auch ders., Sakrament der Wirklichkeit, 82 ff. (Sakramentale Welt).
[2] Thomas v. A. S. th. II–II 99, 1; vgl. J. Pieper, Sakralität und „Entsakralisierung"; C. v. Korvin-Krasinski 12–15: Sakral ist, was in innerer Beziehung zum Kult steht, im Sinn funktionaler (d. h. sachlich-objektiver Eignung und Bestimmtheit zum Kultvollzug) und darüber hinaus wesenhafter, „formaler" Sakralität (d. h. innerer religiöser wie gemeinschaftsbezogener Qualitäten, der Eignung, die Mitglieder der Kultgemeinde entsprechend zu disponieren). Siehe auch die Gesamtdarstellung von L. Bouyer.

und profanem Lebensraum aber ist es gerade, die heute in
Frage gestellt wird. Also die Rede vom Sakralen wie dem
Profanen überhaupt.
Roger Caillois erklärt ausdrücklich: „Ces deux mondes, celui
du sacré et celui du profane, ne se définissent rigoureusement
que l'un par l'autre. Ils s'excluent et ils se supposent."[3] Und er
trifft sich in dieser Bestimmung ebenso mit der Konzeption
Eliades wie in seiner Charakterisierung der sakralen Dimension als des unverfügbar Gefährdenden („Chaotischen") gegenüber der „menschlichen" Ordnung des Profanen: „Le profane doit être défini comme la constante recherche d'un équilibre, d'un juste milieu qui permet de vivre dans la crainte et
dans la sagesse, sans excéder jamais les limites du permis, en
se contentant d'une médiocrité dorée qui manifeste la conciliation des deux forces antithétiques [gemeint sind la stabilité
et la variation, l'inertie et le mouvement, la pesanteur et
l'élan, la matière et l'énergie (182) – cette solidarité de la
mort et de la vie (183)] qui n'assurent la durée de l'univers
qu'en se neutralisant réciproquement. La sortie de cette bonace, de ce lieu de calme relatif où stabilité et sécurité sont
plus grandes qu'ailleurs, équivaut à l'entrée dans le monde du
sacré. L'homme alors est abandonné à l'une seulement des
composantes tyranniques dont toute vie implique l'action
concertée, c'est dire que d'ores et déjà, il a consenti à sa perte,
qu'il emprunte la voie théopathique du renoncement ou la
voie théurgique de la conquête, qu'il se veuille saint ou sorcier, qu'il s'attache à éteindre en lui la passion consumante
de vivre ou qu'il s'y livre sans réserve."[4]
Dem Einwand, etwa von R. Guardinis Reflexionen über den
Kult als Spiel her, diese Konzeption sei zu „chaotisch", wäre
immerhin nicht nur 2 Sam 6,7 f. entgegenzuhalten (Oza an
der Bundeslade[5]), sondern auch entsprechende Entwicklungen
eines bestimmten christlichen Bewußtseins im Anschluß an
1 Kor 11,29 (daß sich „das Gericht ißt", wer Leib und Blut

---

[3] R. Caillois 17.
[4] Ebd. 183 f.
[5] Siehe oben, S. 270, Anm. 32 (Semele).

des Herrn „nicht unterscheidet").[6] Doch nicht von ungefähr hat man dieses Bewußtsein als „magisch" gekennzeichnet; jedenfalls wird es mit Recht als unchristlich kritisiert, und unsere Vorbehalte gegenüber dem heutigen Entsakralisierungsprogramm gelten nicht der Absage an eine derartige Sakralität.

Die Frage ist vielmehr, wie ein derart Sakrales wirklich strikt in Wechselbestimmung zum Profanen definiert werden soll. Einerseits scheint es sich ja um zwei in sich stehende Regionen zu handeln: „ces deux mondes": von solchen wäre in der Tat eine korrelative Definition immerhin denkbar.

Das Schlußkapitel Caillois' aber, dem das längere Zitat entnommen ist, nennt in der Überschrift das Sakrale „condition de la vie et porte de la mort". Und die Beschreibung, die Caillois gibt, läßt in der Tat „le monde du sacré" eher als die Tiefe des „lieu de calme relatif" selbst denn als dessen Gegenwelt erscheinen. Wäre dem so, dann hieße das jedoch, das Profane zwar sei nur vom Sakralen her zu bestimmen (in Übereinstimmung mit der Etymologie des Wortes: pro-fanum), nicht aber in gleicher Weise das Sakrale vom Profanen her. Dieser – seinerseits durchaus gegebene – (Außen-)Aspekt verwiese vielmehr auf die innere Qualität dieser „Welt" selbst und ihrer tödlichen Macht. Der „Regions-Aspekt" wäre also nur abgeleitet. Und dieses sekundäre Phänomen haben offenbar jene Klassifikationen im Blick, die von einem magischen Sakralen oder einem Tabu-Sakralen sprechen.[7]

---

[6] Vgl. Caillois' Kapitel *Jeu et sacré*, eine Auseinandersetzung mit Huizingas *Homo ludens*, 208–224. Schade (123) zitiert die Etymologie des Isidor von Sevilla zum Wort „sanctus" von „sanguis" her: „Sanctus veteri consuetudine appellatus, eo quod hi qui purificari volebant sanguine hostiae tangebantur, et ex hoc sancti nomen acceperunt (Migne PL 82, 393).

[7] J. Cazeneuve formuliert schon im Titel seines Buches das Thema Caillois': Les rites et la condition humaine. Er arbeitet Tabu- und Magie-Sakrales als kontradiktorische Lösungen jener dem Menschen gestellten Aufgabe heraus, die der Buchtitel anspricht: „Les tabous et les purifications protègent l'ordre établi contre toute atteinte de ce qui échappe à l'ordre. La magie est, au contraire, une attitude qui consiste à renoncer à la condition humaine pour ma-

Demgegenüber hat Jacques Grand'Maison das Religiös-Sakrale als Relation herausgestellt. Er faßt seine Diskussion der religionswissenschaftlichen Ergebnisse und Thesen in folgender Weise zusammen: Das religiöse Sakrale betrifft den ganzen Menschen (nicht nur eine Dimension), und zwar so, daß es ihn in Bezug mit Jemandem (Quelqu'un) oder etwas versetzt, von dem in seiner Transzendenz und Immanenz zumal er sich persönlich und mit allem anderen abhängig findet. „C'est le propre du sacré d'actualiser cette relation dans le coeur de l'homme." Man darf es nicht vergegenständlichend mit Dingen und Riten oder „un domaine mis à part" verwechseln, worin es greifbar wird. „Or celui-ci n'est pas un ‚en-soi' comme le profane, mais une relation ... C'est là les deux dimensions constantes du réel, inopposables parce que sur deux plans differents, un peu comme la verticale et l'horizontale." Mit einem Wort: „Dans la création, dans tout être créé, il y a un ‚en soi' et un ‚pour Dieu' qui fondent en tout premier lieu le binome sacré-profane."[8]

nier les forces qui lui sont opposées" (442). Dieser Gegensatz (und der ihm zugrunde liegende Gegensatz von Lebensordnung und „Anderem") wird in einer „transposition, ou plutôt une sublimation" (10) im eigentlich Sakralen synthetisiert. Cazeneuve charakterisiert es als „un aspect du numineux par lequel celui-ci apparaît comme l'archétype transcendant qui fonde l'ordre humain sans lui être asservi. La religion, par ses rites, affirme à la fois cette transcendance et la possibilité pour l'homme de participer à des archétypes sacrés" (442). – Tatsächlich realisiert der Mensch sein Gleichgewicht nur in der diffizilen Schwebe von Ordnung und Auflösung (446); der periodische Einbruch des Chaos erneuert die Ordnung des Lebens. Aber Cazeneuve weist selbst auf die Begrenztheit dieser Sicht hin; man könne nun nicht etwa alle Religion als Fortbildung dieser Synthese der primitiven Kulturen erklären. Die Frage ist, ob das „Wesen" (nicht das „Unwesen" – B. Welte) der Religion auch nur dieser Kulturen derart erklärt sei, jedenfalls wenn man Ernst macht mit dem „sans être asservi". (Doch ist dies nicht das unmittelbare Thema Cazeneuves.)

[8] J. Grand'Maison I 78–80; in der inzwischen erschienenen Übersetzung (nur dieses 1. Bandes) unter dem Titel „Die Welt und das Heilige", Salzburg 1970: 54–56. „Sacré" wird dort (vgl. die Anm. des Übersetzers S. 8) durch „das Heilige" statt „das Sakrale" übersetzt.

Die Frage, deren Klärung von einer liturgischen Bestimmung des Sakralen vorausgesetzt wird, beantwortet Grand'Maison also durch seine Konzeption des „Ursakralen". So der Terminus von C. J. Geffré („sacré originel"), der damit jene fundamentale Relationalität der Schöpfung bezeichnet, die „mit der Wahrheit der Welt in ihrem ‚In-Sich' zusammenfällt."[9]
Daß hiermit die Möglichkeitsbedingung und die Basis des konkreten Sakralen benannt ist, dürfte nicht zweifelhaft sein. Aber man sollte dieses Moment wohl doch nicht als das Sakrale bzw. als Sakralität ansprechen. Nicht weil sie das Heilige wäre: Sie ist dessen ontologische Erscheinung (Fichte), seine Explikation (Cusanus), man könnte sagen: seine Weltlichkeit.[10] Von Welt und Wirklichkeit her gesprochen, ist sie deren *Heiligkeit,* im Sinn des Imperativs, daß etwa Recht und Würde der Person uns „heilig" sein sollen, d. h. Gegenstand der Achtung (im Kantischen Ernst des Begriffs).
Für eine angemessene Bestimmung des Sakralen aber muß in diese essentielle Relationalität die Dimension von Zeit und Geschichte eingebracht werden. Damit ist gemeint, daß die fundamentale Heiligkeit des Irdischen jeweils geschichtlich *als* diese thematisch wird. Nicht zuerst als Thema philosophischer oder theologischer Reflexion (auf das Wesen dessen, was ist), sondern als Widerfahrnis, konkreter Erfahrung begegnend. Darauf wird dann *auch* systematisierend reflektiert, vor allem jedoch bezieht der Mensch sich kündend und handelnd darauf: in Mythos und Kult.
Ort und Zeit, sowie der „Anhalt" solchen Geschehens (ein Baum oder Strauch, ein Berg, ein Stein usw.) werden dadurch „etwas Besonderes", ausgesondert in jenem weder ethischen noch ästhetischen, eben eigen-qualitativen Sinn, den das Wort „sakral" meint. So bezieht ursprünglicher, als das Sakrale sich auf den Kult bezieht, der Kult sich auf Sakrales. Erst von diesem aus konstituiert er sich selbst, seine Räume und Zeiten, seine Handlungen und Handelnden, seine Texte und Geräte und so fort als Sakralität. Als sekundäre Sakralität so-

---

[9] C. J. Geffré 712.
[10] Vgl. J. Splett, Sakrament der Wirklichkeit; ders., Symbol.

zusagen – was nicht ausschließt, daß innerhalb dieser selbst (nicht anders als an allem anderen) immer wieder auch jene Epiphanie sich ereignet, die die „primäre" Sakralität begründet.

Und solcher – primären wie sekundären – Sakralität gegenüber, nur und erst von ihr aus, gibt es dann, eben durch das Sakral-Ereignis, das Profane. Nicht nur „sakral", auch „profan" zeigt sich damit als Relationsbegriff. Das „Profane" in und für sich ist nicht profan, sondern schlicht das, was es jeweils als „irdische Wirklichkeit" ist, – und darf und soll es (vom Sakral-Ereignis her gesprochen) sein.[11]

Relation sagt Unterscheidung, doch als Zusammengehören. Sehen wir erst das Verhältnis des Sakralen (als des Bestimmenden) zum Profanen: 1. Es macht dieses, einfach durch sich selbst, zum Nicht-Sakralen; ohne Abwertung, aber unmißverständlich. 2. Das Sakrale bezieht zugleich sich auf das Profane (und dieses auf sich), besagt es doch „Thematisierung" jener Heiligkeit, die allem eignet. 3. Es bezieht (sich auf) das Profane jedoch nicht vereinnahmend, sondern – sich ausgrenzend – in „Stellvertretung". Und dies seit je.[12]

---

[11] Darum hieße in gewissem Sinn die Entsakralisierung ebenso gut oder besser Entprofanisierung, positiv (was nicht heißen soll, bejahend, sondern, aller Wertung voraus, statt von dem terminus a quo von ihrem Ziel her gefaßt) eben: Säkularisierung, „Verweltlichung".

[12] „Denn man muß von einem Mythos sprechen, wenn man sich die Entsakralisierung als Ergebnis eines Kampfes des Profanen um die Emanzipation vom Sakralen vorstellt, so als sei die Welt in ihrer Frühzeit ganz in das Sakrale eingetaucht und als habe die Geschichte in einem dauernden Kampf bestanden, in dem das Profane, einen nach dem anderen, alle Wirklichkeitsbereiche der Macht des Sakralen entrissen habe. In Wirklichkeit hat es niemals eine vollständig sakralisierte Welt gegeben, und nichts beweist, daß es jemals eine vollständig entsakralisierte Welt geben wird ... In Wirklichkeit vollzieht sich gegenwärtig, wie an jeder Wende der Zivilisaton, eine Verschiebung des Sakralen und des Profanen. Das Sakrale ändert seine Ansatzpunkte" (J. Comblin 550 f.).
Das gilt – nicht nur faktisch, sondern rechtens (um nochmals auf den theologischen Einwand zurückzukommen) – gerade auch im Licht der neutestamentlichen Verkündigung. K. Ledergerber erklärt zum christlichen Verhältnis von Sakralität und Profanem:

Doch müssen wir genauer formulieren. Nicht das Sakrale bezieht (sich) derart, sondern das darin sich Zeigende sowie der es Erfahrende (die es Erfahrenden) beziehen das Sakrale: Freiheit bezieht. Darum zeigen sich die Verfehlungen mensch-

„Sachlichkeit wird Frömmigkeit". „Alles Profane ist heilig". (Sakralstaat oder Sauerteig der Welt, in: N. Greinacher/H. T. Risse [Hrsg.], Bilanz, 441–470: 467; vgl. sein Buch zur modernen Sakralkunst.) Dem sei, vorbehaltlich weiterer Differenzierung, zugestimmt. Doch er fährt fort: „Das Sakrale als heiliger Bereich ist überflüssig geworden". Das akzentuiert die vorigen Sätze so, daß ihnen wie der Fortsetzung (und ebenso dem derart zu lesenden Satz [ebd.]: „Nicht der besondere Kult, sondern das allen Menschen gemeinsame Tun ist der wesentliche Gottesdienst") entschieden widersprochen werden muß. Nicht nur hat man den Eindruck, hier werde aus einer (epochalen?) Not (um nicht von Versäumnis zu reden) eine Tugend gemacht (unwillkürlich drängt sich das Bild des vielbeschäftigten Zeitgenossen auf, der Frau und Familie klar zu machen versucht, seine Arbeit sei gerade die Weise, wie er sie liebe und für sie da sei); diese Sicht muß auch den Jesus des Neuen Testamentes als noch in Privatheit und Sakralität befangen hinter sich lassen, wenn sie konsequent sein will (und diese Konsequenzen kann man bei Gott-ist-tot-Theologen ja auch lesen). Denn die Schrift zeigt ihn nicht bloß nicht als Sozialrevolutionär und politischen Rebellen, nicht nur als einen, der darauf verzichtet, seine Heilkräfte in großem Maßstab „einzusetzen", sondern sie bezeugt auch seine Freiheit gegenüber seinem Verkündigungsauftrag: Wir lesen von einfachem und festlichem Zusammensein mit Bekannten und Freunden – und von durchbeteten Nächten.

Und so sehr mit Jesu Tod der Anfang eines Endes gesetzt ist, versinnbildet in dem vielberufenen Riß durch den Tempel-Vorhang, und die Erfüllung dieses Endes das ewige Fest in der Stadt ohne Tempel ist, so ist doch die noch bestehende Unterscheidung der Dimensionen *an sich* in keiner Weise negativ zu qualifizieren – obwohl *konkret* diese Scheidung (wie alle Bezüge) stets auch von Schuld, von Nicht-sein-Sollendem gezeichnet ist. Denn einzig so – in kategorialen, also kategorial geschiedenen Vollzügen – vermag sich Geschichte auf dieses ihr Ende hin zu vollziehen.

Damit verlassen wir die Ebene eines vielleicht naiven (fundamentalistischen) Biblizismus (und rechtfertigen zugleich das banale Beispiel des „weltlichen" Gatten): Wenn nämlich irgendwo, dann wird im Christentum die konkrete „tastbare" (1 Jo 1,1) Verendlichung, also die „Kategorialisierung" Gottes verkündet, und das impliziert das Gebot kategorialen Verhaltens zu ihm. So aber ist die Scheidung der differenten Kategorialitäten als sein sollend gesetzt. Ihre

licher Freiheit auch in den konkreten Formen des Bezugs. Diese Fehlformen verzerren Bild und Deutung des Sakralen, damit zugleich des Profanen und rufen berechtigten Widerstand sowie verständliche Reaktionen hervor. Es gibt durchaus eine Vereinnahmung des „Weltlichen" durch Sekundär- und „Tertiär"-Sakralität (das heißt, durch die nachträgliche Theoretisierung des sekundären Sakralen), wogegen „Säkularisierung" um der „Welt" wie des Sakralen selber willen nicht nur rechtens, sondern Pflicht wird.

Aber auch und gerade der unverfälschte Anspruch des Sakralen provoziert dazu, sich ihm gegenüber derart zu behaupten, daß wir – freilich im anderem Sinn – Grand'Maisons und Geffrés Wortgebrauch zum „In-Sich" des Profanen aufnehmen können. In solcher „incurvatio super se ipsum" ist dann das gegeben, was vom Sakralen her „Profanität" heißt[13], in der Johanneischen Terminologie „Welt", bei Gogarten „Säkularismus".

Von den im einzelnen aufzuschlüsselnden Fehlformen her ließe sich wohl eine Typologie von konkreten Konzeptionen

---

Identität ist als transzendentale zu wahren, d. h. als (Kategorien-) Differenz-Identität: als „symbolische" oder „hermeneutische". Dann aber ist es zumindest recht willkürlich, wenn man – wie Hierzenberger – glaubt, das Christentum dahingehend entmagisieren zu sollen, daß man dem „Anthropologisch-Bleibenden" das Religiöse als „zeitbedingte Weltanschauung" entgegensetzt (z. B. 195 Anm. 3). Als wäre nicht eben das Bleibende konkret stets zeitbedingt und als gehörte andererseits das Religiöse nicht gerade zum Anthropologisch-Bleibenden. Gerade und allein in ihrer Unterscheidung, welche kategorial hervortreten muß, lassen sich die „Gebote der ersten Tafel" als Interpretation der „zweiten", diese umgekehrt als interpretierende Realisation der ersten Tafel behaupten, läßt sich die Gottes- als Nächstenliebe wie die Nächstenliebe als Gottesliebe bekennen, während sich sonst die frühere Herr-Knecht-Dialektik nun als eine solche von Kategorialität und Transzendentalität wiederholen würde (entweder der „Nächste" nur als Maske Gottes oder Gott nur als die „Tiefe der Mitmenschlichkeit" erschiene). Vgl. hierzu die von einer trinitarischen Konzeption der Interpersonalität her versuchte Ergänzung von K. Rahners Antwort (Schriften VI 277–298) durch den Verf. in: J. u. I. Splett, Meditation der Gemeinsamkeit, München 1970, 34–45.
[13] Vgl. W. Kamlah.

des Sakralen und Profanen herausarbeiten, die durch ihre
Präzisierungen einen Teil der heutigen Kontroverse um diese
Problematik klären könnte. Durch die Beseitigung von Mißverständnissen (soweit das möglich ist) zeigen sich freilich um
so schärfer die Gegensätze im Verständnis des eindeutig selben: einzelner Sachverhalte, größerer Entwicklungen, des Sakralen, des Christlichen, des Heiligen, schließlich des Sinns
von Sein und Sinn überhaupt. Hier zeigen sich letztlich verschiedene Weltentwürfe, und diese gehen nicht bloß (damit
ist das in der Einführung Gesagte noch um einen Schritt zu
vertiefen) auf Grundentscheidungen von Einzelnen oder
Gruppen zurück, sondern auf den je an sie ergangenen *Anruf*.
Nicht bloß der Erfahrende bezieht und deutet ja das Sakrale,
sondern er wird seinerseits einbezogen, angegangen von dem,
was darin sich zeigt. Sakral ist das Sakrale nicht nur nicht
vom Profanen her, wie man mitunter meint: gewissermaßen
als Ausschuß seiner Selbstbegrenzung (wie es, theoretisch gewendet, der „Grenzbegriff" in der Selbstkonstitution des
Wissens ist), sondern auch nicht von sich her (als erschreckendfaszinierendes Phänomen), sondern durch das *Heilige*, das
hier erscheint.

Das Sakrale als interpretierte Erscheinung

Mit dieser Behauptung ist jener „Konflikt der Interpretationen" angesprochen, den vor allem Paul Ricoeur thematisiert
hat.[14] Das Verständnis des Sakralen als Erscheinung versteht
dieses nämlich, um Tillichs Wortgebrauch aufzunehmen, als
Symbol.
Symbol, als Erscheinung verstanden, schließt jene Wortbedeutung aus, die es als Terminus in der modernen Logik besitzt.
Dort handelt es sich um verweisende Zeichen, während hier
das „signum praebens et exhibitivum" gemeint ist. Eine ausführliche Erörterung ist hier nicht möglich und vor allem

[14] P. Ricoeur, Interpretation. Siehe in seinem Sammelband Le conflit ... besonders 283–329: Herméneutique des symboles et réflexion philosophique.

nicht nötig, nach dem Vorliegen einer derart umfassend orientierenden Arbeit, wie sie Stephan Wisses Untersuchung des religiösen Symbols darstellt. Wir können uns mit einigen Kennzeichnungen begnügen, die unsere Stellung innerhalb der Breite möglicher und tatsächlicher vertretener Symbolauffassungen markieren und begründen.

Ricoeur lehnt die ontologische Bestimmung von Symbol im Sinn Cassirers (dem wohl auch Tillich und Rahner[15] zuzuordnen wären) als zu weit ab. Zu weit ist ihm dieser Gebrauch für die Selbstdarstellung der Vernunft, des Seienden überhaupt, weil sie den Unterschied zwischen Eindeutigkeit und Vieldeutigkeit übergreife (22 f.). Eben diese Mehrdeutigkeit ist auch nach unserem Verständnis konstitutiv für Symbol; aber die Frage wäre, ob diese Vieldeutigkeit nicht gerade allem, jeder Erscheinung zukommt, also gegebenenfalls nur methodisch ausgeklammert und abgedeckt wird. Darauf zielte doch offenbar (um in unserer Perspektive zu bleiben) die Rede vom „Ursakralen" und von Ursakralität. Doch kann eben in der hier gewählten Perspektive diese Frage offen bleiben, da wir statt der „Heiligkeit" alles Seienden die Sakralität von je Besonderem im Blick haben.

Symbol ist das Erscheinen von Sinn in Sinn; etwas, das bereits in sich etwas ist und darstellt, wird in der „Epiphanie" des Heiligen, der „Hierophanie", zugleich zum Da-sein eines anderen. „Ein *heiliger* Stein bleibt nichtsdestoweniger ein Stein; scheinbar (genauer: von einem profanen Gesichtspunkt aus) unterscheidet ihn nichts von allen anderen Steinen. Für diejenigen aber, denen sich ein Stein als heilig offenbart, wird seine unmittelbare Realität in eine übernatürliche Realität verwandelt."[16]

Bezüglich dieser besonderen Symbolik wehrt Ricoeur nun ein zu enges Verständnis ab, das er jenes der „Analogie" nennt (29 f.). Wiederum stimmen wir dem zu, was ihn dazu veranlaßt: der Feststellung nämlich, daß das hier bestehende Verhältnis nicht nur nicht als von außen intellektuell bewäl-

---

[15] K. Rahner, Zur Theologie des Symbols, in: Schriften IV 275 bis 311.
[16] M. Eliade, Das Heilige und das Profane 9.

tigbare Ähnlichkeit zu fassen sei, sondern unter Umständen überhaupt nicht mehr als Ähnlichkeit (Ricoeur verweist hier auf die äußerst komplexen Beziehungen zwischen latentem und manifestem Trauminhalt, die nicht bloß eine gleichsam unschuldige Analogie, sondern auch, „wenn ich so sagen darf, durchtriebene Entstellung" kennen). Wiederum möchten wir gleichwohl unseren Vorbehalt gegenüber seinem Verständnis des Abgelehnten, hier: der Analogie, anmelden[17]; wiederum aber auch, diese beiseite gelassen, seine faktische Entscheidung akzeptieren.

Aufgrund dieser doppelten Abgrenzung definiert Ricoeur das Symbol nun seinerseits von daher, daß es „zu denken gibt", will sagen: Deutung verlangt, dies „durch eine intentionale Struktur, die nicht im Verhältnis von Sinn und Sache besteht, sondern in einer Architektur des Sinns, in einem Verhältnis von Sinn zu Sinn, von zweitem und erstem Sinn, ob es sich nun um ein Analogieverhältnis handelt oder nicht, ob der erste Sinn den zweiten verschleiert oder enthüllt" (30).

„Verschleiert oder enthüllt": darin eröffnet sich jene Alternativik der Interpretation, die in der Einführung dieser Studien und eingangs dieses Abschnitts angesprochen wurde. „Verschleiert": dies ist die Antwort der drei „Meister des Zweifels" (besser: des Verdachts, des Argwohns[18]), Marx, Nietzsche und Freud (45–49). Interpretation heißt hier Destruktion von Illusion, Reduktion des behaupteten zweiten Sinns auf den ersten (oder vielmehr auf jenes „Eigentliche", zu dem der erste Sinn gewissermaßen schon der zweite, nämlich Auslegung und Ausdruck ist).

Dem gegenüber steht das „enthüllt" einer Hermeneutik der

---

[17] Es scheint mehr von Kant geprägt als vom theologischen Analogieverständnis gemäß dem IV. Lateranense: Vgl. L. B. Puntel-J. Splett, Analogia entis, in: Sacramentum Mundi I 123–133; L. B. Puntel, Analogie und Geschichtlichkeit. Richtiger (und zwar schon etymologisch) als mit „Ähnlichkeit" wäre Analogie mit „Entsprechung" übersetzt. Entsprechung aber gibt es nicht bloß als „unschuldige", sondern durchaus auch durch die Zwänge und Entstellungen verfälschender „Durchtriebenheit" hindurch.

[18] Im Original (De l'interprétation. Essai sur Freud. Paris 1965) heißt es: „soupçon".

Sammlung des Sinns (41-45), wie sie der Glaube und seine (Selbst-)Reflexion, im weiteren Sinn die Phänomenologie vertritt. Sinn und Sinn in ihrer Verbindung erscheinen als die „Fülle" des Symbolgeschehens. Unter Berufung auf Eliade schreibt Ricoeur: „Das Symbol ist gebunden, und zwar in doppeltem Sinne: gebunden *an* und gebunden *durch*. Einerseits ist das Heilige, [oder vielmehr, nach unserer Terminologie, der gemäß wir die Übersetzung abwandeln:] das Sakrale[19] an seine primären, wörtlichen, sinnlichen Bedeutungen gebunden: das bewirkt seine Undurchsichtigkeit; auf der anderen Seite ist die wörtliche Bedeutung durch den symbolischen Sinn gebunden, der in ihr liegt: das ist, was ich die enthüllende Macht des Symbols genannt habe, die, seiner Undurchsichtigkeit zum Trotz, seine Kraft ausmacht ... Einzig das Symbol *gibt*, was es sagt" (44).

Und nun fährt Ricoeur mit jenen Worten fort, um derentwillen das Bisherige skizziert wurde: „Aber haben wir, wenn wir dies sagen, nicht bereits die phänomenologische ‚Neutralität' verletzt? Ich gebe es zu. Ich gebe zu, daß das, was in der Tiefe jenes Interesse für die *volle* Sprache, für die *gebundene* Sprache motiviert, jene Umkehrung der Bewegung des Gedankens ist, der sich an mich ‚wendet' und mich zum angerufenen Subjekt macht. Und diese Umkehrung vollzieht sich in der Analogie [wir sagen: Entsprechung]. Inwiefern bindet mich, was den Sinn an den Sinn bindet? Darin, daß mich die Bewegung, die mich zum zweiten Sinn führt [also zur Deutung des Sakralen als Sakralen, als „Offenbarung" des Heiligen], dem *gleicht* [wir: entsprechen läßt], was ausgesagt worden ist [was sich zeigt], mich dessen teilhaftig macht, was mir verkündet wurde [sich mir zuspricht]. Die Ähnlichkeit [Entsprechung], in der die Kraft des Symbols liegt und der es seine enthüllende Macht verdankt, ist in der Tat nicht eine objektive Übereinstimmung, die ich als eine vor mir ausgebreitete Beziehung betrachten könnte; es ist eine existenzielle Angleichung [Einstimmung] meines Seins an [in] das Sein, gemäß der Bewegung der Analogie [=Entsprechung]" (44 f.).

---

[19] Im Original: „le sacré".

Damit ist nochmals in aller Unmißverständlichkeit gesagt, wie hier und wie allein vom Heiligen geredet wird und geredet werden kann: was hier und überhaupt Interpretation auf das Heilige hin besagt.

Diese „existenzielle" Einstimmung ist aber nicht bloß unabdingbares Moment der nachträglichen Interpretation, sondern bereits die Weise, wie das Sakrale allererst es selbst wird und ist, das heißt, wie das Heilige im Sakralen erscheint. Wir haben im zitierten Text das „ausgesagt" und „verkündet" zu einem „sich zeigt", „sich zuspricht" ausgeweitet, um uns nicht auf die Sprach-Dimension zu beschränken.[20] Damit soll aber nicht etwa ein unhermeneutischer Objektivismus behauptet sein: „Gewiß, im Psalm heißt es: ‚Die Himmel erzählen die Ehre des Herrn', doch die Himmel sprechen nicht, oder sie sprechen vielmehr durch den Mund des Propheten, sie sprechen durch den Hymnus, die Liturgie; stets bedarf es eines Wortes, um die Welt wieder aufgreifen zu können und zu einer Hierophanie werden zu lassen" (28).

Damit zeigt die Alternativik der Interpretation sich nicht mehr nur, wie zunächst, als Folge der Dialektik der Erscheinung, die als solche unvermeidlich doppelsinnig ist und so zwei Deutungsrichtungen ermöglicht. Die Deutung ist hier vielmehr die Erscheinung selbst, die Erscheinung geschieht als Deutung (Tillich: Offenbarung als Exstase), freilich in dialektischer (oder besser: symbolischer) Identität, da die Deutung Deutung, nicht primäre Setzung ist.

Spätestens jetzt ist darum zuzugeben, daß der Konflikt der Interpretationen sich nur vorläufig als Alternative auffassen läßt. Tatsächlich fordern die Deutungsrichtungen einander. Statuierung des Symbols bedeutet zugleich die Destruktion

---

[20] Ein klärender Hinweis nochmals zu unserer Wahl von „Entsprechung" bzw. „Einstimmung" statt „Ähnlichkeit" und „Angleichung": Einer Frage ist ihr Echo *ähnlich*, die erhoffte (und auch die unverhoffte) Antwort *entspricht* ihr. (Die unvermeidliche Analogizität menschlichen Denkens zeigt so dessen Entsprechungs-, d. h. Antwort-Charakter: sein Gerufensein – vgl. H. Krings, Wie ist Analogie möglich?, in J. B. Metz u. a. [Hrsg.], Gott in Welt I 97 bis 110.)

seiner stets nicht nur drohenden, sondern immer auch schon
geschehenen Idolisierung; die Zerstörung der Illusionen steht
umgekehrt im Dienste der Wahrheit, jedenfalls wenn sie
nicht voreilig einhält, sondern auch sich selbst in den Blick
nimmt.

Nur im Widerspiel beider Vollzugsrichtungen bleibt Erscheinung Erscheinung: Nicht der Verweis eines Seienden auf ein
anderes Seiendes, und sei das Zeichen noch so „sprechend",
gefüllt und „symbolträchtig". Auch nicht nur eine Hälfte, „die
sichtbare Hälfte eines Ganzen, dessen andere Hälfte abwesend oder unsichtbar ist"[21], sondern gerade die Sichtbarkeit
(die „Versichtbarung") des Ganzen, das freilich diese seine
Sichtbarkeit begründend übersteigt.[22]

Sichtbar wird dieses Ganze nun einzig derart, daß es als
solches „erblickt" wird. Wie anders aber kann das sichtbare
Unsichtbare erblickt werden als durch Entscheidung für es, im
Gewilltsein zu ihm? Das besagt: Symbol besteht nur als Freiheitsvollzug. Erscheinung (als solche) gibt es einzig für Freiheit – und zumindest insofern, mehr sei noch nicht behauptet,
von Freiheit: Freiheit erscheint in der (mit-)konstituierenden
Akzeptation von Erscheinung.

Damit zeigt sich aber der eigentliche Gehalt der Zweideutigkeit des Symbols. Symbol in diesem Sinn ist, allem gesetzten
Zeichen voraus, dessen Setzung; es ist Vollzug. Vollzug im

---

[21] So K.-D. Nörenberg 13 vom Symbol. Ebenso J. Ratzinger, Einführung 67 f. unter Bezug auf Platons Symposion 191, d 3–5, wo
Aristophanes uns (nach der Halbierung der Urmenschen durch die
Götter) als Symbole von Menschen bezeichnet. Doch nicht die
Bruchhälften für sich, erst beide zum Ganzen gefügt ergeben das
volle Symbol der tessera hospitalis: eben als Symbol der Gastfreundschaft.

[22] Darum hebt auch bei der Symbol-Definition „signum praebens
et exhibitivum" die differentia specifica keineswegs in logischer Widersprüchlichkeit das genus proprium des Begriffs „Zeichen" auf
(H. Looff 112). Das Symbol bleibt das Andere zum Symbolisierenden (und so Zeichen), das Symbolisierende jedoch ist zu ihm das
umgreifend Nicht-Andere (darin wird das Zeichen Symbol). Ontisch-kategorial genommen paradox, zeigt dieser Cusanische Terminus dem Denken seinen einzig angemessenen Zugang zum Symbol: im ontologisch-transzendentalen Begriff.

Vollsinn (nicht bloß Geschehen, sondern Tat) ist Freiheitsvollzug, Selbstsetzung von Freiheit. Im Blick hierauf gilt zunächst die Feststellung von C. Lévi-Strauss: „Les symboles sont plus réels que ce qu'ils symbolisent"[23], insofern solche Vollzüge stets mehr bedeuten (mehr „meinen"), als sie sagen (als ihr gegenständlich kategorialer Sinn). Doch zugleich sind die Symbole stets auch weniger, von geringerer Realität als das von ihnen Gemeinte. Weniger als jenes, was nicht so sehr sie ausdrücken, als daß es sich in ihnen ausdrückt: die (sich) symbolisierende Freiheit.

Diese zweite Differenz ist die wichtigere. Die erste, jene von sinnlich-bildhaftem Zeichen und begrifflich-kategorialer Bedeutung, mag durch Konventionen zu einer gewissen Eindeutigkeit gebracht werden können (allerdings jeweils nur für eine bestimmte Tradition): Wie das Sprachliche in Wörterbuch und Grammatik lassen Sakralformen sich autoritativ festlegen („rubrizieren").

Die zweite Differenz jedoch, die von begrifflich-kategorialem Sinn zu personal-transzendentaler Bedeutung, entzieht sich überbrückender Festlegung prinzipiell.[24]

Diese unaufhebbare Zweideutigkeit vertieft sich noch dadurch, daß sich in ihr nie bloß individuelle Freiheit, sondern diese im Raum einer Tradition, daß sich die Freiheit also stets gemeinsam ausspricht. Die prinzipiell mehr oder weniger entsprechende (das heißt: analoge, partielle) Identität des Einzelnen mit seiner jeweils „zuständigen" Institution entspricht ihrerseits der skizzierten Entsprechungs-Identität zwischen Freiheit und ihrem Symbol überhaupt und potenziert gleichsam so dessen Dunkel.

Ist man sich nun der Geschichtlichkeit dieser Freiheit bewußt und zudem des „Unheils-Index" ihrer konkreten Geschichte,

---

[23] In seiner Einführung zu: M. Mauss, Sociologie et Anthropologie, Paris 1950, XXXII.

[24] Ein Beispiel: Wann eine Ehe geschlossen, wann ein Priester ordiniert, wann die eucharistischen Gestalten konsekriert sind, legen die Rubriken fest. Prinzipiell offen bleibt, ob diese Ehe eine „wahre" Ehe (Form von Liebe), der Priester wirklich ein „Geweihter" ist, ob der Essende sich das Heil oder „das Gericht ißt".

für den man nicht erst den christlichen Glauben[25], sondern das weltweite Zeugnis der Mythen und Mythologien[26], der philosophischen Reflexion, der Zeit- und Gesellschaftskritik, ja einfach das Bewußtsein jedes Einzelnen anführen kann, dann wird sichtbar, welch weiter Rahmen und welche Spannungen in der Bestimmung des Sakralen zu erwarten sein *müssen*, apriori zu aller religionswissenschaftlichen Empirie.

Dies alles gilt, insoweit das Sakrale als Erscheinung des Bewußtseins (der Freiheit) als religiösen aufgefaßt wird. Das heißt: unter dieser Rücksicht muß jeweils eine Mehrzahl von „Lesarten" berücksichtigt werden; und es heißt vor allem: schon nur unter dieser Rücksicht stellt sich die Entscheidung zwischen „entlarvender" und „füllender" Deutung. Sie stellt sich als prinzipielle, um sich von da aus – innerhalb des jeweiligen „Vorzeichens" – in jedem konkreten Fall von neuem zu stellen.

Aber nicht die hier sich ergebenden methodologischen und sachlichen Fragen sind Gegenstand unserer Untersuchung. Dieser Standpunkt als ganzer erscheint vielmehr als reduktionistisch im Licht des religiösen Bewußtseins selbst, für welches das Sakrale nicht die spiegelnde Erscheinung seiner, des Bewußtseins, selber ist, sondern ihm als Anderes *begegnet*. Ihm begegnet es freilich nicht als An-sich (diese Verwechslung des Symbols mit dem Symbolisierten nennt das religiöse Bewußtsein Aberglaube, schärfer: Götzendienst[27]), sondern als Für-es, als Erscheinung des Heiligen.

---

[25] Vgl. jetzt die Arbeit von K.-H. Weger, Theologie der Erbsünde, Freiburg 1970.

[26] Vgl. P. Ricoeur, Finitude et culpabilité II; deutsch: Symbolik des Bösen.

[27] „Die Antwort des Menschen auf den Anspruch des Heiligen im Symbol ist der Glaube, des Unheiligen im Idol der Aberglaube", heißt es in der Vorbemerkung zu I. Baumer/H. Christoffels/G. Mainberger 9. Die Formulierung scheint mir nicht ganz glücklich. Entweder ist das Heilige „jene Region des Denkens und Strebens, in der der Mensch sich dem Unabwendbaren stellt, sich dem Unverfügbaren zuwendet und dem Ganz-Anderen begegnet" (7); dann ist diese Region der Zuwendung zugleich jene der Religion. „Unter Religion wird ... jenes Verhaltens des Menschen verstanden, zu dem er vom Heiligen her ermächtigt wird und mit dem

Gegenüber früheren reduktionistischen Deutungen ist dies die Position der heutigen Religionsphänomenologie. Zugleich wird deutlich, daß diese Entscheidung philosophische Aussagen impliziert, die die Phänomenologie als solche überschreiten.

So schreibt etwa Geo Widengren gegen van der Leeuw, Heiler und andere, das Heilige sei nicht aus Macht, Mana, Tabu hervorgegangen, sondern „ursprünglich ein rein religiöser Begriff, der das bezeichnet, was der göttlichen Sphäre angehört und daher unantastbar und abgesondert ist. Diese Definition des Heiligen macht also mit Bestimmtheit geltend, daß das Heilige seinen Charakter ganz und gar von der göttlichen Macht erhält. Eine solche Auffassung des Heiligen nimmt als seinen Ursprung anstelle einer unpersönlich gefaßten Kraft die Gottheit. Sie kann das mit um so größerem Recht tun, als eine unpersönliche, allgemeine Macht eine evolutionistische Konstruktion ist, die, wie wir sahen, nicht der Wirklichkeit entspricht."[28]

er sich vor dem Heiligen bekundet" (ebd.). Und das besagt, das Heilige selbst ist jene zweideutige Sache, als die hier die Religion „exakt" vom Glauben unterschieden werden soll: Das Idol gehört zu ihm. – Oder man nimmt die Rede vom Anspruch ernst; dann ist das Heilige keine Region, sondern das „Unverfügbare" selbst. Und dann stellt sich die Frage, was das Unheilige sein solle, daß es derart beanspruchen könne. So schlage ich folgende Korrektur vor: Die rechte (geforderte) Antwort des Menschen auf den Anspruch des Heiligen im Symbol ist der Glaube, (sich) verfehlende Antwort verkehrt das Symbol zum Idol (sei's positiv, indem sie es selbst für das Beanspruchende nimmt, sei's negativ, indem sie [solchen Anspruch vielleicht unterstellend] es als „Götzenbild" verwirft). Führt nun die „positive" Idolisierung zum Anspruch an andere („im Namen des Idols"), dann konstituiert sich die derart beanspruchende Freiheit, wenn sie „weiß, was sie tut" (irrend wäre sie nur abergläubisch), als unheilig-dämonische. Die rechte Antwort auf diesen Anspruch ist die Absage. Bei der unrechten Antwort wäre wieder zu unterscheiden: Aberglaube dürfte die Antwort des Irregeleiteten sein, die des Verführten erst wäre im strikten Wortsinn „Götzendienst", letztlich Wille zum Un- als Widerheiligen.

[28] G. Widengren 33. – Er stellt mit Recht vor allem die Arbeit von W. Baetke heraus, der die Bindung des Heiligen an das Göttliche überzeugend klar legt.

Das Heilige meint darum keineswegs eine „materialisierte Abstrak-

In der Tat, es stellt sich die Frage, ob man den ersten Standpunkt (das Sakrale als Erscheinung nur des [religiösen] Bewußtseins) festhalten kann, ohne von seiner Deutung als „Sammlung des Sinns" zu einer Deutung des Argwohns fortschreiten (oder absteigen) zu müssen. Man muß es tatsächlich, weil man diesen Standpunkt nur *gegen* die Selbstinterpretation des religiösen Bewußtseins behaupten kann, ihn also dadurch behaupten muß, daß man dessen Vorstellung als Illusion entlarvt.

Entscheidet man sich zu einer positiven Deutung, aufgrund der religionswissenschaftlich erhebbaren Daten, dann muß man also zugleich diesen Standpunkt, und damit das religiöse Bewußtsein als solches selbst, das man deuten will, übersteigen – nicht indem man es zurückläßt, sondern indem man dessen eigenen Selbstüberstieg nach- und mitvollzieht. Es selbst übersteigt sich. So aber ist man – wie Widengren – schon genötigt, vom Heiligen als Erscheinung des Göttlichen zu sprechen.

Erscheinung des Heiligen

Für das religiöse Bewußtsein, sagten wir, sei das Sakrale nicht die spiegelnde Erscheinung seiner selbst, sondern die Erscheinung des „Ganz-Anderen", die es betrifft. Zugleich aber ist ihm die Verschiedenheit dieser Erscheinungen nicht erst in neuerer Zeit zum Problem geworden.

Die verschiedenen „Lösungen" lassen sich nicht in eine streng

tion", wie K. Kerényi schreibt und insofern erklärt: „Es wäre aber schon eine sinnlose Behauptung, wenn man sagen wollte, in der Religion manifestierte sich ‚das Heilige'. Was sich in der Religion manifestiert, ist die religiöse Begabung des Menschen" (K. Kerényi, Die Religion der Griechen und Römer, München/Zürich 1963, 97 f.). – Auch ein anders aufgefaßtes Heiliges wäre in der Tat kein „Ausgangspunkt für die Religionswissenschaft"; religions-*philosophisch* aber wird gerade der hier sich in besonderer Weise manifestierende Mensch *als* Manifestation (eines „ganz Anderen") thematisch.

historische Abfolge bringen, weil sie auf verschiedenen Stufen wiederkehren: das „naive" Neben- oder Gegeneinander der jeweiligen Götterwelten (fortwirkend in der nicht nur urkirchlichen Denunziation der Götter als Dämonen), ihre Identifizierung (durch Reduktion der Differenzen auf Sprachunterschiede, auf unterschiedliche Benennung), ihre „Quasi-Identifizierung" durch (zumeist irgendwie genealogische) Verbindung der Götterwelten, ihre objektive Relativierung zur vielgestaltigen Selbstoffenbarung des Weltgrundes und – dies sicher erst spät – ihre subjektive Relativierung auf die Vorstellungsmöglichkeiten des konkreten religiösen Bewußtseins.

1. Worauf es nun in unserem Zusammenhang ankommt, ist die Tatsache, daß auch diese wichtigste letzte Lösung eine Antwort des religiösen Bewußtseins selbst darstellt, nicht etwa nur seine Entlarvung von außerhalb her.[29]
Es ist dies das große Thema der Hegelschen Religionsphilosophie. Bekanntlich ordnet er die Religionen nach dem Wahrheitsgrad ihrer Gottesvorstellungen auf die Vollendung im Christentum hin. Vollendung ist das Christentum als die Botschaft der wirklichen Menschlichkeit (Menschwerdung) Gottes und so der wirklichen Göttlichkeit (im Heiligen Geiste) des Menschen. Diese Botschaft wird als Vorstellung (eines als solchen zunächst partikularen Heilsgeschehens) dem Vorstellen gepredigt; deren (und dessen) Bewußtsein ist – mit dem ganzen Pathos des Galaterbriefes – das der „Freiheit der Kinder Gottes". (Daß es sich erst durchsetzen muß, daß es verdeckt, verkürzt, unterdrückt worden ist, hat vor allem den sogenannten „theologischen Jugendschriften" Hegels ihre Impulse gegeben. Doch im Prinzip ist nach ihm die Befreiung aller in die erfüllte Gemeinschaft des „Reiches Gottes" schon erreicht.) Damit ist dann aber – und darum geht es jetzt – im Prinzip auch die Befreiung von jener letzten Beschränkung

---

[29] Im folgenden werden z. T. Überlegungen aufgenommen, die Verf. bereits in Einzelaufsätzen vorgelegt hat, bes. in: Erscheinungsformen des Atheismus; Zur Kritik und Selbstkritik der Religion; Gottesvorstellung und Wandel des Glaubensbewußtseins.

erreicht, die in der Entgegensetzung des Vorstellens als solchen noch besteht, sei dessen Inhalt auch schon präzise die Aufhebung dieser Entgegensetzung.

Eben weil hier der Inhalt seinem Gegebensein noch widerspricht, treibt er das Glaubensbewußtsein in die ihm angemessene Form, in das Wissen, daß seine Gottesvorstellung nur die *Vorstellung* Gottes ist. So erfüllt sich für Hegel das religiöse Bewußtsein in der – christlichen – Philosophie. Und indem derart der Geist zur Freiheit der Selbstidentität gelangt ist, kann er sein Gottesverhältnis in der folgenden trinitarisch-inkarnatorischen Formel aussagen (wobei „Wissen" ja nicht bloß „theoretisch", sondern als die zu sich gekommene „Praxis" zugleich, eben als die Voll-Identität des Geistes bzw. der Freiheit verstanden sein will): „Gott ist nur Gott, insofern er sich selber weiß; sein Sich-Wissen ist ferner sein Selbstbewußtsein im Menschen und das Wissen des Menchen *von* Gott, das fortgeht zum Sich-Wissen des Menschen *in* Gott".[30]

Wir kommen auf diese Formel zurück. Sie soll zunächst nur ein bestimmtes reflektiertes Selbstverständnis des religiösen Bewußtseins kennzeichnen, wonach Vorstellung und Erscheinung durchaus nicht als einfachhin und rein „objektiv" (objektivistisch) angesetzt sind.[31] Daß es sich dabei wirklich um religiöses (und nicht bloß „neuzeitlich metaphysisches") Bewußtsein handelt, mag, um die Frage von Hegels Christlichkeit auszuklammern, ein bekannter Text aus Luthers Großem Katechismus belegen: „Ein Gott heißet das, dazu man sich versehen sol alles guten un zuflucht haben ynn allen nöten. Also das ein Gott haben nichts anders ist denn yhm von hertzen trawen und gleuben, wie ich offt gesagt habe, das alleine das trawen und gleuben des hertzens machet beide Gott und abeGott. Ist der glaube und vertrawen recht, so ist auch dein

---

[30] G. W. F. Hegel, Enzyklopädie § 564, Anm. (S. 447).
[31] Daß hier, gemäß den angezogenen Texten, mehrfach von „Gott" statt vom „Heiligen" die Rede ist, hat für unsere Absicht kein Gewicht. Nichts hindert daran, das früher auch philosophisch unbedenklicher gebrauchte Wort „Gott" in unserem Zusammenhang jeweils im Sinn des „Heiligen" zu lesen.

Gott recht, und widerümb wo das vertrawen falsch und unrecht ist, da ist auch der rechte Gott nicht."[32]

In einem solchen Text geht es nicht um die „Stumpfnasigkeit" der äthiopischen Götter bzw. die Ochsenähnlichkeit eventueller Götter der Ochsen, auf die die Religionskritik eines Xenophanes abhob[33], sondern um die Qualifikation des Glaubensbewußtseins – nicht einmal unter ethischem, sondern prinzipieller unter dem Freiheitsgesichtspunkt.

Von diesem Bewußtsein befreiter Freiheit aus werden die Gottesvorstellungen der anderen als Ausdruck gebundener Freiheit (ab)gewertet. Zugleich aber dient dieses Prinzip zum Index der Selbstkritik des Glaubenden. Auch dies, und dies sogar vordringlich, zeigt das angesprochene Kapitel aus dem Katechismus Luthers. Katholischerseits lassen sich die Unterscheidungsregeln des Ignatianischen Exerzitienbuches nennen (denn der „Trost", an dem dort die Legitimität von Vorhaben und Vorstellungen sich ausweisen muß, wäre in der heutigen Sprache als „Identitätsbewußtsein" und Freiheitserfüllung zu bestimmen).

Allerdings bleibt es nicht bei dieser Selbstkritik des religiösen Bewußtseins. Das Prinzip seiner Kritik ist ja die Unterscheidung zwischen Gottesvorstellung und Gott selbst (der Gott und Abergott des unrechten Glaubens ist eben nicht Gott; das rechte Glauben dagegen ist recht, weil es dem wahren Gott gilt). Nur ein Schritt – freilich entscheidend – führt von der Kritik eines ungenügenden Glaubens beim anderen wie bei sich selbst zur Kritik am Glauben überhaupt, indem nun die Vorstellung dieser Trennung von Gottes-Vorstellung und Gott-an-sich ihrerseits als Ausdruck gebundener Freiheit von

---

[32] WA XXX/1 133. Siehe auch H. Rombach, Substanz – System – Struktur II 252 f. über die gleichartige Struktur der Pascalschen Argumentation: „Der christliche Glaube ist nicht darum der wahre, weil er das Wahre glaubt, sondern vor allem darum, weil er wahrhaft glaubt." Und schließlich philosophisch H. Krings, Transzendentale Logik 340: „Wahr ist eine Behauptung also dann, wenn die Transzendenz sich in ihr vollendet und die vermittelte transzendentale Einheit hervorgeht."

[33] Diels-Kranz, Fr. 15 f.

einem Bewußtsein zu sich gekommener Freiheit her kritisiert wird.

Diese Befreiung weiß sich dabei durchaus ihrer christlichen Herkunft verdankt. Die Kritik der entfremdenden Moral stammt ja aus Redlichkeit, ist die „sublimste Art von Moralität"[34]; die Absage an den christlichen Gott entspringt dem „Sinn der Wahrhaftigkeit, durch das Christentum hoch entwickelt"[35], einer strengeren und verwöhnteren Frömmigkeit. Es geht nicht einfach um Atheismus, eine Aufzeichnung aus Nietzsches Nachlaß lautet: „Der christlich-moralische Gott ist nicht haltbar: folglich ‚Atheismus' – wie als ob es keine andere Art Götter geben könne."[36]

Welcher Art: Das läßt sich wohl erst beantworten, wenn das Bewußtsein des neuen, des Übermenschen erreicht ist. Höhepunkte im Zarathustra weisen dorthin voraus. Hier ist dann von Sehnsucht und Hoffnung die Rede; Zukunft heißt die große Kategorie. Doch nicht einfach als nur zu erwartende, sondern als in Anstrengung, Einsatz, Planung, „Züchtung" zu verwirklichen. – Das Bewußtsein, das im Glauben an sich selbst seine Vorstellungen als solche erkannt hat, wird aus einem theoretischen („interpretierenden") zu einem praktisch-tätigen: die Welt „verändernden". (Man sieht wohl schon aus diesem knappen Hinweis bei Nietzsche das Ensemble der Themen heutiger Religionskritik einschließlich der Gott-ist-tot-Theologie[37], auch wo sie sich nicht ausdrücklich auf ihn bezieht.)

Ob die Religionskritik also sprachanalytisch das Reden von Gott auf individuelle Interpretation der Umwelt eines vor allem ethischen Bewußtseins zurückführt, philosophisch die Entfremdung des Menschen in der metaphysischen Gottesvorstellung beklagt oder gesellschafts-praktisch „Gott" als das zu errichtende Reich der Zukunft deutet: stets ist „Gott"

---

[34] F. Nietzsche, Werke III 480; vgl. ebd. II, 1154: „Die Selbstüberwindung der Moral aus Wahrhaftigkeit ... das bedeutet in meinem Munde Zarathustra."
[35] Ebd. III 881.
[36] Ebd. III 496. – Vgl. hierzu E. Biser, „Gott ist tot".
[37] Vgl. die Darstellung von J. Bishop.

als Setzung des Menschen verstanden, als Selbstbestimmung des Glaubensbewußtseins, das sich dadurch zur Freiheit befreit, daß es in philosophischer Selbst-Analyse sich dessen bewußt wird (der engagierten „Psychologie" Friedrich Nietzsches antwortet dabei die gelassene „Therapeutik" eines Ludwig Wittgenstein).

Wie aber, wenn es noch eine „andere Art Götter" gäbe? Das müßte heißen, nicht als Setzung des Bewußtseins? – Die Frage geht auf das Woher dieser Vorstellung mit ihrem in allem Wandel bleibend einzigartigen Charakter. Ist die Einsicht Descartes' – mag sein, in ungenügender Weise vertreten –, das in der Idee des unendlichen Gottes Gedachte sei von „solcher Art, daß je sorgfältiger ich es erwäge, es umso unmöglicher scheint, daß es von mir selbst hervorgegangen wäre", ist der Gedanke von der ontologischen „Signatur" des Menschen durch diese Idee[38] tatsächlich mit Feuerbachs genetischer Erklärung überwunden?

Damit treibt unsere Überlegung in die eigentlich transzendentale Fragestellung. Die Bestimmtheit des Glaubens durch die Gottesvorstellung hat sich als Selbstbestimmung dieses Bewußtseins gezeigt. Nun stellt sich die Frage, ob die Freiheit in diesem Bestimmen jetzt ihrerseits völlig unbestimmt sei. Damit wenden wir uns J. G. Fichte zu, dessen Position W. Pannenberg als „Atheismus der leeren Transzendenz" glaubt deuten zu müssen, nach unserer Meinung zu Unrecht.[39]

Gerade als ganz zu sich gekommene kann die Freiheit sich gänzlich, d. h. unverkürzt, nach allen Dimensionen begreifen, oder vielmehr: nur als derart sich begreifende kommt sie zu sich. Gegenüber einem bloßen Postulat, gar nur für die letzliche Sicherung einer Einheit von Sittlichkeit und Glück, hat Nietsches Abwehr recht. Es geht um die Einheit der Sittlichkeit in sich selbst.

Freiheit erfährt sich zunächst in Differenz, in der Differenz

---

[38] Philosophische Meditationen III, Adam-Tannery VII, 45 u. 51 (Buchenau Nr. 27.42).
[39] Typen des Atheismus und ihre theologische Bedeutung, in: Grundfragen 347–360 (348–350 zu L. Feuerbach), 356 ff.; 381 f., Anm. 39. Siehe hierzu H. M. Baumgartner, Gottesverständnis.

eines „Reiches von Freiheiten" und in der Differenz dieses faktischen Reichs zu seinem „Gesetz", dem, was der Fichte des Atheismusstreits „moralische Weltordnung" nennt. Der Versuch, diese Differenz durch Beschränkung auf ein Glied des Gesamts zu überwinden, muß scheitern. Die Konzeption absoluter Freiheit im Sinn des individualistischen „acte gratuit" André Gides zerstört die Freiheit, da das sie zur Laune herabsetzt (man kann nicht einmal sagen: zur Willkür, denn letztlich ist die Laune, so willkürlich „frei" sie sich dünkt, unwillkürlich, determiniert – wie der Zufall, der nur für den zufällig ist, der den Gesamtkomplex der Bedingungen nicht überblickt). „Im Gegenteil befindet sich für uns der Mensch in einer organisierten Situation, in der er selbst gebunden ist; er bindet durch seine Wahl die ganze Menschheit, und er kann nicht umhin, zu wählen [auch Nichtwahl ist Wahl]" (J.-P. Sartre).[40]

Aber inwiefern bindet letztlich meine Entscheidung auch die anderen? Tut sie es de facto, will sie es nur de facto oder nicht mit Berufung auf ihr *Recht*? Damit zeigt sich hinter dem Faktum des Muß, des (Nicht-umhin-)*Könnens*, der Sinn eines Sollens (Dürfen und Wollens), das auf die Freiheit nicht nur auftrifft, sondern sie erst sie selbst sein läßt. So wie Erkenntnis und Sprache sich nicht entfremdet sind, wenn man nicht einfach „erkennt" (oder vielmehr: sich ausdenkt) und spricht, was man mag (was einem einfällt), sondern sie vielmehr erst dadurch ihr eigenes Wesen erfüllen, daß man erkennt und sagt, was ist, was wahr ist.

Vom Unbedingten her erst kommen Denken und Sagen, kommt die Freiheit zu sich, und von ihm her kommt sie zugleich, indem sie mit sich selbst übereinkommt, mit den übrigen Freiheiten überein.[41]

Dieses Übereinkunft stiftende Unbedingte, in einer Transzendenz (Differenz), die ob ihres völligen Andersseins das Nicht-Anderssein (Nikolaus Cusanus) radikaler Immanenz

---

[40] Ist der Existentialismus ein Humanismus?, in: J.-P. Sartre, Drei Essays. Neuauflage Berlin 1966, 7–51, 29.
[41] Vgl. G.-G. Hana, bes. Teil III; J. Splett, Der Mensch in seiner Freiheit Teil III; H. Duesberg, bes. Kap. III.

ermöglicht und so erst die wahrhafte Stiftung von Übereinkunft (die Einung im Selben derart, daß jedes eben darin zu sich selbst kommt), diesen absoluten Grund der Freiheit nennt Fichte die „moralische Weltordnung" jenseits (man könnte auch sagen: „inseits") theistischer Gottesvorstellung.
Jenseits der Vorstellung, weil man im Ernst (des Denkens) von keinem für sich vorgestellten Wesen sagen könnte, was wir soeben angedeutet haben und was eine seiner berühmtesten Formulierungen in dem Augustinus-Wort erhalten hat: superior summo meo et interior intimo meo.
Aber ist damit die Vorstellung schon abgetan und in leere Transzendenz hinein verflüchtigt?
So scheint es in der Tat. „Im Gegenzug gegen die Theologie" erklärt W. Schulz in seinen Überlegungen zum Gott der neuzeitlichen Metaphysik: „Auch die neuzeitliche Metaphysik begrenzt sich in Gott, aber dieser Gott ist nur für den da, der die Macht und die Ohnmacht des Denkens denkend erfahren hat." Die Macht über das Seiende, einschließlich Gott, sofern er als Seiendes konzipiert wird; die Ohnmacht vor dem Sein. „Nur wer die Macht des Denkens über dies Seiende [Gott] bis zu Ende denkt, wird in den Stand gesetzt, die Ohnmacht des Denkens zu erfahren, die Ohnmacht, die darin besteht, daß das Denken selbst und als solches nicht sein könnte, wenn es nicht vom Sein selbst her bedingt und ermöglicht wäre. Wer diesen letzten Schritt wagt, der findet den Gott der Philosophen [das Heilige?], der nicht mehr ins Denken auflösbar ist."[42] Und Schulz beschließt seinen Vortrag (ebd.) mit einem Schelling-Zitat, das das Gemeinte nochmals deutlich ausspricht: „Wer wahrhaft philosophieren will, muß aller Hoffnung, alles Verlangens, aller Sehnsucht los seyn, er muß nichts wollen, nichts wissen, sich ganz bloß und arm fühlen, alles dahingeben, um alles zu gewinnen." „Hier gilt es, *alles* zu lassen – nicht bloß, wie man zu reden pflegt, Weib und Kind, sondern was nur Ist, selbst *Gott*, denn auch Gott ist auf diesem Standpunkt ein Seyendes. Also selbst Gott muß der lassen, der sich in den Anfangspunkt der wahrhaft freien

[42] W. Schulz 55.

Philosophie stellen will. Hier heißt es: Wer es erhalten will, der wird es verlieren, und wer es aufgibt, der wird es finden."[43]

Was aber wird hier aufgegeben, um was zu finden? Schulz sieht den Zusammenhang der neuzeitlichen Denker bezüglich unserer Frage darin, daß sie auf wechselnde Weise „Gott als *Gegensatz* zur endlichen Subjektivität *und* als *Einheit* mit der endlichen Subjektivität" bestimmen, und seine Schrift mündet in die Frage: „Was ist das Wesen dieses Denkens, das sich einen Gott vorausdenkt, der sich zwischen den Extremen der Gegensätzlichkeit zu mir und der Einheit mit mir bewegt, in beiden Bestimmungen auf mich bezogen ist und doch nicht im Ich aufgeht?"[44]

Mit anderen Worten: Wird hier „Gott" aufgegeben, damit das Denken, das in der Aufgabe seiner Gehalte, auch seines vornehmsten Gehalts, sich selber aufzugeben schien, sich in der Nichtigkeit seiner selbst nun unverlierbar finden könne? Also „List" bewahrender Selbstreduktion statt „Opfer"?[45].

„Die unwahre und die wahrhafte Aufopferung im Denken unterscheiden sich darin, wem das Geopferte dargebracht wird. Eine unwahre Form des abstrahierenden Aufopferns des Weltinhaltes wird von Hegel als ‚heimlicher Gottesdienst seiner selbst'[46] charakterisiert."[47]

[43] F. W. J. Schelling, Über die Natur der Philosophie als Wissenschaft, SW IX 217 f. (Schröter, 5. Hauptb., 11 f.).
[44] A.a.O. 112.
[45] Zu Schelling hat K. Hemmerle herausgearbeitet, wie er im Denken von Liebe und Gnade zuviel wie zuwenig gedacht hat: zuviel, insofern Schelling auch und gerade in dieser Spitze seines Gedankens die Beziehung systematisch zu durchschauen, den eigenen Hervorgang nochmals in seiner Konstitution zu erklären sucht; zuwenig, weil die Freiheits- und Personalwirklichkeit Gottes wie seines Anderen wie ihres Bezugs nur als Ergebnis, statt in ihrer Ursprünglichkeit gedacht sind (Ergebnis zudem einer Geschichte des Falls). K. Hemmerle, Gott und das Denken. Zu Hegel, auf den „List" und „Opfer" anspielen (vgl. H. U. v. Balthasar, Prometheus 615 u. 618 f.), siehe vom Verf.: Hegel und das Geheimnis.
[46] Grundlinien der Philosophie des Rechts (Hamburg 1967), 139 (§ 140 Anm.)
[47] J. Flügge, 131. – Ders. 81 f.: „Hier ist zu unterscheiden zwischen Opfer und Selbstvernichtung. Wer den geistigen Akt der Selbstver-

Dieser „heimliche Gottesdienst" wäre die Feier des Dämonischen. Nicht Erscheinung des Heiligen, sondern jener Macht, die insgeheim als „Projektion" der Macht des Denkens selbst gewußt wäre; von dorther wird die immer wieder beobachtbare Umkehrung einer versuchten „reinen Transzendenz" von „Transaszendenz" zu „Transdeszendenz" (J. Wahl) verständlich, in der einer „altmodischen" Kategorialität „von oben" das Chthonische, Mütterliche, Nächtige und gärend Chaotische als wahre Quelle der Transzendenz entgegengesetzt wird; denn nur so scheint sich auf Dauer ein „Transzendieren ohne Transzendenz" behaupten zu lassen.[48] (Scheler hat diesen Sachverhalt als die unausweichliche Alternative

nichtung vollzieht, bekundet den Willen, durch diesen Akt sich selbst jedem Zugriff, auch dem des Unendlichen, zu entziehen und seine Endlichkeit dennoch zu retten. Der Opfernde aber hält seine Gabe bittend hin, daß das Unendliche sie aufnehme und verwandle, verkläre" (vgl. Hegel, Die absolute Religion 163).

[48] Damit ist nur zum Teil Ernst Bloch angesprochen. Er streitet zwar ständig gegen das „Pathos des Oben", „mit heteronom-mythischer Prävalenz des ‚Gerichts', der ‚Gnade', des uns entzogen Transzendenten als des ‚Unverfügbaren'" (Atheismus im Christentum 71; eins der Motti des Buches lautet: „Entscheidend: Ein Transzendieren ohne Transzendenz."). In dem jetzt auf Schallplatte erschienenen Vortrag „Atheismus im Christentum" von 1968 heißt es: „Wäre statt Entmythologisierung nicht das Thema von Entgötzung oder gar Enttheokratisierung, wäre das nicht das Problem? Gibts da nicht einen ‚Herrn', gibts nicht das Herr-Knecht-Verhältnis ungeheuerster Art, gibts nicht das Hineinbetteln, das Niederknien, das Untertänigsein, die Zerknirschtheit, die Menschen belastet mit der Erbsünde, die ‚Gnade, die vor Recht ergeht'? Völlig altmodische Kategorien!" (Es spricht Ernst Bloch. Vier Reden. Suhrkamp-Verlag 1970, Platte II A, Beiheft S. 10). Aber es geht Bloch dabei durchaus und gerade um Trans*as*zendenz. Die Frage stellt sich indessen, wie sich diese, wie sich *Hoffnung* derart als „docta spes" ausweisen lasse. Wenn die „Front" des „novum" aus dem gärenden Schoß der Materie quillt, dann ist nicht einzusehen, warum Prometheus *der* Heilige sein soll und nicht eher de Sade. Hier wäre dann etwa G. Bataille zu nennen (Der heilige Eros); Schriftsteller wie L.-F. Céline, B. Cendrars, J. Genet, P. Klossowski; für die (anti-)sakrale bildende Kunst bes. die Untersuchungen von P. Gorsen. Vgl. auch H. Sedlmayr 128–139 (Das Problem der Wahrheit. Vier Texte zur Unterscheidung der Geister in der Kunst [Bonaventura, Hugo von St. Victor, Hegel, Baader]).

zwischen Gott und Götze behandelt; der locus theologicus ist Röm 1,18-32.)

2. Damit meldet sich erneut die Frage der Schuld und des Bösen, auf die wir immer wieder hingewiesen wurden. - „Warum geben wir dem Heiligen den von einem absoluten Wissen" - und sei es das absolute Wissen eigener Bedingtheit (dessen Absage an alles Unbedingte sich dem Verdacht der „Anmaßung des Bedingten" stellen müßte[49]) -, warum geben wir dem Heiligen den von einem absoluten Wissen „usurpierten Platz zurück? Warum weigern wir uns, den Glauben in Gnosis zu verwandeln [und sei es die Gnosis religiöser Endlichkeit[50]]? Ein Grund unter anderen, warum ein [wie auch immer geartetes] absolutes Wissen nicht möglich ist, ist das Problem des Bösen."[51]

P. Ricoeur schlägt drei Formulierungen vor, die die „Bindung des Bösen als eines nicht zu Rechtfertigenden an das Heilige als Versöhnung zum Ausdruck bringen, - drei Formulierungen, in denen ich die Grundzüge einer zugleich symbolischen und vernünftigen, prophetischen und sinnreichen Eschatologie sehe, die eine Philosophie der Reflexion am Horizont einer jeden Teleologie des Bewußtseins begrüßen kann, ohne sie wirklich einschließen zu können" (539 f.): „Zum Trotz" - „dank" („etiam peccata") - „um so viel mehr".

Ehe wir diese drei Formulierungen (nicht eines „indikativischen Wissens", sondern hoffender Gewißheit) explizieren, ist jenes Moment zu betonen, daß Ricoeur nur wie beiläufig mitnennt: Das Böse läßt sich nicht rechtfertigen. Und diese seine schlechthinnige Sinnlosigkeit wird gerade vor dem Heiligen offenbar.

---

[49] Vgl. M. Heidegger VA 179: „Wir sind - im strengen Sinne des Wortes - die Be-Dingten. Wir haben die Anmaßung alles Unbedingten hinter uns gelassen." - Auf der anderen Seite Hegel, z. B. Begriff der Religion 4 f.
[50] Hierher gehören nicht nur die in Anm. 48 genannten „nächtigen" Autoren, sondern beispielsweise ebenso R. M. Rilke (vgl. R. Guardini, Rilkes Deutung des Daseins. Eine Interpretation der Duineser Elegien, München 1953) oder M. Proust (vgl. z. B. Th. J. J. Altizer 116 ff.; R. C. Zaehner 80 ff.).
[51] P. Ricoeur, Interpretation 538.

Das Licht des Unbedingten, norma sui et falsi, macht zwar die „Werke der Finsternis" offenbar, aber es offenbart damit zugleich alle jene Versuche als subtilste Formen der Flucht und des „Niederhaltens der Wahrheit", die nicht nur das Offenbarwerden des Dunkels, sondern dieses selbst auf eine zweideutige Tiefe im Heiligen selbst zurückführen wollen, um so der Schuld ihren Schuldcharakter zu nehmen.[52]

Damit seien weder die vielfachen Formen falschen Schuldbewußtseins geleugnet, worin wir heute vielleicht die verhängnisvollsten Ausgeburten unter dem Greulichen sehen, das aus Religion hervorging.[53] Es sei vielmehr nur der darauf sich richtende Verdacht noch einmal sich selbst unterstellt. Noch soll hier das problematische Geschäft einer „Theodizee" versucht werden.[54] Es sei nur klargestellt: 1. daß jede Entschuldigung wirklicher Schuld auf eine Beschuldigung des Heiligen hinausläuft, von dem anschaulichen Bericht der Genesis[55] bis zu dem bildhaften Ausdruck Kants vom „krummen Holz", aus dem sich nun einmal nichts Rechtes zimmern lasse,[56] und zu der Rede vom beirrenden Grimmen im Heiligen selbst. Daß 2. aber die Erfahrung dessen, was uns unbedingt betrifft, – ob man darin den Aspekt des Anspruchs oder jenen der Gewähr voranstellt – jeden solchen Versuch als Frevel verbietet.

Faktisch erfährt der Mensch sich als in Schuld vom Heiligen betroffen. Daher dessen Schrecken (nicht bloß für „Staub und Asche" [Gen 18,27], sondern: „Geh weg von mir; denn ich bin ein *sündiger* Mensch" – Luk 5,8). Aber gerade nicht bloß Schrecken. Statt Flucht und Verzweiflung zeigt uns die Reli-

---

[52] Man sollte vermuten, einem Bewußtsein, das überall verdeckende Interessen und Ideologiegefahr argwöhnt, sei vor allem jene zum Selbstbetrug fast nötigende Versuchung geläufig, in der eine Freiheit steht, die sich zu ihrer Schuld bekennen soll. Doch erstaunlicherweise trifft eher das Gegenteil zu.
[53] Lukrez, De rerum natura I 82 f.
[54] Vgl. W. Kern-J. Splett, Theodizee-Problem.
[55] Gen 3,12: „Die Frau, die du mir beigesellt hast, gab mir ..."
[56] I. Kant, Idee zu einer allgemeinen Geschichte in weltbürgerlicher Absicht, 1784, 397 (Werke in sechs Bänden [Weischedel] VI, 41).

gionswissenschaft allenthalben Sühneriten und Versöhnungsbitten.

Vieles an diesen Riten rechtfertigt die Vorbehalte Windelbands und Freuds berühmtes Wort über die Religion als universelle Zwangsneurose.[57] Aber es handelt sich hier, wie man mit Freud selbst sagen kann, um „ein halb komisches, halb trauriges *Zerrbild*" von Religion.[58] Statt zwanghafter Verzweiflung erscheint dem unvoreingenommenen Blick vielmehr als das – stets auch erfahrbare, nicht bloß zu erschließende – „Wesen" dieses „Unwesens"[59] die befreite Freude der Hoffnung. Und diese spricht sich im Sinn der drei Stichworte aus, die Paul Ricoeur aufgezählt hat.

„Zum Trotz": Dies ist *grundlegend* die Weise, wie im „Unheil als Unheil" das (mögliche) Heil aufscheint. Nämlich nicht im mindesten als Konsequenz, erzwungen oder irgendwie genötigt, sondern einzig als Gnade.[60] Nur bei Wahrung dieser Grundeinsicht wird das Reden von den folgenden Aspekten davor bewahrt, blasphemisch zu werden, und das heißt, methodisch gewendet, davor, das Selbstverständnis der Hoff-

---

[57] S. Freud, Zwangshandlungen und Religionsübungen, in: Ges. Werke VII, London 1941 (Frankfurt ⁴1966) 129–139.
[58] Ebd. 132.
[59] Vgl. etwa Schelers Phänomenologie der Reue mit der Abhebung vom quälenden Gewissensbiß: Reue und Wiedergeburt, in: WW 5, 27–59.
[60] Dies gilt, wie gesagt, unter der Voraussetzung wirklicher („subjektiver", moralischer) Schuld und hinsichtlich des Heils vom „Licht" der Wahrheit her. Mit anderen Worten, unsere Aussagen wollen nicht (religions-wissenschaftlich) faktisch, sondern (religionsphilosophisch) „normativ" sein. Wenn also in Religionen das „heilige Leben" gerade „vielleicht auch in Kranken und in gewalttätigen Verbrechern" wahrgenommen wird (K. Goldammer, Formenwelt 78), dann mag hier entweder die erschreckende Macht dämonischer Stärke oder Hybris erfahren werden oder das Verfallensein des Verbrechers an die strafende Gottheit (sacer – verflucht; vgl. W. W. Fowler; E. Williger 28 ff.), – dies sogar derart, daß die Strafe nicht erst noch aussteht, sondern das Verbrechen selbst schon deren Anfang (wenn nicht ihren Höhepunkt) darstellt. In keinem dieser Fälle geht es aber um das Heil vom Heiligen her, auf das hier unsere Reflexion zielt.

nung zu verfehlen, das es auslegen will. Wenn irgendwer, dann weiß nämlich der seine Schuld bekennende Mensch (und das Schuld*bekenntnis* ist der ursprüngliche Ort des Redens von Schuld[61]), daß die Redensart „tout comprendre c'est tout pardonner" nicht gilt. Gerade vor dem Licht der Allwissenheit[62] erfährt er seine Schuld als unentschuldbar. Eben so aber erhofft und erbittet er ihre Verzeihung.

Dies festgehalten, ist nun doch als zweites das Moment des „dank" zu nennen. Es verbietet alle Rationalisierung; denn gerade von der Verzeihung her erscheint das Böse in schärfster Weise als jenes, das nie hätte sein dürfen und dem auch im Nach-hinein nicht der mindeste Eigen-Sinn, nicht die geringste Dienlichkeit zugesprochen werden darf. Hier läßt sich – ohne die Möglichkeit positiver Vermittlung (ist das Böse doch eben dies, das jede Systematik sprengt) – nur zweierlei behaupten: einerseits die Erfahrung von „felix culpa" („quae talem ac tantum meruit habere Redemptorem"[63]) – andererseits (um bei christlichen Urkunden zu bleiben) das alle Diskussionen abweisende „μὴ γένοιτο" des Paulus auf die Frage hin, ob man nicht dann der Gnade wegen sündigen solle[64]. Oder vielleicht sollte man statt einer doppelten Behauptung eine doppelte Verneinung vorziehen: Die Schuld hat keine Dienlichkeit – aber das verzeihende Heil vom Heiligen her steht ihr nicht bloß als ein neuer Anfang *gegenüber*. Die schlechthinnige Nichtigkeit der Schuld (in der scholastischen Tradition durch den Begriff der seinslosen privatio angezielt) zeigt sich nochmals darin, daß sie auch keine Einschränkung des Sinns bewirken kann (daß sie nicht einmal „Leerstellen" zu schaffen vermag[65]) und sie *insofern* die Souveränität des Heiligen in neuer Weise kund werden läßt.

[61] Vgl. P. Ricoeur, Schuld, Ethik und Religion 394 (Finitude et Culpabilité II 11–30: Phénoménologie de l'„aveu"; deutsch: Symbolik des Bösen).
[62] Vgl. R. Pettazzoni 24 ff.
[63] „Exultet" in der Römischen Liturgie der Osternacht.
[64] Röm 6,1; vgl. 3,8.
[65] Vgl. K. Rahner, Trost der Zeit, in: Schriften III 169–188; Ch. Péguy, Das Mysterium der Hoffnung; dazu P. Duployé, Die religiöse Botschaft Charles Péguys, Freiburg 1970, bes. 369–412.

Damit stehen wir bereits beim dritten Stichwort, dem „Um so viel mehr"[66]. Es spricht eigentlich nur die Einheit von „trotz" und „dank" aus: die Unverhältnismäßigkeit, das heißt, die Unabhängigkeit des Heils von der Schuld, seine Ab-solutheit oder Unbedingtheit, und das bedeutet, wie wir sehen werden, die Vorläufigkeit des Redens von Heil, die Notwendigkeit, es als Heil vom *Heiligen* her zu bekennen.

Angesichts dieser aus einer „Symbolik des Bösen" erhebbaren Phänomenologie des Heils-Verständnisses bekennender Hoffnung stellt sich nämlich die Frage, von woher ein solches Heil erhofft werden könne, wenn nicht von einer Personal- und Freiheitswirklichkeit her.

Man könnte die Frage noch einen Schritt weiter zurücknehmen und sie bereits bezüglich des Bösen als solchen stellen. Nicht um es zu erklären (der „existente Widerspruch"[67] ist unbegreiflich). Aber die Freiheit weiß vom Bösen – wie von der Vollendung im Guten – nicht bloß theoretisch, sondern aus der ernsten Erfahrung, daß beides in ihr liegt, sich in den Einzelentscheidungen rührt und durch sie hindurch in seine Vollgestalt drängt. Von solcher Erfahrung her aber zeigt sich (wie die Mitte der Liebe als einfaches Ja statt sehnenden Verlangens) die Mitte des Bösen als stehendes Nein (statt süchtiger Gier). Dieses Nein in der ihm eigenen Entschiedenheit und Radikalität wird (wie das Ja) nun nicht Strukturen, Trends und so fort gegenüber, auch nicht als Entscheid für Sinnlichkeit statt Vernunftgesetz,[68] sondern ursprünglich gegenüber personaler Freiheitswirklichkeit gesprochen. Als Grund- und Selbstsetzung, Selbstdefinition von Freiheit geschieht solche Letztentscheidung auch *angesichts* von Freiheit, gewiß *an* Stoff und Stofflichkeit, aber nicht solchem gegenüber, sondern im Feld der Interpersonalität. Der Raum der Interpersonalität aber ist nicht nur durch das Neben- und Ge-

---

[66] πολλῷ μᾶλλον – Röm 5,15; noch schärfer 5,20: ὑπερπερισσεύειν: über-überfließen.
[67] Vgl. G. W. F. Hegel, Berliner Schriften 315.
[68] I. Kant, Die Religion innerhalb der Grenzen der bloßen Vernunft, ²1794, 23, 34 (Werke in sechs Bänden [Weischedel], IV, 677, 685).

geneinander endlicher Personen bestimmt, sondern als solcher von umgreifender Freiheits-Wirklichkeit eingeräumt und eröffnet.[69]

Doch wie dem auch sei, unabweisbar wird die Frage jedenfalls, wenn man die *Hoffnung auf Befreiung aus dem Bösen* reflektiert. Schon Hoffnung überhaupt. Oben wurde Ernst Bloch genannt, der einen christlich-marxistischen Atheismus postuliert, da sonst die Hoffnung nicht mehr Hoffnung sein könne. Umgekehrt hat er sich fragen lassen müssen, wie angesichts sich entfaltender Materialität überhaupt von „Novum" und so von Hoffnung in seinem emphatischen Sinn die Rede sein könne.[70] Und dies in doppelter Richtung. Entweder löst sich gerade dann Hoffnung in faktische Gewißheit auf: der endlichen Erscheinung dessen, was angelegt und verborgen, aber unaufhaltsam treibend schon da ist – oder die möglichen und real zu fürchtenden Vereitelungen treten ein, die Vereitelung durch den Tod, die Sinnzerstörung durch Irrtum und Dummheit, vor allem durch die Schuld, das Böse.

Hoffnung steht vielmehr im Interpersonal-Verhältnis. Nur hier kann sie zugleich Hoffnungsgewißheit, Zuversicht sein – gegenüber sachhaft wissender Sicherheit[71] – wie Hoffnungsmut und Vertrauen „wider alle Hoffnung" – gegenüber ausdrücklicher oder (als Resignation) verschleierter Verzweiflung. Denn allein in Freiheit ist das Kommende nicht „angelegt", also nicht ausgemacht, was auf uns zukommt; allein aus ihrer Anfangskraft kann sich wirklich – schöpferisch – Neues ereignen: nur hier gibt es Geschichte.

Aber welche Gestalt hat dieses Neue? Wenn man angesichts einer Welt, die bloß als „ein höchst laborierendes Laborato-

---

[69] Vgl. oben S. 322, Anm. 41.
[70] W.-D. Marsch, Hoffen worauf? Auseinandersetzung mit Ernst Bloch, Hamburg 1963, 95 ff.
[71] J. Moltmann 332 rechtfertigt Bloch gegenüber das Wort Zuversicht, das niemals garantiertes Wissen um ausgemachte Fakten besage. Was Bloch (mit Recht) ablehnt, müsse Sicherheit (securitas) heißen. Vgl. die entsprechende Unterscheidung von Sicherheit und Gewißheit bei G. Muschalek, bes. 10 Anm. 1, 34 Anm. 43, 66 Anm. 92.

rium possibilis Salutis" zu verstehen wäre[72], tatsächlich nur im umgangssprachlichen Sinne „hoffen" könnte, „daß es gut geht", so scheint andererseits das bisher von uns zur Hoffnung Gesagte dem Schrecken vom Heiligen her, also dem Wagnis der Hoffnung nicht viel besser zu entsprechen. In der Tat verlangt der Ausdruck „Hoffnung wider Hoffnung" noch nach Explikation.

In einem ersten Schritt ist er als „Hoffnung wider Hoffnung" zu lesen, als „espérance contre les espoirs"[73]. – Herbert Plügge hat dieses, man muß sagen: getroste Erwachen der Hoffnung aus dem Zusammenbruch der Lebenshoffnungen heraus aufgrund seiner klinischen Erfahrungen beschrieben.[74] – Hier gelangt der Mensch aus der vernichtenden Enttäuschung in das Heil der (im ursprünglichen Wortsinn zu verstehenden) Gelassenheit.

Nun aber zeigt sich in *der* Hoffnung selbst der Widerstreit. Ihr Ziel ist, daß Wahrheit und Liebe seien, daß das „Reich komme" (dies wie alles nicht theologisch, sondern durchaus „offen", als Beschreibung im Sinn philosophischer Besinnung verstanden); das heißt, sie erhofft den „Sieg" des Lichtes. Was aber bedeutet dieser Sieg für den Hoffenden selbst? Offenbar doch Gericht – insofern er sich als „Feind des Lichtes" weiß, wenn nicht im Mut trotzigen Aufbegehrens, dann erst recht in der Feigheit verdrossenen Schweigens und versteckter Ausweichmanöver. Dann aber entspringt die Hoffnung nicht erst dem Zusammenbruch der Hoffnungen, sie zielt vielmehr darauf ab, da sie konsequent genommen den Tod des Hoffenden hofft. Damit wird die Tiefe des „trementum" offenbar und es zeigt sich, wie wenig es mit Tabu oder

---

[72] E. Bloch, Philosophische Grundfragen. Zur Ontologie des Noch-Nicht-Seins, Frankfurt 1961, 20.
[73] Womit Bloch gegenüber auf die dialogisch-interpersonale Phänomenologie der Hoffnung Gabriel Marcels wenigstens hingewiesen sei, die bekanntlich gerade aus der Erfahrung des Todes entsprungen ist und – vor allem in seinem dramatischen Werk – ihre Spitze in der Frage nach dem Heil des verfallenen Menschen besitzt.
[74] H. Plügge, Wohlbefinden und Mißbefinden. Beiträge zu einer medizinischen Anthropologie, Tübingen 1962, bes. 17 ff. (über suizidale Kranke) und 38 ff. (Über die Hoffnung).

Mana zu tun hat, wenn in den Schriften des Alten Bundes der Ruf nach dem Antlitz Jahwes die Entschlossenheit zum Tode einbegreift.
Hier ist sozusagen der Grenzübergang von Moral zur Religion angesprochen. Man kann ihn durchaus mit dem früher zitierten Wort Schelers markieren (indem wir es anders als er, in unserem Sinn verstehen, so daß es Verknüpfung und Trennung der Dimensionen in einem ausspricht). „Das ‚Opfer für das Heilige' [das Selbstopfer] – das ist die Moral der Religion selbst, aber auch die Religion der Moral selbst".[75]
Aber damit ist erst die Grenze markiert, nicht schon die religiöse Dimension in sich selber bestimmt. So sehr nämlich die Hoffnung alle Ethik übersteigt, indem sie den Hoffenden selbst opfern will, so wird sie selbst und ihr Opfer doch erst dann in Wahrheit religiös, wenn sie die Annahme und die Verwandlung ihres Opfers erhofft. – War das mysterium fascinans, das summum bonum, darum tremendum, weil seine Herrlichkeit das Gericht über den Menschen bedeutet, dann ist dieses tremendum nochmals fascinans (wenn dieser Ausdruck beibehalten werden soll), insofern der Mensch im Ja zu diesem Urteil doch von ihm die *Auferstehung* aus dem erhofften Tode erhofft. Also insofern er das Gericht als ein solches erwartet, das ihn nicht nur verurteilt und hinrichtet, sondern durch all das hindurch ihn gerecht macht und aufrichtend neuschafft. „Wider alle Hoffnung" erhebt sich der Ruf dieses Hoffens in den Riten und Gebeten der Religionen, und man muß fragen, ob die Hoffnung auf das Gericht und sein tödliches Urteil in ungeheucheltem Ernst nicht erst aus diesem Hoffen möglich werde, ob also der Ruf nach dem Richter (der schon in der ethischen Dimension sich nicht abweisen läßt[76]) nicht eigentlich, statt eigener Entschluß – gar

---

[75] M. Scheler WW 5, 166. Vgl. P. Ricoeur, Interpretation 561: Indem der gläubige Mensch die Sünde des Gerechten entdeckt, verläßt er die Ethik des Verdienstes; indem er den unmittelbaren Trost seines Narzißmus verliert, verläßt er jede ethische Weltanschauung."
[76] Bezüglich der Absage N. Hartmanns (etwa Ethik 352 ff. u. 740 ff.) siehe die Auseinandersetzung von H. M. Baumgartner sowie (allgemeiner) H. Kuhn, Begegnung mit dem Sein; R. Lauth, Ethik. In ihrer Grundlage aus Prinzipien entfaltet, Stuttgart 1969.

aus sublimem Stolz der Selbstzerstörung –, schon Antwort sei auf die Anfrage, ja das Gebot der *Gnade*.

Vor den Symbol(ik)en der Versöhnung, die denen des Bösen entsprechen (Abwaschung, Neu-Einkleidung, Rückführung, Heilung, Totenerweckung usw.), versagt das philosophische Begreifen, das am Bösen scheiterte, nun vollends. Oder, was mit dieser sprachlich kaum erlaubten Steigerung gemeint ist: es erkennt, daß die Undenkbarkeit des im Ernst nicht zu leugnenden Bösen nunmehr sozusagen potenziert wird. Darauf zielt ja der Einspruch Nicolai Hartmanns oder die damit verwandte Erklärung Hermann Cohens, der jüdische Versöhnungstag halte die Fiktion aufrecht „für die unerschütterliche sittliche Aufrechterhaltung alles Menschlichen: Schegaga [שגגה, Versehen, unwissentliche Verfehlung] ist alles, was der Mensch sündigt. Daher kann Gott verzeihen, ohne seiner Gerechtigkeit zu entsagen."[77]

Wenn philosophische Reflexion indes bedenken will, was ist, dann hat sie beides festzuhalten, so wie das religiöse Bewußtsein beides festhält: den Ernst und die Tatsächlichkeit der Schuld (mit ihren Konsequenzen) *und* den Ernst, die Wirklichkeit ihrer Erlösung, oder genauer: ihrer erhofften Erlösung.

Diese Präzisierung verweist uns nochmals zurück. Wir haben den Ausdruck „spes contra spem" auslegen wollen, bisher aber eigentlich nur das „(contra) spem" expliziert. Es ist die Gabe der Kunst, das anscheinend Unmögliche als wirklich zu zeigen (gleichsam als „actualitas contra spem")[78]; aber philosophische Reflexion schiebt, gleichsam durch immer neue Verkleinerung ihrer Frageschritte, dieses Ende hinaus. Nicht weil sie die Frage um der Frage willen wollte (oder gar wollen

---

[77] H. Cohen 260.
[78] Vgl. H. Kuhn, Schriften zur Ästhetik, München 1966, 257 (Dichten heißt Rühmen): „Die größte Errungenschaft besteht darin, die Stimme der Affirmation durchzuhalten angesichts des Leidens. Und Leiden in dem vollen menschlichen Sinne des Wortes ist Schmerz, der mit Schuld gepaart ist ... Dichtung erringt diesen Triumph dadurch, daß sie das Leiden in sich aufnimmt – Tränen, Herzenspein, Gewissensnot und Verzweiflung, die ganze Angst dieses unseres Lebens, besiegt aber und versöhnt. Wie das vollbracht werden

müßte, als wäre es nicht ebenso und vor allem ihr Amt – gegebenenfalls –, die ergangene Antwort zu bedenken[79]), sondern weil auch das religiöse Bewußtsein noch „in via", keineswegs am Ziel ist (so daß gerade von ihm aus immer wieder die „Ziel-Seligkeit" der Kunst als Traum und Irrtum, ja gefährlicher Betrug bekämpft worden ist).
Ist das religiöse Bewußtsein also ein solches, das erst nur hofft, dann scheint ihm tatsächlich jener Titel zuzukommen, den Hegel ihm in der Phänomenologie des Geistes gegeben hat: „Das unglückliche Bewußtsein". Denn es ist offenbar Erfahrung der Heillosigkeit. Und dies nach seinem eigenen Zeugnis: „Der Glaube ist Zuversicht auf das, was man hofft, Überzeugung von dem, was man nicht sieht" (Hebr 11,1); „Hoffnung aber, die man sieht, ist keine Hoffnung, denn was einer sieht, hofft er doch nicht mehr" (Röm 8,24). Und doch wird hier nicht bloß Abwesenheit erfahren, sondern Gegenwart: die Gegenwart zunächst des Glaubens bzw. der Hoffnung selbst (beides im eben bestimmten, durchaus untheologisch anthropologischen Sinn).
Dabei scheint allerdings das Heilige nur noch ferner gerückt als zuvor; denn, den Verdacht auf Illusion und Neurose beiseite gelassen, ruft dieser Sachverhalt anscheinend nach der Hoffnungsdeutung Ernst Blochs.[80] Der Glaube wäre dann

---

kann – dies zu verstehen, ist der Dichter selbst im allgemeinen unfähig. Nur als Dichter vollbringt er, wonach die Metaphysik umsonst strebt: eine überzeugende Theodizee." Und man möchte ergänzen, da eigentlich ja nicht Gott, sondern dem schuldigen Menschen der Prozeß zu machen ist: das Zeugnis einer durch das Urteil hindurch rechtfertigenden (= gerecht-machenden) Anthropodizee.
[79] Das will freilich nicht jene Abwehr Heideggers übernehmen, in deren Absicht er Angelus Silesius (Der Satz vom Grund 68 ff.) und vor allem Goethe zitiert (ebd. 206: „Wie? Wann? und Wo? – Die Götter bleiben stumm / Du halte dich ans Weil und frage nicht Warum?" – Hamburger Ausgabe Bd. 1,304) Es geht vielmehr um eine Verwandlung des Fragens, wie sie Hemmerle herausgehoben hat (B 39 ff.): „Woher, warum mir dieses?" (Solche Art des Fragens scheint mir das Wesen von Theologie zu sein – und das Kriterium der Kritik ihres „Unwesens".)
[80] Vgl. J. W. v. Goethe: „Glaube ist nur das Selbstvertrauen, objektiv gefaßt und objektiviert" (F. W. Riemer, Mitteilungen über Goethe [A. Pollmer] Leipzig 1921, 348).

nicht gnadenlos aus Schwäche, sondern aus Kraft, insofern er, aus der Herkunft schöpfend, eigenmächtig dem erfüllten Morgen prospektiv entgegen drängte. Woher aber stammt dieser Wille, so sehr er, existierend, zu sich selbst gewillt ist? (Dies nicht als Frage nach einem „ontischen" Grund, nicht transzendent über ihn hinaus, sondern, transzendental, „in ihn hinein" gefragt:) Woher ist dieser Wille Wille zu sich, woher, allem Einzel-Ja und -Nein voraus, grundsätzlich Ja?

Auf verschiedene Weise haben die von uns befragten Autoren hierauf mit dem Hinweis auf einen Ruf geantwortet, demgegenüber die endliche Freiheit (unbeschadet ihrer Ursprünglichkeit) als aufgerufene beginnt. Das heißt, sie und ihr Grund-Ja (obwohl sie es selber ist und sagt) ist ihr *gegeben* und gegeben ist ihr der *Sinn* ihrer selbst und ihres Glaubens. Erfahrung geschenkten Sinns aber ist Erfahrung der Gnade.

Oben (S. 255 ff.) war schon von der eigentümlichen Struktur der Sinnerfahrung die Rede. Geist, Freiheit, Wahrheit, Glück, Identität – alle „Gegebenheiten" solcher Art, die keine „Seienden" sind – „eben was *ist*, zeigt sich als abständig gegen es" [81] –, werden nicht eigentlich be- und ergriffen, sondern ergreifen ihrerseits. Solche Wirklichkeit gibt sich in einem Sich-auftun des Gedenkens (der Anamnese) wie der Hoffnung, das die Religion – und jedes ernste Sprechen – Glauben nennt. Und sie wird nicht neben anderen Zugangsweisen auch so erfahrbar, sondern kann nur so, allein auf diesem Weg erfahren werden. Nur (nochmals: in diesem nichttheologischen, phänomenologischen Sinn) gläubige Existenz macht die Erfahrung der Gnade, und wo Gnade erfahren wird, wird sie von Glauben erfahren.

Damit dürfte auch die Glaubens-„Definition" des Hebräerbriefs deutlicher geworden sein. „Was man nicht sieht", ist, vor allen einzelnen „Dingen" (πράγματα), jener Bereich – oder weniger räumlich-statisch: jenes Ereignis, aus dem erst Dinge hervorgehen. Diese Dinge sieht man; doch ihren Sinn

---

[81] B. Welte vom Heiligen, SE 127.

und es selbst muß man glauben (oder anders gesagt: man sieht es nur mit den „Augen des Glaubens" – P. Rousselot).
Allerdings hat es mit dieser ontologischen Antwort nicht sein Bewenden. Die Hoffnung dieses Glaubens steht auf ein Sichtbarwerden hin aus – und sie tut dies zugleich mit Berufung auf je schon konkret gewährte Verheißung.[82]
So ist der Glaube in einem doppelten Sinn mehr als „nur Glaube". Romano Guardini hat darauf hingewiesen, daß der Mensch der Neuzeit der sogenannten Säkularisierung gegenüber aus der Not der zunehmenden Weltlosigkeit des Glaubens „eine bittere Tugend gemacht [hat]; er hat einen – wenn das skurrile Wort erlaubt ist – chemisch reinen Glauben herausgearbeitet und bemüht sich, in ihm die eigentliche Form der Gläubigkeit zu sehen"[83]. Es könnte scheinen, als verträte unsere Berufung auf die Selbsterfahrung des Glaubens (beziehungsweise der Hoffnung) ebenso diese Unweltlichkeit. Ihr gegenüber wäre dann die „entsakralisierende" Parole von der reinen Weltlichkeit des Glaubens berechtigt. Tatsächlich aber muß diese Selbsterfahrung des religiösen Bewußtseins als symbolische fortbestimmt werden.
Sinn, Heil geht nicht rein als es selbst auf, sondern gibt sich in konkreten Widerfahrnissen. An dieser Stelle ist also an das anzuknüpfen, was oben zum Sakralen und zu den Symbolen ausgeführt wurde. In diesem Sinn haben wir die Rede vom Heiligen als freie Deutung des Sakralen bestimmt.
Fassen wir die letzten Schritte zusammen: Hoffnung deutet wider alle Hoffnung erfahrene Zeichen als Zusage und Anfang (als „Angeld"[84]) des Heils. Wir haben die eigentümliche Gestalt dieser Deutung und damit der deutenden Hoffnung selbst zu skizzieren versucht. Nun können wir uns erneut dem zuwenden, worauf sie sich richtet.

---

[82] In dieser Richtung liegt die Rechtfertigung für jene Verschiebung im Sprachgebrauch der Welte-Schüler, die sie die Heideggerschen Worte „Aufgang" und „Aufgehen lassen" vom Heiligen selbst sagen läßt (B 11 u. ö.), nicht nur von dem, was von ihm her aufgeht.
[83] R. Guardini, Freiheit – Gnade – Schicksal 12.
[84] ἀρραβών – 2 Kor 1,22; Eph 1,14.

Das Wort „worauf" läßt in diesem Satz eine doppelte Lektüre zu. Erhofft wird das Heil, vom Heiligen her. Vielleicht wird aber schon aus dem bisher Gesagten die (Differenz-)Identität beider Lesarten deutlich. Zunächst aber nochmals ihre Unterscheidung: Mit dem Heiligen benennen wir das angerufene Woher erhofften Heils. Es ist jenes, das uns unbedingt beansprucht und von dorther richtet, unbedingte Macht als Autorität, das heißt: Sinn-Macht, die sich nicht als faktische Übermacht, sondern als aus und von sich selbst her gerechtfertigte „Instanz" zeigt, als „Autorität der Freiheit"[85]. Und gerade als solche absolute Autorität erscheint sie zugleich als der Ursprung möglicher und wirklicher Gnade. Dies wiederum auf doppelte Weise. Einmal ist das Gute, die Wahrheit, das „Licht" (oder wie immer seine Namen lauten) – „in" und „über" seinem Anspruchs-Charakter – einfach das, was gut ist. Jenes, von dessen Sein – „in-über" allem Gesolltsein (allem Bejaht-werden-Sollen) – gilt, daß es gut ist. Insofern ist von dem Heiligen (in-über aller Autorität) seine Selbigkeit und „Selbsthaftigkeit" (Welte) auszusagen, jene gefüllte Identität, die die Tradition mit Seligkeit bezeichnet. Sie ruft das „Ja und Amen" des Erfahrenden hervor, das ein zentrales Thema des „Neuen Denkens" Rosenzweigs darstellt[86] und das zum Mittelpunkt der Religionen das Fest macht, zu ihrem Grundvollzug vor aller Bitte den Lobpreis.[87]

Diesem gleichsam fundamentalen Gnadencharakter des „Es gibt" antwortet nun jene höchste Form der Gnade, auf die sich die Hoffnung wider Hoffnung richtet. Tatsächlich ist Gnadengewähr die höchste Form aller Autorität.[88] Und von

---

[85] Dies der Titel einer dreibändigen ökumenischen Dokumentation über das Zweite Vatikanum, herausgegeben von J. Chr. Hampe, München 1967.
[86] F. Rosenzweig, Stern der Erlösung, 2. Teil 181–193; vgl. B. Casper, Das dialogische Denken 129.
[87] Vgl. J. Pieper, Muße und Kult; Glück und Kontemplation; Zustimmung zur Welt. (Zum Verhältnis von Bitte und Lob siehe nochmals unten S. 348, Anm. 111).
[88] Das zeigt sich bis heute im Begnadigungsrecht des Hoheitsträgers des Staates, des Königs oder des Präsidenten.

hier aus wird sichtbar, daß das Gesetz – die Ordnung des Miteinanders der Freiheiten – selber nicht natural, sondern ursprünglich personal ist; d. h. es wird der fundamentale Gnadencharakter des Alltäglichen sichtbar.

Die beiden Weisen spiegeln also ineinander. Die das Amen des Fests hervorrufende Gutheit gipfelt im Vergeben.[89] Das Vergeben offenbart die Höhe und Tiefe dieser Gutheit, die das Fest begeht. – Ist aber nicht eben dieses Ereignis des Heils mit dem Wort „Sinn" gemeint (siehe oben S. 250)? Warum halten wir trotzdem am Namen des Heiligen fest?

Weil wir keinen anderen Namen wissen, um die Absolutheit dieses Sinnes auszusagen; das heißt, die Tatsache, daß es in all dem Dargestellten „nicht um uns geht". Es ist uns,

---

[89] Vgl. z. B. (und dies gerade auf dem Hintergrund unseres oben S. 334 betonten Vorbehalts) H. Cohen 243 f.: „Gott ist auch selbst im ethischen Sinne nicht das Gute: er ist *der* Gute. Die ganze Sache der Sittlichkeit wird damit in das Wesen Gottes gehoben, und die Sache dadurch unausweichlich in den Begriff eines Subjektes aufgehoben.

Gott muß daher, als Guter, eine personartige Leistung der Güte zu vollziehen haben. Sein Aufgabenkreis kann nicht nur durch die Heiligkeit beschlossen sein. ‚Der heilige Gott wird geheiligt durch Gerechtigkeit.' So erläutert Jesaja seinen Begriff des heiligen Gottes. Auf die soziale Gerechtigkeit, welche zugleich die soziale Liebe ist, richtet sich seine Heiligkeit Gottes. Wenn nun aber jetzt das Ich das Problem bildet, so bleibt zwar für dieses auch die Heiligkeit Gottes der allgemeine Wegweiser, der sich in der Selbstheiligung als der besondere Wegweiser bewährt, aber da Gott nun doch das Ziel bilden muß, auf das der Wegweiser hinweist, so bleibt die Frage, ob die Heiligkeit Gottes das zulängliche Attribut sei, und ob es nicht vielmehr verständlich wird, daß die Güte Gottes das ergänzende Attribut für die Heiligkeit sei. So wird es denn auch verständlich, daß die dreizehn Eigenschaften Gottes ausschließlich nach der Theophanie im Exodus angenommen werden, in denen die Heiligkeit nicht genannt ist, sondern allein, wenn auch in verschiedenen Ausdrücken, die Güte. Aber unter diesen Ausdrücken tritt schon hier hervor: ‚er trägt das Vergehen, die Missetat und die Sünde'. *Die Sündenvergebung wird die eigentliche Spezialität der Güte Gottes.* Und so wird es zum prägnanten Stil der Psalmen, den guten Gott gleichzusetzen mit dem verzeihenden." (Nur setzen wir unsererseits diese Güte nicht zur Heiligkeit hinzu, sondern verstehen sie als deren reinste Erscheinung.)

anders gesagt, um die Abwehr jener subtilsten Indienstnahme zu tun, auf die das bekannte Wort des sterbenden Heinrich Heine zielt (das Freud mit Beifall zitiert hat): „Bien sûr, qu'il me pardonnera, c'est son métier."[90]

Soll damit nun doch aus der rückgebundenen Reflexion zu „objektiver" (objektivistischer) Behauptung fortgegangen (richtiger: der *Sprung* in sie hinein getan) werden? – Keineswegs. Auch diese Absolutheit sagt der Mensch, aufgrund seiner Erfahrung. Der Anruf des heiligen Sinns wird vom religiösen Bewußtsein als eben durch es gehörter erfahren, als durch die Weise seines Vernehmens artikuliert. Es wird – und weiß darum – des unbedingten übervorstellungshaften Grundes nur in der Weise seines Vorstellens gewärtig – nach dem Maß seines konkreten Bewußtseins.

Und weiter, es geht nicht an, dieses Maß einzig unserem Hinblick zuzuschreiben. Gerade wenn man der unbedingten Souveränität dieses Anrufs innegeworden ist, wird man sich weigern, seine Ankunft nur uns zuzuschreiben, sosehr sie gewiß auch von unserer Aufnahme abhängt; aber diese muß nochmals von ihm gewährt sein. Oder wären wir derart Herren der Wahrheit, daß letztlich wir ihre „Stunde" bestimmen?[91]

Unleugbar (und oft unscheidbar) ist die Geschichte der Reli-

---

[90] S. Freud, Der Witz und seine Beziehung zum Unbewußten, in: G. W. VI London 1940 (Frankfurt ³1961) 126 (Studienausgabe, Frankfurt 1969 ff., IV, 108 f.); vgl. dazu A. Görres, An den Grenzen der Psychoanalyse, München 1968, 12 ff.

Mit einer (freilich entscheidenden) korrigierenden Distinktion bezüglich „wissen", „nichtgewußt", „nichtwißbar" (im Sinn von 2 Tim 1, 12: Ich weiß, wem ich geglaubt habe) ist H. Wagners Feststellung nur zuzustimmen: „Restlose Selbsthingabe, unversiegliche Menschenliebe, ausschließlicher Dienst an einer Aufgabe gibt es auch außerhalb der Religion. Aber außerhalb der Religion werden sie eingesehenen Zielen und Werten gewidmet, einem wissenschaftlichen oder künstlerischem Werk, einer sittlichen Hochtat, einer sozialen und politischen ‚rechten Ordnung'. Das Subjekt weiß das, dem es sich opfert ... Einem nichtgewußten und nie wißbaren Jenseitigen bis zur Selbstaufopferung zu dienen, das ist die Kategorie der Heiligkeit." Existenz, Analogie und Dialektik. Religio pura seu transcendentalis, 1. Halbband, München-Basel 1953, 81.

[91] Vgl. M. Müller, Expérience et histoire 80 ff.

gionen von Irrtum und Täuschung gezeichnet; doch ebenso, ja, eben *so* ist sie die Geschichte des je neuen Aufgangs der Wahrheit. Solcher Aufschein im Scheinbaren kann aber diese Geschichte letztlich nicht von unsern Gnaden sein. Situation und Augenblick werden zuletzt nicht durch unser „Wollen und Laufen" erwirkt, sondern durch den Anruf.

Das besagt dann aber, daß der Sinngrund nicht außerhalb, jenseits, sondern *in* der Geschichte des Sprechens zu und von ihm steht. Wir kommen damit auf das Hegel-Wort zu Anfang dieses Abschnitts (S. 318) zurück.

Es geht jetzt nicht um Hegel selbst und die vieldiskutierte Christlichkeit seines Denkens; wir nehmen sein Wort als Formulierung des von uns Gemeinten: im Sinn „dialogischer Identität". So besagt es: Das Erscheinen, das Zu-Wort-Kommen des Heiligen ist sein Wort-werden (von und zu ihm) im Menschen und dessen Reden von ihm und zu ihm.

Dies sozusagen als „theologische" Formulierung.[92] Man kann indes mit gleichem Recht „aufsteigend" formulieren: Menschliches Reden vom Heiligen ist (will sagen, wenn es „gilt") ursprünglich Reden zu ihm, und in beidem ist es (wieder: insofern es gilt) Wortwerden dieses Sinngrunds selbst zum Menschen und in ihm.[93]

Dennoch, eben der Besinnung auf dieses vielfach dialogische „Sprachereignis" entnehmen wir das Recht und die Pflicht

---

[92] Aufgrund Paulinischer Texte (auf die sich auch Hegel beruft) wie Röm 8,26: „Um was wir recht beten sollen, wissen wir nicht; da tritt aber er selbst, der Geist für uns ein mit wortlosem Seufzen." Oder 1 Kor 2,10–16: Nur Gottes Geist kennt Gott, den aber haben wir empfangen. „Und davon reden wir."

[93] Aufsteigend heißt diese Formel, weil sie ohne weiteres auch „profan" entwickelt werden könnte: Ich vermag etwa Wahrheit nur so zu behaupten („Reden von"), daß ich in meiner Behauptung mich der (Norm, dem „Gericht" der) Wahrheit selber stelle („Reden zu"), also *sie*, nicht mich in meinem Reden zu Wort kommen lasse („Wort der Wahrheit"). Zugleich ist es dieses Verstummen des „Eigen-Sinns", das Hören auf *sie*, das mein Reden aus der Verfangenheit bloßer Selbstkundgabe befreit und im Vollsinn „Wort" werden läßt. Damit aber macht die Wahrheit mich selbst frei – von mir und zu mir.

zur Rede vom Heiligen. Denn es ist gerade dieser Name, der wie kein anderer die Differenz von Faßlichkeit und Unfaßlichkeit *in sich selbst* offen hält. Das heißt, er macht ungleich deutlicher als das Wort „Sinn" das namhaft, um dessen Wahrung es vor allem dem Denken Heideggers ging: den im sich öffnenden Bezug ihn und sein Offenes gewährenden Entzug.

Nur *im* Bezug, nicht insgeheim überlegen außerhalb seiner, läßt dieser Bezug und sein ihn (und darin sich selbst) gebender Grund sich benennen. Schuld verkehrt diese Gabe in ein vermeintliches Haben (in Leben und Denken, in Mythologie, Ritualismus, in Metaphysik und Theologie); aber das berechtigt nicht dazu, Wahrheit und Ernst der Gabe zu leugnen (und die Frage nach dem Geber abzuweisen). Wer sie nimmt, wie sie gegeben wird (und dieses Nehmen weiß sich nochmals als gegeben), erfährt dieses Geschehen und sein Woher als das wahrhaft Unverfügbare, weil nur aus seiner freien Zuwendung und niemals anders zu erfahren. Er erfährt das Erscheinende als das, oder vielmehr als den, den er wirklich in dessen Zuwendung findet (der nicht „dahinter" bleibt), der aber in dieser Zuwendung (also auch in deren personaler – und in einem wahren Sinn von uns betreffbarer[94] – Gestalt) zugleich als jener erfahren wird, der in ihr nicht aufgeht, der in ihr aus sich „ausgeht", sich zeigt als ihr Grund und Abgrund zumal.

Solche Differenz-Identität ist aber nur als Freiheits- und Personalwirklichkeit denkbar; darum war „das" durch „der" zu ersetzen. Nur hier wird die Differenz nicht zur Dichotomie zweier „Welten", die zuletzt doch überwunden werden müßte. Denn hier ist sie die Differenz einer Ursprünglichkeit, die sich gibt, ohne sich aufzugeben, und nur so – aber so wirklich – *sich* gibt: in der (Selbst-)„Versichtbarung des Unsicht-

---

[94] Siehe dazu etwa K. Rahner, Zur Theologie der Menschwerdung, in: Schriften IV, 137–155. Dabei ist, was hier theologisch zur Inkarnation ausgeführt wird, schon (wie Rahner selbst andeutet) auf das Ereignis von Schöpfung anzuwenden, und dies nicht erst theologisch (vgl. E. Simons, Philosophie der Offenbarung Kap. II–IV des 3. Teils).

baren"⁹⁵, im Offenbarwerden *als* Geheimnis. Wie schon früher gesagt⁹⁶, geht es in der Rede vom Heiligen also darum, jenes ursprüngliche In-eins zu wahren, das theoretisch unvermeidlich paradox klingt, doch in geglückter Freiheits-Übereinkunft unleugbar erfahren werden kann („da amantem et sentit quod dico"⁹⁷): daß Freiheit die Vorbehaltlosigkeit ihrer Eröffnung eben in der Gewähr (will sagen: in dem Gewähren und Wahren zugleich) ihrer Unfaßlichkeit schenkt.

Man sieht, wie in dem Augenblick, wo sich der Mensch aus der Schwebe solchen Bezugs zurücknehmen will, dieses In-eins zur *Antinomie* werden muß. Die Unfaßlichkeit wird dann als Vorbehalt, das Geheimnis als Entzug ausgelegt, als Ursprung von Drohung, Widerstreit und Grimm. Doch diese Worte bezeichnen dann nicht das Von-sich-her des Begegnenden, sondern den „modus recipientis".

In Wahrheit beschreiben sie die „Projektion" der endlichen Freiheit; gleichsam den Schatten, in den die sich abschirmende Angst der Selbstbewahrung eingetreten ist.⁹⁸ „Wo das Vertrauen falsch und unrecht ist, da ist auch der rechte Gott nicht."⁹⁹

Die Erkenntnis dieser Projektion bedeutet den Tod (dieses) Gottes. Und sein Tod stellt nun das Bewußtsein in jene fundamentale Entscheidung, die allen Konflikten der Interpretationen voraus- und zugrundeliegt: entweder Absage an Gnade, Heil und „Herr-lichkeit", weil solches, unverfügbar, nur geschenkt werden könnte – oder Absage an diese Selbstbehauptung, vertrauendes Sich-(ein)lassen in den Bezug des „Spiels".

3. Nur *in* diesem Spiel erscheint das Heilige. Also nur im Vertrauen dessen, der sich auf es einläßt. (In diesem Sinn – nicht „erbaulich"¹⁰⁰ – ist die Überschrift unseres Schlußkapi-

---

[95] K. H. Volkmann-Schluck, Nicolaus Cusanus. Die Philosophie im Übergang vom Mittelalter zur Neuzeit, Frankfurt ²1968, 72 f.
[96] Oben S. 281.
[97] Augustinus, In Joh. tract. 26,4: Migne PL 35, 1608.
[98] Biblisch: Das Dunkel ihres „bösen Auges" (Mt 6,23).
[99] Siehe oben S. 319.
[100] Siehe indessen dazu oben S. 85 f. (vgl. Heidegger SuZ 190 Anm. 1 u. 235 Anm. 1). H. Krings, Transzendentale Logik 341:

tels: *Zeugnis des Heiligen* zu lesen.) Aber hier erscheint es wirklich; d. h. es *erscheint*, es erscheint als es *selbst*. Was ist dieses „selbst"?

Wir haben es als Personal- und Freiheitswirklichkeit gekennzeichnet. „Es fragt sich aber sofort, was damit an verstehbarem Inhalt gemeint ist. Kann mehr damit gemeint sein als dies: ‚Gott ist derart, daß *wir* erst in der Offenheit zu ihm Personen sind und daß wir uns als Person zu ihm verhalten müssen'?"[101] – Eben deswegen wird hier die Rede vom Heiligen auch im Sinn des Neutrums als sinnvoll und gerechtfertigt behauptet. Nicht die kontrovers-situativ verkürzte Redeweise, die aus wissenschaftlichen Gründen den Namen Gottes vermied, sondern „das Heilige" als Grundwort; als ein Wesensname, der – auch wenn er erstmals in der Not des „Gottes-Fehls" hervortrat – unabhängig davon gilt. Und er gilt, insofern er (auch und gerade bezüglich des Personalen) die „maior dissimilitudo" der *Analogie* akzentuiert, welche ihrerseits die „je größere Majestät" des Heiligen bekundet.[102]

Aber das Neutrum wahrt diese Hoheit gerade insofern, als es sich – eben als Neutrum – als „vorletzte" Redeweise zu erkennen gibt. „Erscheinung des Heiligen" haben wir bislang als dessen Erscheinen gelesen. In einem letzten Schritt sei dieser Genetiv als explicativus verstanden: Das Heilige seinerseits ist Erscheinung (und insofern Neutrum) – dessen, den der Name „Gott" meint.

Wir brauchen hierfür wohl nicht mehr zu wiederholen, was bisher in mehrfachem Ansatz über die Interpretation der Er-

---

„Die ganze Wahrheit [im Unterschied zu Einzel-Sachverhalten] wird nicht bewiesen, sondern bezeugt. Oder besser: sie wird durch Bezeugung bewiesen. Der Tod des Sokrates liegt nicht außerhalb der Philosophie."

[101] E. Kunz 287 Anm. 32.

[102] Siehe E. Przywara, Schriften I, bes. 473–518 (Majestas Divina. Ignatianische Frömmigkeit); III: Analogia entis. Metaphysik (Ur-Struktur und All-Rhythmus); Deus semper maior. (Dazu die umfangreiche Arbeit von B. Gertz, Glaubenswelt als Analogie. Die theologische Analogie-Lehre Erich Przywaras in der Auseinandersetzung um die analogia fidei, Düsseldorf 1969).

scheinung und die symbolische Identität von Für-uns und An-sich erarbeitet worden ist.[103] – Im Dienst dieser Identität steht die Differenz.[104] Das heißt: Wenn im (Sich-Lassen des) Menschen das Heilige erscheint, erscheint es als das Heilige nur insofern, als es seinerseits als Erscheinung (Gottes) erscheint. Einzig so transzendiert es im Bezug den Bezug (während die bloße Korrelation es zuletzt zur Erscheinung des Menschen herabsetzen würde)[105]. Umgekehrt erscheint Gott nur im Heiligen als göttlich: Seine Nähe ist nur seine als Unnahbarkeit.

Oder schließlich vom Menschen her formuliert: Er verhält sich einzig dann im vollen Sinn zum Heiligen als solchem, wenn er sich zu ihm als Erscheinung (als „Antlitz") verhält, also im Verhältnis zu ihm zu dem sich verhält, der ihn darin anblickt. Und umgekehrt verhält er sich zu dem ihn anblickenden Gott nur dann gemäß, wenn er dessen „Anblick" nicht einfachhin für ihn selbst nimmt, ihn vielmehr stets auch als Spiegelbild seines eigenen Anblickens weiß – und insofern als etwas, das Gott und zugleich nicht Gott heißen will.[106]

Heraklit hat diese Formel (Zeus und nicht Zeus) in umgekehrter Richtung verstanden: nicht vom gesehenen Gott zu Gott-in-sich, sondern von dieser Wirklichkeit-in-sich her zum

---

[103] Daß auf den vorangegangenen Seiten schon wiederholt der Name „Gott" gebraucht worden ist, liegt über die früher (S. 318 Anm. 31) genannte Begründung hinaus zuletzt in eben dieser Selbigkeit begründet.
[104] Siehe oben S. 270, Anm. 32. Nicht zuletzt übrigens auch die Differenz und Defizienz unseres Begreifens. In gewisser Weise gilt darum ohne Zeit-Index und *prinzipiell*, was H. Rombach zur „Erscheinung" anmerkt: „daß der Begriff bis heute noch nicht seine eindeutige terminologische Diskussion erhalten hat und darum noch nicht eigentlich zur Verfügung steht" (Substanz – System – Struktur I 224).
[105] Siehe oben S. 270, Anm. 31. Im Bezug aber muß es den Bezug transzendieren, weil es sonst überhaupt nicht für uns wäre, und das hieße: *nichts* für uns (nicht einmal Geheimnis – vgl. oben S. 166 f.).
[106] N. Cusanus, De visione Dei (1453); vgl. oben S. 21 das Heraklit-Fragment 32.

gesehenen Gott. Folgen wir seinem Hinweis, gelangen wir vor eine letzte, äußerste Bedeutung auch christlichen Redens vom Heiligen. Hier meint solche Rede dann nicht mehr nur das Erscheinen, den Aufschein, die Herrlichkeit des „unsichtbaren Vaters". Insofern über dieses Erscheinen hinaus der darin erscheinende Gott und Vater (also auch und gerade seine „Unsichtbarkeit") nochmals als „Anblick" seiner für uns gewußt wird, zielt die Rede vom Heiligen auf das heilige *Geheimnis,* als welches Gott (auch und gerade als Gott) uns begegnet.

Nicht als sollte, dürfte und könnte der Mensch ihn als Gott und Vater „lassen", um so jenseits dessen vor das Geheimnis des Heiligen selbst zu gelangen. Solches „Dahinter" wäre gerade nicht das Geheimnis, wie oben bedacht worden ist. Doch zugleich ist die Rede von und zu Gott nur recht, wenn sie ihn zugleich und zuvor als Geheimnis über alle die Namen weiß, die sie ihm nicht nur notgedrungen, sondern rechtens gibt, da es die Namen *seines* (Sich-selbst-)Gebens sind.[107] Das heißt: im Erscheinen Gottes, welches das Heilige ist, erscheint dieses selbst. Zuletzt ist die Erscheinung des Heiligen (und erst so wird der Genetiv vollends zum explicativus) die Erscheinung seiner, des Heiligen, als des Heiligen selbst: Das Geheimnis erscheint; und zwar so, daß es in einem (unser) Gott genannt werden will (denn er ist es) und nicht genannt werden will (denn kein geschöpflicher Name nennt ihn im heiligen Licht seiner selbst[108]).

In religiöser Sprache: Gott ist zwar der Gott des Menschen, und das heißt: sein Heil und Trost. Gegen alle Abwehr eines „Lückenbüßergottes", die heute zum Gemeinplatz im Reden

---

[107] Vgl. F. Rosenzweigs Verteidigung des biblischen „Anthropomorphismus" in der Kritik an der Encyclopaedia Judaica: Kleinere Schriften 526–533.

[108] Dies übrigens auch nach der christlichen Botschaft vom alleinigen Heil im Namen Jesu des Christus (Apg 4,12). Vgl. das Ineinanderspiegeln der beiden Schriftworte Jo 14,9 und 1 Tim 6,16 f.: „Wer mich gesehen hat, hat den Vater gesehen." – „Er ... wohnt in unzugänglichem Lichte. Kein Mensch hat ihn gesehen und es kann ihn niemand sehen."

von Gott geworden ist, sei hier auf diesem Aspekt entschieden bestanden.[109] Oder bedarf der („mündige") Mensch („von heute") etwa nicht mehr des Heils? Nicht bloß alle Religionen, auch die Urkunden des Judentums und des Christentums (mag man es nun als Religion oder als Glauben bezeichnen) sind von diesem Gedanken in einem Maße erfüllt, daß der Versuch, ihn zu eliminieren, auf die Elimination dieser Urkunden selber hinausliefe.[110]

Eben so aber wird (entgegen der Furcht vor seiner Entheiligung) Gottes Hoheit bezeugt. Denn im Bekenntnis der Ver-

---

[109] Vgl. H. Sundén, Kann man Gott „Tröster" nennen?, in: Concilium 4 (1968) 700–703; Ricoeur, Le conflit 445–457; Religion, athéisme, foi, II De la consolation, sowie den anschließenden, oben S. 275, Anm. 39 genannten Aufsatz.

[110] Es scheint fast, als hätte eine philosophische Anthropologie nicht wenigen Theologen gegenüber heute das Amt, sie zur Reflexion auf die Grenzen ihrer zeitgemäßen Scheu vor jedem Anschein von „Bedürfnistheologie" zu nötigen. Ist der Hinweis auf die Grenzen des Menschen wirklich, wie D. Bonhoeffer meinte, „unvornehm" und „pfäffisch" (Widerstand und Ergebung 377 f.)? Liegen nicht eben diese „Grenzen unserer Möglichkeiten" „mitten im Leben" (341)? Zugegeben, „der einfache Mann ... hat weder Zeit noch Lust, ... sein vielleicht bescheidenes Glück unter dem Aspekt der ‚Not', der ‚Sorge', des ‚Unheils' zu betrachten" (358). Aber einmal sind Not und Sorge tatsächlich nicht zu leugnen, und dann vor allem: im Glück selbst meldet sich Ungenügen. Im „an sich" fraglosen Sinngeschehen selber meldet sich nochmals die Frage nach seinem Sinn. Und dies nicht erst, weil Theologen oder Psychologen an der „süßen Frucht" des Lebens „nagen oder in sie ihre verderblichen Eier legen" (357). Sei sie auch noch so süß (und herb) und sich genug: gilt nicht „Genug ist nicht genug"? (C. F. Meyer in dem Gedicht: Fülle)

Wenn für Hegel gegenüber einer liberal-anthropologischen Theologie „nicht allein, aber doch vornehmlich die Philosophie [es war], die jetzt wesentlich orthodox ist; die Sätze, die immer gegolten haben, die Grundwahrheiten des Christentums werden von ihr erhalten und aufbewahrt" (Die absolute Religion 26 f.), möchte man in unserer Frage – mutatis (non paucis) mutandis – beinahe Ähnliches sagen, jedenfalls etwa im Hinblick auf die Sinn-Diskussion im polnischen und tschechischen Marxismus, im Blick auf die „Kritische Theorie" (und nicht zuletzt auf die „Philosophie" der großen Romanciers: Dostojewski, Broch, Musil, Doderer).

wiesenheit, des Angewiesenseins auf ihn (im Bekenntnis Gottes als Erlösers) tritt der Mensch ihm nicht einfachhin als Partner gegenüber, sondern als aus Nichts und Nichtigkeit zur Partnerschaft gerufen.[111]

Und dieser Ruf ins Heil befreit nun den Gerufenen derart, daß er ihn vor allem von sich, von der Sorge um sich selbst befreit: zur selbstvergessenen Feier. Das Heil, von dem die Urkunden sprechen, ist zuletzt das reine Dasein vor dem Heiligen.[112]

[111] Vgl. besonders das 16. Kapitel bei Ezechiel (Dazu H. U. v. Balthasar, Casta Meretrix).
Oben S. 338 wurde das Lob die Mitte der Religionen genannt. Doch es ist dies immer als in Dank und Bitte eingebettet, und zwar – das ist jetzt entscheidend – immer wieder auch in Dank und Bittgebet bezüglich dieses Lobendürfens selbst. Einzig so entspricht das Lob dem Heiligen. Denn grundsätzlich stellt der Lobende sich mit dem Gelobten auf die gleiche Stufe, auch und gerade, wenn er ihn als unvergleichlich lobt. Nicht so der Dankende und erst recht nicht, wer fleht. (Wieweit wäre dann in der heute weithin üblichen Abwertung des Bittgebets gegenüber dem Lob auch der geheime Wille zur Verweigerung des demütigenden Lobes unserer Kreatürlichkeit wirksam und die Leugnung dessen, daß man zur Freiheit des Lobes erst befreit werden muß? Anders gesagt: inwieweit wird in der Warnung vor der „Indienstnahme" Gottes das mögliche Motiv der Abwehr einer Herr-lichkeit reflektiert, die sich als dienstbar offenbart [Jo 13,1–14]? Das Motiv einer Abwehr nicht eigenen Dienstes [Jo 13, 14 f.], sondern der demütigend erhebenden Gnade – Jo 13, 8?).
[112] Vgl. Ps 80,4.20; 63,1–7; 73,23–28. H. U. v. Balthasar vor allem vertritt in der heutigen Diskussion unermüdlich den Vorrang dieses Aspektes. Siehe etwa: Glaubhaft ist nur Liebe und besonders: Herrlichkeit.
Wenn (um ein letztes Mal auf die Theologie der Entsakralisierung einzugehen) die christliche Botschaft den Menschen befreit hat, indem sie verkündet, die Welt als ganze sei dem Menschen in die Hand gegeben; nichts sei mehr sakral im Sinn des Tabu (nichts vorbehalten), nichts sei (weil *frei* gewährt) sakral im Sinn des Magischen, dann verkündet sie eben damit das *Gegebensein* von allem. So aber ruft sie zur „Annahme" der Welt als *Gabe* auf.
Daß diese Gabe Aufgaben stellt, sei keineswegs geleugnet. Aber Befreiung nur zur Arbeit wäre keine. Schlicht ad hominem: Wenn

Als Vorgriff darauf und als fragmentarische Vorwegnahme dessen versteht sich in allen Religionen der Kult, der dem Heiligen gilt. Dessen Vollzug aber gipfelt jenseits aller Absichten und Zwecke und auch der selbstlosesten Bitten in der geschenkten Einfalt der Rühmung. Einer Rühmung, die schließlich Gott nicht mehr als ihren meint, sondern rein auf ihn selbst geht, in das Geheimnis einer Herrlichkeit ohne Namen – der sie gleichwohl immer neue Namen verleiht, um nicht zu verstummen.

Die kürzeste (selber namenlose) Form dieser Rühmung ist wohl das „Amen"; doch es läßt unbestimmt, worauf genau es sich richtet. Gilt es der Gabe, deren Erhalt, ihrem Gegebenwerden, dem Geber, dem Geber als solchem oder als Ihm? Das Amen bedarf also der Interpretation. Philosophisch hat sie ein Stück weit dieses Buch zu geben versucht.[113] Ursprünglich gibt sie das kultische Sprechen selbst. Und hier kenne ich

---

Gott uns frei macht, gibt er uns auch freie Zeit: für uns und ihn. So sehr die Zeit ausgenützt werden soll (Eph 5,16), ist sie doch Zeit des Vaters, im Blick auf den alle Sorge von einer letzten freien Gelassenheit unterfangen sein soll (Mt 6, 25; Röm 9,16). Das gilt für die Sorge der Wissenschaft (des savoir pour prévoir pour pouvoir, das übrigens bezeichnenderweise nicht in Israel ausgebildet wurde) wie nicht minder für die eines Kults, der sich mit der „Verantwortung für den Kosmos" belastet glaubte (vgl. z. B. M. Eliade, Das Heilige und das Profane 55).

So scheint mir der Unterschied von Sonn- und Werktag weder die Anzeige eines „Ausfalls des Heiligen" zu sein (Hegel, Begriff der Religion 11 ff.; Welte SE 113 ff.) noch „magischer Rest" heidnischer Religiosität, sondern Signum der inkarnatorischen „humanitas" Gottes (Tit 3,4), welche ihrerseits, insofern sie gerade als solche seine Göttlichkeit nicht „gefährdet", deren reinste Erscheinung, *die* Erscheinung des Heiligen ist. – Der Sabbat ist für den Menschen gemacht, erklärt Jesus, indem er den ursprünglichen Sinn des Gesetzes gegen seine spätere Verkehrung herausstellt (Mt 2,27 – Ex 20, 8–11): Zeit und Raum für das Zusichkommen des in die Welt ausgehenden Menschen in heimischer Feier und im feiernden Kultspiel vor seinem Gott.

[113] Wie überhaupt die philosophische Rede vom Heiligen zuletzt – auf ihre Weise – „Nach-Vollzug" des kultischen Gloria sein muß, will sie „einverstehend" reden. (Vgl. Hegel, Begriff der Religion 30 über [Religions]Philosophie als Gottesdienst.)

keine Formel, die die Prägnanz jenes alten Hymnus erreicht, der bis heute die große Doxologie der römischen Eucharistiefeier bildet: Εὐχαριστοῦμέν σοι διὰ τὴν μεγάλην σου δόξαν[114]: Gratias agimus tibi propter magnam gloriam tuam.

[114] Vgl. J. A. Jungmann I 446 ff. Der griechische Text (der byzantinischen Liturgie) liegt im Codex Alexandrinus des Neuen Testamentes aus dem 5. Jh. vor. Der älteste Zeuge des lateinischen Textes, das um 690 entstandene Antiphonar von Bangor, sagt an dieser Stelle noch „propter misericordiam tuam". So bleibt der formelle Aspekt, das eigentliche Woraufhin oder Weswegen des Lobpreises, gerade wieder unbestimmt: wird die Barmherzigkeit ratione sui oder nostri gepriesen? Das Heilige aber ist schlechthin es selbst, und Anbetung sieht schließlich nichts als seine Herrlichkeit.

Literaturverzeichnis

Das Folgende gibt keine selbständige Bibliographie zum Thema oder gar zu den behandelten Autoren (nicht einmal bezüglich deren eigener Werke). Umfangreiche Aufstellungen zum Thema finden sich unter den hier genannten Titeln vor allem bei Goldammer, Heiler, v. d. Leeuw, Rudolf, Søe, Widengren und Wisse. Zu den Autoren seien besonders genannt: für Rudolf Otto Schütte, für Scheler W. Hartmann, für Hessen Mynarek, für Tillich (außer den Angaben in den Werken, bes. WW I) Nörenberg und Schmitz, für Heidegger Saß. Auch auf eine Liste der faktisch durchgesehenen und durchgearbeiteten Schriften wurde bei der Weite des einzubeziehenden Feldes verzichtet. So beschränkt das Verzeichnis sich auf die angeführte Literatur, und dies zudem in – nochmals diskutabler – Auswahl (die übrigen Titel erschließt das Namenregister). Die aufgenommenen Schriften werden mit Siglen oder abgekürzt (Verfassernamen) zitiert.

Siglen
- B   B. Casper, K. Hemmerle, P. Hünermann, Besinnung auf das Heilige
- E   M. Heidegger, Erläuterung zu Hölderlins Dichtung
- G   M. Heidegger, Gelassenheit
- GÜ   R. Otto, Das Gefühl des Überweltlichen
- H   R. Otto, Das Heilige
- HV   B. Welte, Heilsverständnis
- Hw   M. Heidegger, Holzwege
- N I, II   M. Heidegger, Nietzsche, Bd. I u. II
- R I, II   J. Hessen, Religionsphilosophie
- RPh   R. Otto, Kantisch-Fries'sche Religionsphilosophie und ihre Anwendung auf die Theologie
- SD   M. Heidegger, Zur Sache des Denkens
- SE   B. Welte, Auf der Spur des Ewigen
- Sp   M. Heidegger, Unterwegs zur Sprache
- SU   R. Otto, Sünde und Unschuld
- SuZ   M. Heidegger, Sein und Zeit
- VA   M. Heidegger, Vorträge und Aufsätze
- W   M. Heidegger, Wegmarken
- WÖM   R. Otto, West-Östliche Mystik
- WW 2, ...   M. Scheler, Gesammelte Werke
- WW I, ...   P. Tillich, Gesammelte Werke
- I, II, III,   P. Tillich, Systematische Theologie

Acquaviva, S. S.: Der Untergang des Heiligen in der industriellen Gesellschaft, Essen 1964.
Adam, K.: Glaube und Glaubenswissenschaft im Katholizismus, Rottenburg ²1929.
Allemann, B.: Hölderlin und Heidegger, Zürich ²o. J. (1956).
Altizer, Th. J. J.: Mircea Eliade and the Dialectic of the Sacred, Philadelphia 1963.
Altmann, A.: Die Grundlagen der Wertethik: Wesen, Wert, Person. Max Schelers Erkenntnis- und Seinslehre in kritischer Analyse, Berlin 1931.
Baaren, Th. P. v.: Menschen wie wir. Religion und Kult der schriftlosen Völker, Gütersloh 1964.
Baetke, W.: Das Heilige im Germanischen, Tübingen 1942.
Balthasar, H. U. v.: Prometheus. Studien zur Geschichte des deutschen Idealismus, Heidelberg 1947.
–: Casta Meretrix, in: Ders., Sponsa Verbi. Skizzen zur Theologie II, Einsiedeln 1961, 203–305.
–: Glaubhaft ist nur Liebe, Einsiedeln ²1966.
–: Herrlichkeit. Eine theologische Ästhetik, Einsiedeln 1961 ff. (bisher 5 Bde.).
Bataille, G.: Der heilige Eros, Neuwied 1963.
Baumer, I./Christoffels, H./Mainberger, G.: Das Heilige in Licht und Zwielicht, Einsiedeln 1966.
Baumgartner, H. M.: Die Unbedingtheit des Sittlichen. Eine Auseinandersetzung mit Nicolai Hartmann, München 1962.
–: Über das Gottesverständnis der Transzendentalphilosophie. Bemerkungen zum Atheismusstreit 1798/99, in: Phil. Jhb. 73 (1965/66) 303–321.
Bianchi, U.: Probleme der Religionsgeschichte, Göttingen 1964.
Biser, E.: „Gott ist tot." Nietzsches Destruktion des christlichen Bewußtseins, München 1962.
–: Theologische Sprachtheorie und Hermeneutik, München 1970.
Bishop, J.: Die „Gott-ist-tot"-Theologie, Düsseldorf ²1970.
Blessing, E.: Das Ewige im Menschen. Die Grundkonzeption der Religionsphilosophie Max Schelers, Stuttgart 1954.
Bloch, E.: Atheismus im Christentum. Zur Religion des Exodus und des Reichs, Frankfurt 1968.
Bock, I.: Heideggers Sprachdenken, Meisenheim/Glan 1966.
Bogler, Th. (Hrsg.): Ist der Mensch von heute noch liturgiefähig? Ergebnisse einer Umfrage. Liturgie und Mönchtum, H. 38, Maria Laach 1966.
Bonhoeffer, D.: Widerstand und Ergebung. Briefe und Aufzeichnungen aus der Haft (E. Bethge). Neuausgabe, München 1970.
Bouyer, L.: Mensch und Ritus, Mainz 1967.
Bröcker, W.: Das was kommt gesehen von Nietzsche und Hölderlin, Pfullingen 1963.

Buren, P. M. v.: Reden von Gott in der Sprache der Welt. Zur säkularen Bedeutung des Evangeliums, Zürich 1965.

Caillois, R.: L'homme et le sacré, Paris ⁴1961.

Casper, B.: Das dialogische Denken. Eine Untersuchung der religionsphilosophischen Bedeutung Franz Rosenzweigs, Ferdinand Ebners und Martin Bubers, Freiburg 1967.

–: Der Gottesbegriff „ens causa sui", in: Phil. Jhb. 76 (1968/69) 315–331.

Casper, B./Hemmerle, K. /Hünermann, P.: Besinnung auf das Heilige, Freiburg 1966 (= B).

Cazeneuve, J.: Les rites et la condition humaine d'après des documents ethnographiques, Paris 1958.

Cohen, H.: Religion der Vernunft aus den Quellen des Judentums, Köln ²1959.

Comblin, J.: Säkularisierung: Mythen, Realitäten und Probleme, in: Concilium 5 (1969) 547–552.

Danielou, J.: Die Zukunft der Religion, München 1969.

Darlap, A.: Fundamentale Theologie der Heilsgeschichte. In: J. Feiner/M. Löhrer (Hrsg.), Mysterium Salutis. Grundriß heilsgeschichtlicher Dogmatik. I Die Grundlagen heilsgeschichtlicher Dogmatik, Einsiedeln 1965, 3–156.

Darlap, A./Splett, J.: Geschichte und Geschichtlichkeit, in: Sacramentum Mundi II 290–304.

Delehaye, H.: Sanctus. Essai sur le culte de saints dans l'antiquité, Bruxelles ²1954.

Duesberg, H.: Person und Gemeinschaft. Philosophisch-systematische Untersuchungen des Sinnzusammenhangs von personaler Selbständigkeit und interpersonaler Beziehung an Texten von J. G. Fichte und M. Buber, Bonn 1970.

Dümpelmann, L.: Kreation als ontisch-ontologisches Verhältnis. Zur Metaphysik der Schöpfungstheologie des Thomas von Aquin, Freiburg-München 1969.

Dupuy, M.: La philosophie de la religion chez Max Scheler, Paris 1959.

Egenter, R.: Das Heilige und die Heiligen. In: K. Forster (Hrsg.), Christus und die Heiligen im künstlerischen Ausdruck der Gegenwart, Würzburg 1963, 33–51.

Eliade, M.: Die Religionen und das Heilige. Elemente der Religionsgeschichte, Salzburg 1954.

–: Das Heilige und das Profane. Vom Wesen des Religiösen, Reinbek 1957.

–: Ewige Bilder und Sinnbilder, Olten-Freiburg 1958.

–: Mythen, Träume und Mysterien, Salzburg 1961.

–: Kosmos und Geschichte. Der Mythos der ewigen Wiederkehr, Reinbek 1966.

Falkenhahn, W. (Hrsg.): Veritati. Eine Sammlung geistesgeschicht-

licher philosophischer und theologischer Abhandlungen. Als Festgabe für Johannes Hessen, München 1949.
Feigel, F. K.: „Das Heilige." Kritische Abhandlung über Rudolf Ottos gleichnamiges Buch, Tübingen ²1948.
Festugière, A.-J.: La sainteté, Paris ²1949.
Flew, A./MacIntire, A. (Hrsg.): New Essays in Philosophical Theology, London ³1961.
Flügge, J.: Die sittlichen Grundlagen des Denkens bei Hegel, Heidelberg ²1968.
Fowler, W. W.: The Original Meaning of the Word Sacer, in: Ders., Roman Essays and Interpretations, Oxford 1920, 15–24.
Franz, H.: Kerygma und Kunst, Saarbrücken 1959.
Frick, H.: Ideogramm, Mythologie und das Wort. In: Marburger Theol. Studien, H. 3 (Rudolf Otto Festgruß), Gotha 1931, 1–20.
Fries, H.: Die katholische Religionsphilosophie der Gegenwart. Der Einfluß Max Schelers auf ihre Formen und Gestalten, Heidelberg 1949.
Furstner, H.: Schelers Philosophie der Liebe, in: Studia Philosophica 17 (1957) 23–48.
Gadamer, H.-G. (Hrsg.): Die Frage Martin Heideggers. Beiträge zu einem Koloquium mit Heidegger aus Anlaß seines 80. Geburtstages, Heidelberg 1969.
Gaede, E.: Die Lehre von dem Heiligen und der Divination bei Rudolf Otto, Oschersleben 1932.
Geffré, C. J.: Entsakralisierung und Heiligung, in: Concilium 2 (1966) 708–718.
Geyser, J.: Intellekt oder Gemüt? Eine philosophische Studie über Rudolf Ottos Buch „Das Heilige", Freiburg 1921.
–: Augustin und die phänomenologische Religionsphilosophie der Gegenwart mit besonderer Berücksichtigung Max Schelers, Münster 1923.
–: Max Schelers Phänomenologie der Religion, Freiburg 1924.
Goldammer, K.: Die Formenwelt des Religiösen. Grundriß der systematischen Religionswissenschaft, Stuttgart 1960.
–: Religionen, Religion und christliche Offenbarung. Ein Forschungsbericht zur Religionswissenschaft, Stuttgart 1965.
Grand'Maison, J.: Le monde et le sacré. I Le sacré. II Consécration et sécularisation, Paris 1966/68; Übers. des 1. Bdes.: Die Welt und das Heilige, Salzburg 1970.
Greinacher, N./Risse, H. T. (Hrsg.): Bilanz des deutschen Katholizismus, Mainz 1966.
Gründler, O.: Elemente zu einer Religionsphilosophie auf phänomenologischer Grundlage, Kempten-München 1922.
Guardini, R.: Freiheit Gnade Schicksal. Drei Kapitel zur Deutung des Daseins, München ⁵1967.
–: Religion und Offenbarung I, Würzburg 1958.

Haecker, Th.: Schöpfer und Schöpfung, München ²1949.
Hafkesbrink, H.: Das Problem des religiösen Gegenstandes bei Max Scheler, Gütersloh 1930.
Halbfas, H.: Fundamentalkatechetik. Sprache und Erfahrung im Religionsunterricht, Düsseldorf ³1970.
Halder, A.: Geheimnis und Aufklärung, in: Phil. Jhb. 76 (1968/69) 229–242.
Hana, G.-G.: Freiheit und Person. Eine Auseinandersetzung mit der Darstellung Jean-Paul Sartres, München 1965.
Häring, B.: Das Heilige und das Gute. Religion und Sittlichkeit in ihrem gegenseitigen Bezug, Krailling 1950.
Hartmann, H.: ‚Heil' und ‚Heilig' im nordischen Altertum. Eine wortkundliche Untersuchung, Heidelberg 1943.
Hartmann, N.: Ethik, Berlin ⁴1962.
Hartmann, W.: Max Scheler. Bibliographie,. Stuttgart-Bad Cannstatt 1963.
Haskamp, R. J.: Spekulativer und phänomenologischer Personalismus. Einflüsse J. G. Fichtes und Rudolf Euckens auf Max Schelers Philosophie der Person, Freiburg-München 1966.
Haubold, W.: Die Bedeutung der Religionsgeschichte für die Theologie Rudolf Ottos, Leipzig 1940.
Hauer, J. W.: Die Religionen. I. Buch: Das religiöse Erlebnis auf den unteren Stufen, Stuttgart 1923.
Heber, J.: Die phänomenologische Methode in der Religionsphilosophie, Dresden 1929.
–: Das Problem der Gotteserkenntnis in der Religionsphilosophie Max Schelers, Naumburg/Saale 1931.
Hegel, G. W. F.: Phänomenologie des Geistes (J. Hoffmeister), Hamburg ⁶1952.
–: Enzyklopädie der philosophischen Wissenschaften im Grundrisse ³1830 (F. Nicolin/O. Pöggeler), Hamburg ⁶1959.
–: Vorlesungen über die Philosophie der Religion (G. Lasson). Neudruck in 2 Bden., Hamburg 1966.
–: Ästhetik (F. Bassenge), 2 Bde., Berlin ²1965.
Heidegger, M.: Sein und Zeit, (1927) Tübingen ¹⁰1963 (= SuZ).
–: Erläuterungen zu Hölderlins Dichtung, Frankfurt ³1965 (=E).
–: Holzwege, Frankfurt ⁴1963 (= Hw).
–: Vorträge und Aufsätze, Pfullingen ²1959 (= VA).
–: Was heißt Denken?, Tübingen ²1961.
–: Der Satz vom Grund, Pfullingen ³1965.
–: Identität und Differenz, Pfullingen ²1957.
–: Hebel der Hausfreund, Pfullingen ³1965.
–: Gelassenheit, Pfullingen ²1960 (= G).
–: Unterwegs zur Sprache, Pfullingen ²1960 (= Sp).
–: Hölderlins Erde und Himmel, in: Hölderlin-Jahrbuch 11 (1958/60), Tübingen 1960, 17–39.

–: Der Ursprung des Kunstwerkes, Stuttgart ²1965.
–: Nietzsche. 2 Bde., Pfullingen 1961 (= N I, II).
–: Die Technik und die Kehre, Pfullingen 1962.
–: Wegmarken, Frankfurt 1967 (= W).
–: Die Kunst und der Raum. L'art et l'espace, St. Gallen 1969.
–: Zur Sache des Denkens, Tübingen 1969 (= SD).
–: Phänomenologie und Theologie, Frankfurt 1970.
Heiler, F.: Das Gebet. Eine religionsgeschichtliche und religionspsychologische Untersuchung, München ⁶1969.
–: Erscheinungsformen und Wesen der Religion, Stuttgart 1961.
Heinrichs, J.: Sinn und Intersubjektivität. Zur Vermittlung von transzendentalphilosophischem und dialogischem Denken in einer „transzendentalen Dialogik", in: Theol. u. Phil. 45 (1970) 161 bis 191.
–: Der Ort der Metaphysik im System der Wissenschaften bei Paul Tillich. Die Idee einer universalen Sinnhermeneutik, in: Zeitschr. f. kath. Theol. 92 (1970) 249–286.
Heislbetz, J.: Theologische Gründe der nichtchristlichen Religionen, Freiburg 1967.
Hemmerle, K.: Das neue Denken, in: Phil. Jhb. 75 (1967/68) 382 bis 389.
–: Gott und das Denken nach Schellings Spätphilosophie, Freiburg 1967.
–: Das Heilige II–V, in: Sacramentum Mundi II 577–582.
Hennig, K. (Hrsg.): Der Spannungsbogen. Festgabe für Paul Tillich zum 75. Geburtstag, Stuttgart 1961.
Henrichs, N.: Bibliographie der Hermeneutik und ihrer Anwendungsgebiete seit Schleiermacher, Düsseldorf 1968.
Herrmann, F. W. v.: Die Selbstinterpretation Martin Heideggers, Meisenheim/Glan 1964.
Hessen, J.: Das religiöse Phänomen in neuer Sicht, in: H. Frick (Hrsg.) Aus der Welt der Religion. NF 2: Zum Verständnis des religiösen Phänomens, Berlin 1940, 10–40.
–: Max Scheler. Eine kritische Einführung in seine Philosophie, Essen 1948.
–: Die Werte des Heiligen. Eine philosophische Schau der religiösen Wertwelt, Regensburg ²1951.
–: Lehrbuch der Philosophie. 3 Bde., München-Basel ²1950, ²1959, ²1962.
–: Religionsphilosophie. 2 Bde., München-Basel ²1955 (= R I, II).
Hierzenberger, G.: Der magische Rest. Ein Beitrag zur Entmagisierung des Christentums, Düsseldorf 1969.
Hollenbach, J. M.: Sein und Gewissen. Über den Ursprung der Gewissensregung. Eine Begegnung zwischen Martin Heidegger und thomistischer Philosophie, Baden-Baden 1954.
Hünermann, P.: Der Durchbruch des geschichtlichen Denkens im

19. Jahrhundert. Johann Gustav Droysen, Wilhelm Dilthey, Graf Paul Yorck von Wartenburg. Ihr Weg und ihre Weisung für die Theologie, Freiburg 1967.

Jung, C. G.: Zur Psychologie westlicher und östlicher Religion (Ges. W. 11. Bd.), Zürich 1963.

Jungmann, J. A.: Missarum Sollemnia. Eine genetische Erklärung der römischen Messe. 2 Bde., Wien ⁵1962.

Kamlah, W.: Der Mensch in der Profanität. Versuch einer Kritik der profanen durch vernehmende Vernunft, Stuttgart 1949.

Keller, A.: Säkularisierung, in: Sacramentum Mundi IV 360–372.

Kern, W.: Atheismus – Christentum – emanzipierte Gesellschaft. Zu ihrem Bezug in der Sicht Hegels, in: Zeitschr. f. kath. Theol. 91 (1969) 289–321.

Kern, W./Splett, J.: Theodizee-Problem, in: Sacramentum Mundi IV 848–860.

Klenk, G. F.: Wert – Sein – Gott. Ihre Beziehungen wertphilosophisch und neuscholastisch geschaut, Rom 1942.

Klostermann, V. (Hrsg.): Durchblicke. Martin Heidegger zum 80. Geburtstag, Frankfurt 1970.

Korvin-Krasinski, C. v.: Untergang des Sakralen? Zum Problem der humanen und religiösen Qualitäten des sakralen Ausdrucks, in: Liturgie und Mönchtum. H. 41, Maria Laach, 1967, 11–32.

Kreppel, F.: Die Religionsphilosophie Max Schelers, München 1927.

Krings, H.: Ordo. Philosophisch-historische Grundlegung einer abendländischen Idee, Halle 1941.

–: Transzendentale Logik, München 1964.

Kühler, O.: Wert, Person, Gott. Zur Ethik Max Schelers, Nicolai Hartmanns und der Philosophie des Ungegebenen, Berlin 1932.

Kuhn, H.: Begegnung mit dem Nichts. Ein Versuch über die Existenzphilosophie, Tübingen 1950.

–: Begegnung mit dem Sein. Meditationen zur Metaphysik des Gewissens, Tübingen 1954.

–: Das Sein und das Gute, München 1962.

Kuhn, K. G./Procksch, O.: ἅγιος – ἁγιάζω – ἁγιασμός – ἁγιότης – ἁγιωσύνη, in: G. Kittel (Hrsg.), Theologisches Wörterbuch zum Neuen Testament. I, Stuttgart 1957, 87–116.

Kunz, E.: Glaube – Gnade – Geschichte. Die Glaubenstheologie des Pierre Rousselot, Frankfurt 1969.

Lauth, R. Begriff, Begründung und Rechtfertigung der Philosophie, München 1967.

Ledergerber, K.: Kunst und Religion in der Verwandlung, Köln 1961.

Leeuw, G. v. d.: Phänomenologie der Religion, Tübingen ²1956.

–: Vom Heiligen in der Kunst, Gütersloh 1957.

Leibrecht, W. (Hrsg.): Religion and Culture. Essays in Honor of Paul Tillich, New York 1959.

Lemaitre, A.-A.: La pensée religieuse de Rudolf Otto et la mystère du divin, Lausanne 1924.
Looff, H.: Der Symbolbegriff in der neueren Religionsphilosophie und Theologie, Köln 1955.
Lotz, J. B.: Sein und Existenz. Kritische Studien in systematischer Absicht, Freiburg 1965.
–: Der Mensch im Sein. Versuche zur Geschichte und Sache der Philosophie, Freiburg 1967.
Löwith, K.: Heidegger – Denker in dürftiger Zeit, Göttingen ³1965.
Lübbe, H.: Säkularisierung. Geschichte eines ideenpolitischen Begriffs, Freiburg 1965.
Malik, J.: Wesen und Bedeutung der Liebe im Personalismus Max Schelers, in: Phil. Jhb. 71 (1963/64) 102–131.
Mann, U.: Das Christentum als absolute Religion, Darmstadt 1970.
–: Theogonische Tage. Die Entwicklungsphasen des Gottesbewußtseins in der altorientalischen und biblischen Religion, Stuttgart 1970.
Marx, W.: Heidegger und die Tradition. Eine problemgeschichtliche Einführung in die Grundbestimmungen des Seins, Stuttgart 1961.
Matthes, J.: Religion und Gesellschaft. Einführung in die Religionssoziologie I, Reinbek 1967.
–: Kirche und Gesellschaft. Einführung in die Religionssoziologie II, Reinbek 1969.
Metz, J. B.: Zur Theologie der Welt, Mainz-München 1968.
– (Hrsg.): Weltverständnis im Glauben, Mainz ²1966.
Metz, J. B./Kern, W./Darlap, A./Vorgrimler, H. (Hrsg.): Gott in Welt. Festgabe für Karl Rahner. 2 Bde., Freiburg 1964.
Moltmann, J.: Theologie der Hoffnung. Untersuchungen zur Begründung und zu den Konsequenzen einer christlichen Eschatologie, München ⁷1968.
Mühlen, H.: Entsakralisierung. Ein epochales Schlagwort in seiner Bedeutung für die Zukunft der christlichen Kirchen, Paderborn 1971.
Müller, M.: Expérience et histoire, Louvain-Paris 1959.
–: Person und Funktion, in: Phil.Jhb. 69 (1961/62) 371–404.
–: Existenzphilosophie im geistigen Leben der Gegenwart, Heidelberg ³1964.
–: Über Sinn und Sinngefährdung des menschlichen Daseins. Maximen und Reflexionen, in: Phil. Jhb. 74 (1966/67) 1–29.
–: Freiheit. II Zur Philosophie der Freiheit, in: Sacramentum Mundi II 77–95.
Müller-Lauter, W.: Möglichkeit und Wirklichkeit bei Martin Heidegger, Berlin 1960.
Muschalek, G.: Glaubensgewißheit in Freiheit, Freiburg 1968.

Mynarek, H.: Johannes Hessens Philosophie des religiösen Erlebnisses, Paderborn 1963.
Neske, G. (Hrsg.): Martin Heidegger zum siebzigsten Geburtstag. Festschrift, Pfullingen 1959.
Newe, H.: Die religiöse Gotteserkenntnis und ihr Verhältnis zur metaphysischen bei Max Scheler, Würzburg 1928.
Nietzsche, F.: Werke 3 Bde. u. Reg. Bd. (K. Schlechta), München 1964.
Noller, G. (Hrsg.): Heidegger und die Theologie. Beginn und Fortgang der Diskussion, München 1967.
Nörenberg, K.-D.: Analogia imaginis. Der Symbolbegriff in der Theologie Paul Tillichs, Gütersloh 1966.
Ogiermann, H.: Die Problematik der religiösen Erfahrung, in: Scholastik 37 (1962) 481–513 u. 38 (1963) 481–518.
–: Die Gottesbeweise „in der Sicht des modernen Menschen", in: Theol. u. Phil. 42 (1967) 89–101.
–: Causa prima. Metaphysische Gottesidee und Kausaldenken, in: Theol. u. Phil. 42 (1967) 161–186.
Ohm, Th.: Die Liebe zu Gott in den nichtchristlichen Religionen. Die Tatsachen der Religionsgeschichte und die christliche Theologie, Freiburg ²1957.
Ott, H.: Denken und Sein. Der Weg Martin Heideggers und der Weg der Theologie, Zollikon 1959.
Otto, R.: Die Anschauung vom Heiligen Geiste bei Luther. Eine historisch-dogmatische Untersuchung, Göttingen 1898.
–: Naturalistische und religiöse Weltansicht, Tübingen ³1929.
–: Kantisch-Fries'sche Religionsphilosophie und ihre Anwendung auf die Theologie, Tübingen 1909 (= RPh).
–: Das Heilige. Über das Irrationale in der Idee des Göttlichen und sein Verhältnis zum Rationalen, (1917) München ³¹⁻³⁵(Sonderausgabe)1963 (=H).
–: Aufsätze das Numinose betreffend, Stuttgart-Gotha 1923.
–: West-Östliche Mystik. Vergleich und Unterscheidung zur Wesensdeutung, Gotha ²1929 (= WÖM).
–: Das Gefühl des Überweltlichen (sensus numinis), München ⁵⁻⁶1932 (= GÜ).
–: Sünde und Urschuld. Und andere Aufsätze zur Theologie, München ⁵⁻⁶1932 (=SU).
–: Gottheit und Gottheiten der Arier, Gießen 1932.
Otto, W. F.: Theophania. Der Geist der altgriechischen Religion, Reinbek 1956.
Panikkar, R.: Religionen und die Religion, München 1965.
Pannenberg, W.: Grundfragen systematischer Theologie. Gesammelte Aufsätze, Göttingen 1967.
Papmehl-Rüttenauer, I.: Das Wort HEILIG in der deutschen Dichtersprache von Pyra bis zum jungen Herder, Weimar 1937.

Paus, A.: Religiöser Erkenntnisgrund. Herkunft und Wesen der Aprioritheorie Rudolf Ottos, Leiden 1966.
Péguy, Ch.: Das Mysterium der Hoffnung, Wien ²1960 (Oeuvres poétiques complètes [Pleiade] 165–308).
Pettazzoni, R.: Der allwissende Gott. Zur Geschichte der Gottesidee, Frankfurt 1960.
Pieper, J.: Muße und Kult, München ⁷1965.
–: Glück und Kontemplation, München ³1962.
–: Zustimmung zur Welt. Eine Theorie des Festes, München ²1964.
–: Sakralität und „Entsakralisierung", in: Hochland 61 (1969) 381–496.
Pöggeler, O.: Der Denkweg Martin Heideggers, Pfullingen 1963.
– (Hrsg.): Heidegger. Perspektiven zur Deutung seines Werks, Köln 1969.
Prini, P.: Die Technologie als Authentisierung des Heiligen, in: F. Theunis (Hrsg.), Kerygma und Mythos VI/4: Hermeneutik, Mythos und Glaube, Hamburg-Bergstädt 1968, 85–90.
Przywara, E.: Religionsbegründung. Max Scheler – J. H. Newman, Freiburg 1923.
–: Deus semper maior. Theologie der Exerzitien. 3 Bde., Freiburg 1938/40 (Wien ²1964, 2 Bde.).
–: Schriften I–III, Einsiedeln 1962.
Puntel, L. B.: Analogie und Geschichtlichkeit I. Philosophiegeschichtlich-kritischer Versuch über das Grundproblem der Metaphysik, Freiburg 1969.
Radin, P.: Gott und Mensch in der primitiven Welt, Darmstadt 1965.
Rahner, K.: Schriften zur Theologie I–IX, Einsiedeln 1954 ff.
–: Grundsätzliches zur Einheit von Schöpfungs- und Erlösungswirklichkeit, in: F. X. Arnold/K. Rahner/V. Schurr/L. M. Weber (Hrsg.), Handbuch der Pastoraltheologie II/2, Freiburg 1966, 208–228.
–: Kirche und Welt, in: Sacramentum Mundi II 1336–1357.
Rahner, K./Ratzinger, J.: 1965. Offenbarung und Überlieferung, Freiburg 1965.
Ratzinger, J.: Einführung in das Christentum. Vorlesungen über das Apostolische Glaubensbekenntnis, München 1968 u. ö.
–: Das neue Volk Gottes. Entwürfe zur Ekklesiologie, Düsseldorf 1970.
Reinach, A.: Was ist Phänomenologie? Mit einem Vorwort von H. Conrad-Martius, München 1951.
Rendtorff, T.: Christentum außerhalb der Kirche, Hamburg 1969.
Rhein, Ch.: Paul Tillich – Philosoph und Theologe. Eine Einführung in sein Denken, Stuttgart 1957.
Richardson, W. J.: Heidegger. Through Phenomenology to Thought, The Hague 1963.

Ricoeur, P.: Finitude et culpabilité. II La symbolique du mal, Paris 1963. Deutsche Übersetzung von Maria Otto: Symbolik des Bösen, Freiburg-München 1971.
–: Die Interpretation. Ein Versuch über Freud, Frankfurt 1970.
–: Le conflit des interprétations. Essais d'herméneutique, Paris 1969.
–: Schuld, Ethik und Religion, in: Concilium 6 (1970) 384–393.
Robinson, J. M./Cobb, J. B. jr. (Hrsg.): Der spätere Heidegger und die Theologie, Zürich 1964.
Rohrmoser, G.: Das Elend der kritischen Theorie. Theodor W. Adorno – Herbert Marcuse – Jürgen Habermas, Freiburg 1970.
Rombach, H.: Substanz – System – Struktur. Die Ontologie des Funktionalismus und der philosophische Hintergrund der modernen Wissenschaft. 2 Bde., Freiburg-München 1966/67.
– (Hrsg.): Die Frage nach dem Menschen. Aufriß einer Philosophischen Anthropologie. Festschrift für Max Müller zum 60. Geburtstag, Freiburg-München 1966.
Rosenthal, K.: Das Problem des Personalismus in der Gotteslehre Paul Tillichs, in: Ev. Theol. 19 (1959) 431–438.
Rosenzweig, F.: Der Stern der Erlösung, Heidelberg ³1954.
–: Kleinere Schriften, Berlin 1937.
Rousselot, P.: Die Augen des Glaubens, Einsiedeln 1963.
Rudolf, K.: Die Religionsgeschichte an der Leipziger Universität und die Entwicklung der Religionswissenschaft. Ein Beitrag zur Wissenschaftsgeschichte und zum Problem der Religionswissenschaft, Berlin 1962.
Saß, H.-M.: Heidegger-Bibliographie, Meisenheim/Glan 1968.
Schade, H.: Das Heilige und die moderne Malerei, in: K. Forster (Hrsg.), Christus und die Heiligen im künstlerischen Ausdruck der Gegenwart, Würzburg 1963, 113–186.
Scheler, M.: Gesammelte Werke, Bern-München 1954 ff. (= WW 2, ...)
–: 2 Der Formalismus in der Ethik und die materiale Wertethik. Neuer Versuch der Grundlegung eines ethischen Personalismus, ⁵1966.
–: 3 Vom Umsturz der Werte, ⁴1954.
–: 5 Vom Ewigen im Menschen, ⁴1954.
–: 6 Schriften zu Soziologie und Weltanschauungslehre, ²1963.
–: 8 Die Wissensformen und die Gesellschaft, ²1960.
–: 10 Schriften aus dem Nachlaß. Bd. 1: Zur Ethik und Erkenntnislehre, ²1957.
–: Wesen und Formen der Sympathie, Frankfurt ⁵1948.
–: DeutschePhilosophie der Gegenwart, in: Th. Witkop (Hrsg.), Deutsches Leben der Gegenwart, Berlin 1922, 127–224.
Schinzer, R.: Das religiöse Apriori in Rudolf Ottos Werk, in: Neue Zeitschr. f. syst. Theol. u. Rel. phil. 11 (1969) 189–207.

Schlette, H. R.: Die Religionen als Thema der Theologie. Überlegungen zu einer „Theologie der Religionen", Freiburg 1963.
–: Colloquium salutis – Christen und Nichtchristen, Köln 1965.
–: Aporie und Glaube. Schriften zur Philosophie und Theologie, München 1970.
Schmidt, P. W.: Menschheitswege zum Gotterkennen, Kempten-München 1923.
Schmitz, J.: Die apologetische Theologie Paul Tillichs, Mainz 1966.
Schulz, W.: Der Gott der neuzeitlichen Metaphysik, Pfullingen 1957.
Schütte, H.-W.: Religion und Christentum in der Theologie Rudolf Ottos, Berlin 1969.
Sedlmayr, H.: Kunst und Wahrheit. Zur Theorie und Methode der Kunstgeschichte, Reinbek 1958.
Seifert, P.: Die Religionsphilosophie bei Rudolf Otto. Eine Untersuchung über ihre Entwicklung, Düsseldorf 1936.
Siegfried, Th.: Grundfragen der Theologie bei Rudolf Otto, Gotha 1931.
Siewerth, G. Das Schicksal der Metaphysik von Thomas zu Heidegger, Einsiedeln 1959.
–: Grundfragen der Philosophie im Horizont der Seinsdifferenz. Gesammelte Aufsätze zur Philosophie, Düsseldorf 1936.
Simons, E.: Philosophie der Offenbarung. In Auseinandersetzung mit ›Hörer des Wortes‹ von Karl Rahner, Stuttgart 1966.
Simons, E./Hecker, K.: Theologisches Verstehen. Philosophische Prolegomena zu einer theologischen Hermeneutik, Düsseldorf 1969.
Sinn, D.: Heideggers Spätphilosophie, in: Philos. Rundschau 14 (1967) 81–182.
Söderblom, N.: Das Werden des Gottesglaubens. Untersuchungen über die Anfänge der Religion, Leipzig ²1926.
Søe, N. H.: Religionsphilosophie. Ein Studienbuch, München 1967.
Splett, J.: Der Mensch in seiner Freiheit, Mainz 1967.
–: Sakrament der Wirklichkeit. Vorüberlegungen zu einem weltlichen Begriff des Heiligen, Würzburg 1968.
–: Hegel und das Geheimnis, in: Phil. Jhb. 75 (1967/68) 317–331.
–: Gestalten des Atheismus, in: Theol. u. Phil. 43 (1968) 321–337.
–: Wahrheit, Ideologie und Freiheit. Zur Dialektik des Symbolvollzugs, in: Lebendiges Zeugnis 1969, H. 3, 24–39.
–: Zur Kritik und Selbstkritik der Religion, in: Zeitschr. f. kath. Theol. 92 (1970) 48–59.
–: Sprache in der Religion, in: Hochland 62 (1970) 107–115.
–: Gottesvorstellung und Wandel des Glaubensbewußtseins, in: Theol. u. Phil. 45 (1970) 192–203.
–: Sinn, in: Sacramentum Mundi IV 546–557.
–: Symbol, in: Sacramentum Mundi IV 784–789.

–: Freiheit und Autorität. Philosophische Grenzbetrachtungen, in: Trierer Theol. Zeitschr. 80 (1971) 1–19.
Tavard, G. H.: Paul Tillich and the Christian Message, London 1962.
Temuralp, T.: Über die Grenzen der Erkennbarkeit bei Husserl und Scheler, Berlin 1937.
Tillich, P.: Systematische Theologie. 3 Bde., Stuttgart ³1956, ³1958, 1966 (=I, ...).
–: Gesammelte Werke, Stuttgart 1959 ff. (= WW I, ...).
–: Die Kategorie des „Heiligen" bei Rudolf Otto, in: Theol. Blätter 2 (1923) 11–12.
(ohne Hrsg.): Werk und Wirken Paul Tillichs. Ein Gedenkbuch. Mit der letzten Rede von Paul Tillich, Stuttgart 1967.
Traub, F.: Das Irrationale. Eine begriffliche Untersuchung, in: Zeitschr. f. Theol. u. Kirche NF 2 (1921) 391–424.
Tugendhat, E.: Der Wahrheitsbegriff bei Husserl und Heidegger, Berlin 1967.
Verweyen, H.: Ontologische Voraussetzungen des Glaubensaktes. Zur transzendentalen Frage nach der Möglichkeit von Offenbarung, Düsseldorf 1969.
Vycinas, V.: Earth and Gods. An Introduction to the Philosophy of Martin Heidegger, The Hague 1961.
Waldenfels, H.: Offenbarung. Das Zweite Vatikanische Konzil auf dem Hintergrund der neueren Theologie, München 1969.
Weischedel, W.: Die Tiefe im Antlitz der Welt. Entwurf einer Metaphysik der Kunst, Tübingen 1952.
–: Wirklichkeit und Wirklichkeiten. Aufsätze und Vorträge, Berlin 1960.
Welte, B.: Der philosophische Glaube bei Jaspers und die Möglichkeit seiner Deutung durch die thomistische Philosophie, in: Symposion II, Freiburg 1949, 1–190.
–: Auf der Spur des Ewigen. Philosophische Abhandlungen über verschiedene Gegenstände der Religion und der Theologie, Freiburg 1965 (= SE).
–: Heilsverständnis. Philosophische Untersuchung einiger Voraussetzungen zum Verständnis des Christentums, Freiburg 1966 (=HV).
Widengren, G.: Religionsphänomenologie, Berlin 1969.
Wiedmann, F.: Das Problem der Gewißheit. Eine erkenntnismetaphysische Studie, München 1966.
Williger, E.: Hagios. Untersuchungen zur Terminologie des Heiligen in den hellenisch-hellenistischen Religionen, Gießen 1922.
Windelband, W.: Präludien. Aufsätze und Reden zur Philosophie und ihrer Geschichte. 2 Bde., Tübingen ⁹1924.
Winkler, R.: Phänomenologie und Religion. Ein Beitrag zu den Prinzipienfragen der Religionsphilosophie, Tübingen 1921.

Wisse, S.: Das religiöse Symbol. Versuch einer Wesensdeutung, Essen 1963.

Wisser, R. (Hrsg.): Martin Heidegger im Gespräch, Freiburg-München 1970.

Wittmann, M.: Max Scheler als Ethiker. Ein Beitrag zur Geschichte der modernen Ethik, Düsseldorf 1923.

Wolff, O.: Paul Tillichs Christologie des „Neuen Seins", in: Neue Zeitschr. f. syst. Theol. 3 (1961) 129–140.

Zaehner, R. C.: Mystik religiös und profan. Eine Untersuchung über verschiedene Arten von außernatürlicher Erfahrung, Stuttgart o. J. (1957).

Namenregister

Acquaviva, S. S. 295, 296
Adam, K. 88
Adorno, Th. W. 247, 275
Allemann, B. 134, 144, 173, 176
Altizer, Th. J. J. 326
Altmann, A. 75
Angelus Silesius 335
Anselm v. Canterbury 219
Apel, K.-O. 169
Apelt, E. F. 50
Aristophanes 312
Aristoteles 94, 122, 266
Augustinus 27, 75, 80, 81, 88, 189, 204, 220, 231, 247, 323, 343
Aurobindo 257, 259

Baader, F. v. 205, 325
Baaren, Th. P. v. 53
Baetke, W. 17, 46, 53, 315
Balthasar, H. U. v. 93, 293, 324, 348
Bataille, G. 325
Baumer, I. 314
Baumgartner, H. M. 321, 333
Beaufret, J. 152
Berlinger, R. 145
Bernanos, G. 221
Bianchi, U. 266
Biemel, W. 236
Biser, E. 252, 320
Bishop, J. 320
Blessing, E. 76
Bloch, E. 275, 325, 331 f., 335

Bock, J. 175, 176
Bogler, Th. 297
Bonaventura 89, 325
Bonhoeffer, D. 293, 347
Bouyer, L. 299
Broch, H. 347
Bröcker, W. 146
Buber, M. 143, 177, 219, 262
Buren, P. M. v. 15

Caillois, R. 300 f.
Camus, A. 17, 282
Casper, B. 201, 211–215, 217, 218 f., 245, 262, 338
Cassirer, E. 308
Cazeneuve, J. 301 f.
Céline, L.-F. 325
Cendrars, B. 325
Christoffels, H. 314
Chrysostomus, J. 37
Cicero 187
Cobb, J. B. 182
Cohen, H. 334, 339
Cohn, J. 82
Comblin, J. 304
Conrad-Martius, H. 259, 261, 267

Danielou, J. 293
Darlap, A. 279, 285
Delehaye, H. 17
Descartes, R. 27, 218, 321
Dionysios Areopagita 90
Doderer, H. v. 347

Dostojewski F. 115, 272, 281, 347
Duesberg, H. 253, 262, 322
Dümpelmann, L. 258
Duployé, P. 329
Dupuy, M. 69 f., 72, 73
Durkheim, E. 129

Ebner, F. 211, 219
Eckhart 38, 48, 51, 52, 258
Egenter, R. 174
Eliade, M. 173, 295, 300, 308, 310, 349
Eucken, R. 60
Euripides 150
Ezechiel 348

Feigel, F. K. 44 f., 46, 50, 51, 53, 54, 74, 95
Festugière, A.-J. 290
Feuerbach, L. 321
Fichte, J. G. 13, 27, 38, 60, 61, 262, 303, 321–323
Flew, A. 15
Flügge, J. 324
Fowler, W. W. 328
Franz, H. 185
Freud, S. 309, 328, 340
Frick, H. 38
Fries, H. 70, 77
Fries, J. F. 33 f., 43
Furstner, H. 64

Gadamer, H.-G. 11
Gaede, E. 44 f.
Geffré, C. J. 303, 306
Genet, J. 325
Gertz, B. 344
Geyser, J. 44 f., 46, 51, 52, 55, 71, 73
Gide, A. 322

Goethe, J. W. v. 38, 43, 63, 125, 282, 335
Gogarten, F. 293, 306
Goldammer, K. 14, 53, 328
Görres, A. 340
Gorsen, P. 325
Grand'Maison, J. 302 f., 306
Gründler, O. 78
Guardini, R. 10, 286, 300, 326, 337

Haecker, Th. 193
Hafkesbrink, H. 55, 73
Halbfas, H. 288
Halder, A. 93
Hampe, J. Chr. 338
Hana, G.-G. 322
Hare, R. M. 15
Häring, B. 291, 292
Hartmann, H. 17
Hartmann, N. 79, 82 f., 85, 265, 333, 334
Haskamp, R. J. 60, 65, 74
Haubold, W. 54
Hauer, J. W. 53
Heber, J. 77 f., 91
Hecker, K. 262
Hegel, G. W. F. 26, 46, 63, 85, 106, 120, 125, 146, 162, 174, 203, 235 f., 264, 270, 282, 317 f., 324, 325, 326, 330, 335, 341, 347, 349
Heidegger, M. 15, 20 f., 47, 85, 96, 97, 109 f., 131, 132–186, 187, 192, 196, 206, 208, 209, 218, 226, 227, 229, 234–242, 243, 253, 255, 270, 272, 277, 286, 326, 335, 337, 342, 343
Heiler, F. 85, 249, 315
Heine, H. 340
Heinrichs, J. 96, 130, 246
Heislbetz, J. 286, 287

Hemmerle, K. 185 f., 201–210, 211, 212, 217 f., 221, 226, 232, 245–247, 324, 335
Henrichs, N. 252
Heraklit 21, 345
Herrmann, F. W. v. 172
Hessen, J. 54, 78, 79–95, 128, 225, 226, 229, 231 f., 240
Hierzenberger, G. 306
Hildebrand, D. v. 82
Hölderlin, F. 132, 133–148, 152, 173, 175 f., 186, 187, 215, 234, 237 f., 241, 242, 270
Hollenbach, J. M. 183
Homer 190
Hugo v. St. Victor 325
Huizinga, J. 301
Hünermann, P. 201, 215–217, 218, 245
Husserl, E. 99, 196, 230, 259, 267

Ignatius v. Loyola 319
Irenäus v. Lyon 276
Isidor v. Sevilla 301

Jacoby, G. 92 f.
Jaspers, K. 15, 245
Jesaja 35, 188, 290, 339
Jung, C. G. 297
Jungmann, J. A. 350

Kamlah, W. 306
Kampits, P. 17
Kant, I. 25 f., 33, 41, 46, 51, 77, 81, 109, 146, 153, 192, 247 f., 255, 303, 309, 327, 330
Keller, A. 293
Kerényi, K. 51, 150, 316
Kern, W. 252, 293, 327
Kessler, H. 129
Kierkegaard, S. 103, 247

Klenk, G. F. 71, 73, 78
Klossowski, P. 325
Köhler, W. 12
Kommerell, M. 146 f.
Korvin-Krasinski, C. v. 299
Kracauer, S. 77
Kremer, K. 181
Kreppel, F. 70, 74
Krings, H. 13, 279, 311, 319, 343 f.
Kritias 272
Kühler, O. 75
Kuhn, H. 172, 183, 279, 333, 334 f.
Kuhn, K. G. 290
Kunz, E. 344

Lauth, R. 262, 333
Ledergerber, K. 304 f.
Leeuw, v. d. 315
Lehmann, K. 186, 267 f.
Leibniz, G. W. 158
Lemaitre, A.-A. 46
Lévi-Strauss, C. 12, 313
Looff, H. 129, 312
Lotz, J. B. 10, 182
Lotze, R. H. 33
Löwith, K. 184 f., 241, 272
Lübbe, H. 293
Lukrez 327
Luther, M. 32, 318 f., 343

Mainberger, G. 314
Malik, J. 64 f.
Mann, U. 293
Marcel, G. 332
Marsch, W.-D. 17, 96, 331
Marx, K. 274, 309
Marx, W. 169, 176
Matthes, J. 293 f.
Mensching, G. 249
Metz, J. B. 293

Meyer, C. F. 347
Mitscherlich, A. 275
Moltmann, J. 331
Mrazek, W. 237
Mühlen, H. 293
Müller, M. 10, 27, 87, 182, 183, 184, 197, 214, 241, 249, 255, 259 f., 266, 279, 281, 340
Müller-Lauter, W. 175
Muschalek, G. 331
Musil, R. 347
Mynarek, H. 92–95

Newe, H. 72, 73
Nietzsche, F. 162–164, 187, 309, 320 f.
Nikolaus v. Kues 280, 303, 312, 322, 345
Noller, G. 182
Nörenberg, K.-D. 128, 130, 131, 312

Ogiermann, H. 10, 94, 219, 225
Ohm, Th. 85
Ott, H. 170, 176
Otto, R. 25, 31, 32–54, 55, 69 f., 72, 74, 76, 78, 80, 83, 84, 87 f., 92, 95, 111, 112, 182, 194, 202, 225, 226, 229, 230 f., 232, 233, 240, 264, 265, 291
Otto, W. F. 150, 217

Panikkar, R. 287
Pannenberg, W. 67, 321
Papmehl-Rüttenauer, I. 17
Pascal, B. 128, 188, 292 f., 319
Paulus 258, 265, 267, 277, 285, 341
Paus, A. 50–52
Péguy, Ch. 329
Pettazzoni, R. 329
Pieper, J. 299, 338

Platon 13, 27, 35, 260, 312
Plügge, H. 332
Pöggeler, O. 133, 134, 176, 234
Prini, P. 295
Procksch, O. 290
Proust, M. 326
Przywara, E. 70, 71, 73, 181, 258, 292, 344
Puntel, L. B. 281, 309

Rademacher, A. 90
Radin, P. 53
Rager, G. 257
Rahner, K. 16, 92 f., 241, 278, 280, 283 f., 285–287, 293, 306, 308, 329, 342
Ratzinger, J. 286, 287–289, 312
Reinach, A. 259–261
Rendtorff, T. 294
Rhein, Ch. 130
Richardson, W. J. 133
Ricoeur, P. 10 f., 275, 307–310, 314, 326, 328–330, 333, 347
Rilke, R. M. 145, 148, 326
Ritter, J. 266
Robinson, J. M. 182
Rohrmoser, G. 247
Rombach, H. 271, 319, 345
Rosenkranz, K. 85, 270
Rosenthal, K. 128, 130
Rosenzweig, F. 128, 205, 211, 217, 338, 346
Rousselot, P. 337
Rudolf, K. 53

Sade, D.-A.-F. de 325
Sartre, J.-P. 155, 219, 322
Schade, H. 93, 301
Schaff, A. 273
Scheler, M. 25, 44, 54, 55–78, 79, 81, 82, 83, 84, 87 f., 91, 97, 175, 181, 194, 202, 225,

226, 229, 231, 232, 234, 240, 246, 247, 248, 253, 259, 260, 264, 291, 325, 328, 333
Schelling, F. W. J. 121, 323 f.
Schiller, F. 146, 243
Schinzer, R. 50, 52
Schleiermacher, F. 26, 28, 33, 36, 43, 45, 70, 111
Schlette, H. R. 17, 249 f., 273, 285 f., 288
Schmidt, P. W. 12, 44, 45, 46, 51, 52
Schmitz, J. 128
Schoeck, H. 271
Schopenhauer, A. 38, 83
Schulz, W. 323 f.
Schulz-Seitz, R.-E. 134
Schütte, H.-W. 32, 35, 54
Seckler, M. 45
Sedlmayr, H. 237, 325
Seifert, P. 32, 44, 46, 54
Shankara 48
Siegfried, Th. 51
Siewerth, G. 180, 182 f., 186, 216
Simons, E. 253, 262, 342
Sinn, D. 136, 170, 172 f., 174, 175, 176
Söderblom, N. 129, 257
Søe, N. N. 285
Sokrates 260, 344
Sophokles 140
Spinoza, B. de 26, 267, 271
Splett, J. 106, 130, 220, 252, 253, 262, 267, 279, 281, 292, 299, 306, 309, 324, 327
Stegmüller, W. 15
Sundén, H. 347

Tavard, G. H. 107, 129, 130
Temuralp, T. 67, 77

Thomas v. Aquin 45, 71, 93, 182, 196 f., 199, 218, 253, 299
Tillich, P. 11, 54, 77, 89, 92, 95, 96–131, 179, 181, 197, 221, 226, 227, 229, 230, 232–234, 240, 246, 247, 248, 258, 289, 299, 307, 308, 311
Trakl, G. 177 f.
Traub, F. 54
Tugendhat, E. 169

Ulrich, F. 270

Vergil 187
Vermeer, J. 237
Verweyen, H. 216
Vigée, C. 17
Volkmann-Schluck, K. H. 343
Vycinas, V. 150, 170

Wagner, H. 340
Wahl, J. 325
Waldenfels, H. 286
Weger, K.-H. 314
Weigel, G. 130
Weischedel, W. 10, 110, 128
Welte, B. 18, 44, 77, 182, 186, 187–201, 219 f.; 226, 227, 242–245, 246, 248, 255, 260, 267, 281, 283, 291, 302, 336, 338, 349
Welte-Schüler 77, 110, 186, 201–221, 226, 227, 242, 245, 253, 262, 291, 297, 337
Wette, W. M. L. de 33, 34, 43
Widengren, G. 78, 290, 315, 316
Wiedmann, F. 262
Williger, E. 17, 328
Windelband, W. 25–31, 81, 220, 225, 226, 229, 230, 231, 235, 264, 297, 328
Winkler, R. 73

Wiplinger, F. 175
Wisse, St. 308
Wittgenstein, L. 321
Wittmann, M. 74, 76 f.
Wolff, O. 128

Wundt, W. 43, 54

Xenophanes 319

Zaehner, R. C. 326

Alber-Broschur Philosophie

Karl Acham: Analytische Geschichtsphilosophie
Gellért Béky: Die Welt des Tao
Günther Bien: Grundlegung der Politik bei Aristoteles
Otto Friedrich Bollnow: Studien zur Hermeneutik. I: Zur Philosophie der Geisteswissenschaften. – II: Zur hermeneutischen Logik von Georg Misch und Hans Lipps
Otto Friedrich Bollnow im Gespräch
Hartmut Brands: „Cogito ergo sum". Interpretationen seit Kant
Bernhard Casper (Hrsg.): Gott nennen
Bernhard Casper (Hrsg.): Phänomenologie des Idols
Ingrid Craemer-Ruegenberg (Hrsg.): Pathos, Affekt, Gefühl
Hans Czuma: Autonomie
Hans Ebeling: Die ideale Sinndimension
Hans Ebeling: Gelegentlich Subjekt. Gesetz: Gestell: Gerüst
Ferdinand Fellmann: Das Vico-Axiom
Eugen Fink: Grundphänomene des menschlichen Daseins
Eugen Fink: Nähe und Distanz
Eugen Fink: Sein und Mensch
Winfried Franzen: Die Bedeutung von ‚wahr' und ‚Wahrheit'
Gerhard Frey: Theorie des Bewußtseins
H.-G. Gadamer, W. Marx, C. F. v. Weizsäcker: Heidegger
Gerd-Günther Grau (Hrsg.): Probleme der Ethik
Werner Habermehl: Historizismus und Kritischer Rationalismus
Rudolf Haller: Urteile und Ereignisse
Hubert Hendrichs: Modell und Erfahrung
Jürgen Hengelbrock: Albert Camus
Hans-Ulrich Hoche: Handlung, Bewußtsein und Leib
Norbert Hoerster: Utilitaristische Ethik und Verallgemeinerung
Wolfram Hogrebe: Archäologische Bedeutungspostulate
Wolfram Hogrebe: Kant und das Problem transzendentaler Semantik
Harald Holz: Die Idee der Philosophie bei Schelling
Harald Holz: Philosophie humaner Praxis
Kurt Hübner: Kritik der wissenschaftlichen Vernunft
Fernando Inciarte: Eindeutigkeit und Variation
Japanische Beiträge zur Phänomenologie. Hrsg. von Yoshihiro Nitta
Holger Jergius: Subjektive Allgemeinheit (Kant)
Wolfgang Kluxen (Hrsg.): Thomas von Aquin im Gespräch
Hans Georg Knapp: Logik der Prognose
Josef König: Vorträge und Aufsätze
Bernhard Lakebrink: Kommentar zu Hegels „Logik". Band I

Reinhard Lauth: Entstehung von Schellings Identitätsphilosophie
Emmanuel Lévinas: Die Spur des Anderen
Franz von Magnis: Normative Voraussetzungen beim jungen Marx
Dimitrios Markis: Quine und das Problem der Übersetzung
Henri-Irénée Marrou: Über die historische Erkenntnis
David J. Marshall Jr.: Prinzipien der Descartes-Exegese
Rainer Marten: Platons Theorie der Idee
Werner Marx: Schelling: Geschichte, System, Freiheit
Der Mensch als Orientierungswaise? Von Hermann Lübbe u. a.
Max Müller: Der Kompromiß. Vom Unsinn und Sinn des Lebens
Max Müller: Philosophische Anthropologie
Severin Müller: Vernunft und Technik (Husserl)
E. Nordhofen: Bereichsdenken im Kritischen Rationalismus
Wilhelm Perpeet: Ästhetik im Mittelalter
Otto Pöggeler: Die Frage nach der Kunst. Von Hegel zu Heidegger
Otto Pöggeler: Hegels Idee einer Phänomenologie des Geistes
Otto Pöggeler: Heidegger und die hermeneutische Philosophie
Otto Pöggeler: Philosophie und Politik bei Heidegger
Hans Poser (Hrsg.): Wandel des Vernunftbegriffs
Kurt Röttgers: Kommunikativer Text und Zeitstruktur
Nathan Rotenstreich: Wege zur Erkennbarkeit der Welt
Richard Schaeffler: Religion und kritisches Bewußtsein
Heinz Robert Schlette: Albert Camus: Welt und Revolte
W. Schmied-Kowarzik: Die Dialektik der Praxis (Marx)
W. Schmied-Kowarzik: Das dialektische Verhältnis Mensch-Natur
Walter Schweidler: Wittgensteins Philosophiebegriff
Josef Simon (Hrsg.): Aspekte und Probleme der Sprachphilosophie
Josef Simon (Hrsg.): Freiheit. Theoretische und praktische Aspekte
Eberhard Simons: Das expressive Denken Ernst Blochs
Jörg Splett: Gotteserfahrung im Denken
Jörg Splett: Die Rede vom Heiligen
Peter Strasser: Wirklichkeitskonstruktion und Rationalität
Michael Strauss: Empfindung, Intention und Zeichen
E. Ströker u. a.: Wissenschaftstheorie der Naturwissenschaften
Susanne Thiele: Die Verwicklungen im Denken Wittgensteins
Fridolin Wiplinger: Metaphysik. Ursprung und Vollendung
Fridolin Wiplinger: Der personal verstandene Tod
Günter Wohlfart: Der Augenblick. Zeit und ästhetische Erfahrung
Günter Wohlfart: Denken der Sprache (Von Vico zu Hegel)
Rolf Zimmermann: Der „Skandal der Philosophie" und die Semantik

Verlag Karl Alber, Freiburg/München